U0922836

丝绸之路历史文化研究书系

第二辑

杨富学 主编

胡天汉月方诸

——阿尔泰学论稿初编

CAELI BARBARI SERICA LUNA SICUT SPECULUM: SINO-ALTAICA

唐均 著

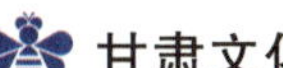
甘肃文化出版社

图书在版编目（CIP）数据

胡天汉月方诸：阿尔泰学论稿初编 / 唐均著. -- 兰州 ：甘肃文化出版社，2021.7
（丝绸之路历史文化研究书系 / 杨富学主编. 第二辑）
ISBN 978-7-5490-2267-0

Ⅰ. ①胡… Ⅱ. ①唐… Ⅲ. ①阿尔泰语系－比较语言学－研究 Ⅳ. ①H5

中国版本图书馆CIP数据核字(2021)第147548号

胡天汉月方诸：阿尔泰学论稿初编
唐　均 | 著

总 策 划 | 马永强
策划编辑 | 宁　恢　王铁军　郧军涛
责任编辑 | 凯　旋
封面设计 | 马吉庆

出版发行 | 甘肃文化出版社
网　　址 | http://www.gswenhua.cn
投稿邮箱 | press@gswenhua.cn
地　　址 | 甘肃省兰州市城关区南滨河东路 520 号 | 730000（邮编）

营销中心 | 贾　莉　　王　俊
电　　话 | 0931-8454870　　8430531（传真）

印　　刷 | 兰州新华印刷厂
开　　本 | 787 毫米 × 1092 毫米　1/16
字　　数 | 290 千
印　　张 | 19.5
版　　次 | 2021 年 7 月第 1 版
印　　次 | 2021 年 7 月第 1 次
书　　号 | ISBN 978-7-5490-2267-0
定　　价 | 136.00 元

总　序

丝绸之路是一条贯通亚、欧、非三洲经济文化交流的大动脉。自古以来，世界各地不同族群的人都会在不同环境、不同传统的背景下创造出独特的文化成就，而人类的发明与创造往往会突破民族或国家的界限，能够在相互交流的过程中获得新的发展。丝绸之路得以形成的一个重要原因，就在于东西经济文化的多样性和互补性。

在中西交往的经久历程中，中国的茶叶、瓷器及四大发明西传至欧洲，对当时的西方社会带来了影响，至今在西方人的生活中扮演着重要角色。反观丝绸之路对中国的影响，传来的大多是香料、金银器等特殊商品，还有胡腾舞、胡旋舞等西方文化。尽管这些西方的舶来品在考古现场有发现，在壁画、诗词等艺术形式上西方的文化元素有展示，但始终没有触及中华文明的根基。

早在远古时期，虽然面对着难以想象的天然艰险的挑战，但是欧亚大陆之间并非隔绝。在尼罗河流域、两河流域、印度河流域和黄河流域之北的草原上，存在着一条由许多不连贯的小规模贸易路线大体衔接而成的草原之路。这一点已经被沿路诸多的考古发现所证实。这条路就是最早的丝绸之路的雏形。

草创期的丝绸之路经历了漫长的历史演进，最初，首要的交易物资并不是丝绸。在公元前15世纪左右，中原商人就已经出入塔克拉玛干沙漠边缘，购买产自现新疆地区的和田玉石，同时出售海贝等沿海特产，同中亚地区进行小规模贸易交流。而良种马及其他适合长距离运输的动物也开始不断被人们所使用，于是大规模的贸易往来成为可能。比如阿拉伯地区经常使用的耐渴、耐旱、耐饿的单峰骆驼，在公元前 11 世纪便用于商旅运输。而分散在亚欧大陆的游牧民族据传在公元前 4 世纪左右才开始饲养马。双峰骆驼则在不久后也被运用在商贸旅行中。另外，欧亚大陆腹地是广阔的草原和肥沃的土地，对于游牧民族和商队运输的牲畜而言可以随时随地安定下来，就近补给水、食物和燃料。这样一来，一支商队、旅行队或军队可以在沿线各强国没有注意到他们的存在或激发敌意的情况下，进行长期、持久而路途遥远的旅行。

随着游牧民族的不断强盛，他们同定居民族之间不断争斗、分裂、碰撞、融合，这使原始的文化贸易交流仅存于局部地区或某些地区之间。不过，随着各定居民族强国的不断反击和扩张，这些国家之间就开始了直接的接触，如西亚地区马其顿亚历山大的东征，安息王朝与罗马在中亚和地中海沿岸的扩张，大夏国对阿富汗北部、印度河流域的统治以及促使张骞动身西域的大月氏西迁。这些都说明上述地区之间进行大规模交通的要素已经具备，出入中国的河西走廊和连通各国的陆路交通业已被游牧民族所熟知。

丝路商贸活动的直接结果是大大激发了中原人的消费欲望，因为商贸往来首先带给人们的是物质（包括钱财等）上的富足，其次是来自不同地域的商品丰富了人们的精神文化生活。“紫驼载锦凉州西，换得黄金铸马蹄”，丝路商贸活动可谓奇货可点，令人眼花缭乱，从外奴、艺人、歌舞伎到家畜、野兽，从皮毛植物、香料、颜料到金银珠宝、矿石金属，从器具牙角到武器书籍乐器，几乎应有尽有。而外来工艺、宗教、风俗等随商进入更是不胜枚举。这一切都成了中原高门大户的消费对象与消费时尚。相对而言，唐代的财力物力要比其他一些朝代强得多，因此他们本身就有足够的能力去追求超级消费，而丝路商贸活动的发达无非是为他们提供了更多的机遇而已。理所当然的就有许许多多的人竭力囤积居奇，有钱人不仅购置珍奇异宝而且还尽可能在家里蓄养宠物、奴伎。诚如美国学者谢弗所言：七世纪的中国是一个崇尚外来物品的时代，当时追求各种各样的外国奢侈品和奇珍异宝的风气开始从宫廷中传播开来，从而广泛地流行于一般的城市居民阶层之中。古代丝绸之路的开辟，促进了东西方的交流，从而大大推动了世界各国的经济、政治发展，丰富了各国人们的物质文化生活。

丝绸之路上文化交流，更是繁荣昌盛。丝绸之路沿线各民族由于生活的环境不同，从而形成不同的文化系统，如印度文化系统、中亚诸族系统、波斯—阿拉伯文化系统、环地中海文化系统、西域民族文化系统、河西走廊文化系统、黄河民族文化系统、青藏高原文化系统等等。而在这其中，处于主导地位的无疑是中原汉文化、印度文化、希腊文化和波斯—阿拉伯文化。

季羡林先生曾言："世界上历史悠久、地域广阔、自成体系、影响深远的文化体系只有四个，即中国、印度、希腊和伊斯兰……目前研究这种汇流现象和汇流规律的地区，最好的、最有条件的恐怕就是敦煌和新疆。"这两个地方汇聚了四大文化的精华，自古以来，不仅是多民族地区，也是多宗教的地区，在丝绸之路沿线流行过的宗教，如萨满教、祆教、佛教、道教、摩尼教、景教、伊斯兰教，甚至还有印度教，以及与之相伴的各种文化，都曾在这里交汇、融合，进而促成了当地文化的高度发展。尤其是摩尼教，以其与商人的特殊关系，始终沿丝绸之路沿线传播。过去，学术界一般认为摩尼教自13世纪始即已彻底消亡，而最近在福建霞浦等地发现了大批摩尼教文献与文物，证明摩尼教以改变了的形式，在福建、浙江一带留存至今。对霞浦摩尼教文献的研究与刊布，将是本丛书的重点议题之一。

季先生之所以要使用"最好的"和"最有条件"这两个具有限定性意义的词语，其实是别有一番深意的，因为除了敦煌和新疆外，不同文明的交汇点还有许多，如张掖、武威、西安、洛阳乃至东南沿海地带的泉州，莫不如此。新疆以西，这样的交汇点就更多，如中亚之讹答剌、碎叶（今吉尔吉斯斯坦托克马克）、怛罗斯、撒马尔罕、布哈拉、塔什干、花剌子模，巴基斯坦之犍陀罗地区，阿富汗之大夏（巴克特里亚）、喀布尔，伊朗之巴姆、亚兹德，土耳其之以弗所、伊斯坦布尔等，亦都概莫能外，其中尤以长安、撒马尔罕和伊斯坦布尔最具有典型意义。

西安古称长安，有着1100多年的建都史，是中华文明与外来文明的交流的坩锅，世所瞩目的长安文明就是由各种地域文化、流派文化融汇而成的，其来源是多元的，在本体上又是一元的，这种融汇百家而成的文化进一步支撑和推动了中央集权制度。在吸收整合大量外域文化之后，长安文明又向周边广大地域辐射，带动了全国的文明进程，将中国古代文化的发展推向高峰，并进一步影响周围的民族和国家；同时中国的商品如丝绸、瓷器、纸张大量输出，长安文明的许多方面如冶铁、穿井、造纸、丝织等技术都传到域外，为域外广大地区所接受，对丝绸之路沿线各地文明的发展产生了重大影响，体现出长安文化的扩散性和长安文明的辐射性。这是东西方文化长期交流、沟通的结果。在兼容并蓄思想的推动下，作为“丝绸之路”起点的长安，不断进取，由此谱写了一部辉煌的中外文化交流史。长安文化中数量浩繁的遗存遗物、宗教遗迹和文献记载，是印证东西方文化交流、往来的重要内容。

撒马尔罕可谓古代丝绸之路上最重要的枢纽城市之一，其地连接着波斯、印度和中国这三大帝国。关于该城的记载最早可以追溯到公元前5世纪，其为康国的都城，善于经商的粟特人由这里出发，足迹遍及世界各地。这里汇聚了世界上的多种文明，摩尼教、拜火教、基督教、伊斯兰教在这里都有传播。位于撒马尔罕市中心的“列吉斯坦”神学院存在于15—17世纪，由三座神学院组成，他们虽建于不同时代，但风格相偕，结构合理，堪称中世纪建筑的杰作。撒马尔罕的东北郊坐落着举世闻名的兀鲁伯天文台，建造于1428—1429年，系撒马尔罕的统治者、乌兹别克斯坦著名天文学家、学者、诗人、哲学家兀鲁伯所制，是中世纪具有世界影响的天文台之一。兀鲁伯在此测出一年时间的长短，与现代科学计算的结果相差极微；他对星辰位置的测定，堪称继古希腊天文学家希巴尔赫之后最准确的测定。撒马尔罕北边的卡塞西亚，原本为何国的都城，都城附近有重楼，北绘中华古帝，东面是突厥、婆罗门君王，西面供奉波斯、拂菻（拜占庭）等国帝王，这些都受到国王的崇拜。文化之多样性显而易见。

伊斯坦布尔为土耳其最大的城市和港口，其前身为拜占庭帝国（即东罗马帝国）的首都君士坦丁堡，地跨博斯普鲁斯海峡的两岸，是世界上唯一地跨两个大洲的大都市，海峡以北为欧洲部分（色雷斯），以南为亚洲部分(安纳托利亚)，为欧亚交通之要冲。伊斯坦布尔自公元前658年开始建城，至今已有2600年的历史，其间，伊斯坦布尔曾经是罗马帝国、拜占庭帝国、拉丁帝国、奥斯曼帝国与土耳其共和国建国初期的首都。伊斯坦布尔位处亚洲、欧洲两大洲的结合部，是丝绸之路亚洲部分的终点和欧洲部分的起点，其历史进程始终与欧亚大陆之政治、经济、文化变迁联系在一起，见证了两大洲许许多多的历史大事。来自东方的中华文明以及伊斯兰教文化和基督教文化在这里彼此融合、繁荣共处，使这里成为东西方交流的重要地区。

综上可见，丝绸之路上的文化多元、民族和谐主要得益于宗教信仰的自由和民族政策的宽松——无论是中原王朝控制时期，还是地方政权当政期间，都不轻易干涉居民的宗教信仰和民族之间的文化交流。丝绸之路上各种思想文化之间相互切磋砥砺，在这种交互的影响中，包含着各民族对各种外来思想观念的改造和调适。“波斯老贾度流沙，夜听驼铃识路赊。采玉河边青石子，收来东国易桑麻。”通过多手段、多途径的传播与交流，中西文化融会贯通，构成一道独具魅力、异彩纷呈的历史奇观。从这个意义上说，丝绸之路可称得上是一条东西方异质经济的交流之路和多元文化传播之路，同时又是不同宗教的碰撞与交融之路。

为了进一步推进“丝绸之路”历史文化价值的研究，本人在甘肃文化出版社的支持与通力合作下策划了“丝绸之路历史文化研究书系”，得到全国各地及港澳台学者的支持与响应。幸运的是，该丛书一经申报，便被批准为国家出版基金资助项目。

“丝绸之路历史文化研究书系”为一套综合性学术研究丛书，从不同方面探讨丝绸之路的兴衰演进及沿线地区历史、宗教、语言、艺术等文化遗存。和以往的有关丝绸之路文化方面的论著相比，本套丛书有自身个性，即特别注重于西北少数民族文献与地下考古资料，在充分掌握大量的最新、最前沿的研究动态和学术成果的基础上，在内容的选取和研究成果方面，具有一定的权威性和前沿性。整套丛书也力求创新，注重学科的多样性和延续性。

杨富学

2016年8月23日于敦煌莫高窟

自 序

唐均
（上海外国语大学全球文明史研究所教授）

东亚大陆北方游牧及渔猎民族，无论匈奴、东胡、鲜卑、高句丽、突厥还是回鹘、契丹、女真、蒙古、满洲，从古至今就是中原汉地农耕民族自然经济的心腹大患。在分分合合数千年的历程中，农耕民族绵延不绝的史乘，也不吝笔墨记载了游牧、渔猎民族的大量信息。近代以降，历史比较语言学将欧洲同西南亚民族有机统合在一起，激发了其他地域民族之间发生学关系的类似勘查和研究。于是，长期与中原汉族对峙而又融合的东北亚土著民族，尽管已有延及西亚、东欧的广袤迁徙，其母语仍然陆续被归于颇具发生学意味的突厥、蒙古、通古斯三大语族；更为广义的视角，是把东北亚半岛上的朝鲜语和列岛上的日本语（含冲绳语）也囊括进来，形成一个北亚、东亚腹地缘起并向四周扩散开来的阿尔泰语系。尽管对此仍不乏质疑甚至反对意见，但仅从地理类型学上考虑，在“阿尔泰语系”这一术语范畴之内包含的种种民族语言，也以其丰富的类型学共性而足以成为一个独立的语言集团加以考察了；故而，源起内陆欧亚大陆中部阿尔泰山之名、基于阿尔泰语系而衍生出来的阿尔泰学，正是对北亚、东亚这一圈富有语言、文化共性的民族进行综合性研究的一门“以地名学”。在暂且忽略这些语言究竟是否真有发生学关系的讨论之下，阿尔泰学毋宁视若一门基于民族地缘关系而统摄起来的综合性学科罢。

阿尔泰学对我而言，基本上属于完全自学的领域。20世纪90年代中期在南京大学读书时，偶然在图书馆觅得金光平、金启孮合著的《女真语言文字研究》（1980年版）以及季永海、刘景宪、屈六生合著《满语语法》（1986年版）并加以认真研读，是我得窥阿尔泰语文门径的滥觞之行。然而，江南毕竟不是北方民族研究的重镇，资料的匮乏使我通信邮购远在黑龙江省哈尔滨的《满语研究》期刊，其间得到了著名满学家、时任主编刘景宪研究员的无私帮助，我遂得以在女真语、满语为中心的阿尔泰语系通古斯语族内打下比较坚实的基础。其后在大学本科快毕业时，又有幸旁听了南大历史系内亚学名家刘迎胜教授的现代土耳其语课程，虽然仅仅跟着学习了语音部分就忙于毕业前夕种种琐务，但至少使我突破了通古斯语一隅的局限，能够放眼望去突厥语的广阔天地。

所以我的阿尔泰学研究，也是始自通古斯语的畛域。这方面最早的习作，也是规规矩矩从单一语言的语法细节入手，结合现代语言学的理论指导进行尝试性的实践。无论是对满文判断标记的穷尽式考察，还是对女真语复数标记的形而上思量，都是我在通古斯语族内思考具体语法范畴的一些真实心得。在此期间，我曾经有机会两次登门拜谒退休闲居北京西郊马连洼的著名女真学家、满学家、蒙古学家金启孮（1918—2004）教授，听他云淡风轻地谈及女真遗韵、满洲国俗，就将书本上的文字同现实中的作者联系到了一块儿。

要说关于阿尔泰学的正经训练，屈指可数的只有两次，都是发生在北京大学读博期间。

其一是2004年初北大历史系辽金史名家刘浦江（1961—2015）教授延聘中国社会科学院民族学与人类学研究所刘凤翥研究员到燕园为他的辽金史研究生讲授契丹文字，我深感机不可失，于是翘掉自己的专业课程，全程跟完了“当今契丹学第一人”在大学校园“首开山门”的系统授课，从而系统梳理了契丹大小字的发现、甄别和解读历程，并基于已有释读成果，尝试着阅读部分契丹字碑文并加以综合利用。

鉴于契丹语本是原始蒙古语的一个分支，我们要涉猎契丹文字的解读，在既无字书、辞典存世,也缺乏双语对照铭文的条件下,须得充分利用作为其亲属语言的蒙古语文现有的丰富资源来加以比对。好在已经学会的满文是基于蒙文而创制的,于是,偶尔在旧书肆淘得的清格尔泰《蒙古语语法》(1991 年版),就是网上民族语文资源尚不丰富的时代,我自己赖以学习同实际口语语音差异较大的蒙文的有效工具。这样,我又在“被逼无奈”中进入了蒙古语族的世界;这段时间内为北大蒙古学中心成立研讨会论文集所撰的书评,就是我在蒙古学界牙牙学语的举步之作。

其二要数经美国著名汉学家梅维恒(Victor Henry Mair)教授引介,芬兰赫尔辛基大学杨虎嫩(Juha Antero Janhunen)教授慨然接受我作为访问学者到他担任所长的亚非文化研究所游学一载。作为 19 世纪芬兰独立运动理论支撑之一的“向东方追寻祖先的足迹”,在沙俄铁蹄统治下的芬兰一大批志士仁人,满怀热情掀起了将芬兰民族语言文化同北亚、东亚土著民族语言相系联的学术活动,前有卡斯特连(Matthias Alexander Castrén,1813—1852)辛勤而成果丰硕的语言调查,后有兰司铁(Gustaf John Ramstedt,1873—1950)恢弘而影响斐然的阿尔泰语系理论构建,而此次引领我进入阿尔泰学殿堂得其壶奥的杨虎嫩,正是兰司铁的再传弟子。

在赫尔辛基大学的一年时光,我并未受到太多约束,而有充足的时间根据自己的兴趣遍览亚非文化研究所丰富的阿尔泰学专业资料。每周一次的借书还书,令我对突厥、蒙古、通古斯乃至日韩诸语的研究成果,从广度和深度两个层面得以迅速拓展。亚非文化研究所所在的赫尔辛基大学校园,与毗邻的芬兰国家图书馆仅有咫尺之遥,这里的阿尔泰学馆藏对于来自中国“两京”蜗居的我而言同样不菲,从而也成为我读书“淘宝”的一个重镇。附带说一句,也正是在这里偶然读到并信手相机拍下的《红楼梦》芬兰文节译本,在后来的工作中开启了我率领西南交大外国语学院的同事们在相当长一段时间内专注于《红楼梦》多语种译介的研究历程。

在芬兰的大量自由阅读之外,杨虎嫩教授其实仅仅指导了我写作一篇论文,就是因为他本人一个研究课题的需要,让我系统整理了女真文记录的地名；我的习作倒是写得洋洋洒洒数十页，但后来看到他给我初稿所作的修订版，其间词句的增删、段落的腾挪，那真是翻天覆地的变化，加之他在邮件中给我提出的诸多修改意见，真有一种修改批语篇幅远胜我原始习作的感觉！这篇文章后来发表在波兰《克拉科夫词源学研究》之上，也是我后来英文学术写作念兹在兹的模板。此外，我还有机会旁听了他所指导的博士生、蒙古学家芮跋茨（Volker Rybatzki）的毕业论文答辩，虽然全程的德文表达我仅能听懂只言片语，不过导师和答辩委员一体的燕尾服、答辩会场犹如小型剧社的开放式旁听、答辩过程中火药味十足的你来我往、答辩之后没有请客款待的顺溜，都使我深深领略了德语学界博士论文答辩作风一丝不苟、对学问孜孜以求的优良作风。

我前脚离开赫尔辛基，内蒙古大学专攻契丹小字研究的吴英喆博士后脚就去芬兰做了杨虎嫩教授的博士后，大概是因为这层关系的缘故，后来吴英喆老师回到他就职的内蒙古大学之后，无论是召开契丹学的会议，还是投入契丹字研究的课题，他都叫上我，这也是我在博士毕业后来到远离阿尔泰研究的中国西南边陲工作、主业完全潜心于《红楼梦》译介学方面，还能够继续契丹、女真语文研究的关键要素之一。2013 年，在我们单位主办的《华西语文学刊》第八辑上，我和吴英喆一起主持了以契丹学为主旨的一期专辑，其间多位正值学术盛年的日本学者倾情加盟，使得这一份“契丹学专辑”在国内外取得了甚为不错的反响。2015 年，我和美国同仁共同主持的美国中英双语学术期刊《中西文化交流学报》（*Journal of Sino-Western Communications*）为内亚虏学大师、法国东方学家伯希和（Paul Pelliot，1878—1945）逝世 70 周年所做的专刊上，吴英喆教授解读契丹小字记录“室韦”族称的专文，以中文版的面目刊发于此，也是我们借机为阿尔泰学做出的又一份努力。

今天收集于此的这些阿尔泰学论文，大半专研于契丹字和女真字的研究，因缘际会大率如上所述，当然这也是同以往的阿尔泰学论集偏重于突厥学或者蒙古学迥乎不同之处。这些文章的汇集不敢说于相关学科有甚贡献，只是记录自身在阿尔泰学方面的心路历程、以及便于同好者查检之故罢了；因此每篇文章的论点即便明知其有待修正也不再作修改，只是细化并增补一些当时可见而未见的材料、补足某些由于编辑原因删略的文字内容、修订明显的笔误或者引文舛误而已。另外在收入文集时，文章原来的注释格式根据本文集所在丛书的编辑要求做了统一处理；原来每篇文章发表时所附的摘要、关键词以及标注的课题项目等内容，则尽行删去。

由于此书所收论文，绝大部分都是立足于阿尔泰语民族母语文字记录、参照相关汉籍记载语汇进行的综合性研究，于是我想到了 20 世纪早期从爱沙尼亚徙居北美的沙俄东方学家卜弼德（Peter Alexis Boodberg 或 Баронъ Пётръ Будбергъ，1903—1972）所做大量学术札记之题名：Sino-Altaica，十分切合本文集所收文章的做法；而卜弼德这些札记之上还有他自度的总标题：胡天汉月方诸（HU T'IEN HAN YÜEH FANG CHU），其自行英译作 The Mirrorings of the Chinese Moon in a Barbarian Sky 并解释说，月亮象征汉地本土文明，天空象征北方不开化的蛮荒之地，而“方诸”则本于《周礼·秋官·司烜氏》郑玄注：鉴，镜属，取水者，世谓之方诸而取其“镜鉴”之义。基于方法论上的相通性，故而本文集就径直撷取这一“不中不洋”的汉字说法，以为其大标题了，只是我个人对“胡天汉月方诸”的理解是“天空中的月亮如同镜鉴一般”，从而与始作俑者稍有分歧，就将这种分歧体现在标题的英译（实际上是自度拉丁文迻译）之中了罢：Caelī barbarī Sērica lūna sīcut speculum：Sino-Altaica。

最后我要感谢敦煌研究院杨富学研究员的厚谊，将这本小书纳入主持的国家出版基金资助项目《丝绸之路历史文化研究书系》，使得我有机会对自己的阿尔泰学前行之路能够略作梳理。是以谨记于斯！

2020 年 2 月 22 日凌晨于成都西南交大九里北苑

2022 年 4 月 14 日改定于上海外国语大学松江校区国教中心

目 录

西文缩略语一览（Abbreviations）

说明：以下缩略语适用于本文集收录的西文论文，按照语种、传世（纸质）文献、契丹大字碑铭、契丹小字碑铭、女真字碑铭五个板块开列，每个板块内的缩略语根据西文字母次序排列，其中的繁体字是根据国外发表阵地的要求而设置的，为保持原作风貌，收入本文集时一仍其旧而不转换成简体字。

Languages

Chi.	Chinese	Da.	Dagur	Evk.	Evenki
Evn.	Even	Gr.	Greek	Jap.	Japanese
Jur.	Jurchen	Kha.	Khalkha	Khi.	Khitan
Khot.	Khotanese	Kma.	Khitan macriscript（Large Script）		

Kmi. Khitan microscript（Small Script，for editorial reasons here written with the phonetic characters arranged in a linear succession）

Kog.	Koguryŏ	Kor.	Korean	Ma.	Manchu
MChi.	Middle Chinese	MJap.	Middle Japanese		
MMo.	Middle Mongol	Mo.	Mongol（ic）	Na.	Nanai
Oir.	Oirat	OJap.	Old Japanese	Orch.	Oroch
Ork.	Orok	Osm.	Osmanli Turkish		

OTrk. Orkhon Turkic OUy. Old Uyghur PA. Proto-Altaic
Pahl. Pahlavi PJap. Proto-Japanese PKor. Proto-Korean
PMo. Proto-Mongolic PTung. Proto-Tungusic PTurk. Proto-Turkic
Sil. Silla SJur. Sino-Jurchen(Jurchen in Chinese transcription)
SKhi. Sino-Khitan (Khitan in Chinese transcription)
SMa. Sino-Manchu (Manchu in Chinese transcription)
SMo. Sino-Mongol(Mongol in Chinese transcription)/Mongol in Secret History
Sol. Solon Sp. Spanish
STur. Sino-Turkic (Turkic in Chinese transcription)
SXb. Sino-Xianbei (Xianbei in Chinese transcription)
SXn. Sino-Xiongnu (Xiongnu in Chinese transcription)
Tib. Tibetan TMo. Turco-Mongolic (Turkic-Mongolic)
Trk. Turkic Tung. Tungusic
Ud. Udihe Ul. Ulcha Uy. Uyghur
vChi. vulgar Chinese WMo. Written Mongol

Documents

BNZD Book of Northern Zhou Dynasty(周書·文帝紀)
CHKLD Complementation to History of Khitan-Liao Dynasty(遼史拾遺)
CKK Chronicle of the Khitan Kingdom(契丹國志)
CKK-27 Chronicle of the Khitan Kingdom(契丹國志·歲時雜記·重九)
EY Erya:Shimu(爾雅·釋木)
GJS Glossary of Jurchen Script excavated in Xi'an Monumental Forest(西安碑林女真文字書)HJ(J)D History of the (Jurchen-)Jin Dynasty (金史)
H(K)LD History of (Khitan-)Liao Dynasty(遼史)

HKLD-53 History of Khitan-Liao Dynasty(遼史·禮志六)

HTGYY Huitongguan Yi Yu (Hua Yi Yi Yu without Script)(會同館譯語)

MBNC Miscellanea of Barbarian North China (by WU Gui)(燕北雜記)

MFC Miscellanea of Five Classics: A revised edition of The Records of Barbarian North China(by TAO Zongyi of Mongol-Yuan Dynasty)(說郛·重編燕北錄)

NHTD New History of the Tang Dynasty(新唐書)

RBNC The Records of Barbarian North China (by WANG Yi of Song Dynasty)(燕北錄)

RKM Research of the Khitan Microscript(*Qidan Xiaozi Yanjiu*)(契丹小字研究)

SCBMHB Sanchao bei meng huibian(三朝北盟會編)

SJM Sino-Jurchen Memorials in Bureau of Interpreters(女真譯語·來文)

SJV Sino-Jurchen Vocabulary in Bureau of Interpreters(女真譯語·雜字)

SMVZ Sino-Mongol Vocabulary of the Bureau of Interpreters in Mongol-Yuan Reign with the Title of Zhiyuan(至元譯語)

SQF Song Shou's *Shang Qidan fengsu*, cited in *Xu Zizhitongjian changbian*, Vol. XCVII (《續資治通鑒長編》卷九七引宋綬《上契丹風俗》)

YLYY Yongle Yi Yu(Hua Yi Yi Yu with Script) (永樂譯語)

Khitan Macroscript Inscriptions

EGDLb Epitaph of Gentleman Duo(luo) Libe(n)(多羅里本郎君墓誌銘)

ENGP Epitaph of Northern Grand Prince(北大王墓誌)

EPYP Epitaph of Princess for Yongning Prefecture(永寧郡公主墓誌)

EXPl Epitaph of Xiao Paolu(蕭袍魯墓誌)

EXXz Epitaph of Xiao Xiaozhong(蕭孝忠墓誌)

EYCy Epitaph of Yel ü Changyun(耶律昌允墓誌銘)

EYQ Epitaph of Yel ü Qi(耶律祺墓誌銘)

EYXn Epitaph of Yel ü Xinie(耶律習涅墓誌銘)

ILGP Inscription of the Late Grand Preceptor(故太師銘石記)

YKI Yingli Khitan Inscription(應曆碑)

Khitan Microscript Inscriptions

EDCY Epitaph of Deputy Commander Yelü(耶律副部署墓誌銘)

EHDl Epitaph of Han Dilie(耶律(韓)敵烈墓誌)

EHGs Epitaph of Han Gaoshi (耶律(韓)高十墓誌)

EIGPSS Epitaphic Inscription of Grand Preceptor Saran Shiru(撒懶·室魯太師墓誌碑)

EJX Epitaph of Jushi Xiao (蕭居士墓誌銘)

EKX Epitaph of King Xu(許王墓誌)

EPLS Epitaph of Prince of Liang State(梁國王墓誌銘)

EXF Epitaph of Xiao Fenwuni Tuguci(蕭奮勿膩·圖古辭墓誌銘)

EXZg Epitaph of Xiao Zhonggong(蕭仲恭墓誌)

EYDl Epitaph of Yelü Dilie(耶律迪烈墓誌銘)

EYHy Epitaph of Yelü Hongyong(耶律弘用墓誌銘)

EYN Epitaph of Yelü Nu(耶律奴墓誌銘)

EYRx Epitaph of Yelü Renxian(耶律仁先墓誌)

EYZj Epitaph of Yelü Zongjiao(耶律宗教墓誌)

FEDCJB Fragmental Epitaph of Defense Commander for Jin Bozhou(金代博州防禦使墓誌殘石)

IGJ Inscription of Great Jin Imperial Brother Tutung Gentleman Journey(大金皇弟都統經略郎君行記)

ILY Inscription of the Late Yelü(故耶律氏銘石)

LEEDz Lamentation Epitaph of Emperor Daozong(道宗哀册)

LEERy Lamentation Epitaph of Empress Renyi(仁懿皇后哀册)

LEEXy Lamentation Epitaph of Empress Xuanyi(宣懿皇后哀册)

LEEXz Lamentation Epitaph of Emperor Xingzong(興宗哀册)

Jurchen Inscriptions

GJVHI Great Jin Victory Hill Inscription (大金得勝陀頌碑)

JAI Jurchen Altar Inscription at the 'Heavenly Lake' (*Tianchi*), Changbaishan (長白山天池北釣鰲臺女真祭臺文字碑)

JINP Jurchen Inscription of Nine Peaks in Mongolia(九峰石壁記功碑)

JPGII Jurchen Palace Graduates' Inventory Inscription(女真進士題名碑 / 宴臺女真國書碑)

KJI Kyeongwon Jurchen Inscription(慶源女真國書碑)

YTI Yongning Temple Inscription(永寧寺碑)

契丹学

契丹大字“寅虎”读音考

契丹民族从公元389年首见于历史文献至公元1218年西辽亡于蒙古，在中国北部地区扮演了将近900年的重要角色。而公元907年契丹人正式建国后创制的契丹大小字，则是迄今可见以汉字为基础的首创民族文字，以此记载留存至今的文献，则是业已消失的契丹民族资料的本真保存。

契丹人延续内陆欧亚民族广泛使用的十二动物纪年习俗，因此在今存契丹文字文献中频繁出现的关于汉文十二地支的对译材料，就是考释契丹语一系列基本动物名词的重要资料。目前，契丹语的十二地支在契丹大小字中的写法已经基本得以确认，但是，特别是迄今为止解读尚显艰难的表意型[①]契丹大字的记录，仍有很多细节问题需要进一步考证，而不能以表音型契丹小字的记录来简单加以推定。下面即将述及的契丹语“虎(寅)”的释读，就是一个典型的例子。

契丹大字“虎(寅)”的首次明确认定[②]是在释读《耶律昌允墓志铭》之时[③]，在迄今已经公开发表的碑铭材料中见于《故太师铭石记》第11列[④]、《耶律昌允

① 本文对于表意字符的拉丁字母拟音采用全部大写的形式，对于表音字符的拉丁字母拟音采用全部小写的形式，以便有所区分。在直接针对文字的拉丁转写中采用逐符转写的模式，以短横线连接一个词内的多个字符，以等号连接词组内部的各个单词，以字符上标表示提示前面字符局部发音的音补(phonetic complement)成分，参考唐均：《女真文中的音补结构》，《韩国汉字研究》2009年创刊号，第265—266页。

② 阎万章：《锦西西孤山出土契丹文墓志研究》，《考古学报》1957年第2期，第57页曾经推测《故太师铭石记》第11列的纪年中可能含有“寅虎”但不能判明。

③ 刘凤翥、王云龙：《契丹大字〈耶律昌允墓志铭〉之研究》，《燕京学报》新十七期，2004年，第67页。

④ 契丹文字研究小组编：《契丹大字资料汇辑》，北京：中国社会科学院民族研究所油印本，1978年。

墓志铭》第20列[①]、《多罗里本郎君墓志铭》第10、15列[②]。目前已经初步构拟音值的191个契丹大字[③]并无该字的拟音[④]。

首先来看契丹语“虎”的汉字记音。目前大致可以认定的记音有两个：

一是根据[宋]王易《燕北录》记载契丹语指称“熊虎”的【蒌珍思】以及[元]陶宗仪《说郛·重编燕北录》记载契丹语指称“龙虎”的【蕃珂忍】合校而得的【珂思】[⑤]。贾敬颜曾校订这个汉字记音为【珀思】，并以此与蒙古语bars对照[⑥]；白鸟库吉和孙伯君、聂鸿音则直陈【珍思】为是，并据以拟音 *duśe / *jens 而与表示“虎”的毗邻土著语言——鄂温克语 dūśe、鄂伦春语 dase 相对照[⑦]。今按：契丹语为一种准蒙古语(Para-Mongolic)殆无可疑[⑧]，而契丹语中的通古斯语成分目前来看似无影响至如此深远者[⑨]，故以通古斯语族基本词汇与之对勘似觉距离较远；而中文古籍校勘时有其他依据的宁用原字，而不轻易更改为几种不同版本原文均未出现的文字，因而我们倾向于不采纳这些意见。这个指称“虎”的【珂思】即是对应早已得到解读的契丹小字[illegible][⑩]*qa-γa-as，直译意即“王兽”。

二是见于[宋]叶隆礼《契丹国志·岁时杂记·重九》与《辽史·志第二十二》的【必里迟离】，对应拟音 *biričiri[⑪]。此处本来还引用见于《辽史·列传第三》的【匹里】以为同一契丹语词的记音。今按：【匹里】更似和孙伯君、聂鸿音所考察

---

① 刘凤翥、王云龙：《契丹大字〈耶律昌允墓志铭〉之研究》，《燕京学报》新十七期，2004年，第92页。

② 丛艳双、刘凤翥、池建学：《契丹大字〈多罗里本郎君墓志铭〉考释》，《民族语文》2005年第4期，第55页。

③ Kane, Daniel: *The Kitan Language and Script*, Leiden · Boston: Brill, 2009, pp.177—180 迻录了其中的188个契丹大字拟音。

④ 刘凤翥、王云龙：《契丹大字〈耶律昌允墓志铭〉之研究》，《燕京学报》新十七期，2004年，第79—88页；丛艳双、刘凤翥、池建学：《契丹大字〈多罗里本郎君墓志铭〉考释》，《民族语文》2005年第4期，第53页。

⑤ 即实：《契丹小字字源举隅》，《民族语文》1982年第三期，第56页；清格尔泰：《关于契丹小字地支的读音》，陈乃雄、包联群编：《契丹小字研究论文选编》，呼和浩特：内蒙古人民出版社，2005年，第735—737页。

⑥ 贾敬颜：《契丹文》，中国民族古文字研究会编：《中国民族古文字》，北京：中国社会科学院民族研究所，1982年，第106页。

⑦ [日]白鸟库吉：《东胡民族考》，方壮猷[译]，北京：商务印书馆，1934年；孙伯君、聂鸿音：《契丹语研究》，北京：中国社会科学出版社，2008年，第76—77页。

⑧ Janhunen, Juha(ed.): *The Mongolic Languages*, London and New York: Routledge, 2003, pp.391—402.

⑨ Menges, Karl H.: *Tungusen und Ljao*, Wiesbaden: Kommissionsverlag Franz Steiner GMBH, 1968.

⑩ 构成契丹小字的原字内部排列方式比较特殊，本文为了现代排版的方便而仿照辽代帝后陵墓出土哀册册盖的模式将构成每个契丹小字的原字拆开加以线性布列，这样并不影响本文的相关研究。

⑪ 孙伯君、聂鸿音：《契丹语研究》，北京：中国社会科学出版社，2008年，第53页。

的【貔狸】【毗狸】[①]一道对译契丹语词 *pili。

其实,《契丹国志》这里原文是:九月九日,国主打团斗射虎,少者输重九一筵席。射罢,于地高处卓帐,与番汉臣登高,饮菊花酒。出兔肝切生,以鹿舌酱拌食之。北呼此节曰“必里迟离”,可知【必里迟离】实即“虎节”“虎季”等类似的语义;而【迟里】抑或就是契丹语“月”(对应契丹小字[契丹小字]【赛咿唲】*ŠARI)的另一种汉字记音形式[②],由此推知上述记音汉字中【必里】方为契丹语“虎”的对译,虑及突厥—蒙古语词 bars“虎”,拟音当作 *bäri。

由此再来审视契丹大字。首先可以留意字形相近而词首音节近似的女真字[女真字]*BALI[③]“恩”,见于女真语词[女真字]*BALI[li]=bo-oŋ“恩榜”以及[女真字]*BALI[i]-ša-mai“叩谢”[④];另有音形皆近的女真字[女真字]*URI“留”[⑤]。根据女真字大多基于契丹大字创制的史书记载[⑥],可以逆推上述字形近似的契丹大字与女真字[女真字]和[女真字]音近。结合前述汉字记音【必里】*bäri,则可构拟[契丹大字]*BÄRI。

这个契丹大字可能来自汉字㡀,该字唐代中期出现的韵书《唐韵》[⑦]记音为“毗祭切”(拟音 *bje),宋代中期出现的韵书《集韵》[⑧]记音为“匹曳切”(拟音 *phje);契丹大字创制时间在 10 世纪初[⑨],所以参考这个汉字的读音当以 *bje 为准——这个汉字拟音恰好类似契丹大字[契丹大字]*BÄRI 的词首音节。

而与契丹大字形近义同的女真字[女真字]*TASQA“虎”[⑩],则为根据这个契丹大

---

① 孙伯君、聂鸿音:《契丹语研究》,北京:中国社会科学出版社,2008 年,第 91—92 页。

② 齐木德道尔吉:《从原蒙古语到契丹语》,《中央民族大学学报》(哲学社会科学版)2002 年第 3 期,第 137 页。

③ 金启孮编:《女真文辞典》,北京:文物出版社,1984 年,第 293 页对此字的拟音为 *bai;考虑到该字曾以单体形态出现在《女真文字书》残页(9:14)中,参考满文 fulehun“恩”,必为表示“恩”的表意词符(logogram),因而我们对金氏的拟音采取了必要的修订。

④ 金启孮编:《女真文辞典》,北京:文物出版社,1984 年,第 293 页。

⑤ 金启孮编:《女真文辞典》,北京:文物出版社,1984 年,第 114 页。

⑥《金史·列传第四》:完颜希尹乃依仿契丹字制女直字;《金史·列传第十一》:希尹乃依仿汉人楷字,因契丹字制度,合本国语,制女直字。

⑦ 该韵书由唐人孙愐著,时间约在唐玄宗开元二十年(732 年)之后。

⑧ 该韵书由北宋丁度等人增修《广韵》而成,在宋仁宗宝元二年(1039)完稿。

⑨《辽史·本纪第二》:(太祖神册)五年春正月乙丑,始制契丹大字;九月……壬寅,大字成,诏颁行之——辽太祖耶律阿保机“神册五年”即 920 年。

⑩ 金启孮编:《女真文辞典》,北京:文物出版社,1984 年,第 293 页。

字略作字形变化，而以女真语训读而成的。

下面给出图示表明上述“汉字～契丹大字～女真字”之间的源流关系：

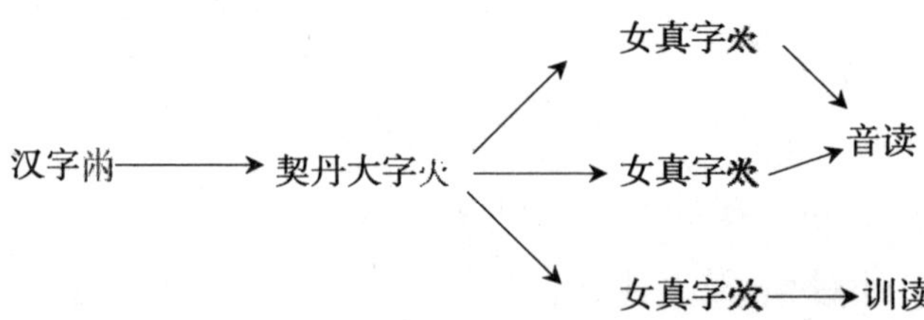

据此可以看出：契丹大字和契丹小字记录的对象虽然都是同一种契丹语，但是根据目前的释读进展，至少表明在具体语汇方面两种文字的记录之间仍然存在着一定的差异。其实，已有研究表明这样的语汇文字差异绝非个例，例如：

“天”：契丹大字夻*TEDGRI～*ten[①]——对应匈奴语【撑犁】，契丹小字关*AU——对应鲜卑语【宇】以及女真语【阿卜哈】[②]。

“龙”：契丹大字妛*BUDUR～女*pu——与女真文妛 举*MUDUR 同源，契丹小字戋*lu——直接借自回鹘语的汉语借词[③]。

因此，在契丹文字的释读过程中，合理利用契丹小字的表音性质，参照比较语言学和比较文字学的相关分析，将契丹小字的解读成果适时延宕于契丹大字的释读，是我们在契丹语文研究中时时应当留意的关键问题。但是这个迁移过程决不可滥用。

（原载于邓章应［主编］《学行堂语言文字论丛》（第二辑）：2011 全国博士生学术论坛（出土文献语言文字研究与比较文字学研究领域）论文集，成都：四川大学出版社，2012 年版：第 268—272 页）

---

① 刘凤翥、王云龙：《契丹大字〈耶律昌允墓志铭〉之研究》，《燕京学报》新十七期，2004 年，第 87 页；笔者对刘氏的拟音略有调整。

② 即实：《契丹字源一斑》，《民族语文》1981 年第 3 期，第 106 页；［日］爱新觉罗·乌拉熙春：《辽金史与契丹、女真文》，京都：东亚历史文化研究会，2004 年，第 135 页。

③ ［日］爱新觉罗·乌拉熙春：《契丹语言文字研究》，京都：东亚历史文化研究会，2004 年，第 70、82—83 页。

契丹语“亥猪”考

一、缘起

契丹小字火表示“亥猪”首先是由刘凤翥等在20世纪90年代中期指出的[①]，当时推测其存在于1993年9月内蒙古敖汉旗新地乡老虎沟村出土的《金代博州防御使墓志》第24行；对该字的首次细致考释则见于郑晓光参照刘凤翥的译释而得出的结论，其意见为：《耶律永宁郎君墓志》第27行的关　冬本　乇　山　火　介交为“清宁五己亥春”之义，而表示“亥”亦即“猪”的契丹小字即是火；再根据其拟音为[uei]，作者同时例举出蒙古语、女真语、达斡尔语、回鹘语中相关词例，得出了“契丹语中‘猪’的读音与阿尔泰语系中的任何一种语言中的‘猪’读音均不相同，也不近似；从中足以管窥契丹语是阿尔泰语系中的一个独立语言，它并不是现存任何一种语言的祖语”的论断[②]。

继而，对契丹大字表示“亥猪”的首次正确解读见于考释《永宁郡公主墓志铭》中[③]；随即在考释《耶律昌允墓志铭》时又重复了这个结论并将其等同于以

---

① 刘凤翥、周洪山、赵杰、朱志民：《契丹小字解读五探》，《汉学研究》1995年第十三卷第2期，第342页。

② 郑晓光：《契丹小字〈耶律永宁郎君墓志铭〉考释》，《民族语文》2002年第2期，第63—65页。

③ 刘凤翥、唐彩兰：《辽“萧兴言墓志”和“永宁郡公主墓志”考释》，《燕京学报》（新十四期），北京：北京大学出版社，2003年，第84—85页。

前曾见于《故太师铭石记》的“事”,同时对该大字拟音作[u(e)i][①]。由此,已经解读的契丹大小字在语义表达上基本合二为一,在语音表现上也是指向同一构拟形式的。

相比之下,对于相关的契丹语汉字记音“喎 *wāi*”的探讨早已有之,本文撷取相对晚近的一个综述性意见:该汉字记音见于《契丹国志·契丹国初兴本末》,孙伯君等仅将其与《金史》女真语姓氏汉字记音“乌延”“兀颜”(拟音 *ulγian)[②]、以及满文 ulgiyan、乃至蒙文 γaqai 相联系,给出的契丹语拟音是 *uγa,从而承袭乃至发展了白鸟库吉、韩百诗等前辈学者的结论[③]。

由此,关于契丹语词“亥猪”,既有契丹大小字的记录,也有汉字记音留存;而且目前关于上述契丹大小字的拟音结果也大致趋于一致,那么契丹字拟音和汉字记音之间是否存在着某些必然的联系呢?

二、通古斯语源流爬梳

首先参看下表所示关于“猪”的主要表达,所列语种多是可能与契丹语有着或远或近亲属关系的典型语言:

突厥语		蒙古语	满—通古斯语	韩语		日语	
laɣzɨn	toŋuz	γaqai	ulgiyan	twayci	amthwayci	i	buta

从语音形式的初步勘同可以推断出,已经解读的这个契丹语词,无论是 *u(e)i 还是 *uγa,大概和满—通古斯语以及日语的形式有些联系。注意到日文在近代的文字改革前是用平假名ゐ、片假名ヰ记录“猪”,由此可见其间反映出

① 刘凤翥、王云龙:《契丹大字〈耶律昌允墓志铭〉之研究》,《燕京学报》(新十七期),北京:北京大学出版社,2004 年,第 67、68、80 页。

② 金光平、金启孮:《女真语言文字研究》,北京:文物出版社,1980 年,第 120 页将其拟音作 *ulijan,显然仅是记音汉字现代语音的直截转写,相对更显距离。当然这个拟音又另有渊源(下文有所涉及),因非本文重点关注之所在,此处不赘。

③ 孙伯君、聂鸿音:《契丹语研究》,北京:中国社会科学出版社,2008 年,第 113—114 页。

的日语历史语音形式为 wi，这样也就更接近于契丹大小字所揭示的契丹语"亥猪"目前的拟音了。

德国学者孟格斯（Karl H. Menges）早就指出过契丹语中存在着通古斯语的成分[①]。澳洲学者康丹（Daniel Kane）则首先将契丹小字记录[illegible]与女真文记录[illegible]、以及女真语汉字记音"兀甲""完颜""兀里彦"乃至满文 ulgiyan 加以归并联系[②]。

这里的满—通古斯语词 ulgiyan，实际上是以满文为代表的，反映的语音形式是 *ulǵan～*uŋgja，其派生形式还包括满语词 ulha"牲口"～ujima"牲畜"及对应动词 unggimbi"遣送"～ujimbi"豢养"[③]。而相关亲属语言例证还包括涅吉达尔语 olgịn、锡伯语[④]vələǵan、乌利奇语及奥罗克语 orgị(n)、那乃语 olgịã、乌德盖语 wagê、索伦语 ulgē，最后都可归结为拟测的原始满—通古斯语形式 *uligan[⑤]。

考虑到上述三种不同的汉字记音形式实际上都是反映同一个满—通古斯语言形式（或有方言差异），那么上述三个女真语词、以及康丹未曾涉及另外一个同义汉字记音"兀颜"，基于其所依恃的近代汉语和满—通古斯语的背景，其拟音形式可以归纳为下表所示（其中，辅音字母所附的前撇表示前一音节记音汉字可能的入声韵尾痕迹，上撇表示腭化）：

---

① Menges, Karl Heinrich: *Tungsen und Ljao. Wiesbaden*: Franz Steiner, 1968.

② Kane, Daniel: Khitan and Jurchen, *Manchu Studies in Honour of Giovanni Stary*, Alessandra Pozzi, Juha Antero Janhunen and Michael Weiers(eds.), Wiesbaden: Harrassowitz Verlag, 2006, p.131.

③ ［日］乌拉熙春：《满族的语言与文化之二》，金光平、金启孮、乌拉熙春《爱新觉罗三代满学论集》，呼和浩特：远方出版社，1996 年，第 377 页。

④ 所引语料所出自的原书题名称为"满洲语口语"，不确。

⑤ Цинциус, В.и др.: *Сравнительный словарь тунгусоманьчжурских языков*: Томе II.Ленинград, 1977, п.259.

女真语			汉语拼音	拟音		
文字形式	汉字记音	汉字记音出处		前人主要结果	本文直接转写	阿尔泰化拟音
——	兀甲	《会同馆译语》第 414 条	*wù-jiă*	康丹拟音 *u(l)gia[1]	*u'ǵa	*ulǵa
[illegible]	完颜	《金史》	*wán-yán*	金光平等拟音 *woŋian[2]	*wanŋan[3]	*uəlgan
[illegible]	兀颜	《金史》	*wù-yán*	孙伯君拟音 *ulɣian[4]	*u'ŋan	*ulgan
[illegible]	兀里彦	《永乐译语》第 162 条	*wù-lĭ-yàn*	清濑义三郎则府拟音 *uliyan[5]	*uliŋan	*ulǵan

进而，上述四个汉字记音可以归并为一个拟音形式——*ulǵa(n)。这个女真语词的拟音结果和原始满—通古斯语的拟测结果就是密切相关的。

三、阿尔泰语源流爬梳

与满—通古斯语关系可能十分密切的历史语言——高句丽语，遗留至今有"猪"的汉字记音(以下繁体汉字为朝鲜半岛汉籍原始记音形式，不能改为简体字)：烏(*u)、烏斯(*osie)、烏生(*osʌŋ)；与之对应的日语词是 usi"牛"和 wi

① Kane, Daniel: *The Sino-Jurchen Vocabulary of the Bureau of Interpreters*. Bloomington, Indiana: Indiana University, 1989, p.216.

② 金光平、金启孮：《女真语言文字研究》，北京：文物出版社，1980 年，第 313 页。

③ 参考：满语词 ulgiyan 的口语读音是[uŋgja]，见[日]乌拉熙春：《满族的语言与文化之二》，金光平、金启孮、乌拉熙春《爱新觉罗三代满学论集》，呼和浩特：远方出版社，1996 年，第 377 页。

④ 孙伯君：《金代女真语》。辽宁：沈阳民族出版社，2004 年，第 276—277 页。

⑤ Kiyose, Gisaburo N.: *A Study of the Jurchen Language and Script*: Reconstruction and Decipherment. Kyoto: Hōritsubunka-sha, 1977, p.106.

“猪”,正与满语词 ulgiyan“猪”、ulha“牲口”同源①。

根据迄今的阿尔泰语词源考察结果，上述原始满—通古斯语形式还可系联至古突厥语（ɨ)laɣzɨn 和回鹘语 laɣzɨn——乃至归结于相应原始突厥语形式 *Vlaǵɨn②,从而再上溯至一个可能的原始阿尔泰语形式 *óligV“牝、猪”③。

而这个词源实际上在蒙古语族内部是有流传的,这就是拟测形式 *ölögčin“牝、母狗”④及其现代形式——蒙文 ölögčin～ölügčin、喀尔喀蒙语及鄂尔多斯蒙语 ölögčin、布里亚特蒙语 ülegšen、卡尔梅克蒙语 öləgčn̩、东部裕固语 lögčin 等⑤。

另一方面,契丹语虽然归于阿尔泰语系之下的蒙古语族殆无大虞,但就这个表示“亥猪”的语词而言,首先似乎可以排除契丹语与这一词源系列的直接关系——这也就是说,契丹语“亥猪”一词并非阿尔泰语本源词在蒙古语族内流传的直接继承，而很有可能是阿尔泰语本源词在满—通古斯语族内承袭结果的借用。这一结论在虑及下面涉及的蒙古语族一个历时语音规律时,似乎就可以豁然开朗了。

蒙古语族中存在着边音 *-l-演化为腭音 *-j-或者脱落的历时音变规律⑥,下面引用美籍俄国蒙古学家鲍培(Nicholas Poppe)研究中的举例,其音节末尾边音的演化情形即可明确展示:

1)“冰”——秘史蒙文及穆卡迪马特蒙文 mölsün、胡都木蒙文 mösün、达斡尔语 me̡js 等,该例词系鲜明体现了 *-l->-j-或者 *-l-脱落的历时音变;

2)“释放、放置”——秘史蒙文和穆卡迪马特蒙文及胡都木蒙文 talbi-、达

---

① 参见网页〈http://pediaview.com/openpedia/Goguryeo_language&diff=prev&oldid=284996467〉。详细的相关讨论参见ボビン,アレキサンダー、長田俊樹共編:『日本語系統論の現在』,ケリー·ラッセル[英文編集],国際日本文化研究センター共同研究報告(31),2003 年。

② Clauson, Sir Gerard: *An Etymological Dictionary of the Pre-Thirteenth Century Turkish*. *Oxford*: At the Clarendon Press, 1972, p.764.

③ Starostin, Sergei, Anna Dybo, & Oleg Mudrak: *Etymological Dictionary of the Altaic Languages*: Part One to Three, with assistance of Ilya Gruntov and Vladimir Glumov. Leiden·Boston: Brill, 2003, p.1049.

④ Starostin, Sergei, Anna Dybo, & Oleg Mudrak: *Etymological Dictionary of the Altaic Languages*: Part One to Three, with assistance of Ilya Gruntov and Vladimir Glumov. Leiden·Boston: Brill, 2003, p.1049.

⑤ 孙竹主编:《蒙古语族语言词典》,西宁:青海人民出版社,1990 年,第 543 页。

⑥ Poppe, Nicholas: *Introduction to Mongolian Comparative Studies*. Helsinki: Suomalais-Ugrilainen Seura, 1987, p.158.

斡尔语 tal'úi-～tawi-、布里亚特蒙语 taḃi-、鄂尔多斯蒙语 tawi-、卡尔梅克蒙语 täwᵊ-等，该例词系体现了-l-在历时音变过程中的腭化进而脱落；

3)“指甲”——秘史蒙文 kimul、胡都木蒙文 kimusun、喀尔喀蒙语χumʊs、布里亚特蒙语χ́umahaŋ 等，该例词系体现了-l-在历时音变过程中的脱落。

另外差可留意的是，满文 ulgiyan 中的-giyan 是个典型的构词后缀成分，且显然承袭自女真语，参见如下典型词例：

1)女真语 *fulaǵan、满文 fulgiyan，对应——蒙文 ulaγan、喀尔喀蒙语和布里亚特蒙语与卡尔梅克蒙语及鄂尔多斯蒙语 ulān“红”等[①]；

2)女真语 *šaŋ-ǵan、满文 šanggiyan“白”，对应——蒙文čaŋ“白霜”及čaŋkir≈čeŋkir“灰白”、布里亚特蒙语 sanxir“灰白”、卡尔梅克蒙语 caŋ“白”等[②]。

由此可知表示“猪”的满—通古斯语词干即是 *ul-。

根据上述满蒙语各自所属的语族内部音变和构词规律，我们大致可以得出如下结论：契丹语“亥猪”的确凿拟音形式当是 *u(e)i——这个形式或许更为准确地表示为 *uj，实际借自满—通古斯语的关系词干 *ul-，再加以蒙古语族内部的音变规律之作用，从而形成目前可见的契丹语词拟测形式。其汉字记音“嗢 *wāi*”亦非为 *uγa，而是简单拟音作 *u(ə)j，即可与契丹大小字的拟测结果很好一致。

四、余论

与“亥猪”同音的契丹语词“事”*uj，契丹大字记作而契丹小字记作**火**，与契丹语词“亥猪”的契丹文字记录相比殆无二致。

表示“事”的这个语词在蒙古语族中的表现形式相当整齐划一，都是保留

① Starostin, Sergei, Anna Dybo, & Oleg Mudrak: *Etymological Dictionary of the Altaic Languages*: Part One to Three, with assistance of Ilya Gruntov and Vladimir Glumov. Leiden · Boston: Brill, 2003, p.1109.

② Starostin, Sergei, Anna Dybo, & Oleg Mudrak: *Etymological Dictionary of the Altaic Languages*: Part One to Three, with assistance of Ilya Gruntov and Vladimir Glumov. Leiden · Boston: Brill, 2003, p.1324.

了其中的腭音和边音的：秘史蒙文和穆卡迪马特蒙文及胡都木蒙文 üile、喀尔喀蒙语 ūjl、卡尔梅克蒙语 ūl[u]、土族语 ulie 等等[①]。不过，其中的卡尔梅克蒙语词和土族语词这两个形式却值得注意：卡尔梅克蒙语词 ūl[u] 保留边音而脱落腭音是起着拉长其前置元音的作用，而土族语词 ulie 中的腭音-i-和边音-l-则显然是语音换位（metathesis）的结果。由此我们可以大胆推测，契丹语词 *uj“事”反映的情形，很有可能是不见于现存其他蒙古语族语言的一个历时语音现象（暂且仅就这一语词而言），即边音 *-l-的脱落——但在前述词例举证中对此语音规律已有充分的展示了。

由是观之，契丹语中的同音词 *u(ə)j“亥猪”和 *uj“事”，在具体的源流脉络方面大不相同：前者是 *-l- > -j-作用的结果，而后者则是 *-l-脱落的结果。两者在现存契丹文字记录中的相同表现，乃是不同语音规律各自作用下结果的偶然重合而已。

（原载于傅勇林［主编］《华西语文学刊》第八辑“契丹学专辑”，成都：四川文艺出版社 2013 年版：第 81—85 页）

① Poppe, Nicholas: *Introduction to Mongolian Comparative Studies*. Helsinki: Suomalais-Ugrilainen Seura, 1987, p. 82.

论“曷朮”

——吐火罗语和契丹语的联系钩稽

1. “曷朮”词考

契丹语称“铁”的“曷朮”这一语词，明确见于相关的汉籍记载。

《辽史·营卫志下》(卷三三，志第三)：曷朮部。初，取诸宫及横张大族奴隶曷朮石烈。曷朮，铁也。

《辽史·食货志下》(卷六〇，志第二十九)：坑冶则自太祖始并室韦，其地产铜、铁、金、银，其人善作铜、铁器。又有曷朮部者多铁；曷朮，国语铁也。

据此亦可知悉，契丹人拥有金、银、铜、铁等矿产资源。在辽太祖(耶律阿保机)兼并室韦诸部的公元900年左右，契丹人就开始开采和利用金属矿产了；公元907年，辽太祖征服了渤海国，也就取得了其地的铁矿资源，这些开采冶炼以及相关管理机构大多见诸史乘[①]。起初，那些铁矿冶炼者可能是诸斡鲁朵和大族的奴隶；圣宗时置为曷朮部，从其语义略可窥测为冶铁之部。可见契丹统治者往往以部族形式组织进行铁矿开采[②]。

---

① 孟庆山:《辽代矿产资源的开发与利用》,《辽宁工程技术大学学报》(社会科学版)2005年第5期,第530—531页。

② 郑毅:《契丹对辽海地区经略探析》,《东北史地》2011年第2期,第82页。

另有契丹人名“曷主～合住～合朮”及部族名“合主”[①],皆为契丹语“曷朮”之异写。结合阿尔泰语言的语音特点加以考虑,这个契丹语词的这一系列汉字记音,表明“曷朮”一词具有如下显著的音韵特征:

(一)含有擦音声母和开口呼主元音的汉字“曷”,提示对应的契丹语音节很有可能是个小舌塞音与阳性元音拼合的——参考:契丹语汉字记音“揑褐”拟音作 *ńaqa[②]义指“犬”殆无疑虞,其间“褐”字即以“曷”为声旁;

(二)由于记音的汉字之一“朮”现代通用其异写“术”,而此“术”字更为常见的读音来自中古音“食聿切”(《唐韵》)或“食律切”(《集韵》《古今韵会举要》《洪武正韵》),因而多音字“朮”不读“食聿切”或“食律切”而读“直律切”(《唐韵》《集韵》《古今韵会举要》),反映的语词音韵特征显然应当是体现塞擦音的。

时代较近的既有诸家拟音中,德国学者孟格斯在构拟 *ḥo-čžu[③]时意识到了词首辅音的小舌位置,但从整体上看他的构拟只是记音汉字现代语音的机械转写而已;芬兰学者芮跋辞意识到了上述汉字记音的音韵特点,但却仍然采纳了体现擦音的 *qašo/u 这一构拟意见[④];中国学者孙伯君、聂鸿音在拟音 *qajü 中基本体现出了汉字记音的上述特征[⑤],只是没有考虑到阿尔泰语元音和谐律的作用。而孟、孙二家的拟音,还有一个共性是将第二音节的声母拟作浊音,这大约是受女真语记音汉字“朮”构拟的影响[⑥]。以上拟音的局限,皆在于所记契语音的汉字难以直接表音之故。

---

① “曷主”见《辽史》卷六,“合住”见《辽史》卷一四、卷八六,“合朮”见《辽史》卷二二、卷九三。其中,卷八六的“合住”又有异写“昌朮”“昌主”,此“昌”字显然为“曷”字之形近讹误。而见于《辽史·耶律大石传》卷三〇,本纪第三十的“合主”则为耶律大石开国西辽时麾下十八部王众之一。

② Tang, John: On the terms for ‘goat’ recorded in Khitan and Jurchen scripts, *Altai Hakpo*, 21(Seoul, 2011), p.193.

③ Menges, Karl Heinrich: *Tungusen und Ljao*. Wiesbaden: Kommissionsverlag F. Steiner, 1968, p.19.

④ Rybatzki, Volker: Bemerkungen zur türkischen und mongolischen Metallterminologie, *Studia Orientalia*, 73 (Helsinki: The Finnish Oriental Society, 1994), p.242.

⑤ 根据孙伯君、聂鸿音:《契丹语研究》,北京:中国社会科学出版社,2008 年,第 66、129 页所提示,由于严守汉字与契丹语音的对应关系,比如契丹语 * č用初母、澄母汉字对音、契丹语 *ǯ用庄母、崇母、章母、澄母等汉字对音,所以实际的语音考察和阿尔泰语言的语音系统还有差别,此处不赘。

⑥ 孙伯君:《金代女真语》,沈阳:辽宁民族出版社,2004 年,第 100 页。

2. 契丹“铁”字考

目前虽然已有的为数不菲契丹大小字文献出土，但限于目前的解读水平，我们还无从知晓其中有无表示“铁”的语汇。不过，一份混杂于德国柏林吐鲁番回鹘文藏品中的契丹大字残片，似乎可以为我们改变这一印象。

该残片编号 Ch 3586，混杂于一批中文文献中得以著录；近来才被认出可能是行间带有回鹘文的契丹大字文献，共有两张一模一样的（47，S.465 和 48，S.465），但是在内容残损度上有所差别[①]。我们采用保存更为完整的一张图片（48，S.465）[②]，只考察中间保存相对完整、且带有较全回鹘文旁注的两个方块字符：（Ch 3586 iii）、（Ch 3596 iv）——

由于契丹字旁注的回鹘文字体明显偏小，这和通常语义并举的《华夷译语》杂字类双语字书体例全不相合，因此这里的回鹘文旁注多半是对其所依附的契丹字的注音。

契丹大字 *qaču-在字形上或许渊源自唐代裴休草书“铁”字“”右边偏

① Wang, Ding: Ch 3586—ein khitanisches Fragment mit uigurischen Glossen in der Berliner Turfansammlung, *Turfan Revisited: The First Century of Research into the Arts and Cultures of the Silk Road*, Durkin-Meisterernst, Desmond; Simone -Christiane Raschmann; Jens Wilkens; Marianne Yaldiz und Peter Zieme (eds.), Berlin: Dietrich Reimer Verlag, 2004, p.371.

② Wang, Ding: Ch 3586—ein khitanisches Fragment mit uigurischen Glossen in der Berliner Turfansammlung, *Turfan Revisited: The First Century of Research into the Arts and Cultures of the Silk Road*, Durkin-Meisterernst, Desmond; Simone -Christiane Raschmann; Jens Wilkens; Marianne Yaldiz und Peter Zieme (eds.), Berlin: Dietrich Reimer Verlag, 2004, p.371. West, Andrew: Khitan Miscellanea 1: Oh, How the Gods Mock Us! Saturday, 22 October 2011, <http://babelstone.blogspot.sk/2011/10/khitan-miscellanea-1.html>(2013.04.16).

旁的减省[①]，从笔势上看是有其趋势的。在同一张残片上，它又与（Ch3586 v）有些类似，因而有人将其直接如此比定，遂认为这个字符旁注的回鹘文字母-q可能是前一个字符旁注回鹘文残损的词末字母，因而这部分回鹘文可以恢复为qačuγ，对应的契丹字则复原为“火”，用来对译梵文的 āyatana 或 viṣaya，义即“觉、识”（sphere of perception or sense）[②]。

但是如果不考虑上述字符的相似性，就是认为这个契丹大字旁注的回鹘文最下部的残损仅涉及字牙末端而不影响字母拼读的话，那么该回鹘文注音qaču-就可以将被注音的契丹大字推测为“铁”[③]，这给我们提供了一个很好的启发，从而也能克服了汉字记音中第二音节辅音清浊难辨、塞擦难辨的困惑。

另一个契丹大字的相关回鹘文注音是-urun[④]，有人将旁注的回鹘文恢复为 orun 从而据此猜测对应的契丹字应当复原为“rentities”，义即“位、国”（place，seat，throne，territory，country）[⑤]。上述猜测也富有启发性；只是这两个契丹字仍然孤立解释，而且似也无法在现存契丹文献中得到相应的佐证。但是，如果旁注的回鹘文最上部的残损仅涉及字冠的话，现存的部分对拼写契丹字音的字母就没有实质性的影响。设若真是如此，那么可以立即联系到汉字记音的女真语词“斡论”“讹论”。

该词作为人名屡见于《金史》[⑥]，并且其义指“生铁”在《金史·国语解》（卷一

---

① 根据张书岩、王铁昆、李青梅、安宁编著：《简化字溯源》，北京：语文出版社，1997 年，第 80 页所示，现行简体“铁”字形，是 1964 年刊行的《简化字总表》将元代才出现的“鉄”字左边“釒”旁类推简化成“钅”而致，故而当与可能的契丹字无关。

② West，Andrew：Khitan Miscellanea 1：Oh，How the Gods Mock Us！ Saturday，22 October 2011，<http://babelstone.blogspot.sk/2011/10/khitan-miscellanea-1.html>（2013.04.16）.

③ Wang，Ding：Ch 3586—ein khitanisches Fragment mit uigurischen Glossen in der Berliner Turfansammlung，*Turfan Revisited：The First Century of Research into the Arts and Cultures of the Silk Road*，Durkin-Meisterernst，Desmond；Simone -Christiane Raschmann；Jens Wilkens；Marianne Yaldiz und Peter Zieme（eds.），Berlin：Dietrich Reimer Verlag，2004，p.373.

④ Wang，Ding：Ch 3586—ein khitanisches Fragment mit uigurischen Glossen in der Berliner Turfansammlung，*Turfan Revisited：The First Century of Research into the Arts and Cultures of the Silk Road*，Durkin-Meisterernst，Desmond；Simone -Christiane Raschmann；Jens Wilkens；Marianne Yaldiz und Peter Zieme（eds.），Berlin：Dietrich Reimer Verlag，2004，p.372.

⑤ West，Andrew：Khitan Miscellanea 1：Oh，How the Gods Mock Us！ Saturday，22 October 2011，<http://babelstone.blogspot.sk/2011/10/khitan-miscellanea-1.html>（2013.04.16）.

⑥ 孙伯君：《金代女真语》，沈阳：辽宁民族出版社，2004 年，第 266 页。

三五)中有明确反映:生铁曰斡论。那么,将女真语“斡论～讹论”与满文 olon “水纹、马肚带”联系[①]就不妥了,由此构拟的女真语音 *olun[②]也似不可取。据此,这一女真语词应当拟音 *oron,但在现存女真文字中似无记录该语词的字符存在。

再考虑到中古蒙语(《元朝秘史》195 节记录)siremü“生铁”源自词根 sir-“冶炼”,另有同根词 sirigdegsen“炼成的”[③],显然也与这里回鹘文的注音并无干涉,因而可以推测契丹语关于“生铁”的语汇或可与该女真语词相通。

因此,此处重点考察的两个残片上契丹大字及其回鹘文注音,就应当转写并释义为: oron“生铁”、 qaču“铁”。这样我们就更为合理地得出了现存契丹大字中的两个指称金属铁、表达不同冶炼状态的语汇。

辽朝的坑冶锻铸中心,相当于今辽阳、绥中、海城、汤岗子一带,而今辽东、朝鲜北部等地也多产铁矿。曾经于此地区发现过长达 80 多米的古坑矿遗迹[④]。契丹辽国曾诱迁女真强宗大姓于辽阳之南,金代在辽阳的南部置曷苏馆路,治所在今辽宁省盖县冶铁。鉴于上述历史背景,女真人名汉字记音“合住～劾者～和朮”[⑤],似也可能与上述契丹语词相混同;但实际上,这几个女真语词应当联系满语的“和卓”hojo“俊美、俏丽”[⑥]。至于跟女真直接相关的“曷苏馆～合苏馆～合苏款”[⑦]这一汉字记音的辽代女真部族名,当同满语 hashan

---

① 孙伯君:《金代女真语》,沈阳:辽宁民族出版社,2004 年,第 266 页。

② 孙伯君:《金代女真语》,沈阳:辽宁民族出版社,2004 年,第 266 页。

③ 包文胜:《读〈暾欲谷碑〉札记——türk sir 与“锻奴”》,《敦煌学辑刊》2012 年第 3 期,第 106 页。

④ 郑毅:《契丹对辽海地区经略探析》,《东北史地》2011 年第 2 期,第 82 页。

⑤ “合住”见《金史》卷六、卷一六、卷九三、卷一〇四、卷一二〇、卷一二九,“劾者”见《金史》卷一,“和朮”见《金史》卷八二。

⑥ 孙伯君:《金代女真语》,沈阳:辽宁民族出版社,2004 年,第 219 页。

⑦ “合苏款”见《三朝北盟会编》卷三、《北风扬沙录》《大金国志》,“曷苏馆”见《金史》卷一,“合苏馆”见《金史》卷三、《松漠纪闻》;另有其他异写形式,如“遏速馆”见《金史》卷九一、“合思罕”见《金史》卷一〇四、“和硕馆”见《读史方舆纪要·山东八·盖州卫》。另有“合苏衮”“合素”等异写不一而足。需要指出的是,都兴智:《曷苏馆女真考略》,《辽宁师范大学学报》(社会科学版)1986 年第 1 期,第 75 页论证:所谓“合斯罕”并非“曷苏馆”的异译,二者风马牛不相及。另,《金史·地理志上》(卷二四,志第五)曰:曷苏馆路,置节度使。天会七年,徙宁州,尝置都统司,明昌四年废。有化成关,国语曰“曷撒罕关”。李自然、周传慧:《曷苏馆女真的几个问题》,《满族研究》2010 年第 4 期,第 17 页将“曷撒罕”与“哈斯罕”混淆,从而认为“曷撒罕关”是准确译作“归化的属夷的关”,据此作为“曷苏馆”解作“蜀国或归化人之‘馆’”的关键证据之一,显然有问题(其余论据亦有可商之处,不赘)。

“藩篱”相联系[①]而非联系“曷朮”[②]。

3. 辅音交替附证

与这一契丹语词可资联系的亲属语言词汇，可靠的实际上仅有达斡尔语kasō和蒙古语巴尔虎方言xasu[③]。其中的达斡尔语词尚有多种写法：qasō、kaso、kazo以及派生动词kazojor“铸铁”，此外再不见于其他蒙古语族语言中[④]。而“曷朮”现行最为常见的拟音 *qašo/u，从根本上讲似乎是参考达斡尔语的形式而拟就的。

当然，在阿尔泰诸语言中，辅音 *č和 *š 乃至 *s 之间的交替、以及和 *t 的承继等关系呈现比较广泛的布局。为了避免循环论证的嫌疑，我们暂时舍弃现已取得很大进展的原始阿尔泰语言构拟结果加以推导，而是遴选汉籍所存的相关典型语汇进行佐证[⑤]——

4)“皇后尊号”*qač/s/tun——鲜卑语“恪尊”(《魏书》)、“可孙”(《南齐书》)、突厥语“可敦”(《旧唐书·突厥传》卷一九四)[⑥]；

5)“金”*alt/čun/ri/qu——鲜卑语 “阿六敦”(《北齐书·斛律金传》)、契丹语“阿庐朵里”“阿鲁敦”(《辽史·国语解》)、女真语“按春”“按出虎”“阿朮浒”(《金

---

① 孙伯君:《金代女真语》,沈阳:辽宁民族出版社,2004年,第220页。

② 都兴智:《曷苏馆女真考略》,《辽宁师范大学学报》(社会科学版)1986年第1期,第75页称曷苏馆或写作“曷术馆”,但未知其所据。

③ Doerfer, Gerhard: The older Mongolian layer in Ancient Turkic, *Türki Dilleri AraştrmalarI*, 3 (1993), p. 85. 另外需要说明的是,莫力达瓦达斡尔族自治旗史志编纂委员会编纂:《莫力达瓦达斡尔族自治旗志》,呼和浩特:内蒙古人民出版社,1998年,第218—220页称:在现代中国阿尔泰语言中,唯独达斡尔人称铁为“卡索”。据此匈牙利学者卡拉·捷尔吉指出:“表示‘铁’这个意义的独特的契丹字的来源,也由李盖提(匈牙利人)院士在他早就发表的一部著作里作了详细的说明。以Kamy的形式复原了其读音这个有趣的词,现在只有嫩江的达斡尔人的语言中才能碰到。这是达斡尔人源出契丹的一个重要证据。其间问题很多;实际上,许多相关中文论著在作出类似的引述、用以佐证现代达斡尔族同历史上契丹族之间的亲缘关系时,往往存在着很多问题。

④ Rybatzki, Volker: Bemerkungen zur türkischen und mongolischen Metallterminologie, *Studia Orientalia*, 73 (Helsinki: The Finnish Oriental Society, 1994), p.242.

⑤ 以下阿尔泰语词汉字记音胪列中,有关的拟音出自笔者之手,相关的具体讨论将另文专述;拟音中的单斜线表示单个音素的交替,双斜线表示整词音素的交替。

⑥ 引自孙伯君、聂鸿音:《契丹语研究》,北京:中国社会科学出版社,2008年,第73页。

史》)、“安春温”(《女真译语·珍宝门》)、满文 ancun“耳坠”、alcuka“阿什河”[①];

6)“酒樽”*s/šara——契丹语“撒剌”(《辽史·国语解》)、女真语“杓栏”(《金史·食货志》卷四九)、蒙文及满文čara“金银等金属打造的有足无盖的鼎或盆”[②];

7)“郎君”*š/čara/i——渤海—契丹语“舍利”(《五代会要·渤海》卷三〇、《辽史·国语解》)、契丹语“沙里”(《辽史·国语解》)“赦例”(王鞏《甲申杂记》)、“查拉”“爪拉”(《辽史拾遗补》卷五)[③];

8)“父祖”*aču——契丹语“阿主”(《辽史·国语解》)、突厥语 äčü、达斡尔语 ača“父”[④];

9)“有力的”*katin//hus——室韦语“乞引”(《隋书·契丹传》)、契丹语“虎斯”(《辽史·国语解》)“虎思”(《辽史·本纪》)、回鹘文 küč“力”、蒙文 hüčü“力量、劲头”、女真语“忽孙”(《女真译语·身体门》)、满文 hūsun“力量、力气”[⑤];

10)“嵩高”*tebei——契丹语“铁摆”(余靖《北语诗》)、满文 cob“高峻山峰”[⑥];

11)“女真族称”*ǯüč/šen——契丹语“注展”(余靖《武溪集·契丹官仪》)、女真语“朱先”(《女真译语·人物门》);

12)“赤裸的”——秘史蒙语 nišuhun、蒙文 ničügün[⑦]。

由此可见,这里对“曷朮”所记录的契丹语词的关键音素进行了变更,但基本不会影响其语源的追溯。

4. 吐火罗语源链接

无论是契丹语还是达斡尔语,现在一般都是归入蒙古语所在的蒙古语族。

---

① 引自孙伯君:《金代女真语》,沈阳:辽宁民族出版社,2004 年,第 198—199 页以及孙伯君、聂鸿音:《契丹语研究》,北京:中国社会科学出版社,2008 年,第 47—48、89—90 页。

② 引自孙伯君、聂鸿音:《契丹语研究》,北京:中国社会科学出版社,2008 年,第 97 页。

③ 引自孙伯君、聂鸿音:《契丹语研究》,北京:中国社会科学出版社,2008 年,第 101—102 页。

④ 引自孙伯君、聂鸿音:《契丹语研究》,北京:中国社会科学出版社,2008 年,第 50—51 页。

⑤ 引自孙伯君、聂鸿音:《契丹语研究》,北京:中国社会科学出版社,2008 年,第 70 页。

⑥ 引自孙伯君、聂鸿音:《契丹语研究》,北京:中国社会科学出版社,2008 年,第 110 页。

⑦ 引自孙伯君、聂鸿音:《契丹语研究》,北京:中国社会科学出版社,2008 年,第 77 页。

因而这个语汇也就被视为阿尔泰语系之下三大语言类群指称“铁”的标志性词汇之一——突厥语：tämür、蒙古语：qašo、通古斯语：sele[①]。不过，关于这个“孤孑”存在的蒙古语族语汇，其渊源却是众说纷纭，莫衷一是。

早在20世纪初，就有日本学者白鸟库吉进行考证和归并，认为契丹语词“曷朮”与汉字记音的突厥语词“迦沙”同源[②]。关于“迦沙”一词，除去作为梵语词“袈裟”的异写[③]略而不论之外，就是原居于叶尼塞河上游盆地的黠戛斯[④]人指称“陨铁”的汉字记音。

《唐会要·结骨国》(卷一〇〇)：以木为室，覆以木皮。天每雨铁，收而用之，以为刀剑，甚铦利。

《新唐书·回鹘传下·黠戛斯》(卷二一七下)：有金、铁、锡。每雨，俗必得铁，号迦沙，为兵绝犀利，常以输突厥。

其中《新唐书》的“每雨，俗必得铁”似为讹误[⑤]，故黠戛斯语“迦沙”义指“陨铁”殆无可虞。对于这个汉字记音，首先应当明确后一音节绝无辅音韵尾，故而，将其与可萨人的族称Qašar或Kazar、乃至哈萨克人族称Kazak因词末辅音替换而相联系的意见[⑥]，则是无源之水。相对而言，对汉字记音“迦沙”一词更为符合阿尔泰语音特征的拟音为 *qaš(a)，大概是直接借自南部萨莫耶德语的，

---

① Rybatzki, Volker: Die tungusische Metallterminologie, *Studia Etymologica Cracoviensia*, 7 (Krarów, 2002), p.113.

② 孙伯君、聂鸿音：《契丹语研究》，北京：中国社会科学出版社，2008年，第66页。

③《四分律·四波罗夷法》：九月生男，颜貌端正，与世无双，字为种子。诸根具足，渐渐长大，剃髮，披迦沙，以信坚固，出家学道。《象教皮编·梵译·衣服》：迦罗沙曳，僧衣也。省罗曳字，止称迦沙。葛洪撰《字苑》，添衣作袈裟。

④《史记》初见，称之为“鬲昆”；两汉时称“坚昆”；魏晋南北朝至隋代称“结骨”“契骨”“纥骨”“护骨”；唐代通称为“黠戛斯”；五代十国、辽、宋、金时又称“纥里迄斯”；蒙元时代称“吉利吉斯”等；今译“吉尔吉斯”(国外)或“柯尔克孜”(国内)。

⑤ Pulleyblank, Edwin George: The name of the Kirghiz, *Central Asiatic Journal*, 34 (1990), p.2.对此，张旭东：《“迦沙”非陨铁》，《中华文史论丛》2008年第2期，第260页认为此处不误；徐文堪：《关于“迦沙”》，《中华文史论丛》2008年第3期，第64页在全面扼要梳理有关论述基础上澄清这个“疑误”的来龙去脉；尔后张旭东：《再谈“迦沙”》，《中华文史论丛》2008年第4期，第8页尚有力陈不误的意见，因其仅限于中文范围内的纠结而完全排斥外国学者的论断，不赘。

⑥ 钱伯泉：《哈萨克族的族源和族名含义研究》，《新疆大学学报》(哲学·人文社会科学版)2006年第1期，第84页。

而此现今操突厥语的黠戛斯人也可能源出萨莫耶德人[①]。这一萨莫耶德—达斡尔—契丹共有词既非源出突厥语、也无从觅见其东方起源,大概可以归结为西方的吐火罗—萨莫耶德词源[②]。

另一种意见认为这个黠戛斯语词大概来自伊朗语表示"青灰色"的词根kas-,可以参照同根的于阗语词(t)cāṣạ-"蓝松鸦"和亚美尼亚语中的巴列维语借词čašak"杯子"等等;而从这一黠戛斯语词就孳乳出蒙古语族中指"铁"的契丹语词 qašu 和达斡尔语词 k/xaso[③]。

结合这个契丹语词的拟音 *qašo,一般还可以联想到突厥语词根 qat-"坚硬",从而可以推测这一契丹语词源出回鹘语[④]。

由突厥语词根 qat-"坚硬"派生出的古突厥语汇 qaš 指的是"贵重物、宝石"[⑤]。回鹘文表示"玉石"的复合词 qaš taš[⑥]中,后一词指"普通的石头",前一词也即该词,整个复合词直译即是"宝石"。其他突厥语形式大同小异,如柯尔克孜语也有该词 qaš"宝石",均可归结为原始突厥语 *KĀĺ"玉、宝石、扳指";蒙古语自突厥语借入了该词 qas(i);满文中则有从原始通古斯语 *goldi"戒指、套圈"渊源的同源词 guljarhan"套圈"[⑦]。

另一个原始阿尔泰语词根 *kósV(~-u-)"(石制)链条、戒指"大概是远东

---

① Ligeti, Louis: Mots de civilisation de haute Asie en transcription chinoise, *Acta Orientalia Academiae Scientiarum Hungaricae*, 1.1(1950), pp.150-168.徐文堪:《关于"迦沙"》,《中华文史论丛》2008 年第 3 期,第 64 页。

② Rybatzki, Volker: Bemerkungen zur türkischen und mongolischen Metallterminologie, *Studia Orientalia*, 73 (Helsinki: The Finnish Oriental Society, 1994), p.242.

③ Bailey, Harold Walter: Kirkut, *Indo-Scythian Studies*: Khotanese Texts VII, Cambridge · New York · Melbourne · Madrid · Cape Town · Singapore · São Paolo · Delhi: Cambridge University Press, 1985, p.57.

④ Rybatzki, Volker: Bemerkungen zur türkischen und mongolischen Metallterminologie, *Studia Orientalia*, 73 (Helsinki: The Finnish Oriental Society, 1994), p.242. Rybatzki, Volker: Die tungusische Metallterminologie, *Studia Etymologica Cracoviensia*, 7(Krarów, 2002), p.113.

⑤ Von Gabain, Annemarie: *Alttürkische Grammatik*: Mit Bibliographie, Lesestücken und Wörterverzeichnis, auch Neutürkischen. Leipzig: O.Harrassowitz, 1950, p.327.徐文堪:《关于"迦沙"》,《中华文史论丛》2008 年第 3 期,第 64 页。

⑥ 胡振华、黄润华整理:《高昌馆杂字——明代汉文回鹘文分类词汇》,北京:民族出版社,1984 年,第 48 页。

⑦ Starostin, Sergei, Anna Dybo, & Oleg Mudrak: *Etymological Dictionary of the Altaic Languages*: Part One to Three, with assistance of Ilya Gruntov and Vladimir Glumov. Leiden · Boston: Brill, 2003, pp.548-549.

地区的共有词(isogloss),与之相关的尚有通古斯语 *kosa、古韩语 *kùsɨ́r、古日语 *kúsārì、高句丽语 *kos,均指“宝石、珠宝”①,此外这一词系尚可联系到古爱斯基摩语—尤皮克—因纽特语词根 *kica-“锚石”②。

综合内陆欧亚诸民族的冶金史和上述各种语言词汇见诸文献的时代及其语义嬗变的情况,目前一般还是认为“契丹语＜黠戛斯语＜萨莫耶德语＜古吐火罗语”一脉最具可信度,从而与原始印欧语的冶金术语加以联系了。

古吐火罗语词 *w^{y}äsā 分别直接借入萨莫耶德语 *wesä“铁、钱”和与之有关的芬兰—乌戈尔语汇——波罗的海芬兰语 *vaski“铜”、马里语 važ“矿石”、科米语 ezi̮ś“银”～ozi̮ś“锡”、曼西语 ātwės“铅”、汉提语 wăχ“金属、铁、钱”、匈牙利语 vas“铁”,这些词例都反映出词首软腭辅音的拓展变化,这一点或许折射出作为直接借入词源的古吐火罗语这一语汇在复合词 *wyesā-yāka-＞焉耆语wsā-yok～龟兹语 ysā-yok“金色”中的语义引申脉络:“黄金”→“金色”→“金色的金属”→“铜”→“铁”→“贵重之物”→“珠宝”→“钱币”③。而和古萨莫耶德语词 *wesä 似乎还可以共同汇聚成为一个更为古老的形式 *wäśkä“金属”,其间包含了名词后缀 *-ka/ä;于是,这个构拟的形式再褪去构词后缀的影响之后,我们即可将其上溯至西雅利安语的词根 *waća-“金属”以及 *wāćī-“锻造”直至原始印欧语词根 *weh$_1$ḱih$_2$-,从而与原始芬乌语词根 *weŋ́ći 相联系了④。

另一方面,孳乳出焉耆语 wäs 和龟兹语 yasa 的古吐火罗语 *w^{y}äsɑ“金”,传统的追溯是到原始印欧语词根 *H$_a$weseH$_a$,可以比较拉丁语 aurum、古立陶宛语 ausas、古普鲁士语 ausis⑤。最近基于拉丁语和波罗的语言词汇共性的新研究又

① Starostin, Sergei, Anna Dybo, & Oleg Mudrak: *Etymological Dictionary of the Altaic Languages*: Part One to Three, with assistance of Ilya Gruntov and Vladimir Glumov. Leiden·Boston: Brill, 2003, p.726.

② Mudrak, Oleg A.: Kamchukchee/Eskimo Glottochronology and Some Altaic-Eskimo Etymologies Found on the Swadesh List, *Aspects of Comparative Linguistics*, Moscow: RSUH Publishers, 2008, p. 313.

③ Blažek, Václav & Michal Schwarz: Tocharians who they were, where they came from and where they lived, *Lingua Posnaniensis: Czasopismo poświęcone językoznawstwu porównawczemu i ogólnemu*, L(Poznań, 2008), p.58.

④ Kallio, Petri: Suomen kantakielten absoluuttista kronologiaa, *Virittäjä*, 1/2006, p.7.

⑤ Adams, Douglas Quentin: *A dictionary of Tocharian B*. *Amsterdam*: Rodopi Publishers, 1999, p.487.

有了原始印欧语新的词根构拟:*h_2é–$h_2$us–o–[1],可以比较指称“金”的立陶宛语词 áuksas 乃至部分早期近东语言词汇——如亚美尼亚语词 oski乃至胡里特语词 ušhi、苏美尔语词 guskin[2],可以认定这个指称“金”的术语在内陆欧亚诸民族语言中的广泛性和早生性。

如果比较从古提时代到吐火罗时代的一个典型族称的变化——吐火罗语 Kuči“龟兹”<古提语楔形文字记音 Guti>月氏语希腊字母记音Ἰάτιοι“月氏”>吐火罗语 Argi“焉耆”[3],可以看出契丹语词“曷朮”历经黠戛斯语词“迦沙”中介而借自吐火罗语的一条更为可能的轨迹:契丹语 *qaču “铁”<黠戛斯语 *qaš(a)“陨铁”<? >古吐火罗语 *w^yäsā“金”>萨莫耶德语 *wesä“铁”,其中的“? ”当是代表了在语言形态上早于目前构拟的古吐火罗语的“前古吐火罗语”吧,这个语言阶段大约和月氏时代接近,或许可以视为与月氏语并行的某种早期吐火罗语方言,但一定是远远晚于古提语的。

这个“铁”似乎就是早于古吐火罗语在月氏时代的词汇,因而早早借入了古突厥语和原蒙古语之前的早期阿尔泰语言中,以致成为蒙古语族语言中的标志性语汇,在突厥语汇大量借用蒙古语族中之后,契丹语及其孑遗中蕴含的早期语言影响就更显弥足珍贵了。

5. 吐火罗—契丹的接触问题

《辽史·属国表》(卷七十,表第八):(天显)六年西南边将以慕化辖戛斯国人来。铁骊来贡。可见黠戛斯和契丹之间存在着直接交往则是确凿无疑的。

吐火罗人在内亚民族中的中介地位,恐怕应该从公元前二三千纪与闪语

---

① Driessen, C.Michiel: *h_2é–$h_2$us–o–, the Proto–Indo–European Term for´gold´, *Journal of Indo–European Studies*, Volume 31, Numbers 3 & 4(2003), pp.347–362.

② Kallio, Petri: Suomen kantakielten absoluuttista kronologiaa, *Virittäjä*, 1/2006, p.7.

③ Pulleyblank, Edwin George: The consonant system of Old Chinese, *Asia Major*, 9(1962), pp.93–94.[德]W. B.亨宁:《历史上最初的印欧人》,徐文堪译注,《西北民族研究》1992 年第 2 期,第 29—30 页;[俄]T. V.加姆克列利则、Vjac.Vs.伊凡诺夫:《历史上最初的印欧人:吐火罗人在古代中东的祖先》,杨继东译、徐文堪校,《西北民族研究》1998 年第 1 期,第 56—60 页。

族阿卡德人的交往算起，一直延续至公元10世纪之后自身尚未彻底突厥化之前。

公元7世纪中叶以降，随着西突厥和大食在中亚的扩张和征服，这一地带的多个民族国家开始了突厥化和伊斯兰化的进程，处于几者交汇处的吐火罗人正是居于这一民族宗教同化的前沿；其间的具体过程我们目前尚不清楚，但在唐代初期，从河西到长安一代仍有不少保留民族特色的吐火罗人寓居，《大秦景教流行中国碑》的叙利亚文题记表明，公元781年“吐火罗斯坦”毋宁说已在很大程度上成为一个地理概念而非民族国家了[①]。可能是在吐火罗叶护政权灭亡后，吐火罗人才大规模突厥化的；而公元10世纪之后，或许在南疆的吐火罗人还有民族特色存留，这应当是吐火罗人作为一个独立的民族尾声的呈现。

契丹人源出东胡，与更早文明化的鲜卑人似有直接的渊源关系。鲜卑族政权北魏时代汉籍始见“契丹”族称，初唐时代(628—730年)出现了部落联盟，唐末建立契丹—辽政权(907—1125年)，与中原地区的汉人政权(主要是北宋)和西北地区的党项政权西夏对峙百余年。女真人攻灭辽国后，部分契丹宗室在西域建立哈喇契丹—西辽政权(1132—1218年)再续国祚近百载，元代契丹人始融入其他民族中。

由此，从时间跨度和空间幅度而言，契丹人和吐火罗人其实都有相互接触的可能，目前暂无确凿的文献和文物材料可以证明这一点。

但是，前文的零散语源追溯，却显示了尚无可靠材料证实的契丹人和吐火罗人、或说契丹语和吐火罗语之间存在着迂曲的联系。希望这些语言学的证据，能够伴随着文献材料的深入解读和文物材料的新颖发掘，为我们进一步确证契丹人和吐火罗人的接触问题，重现中古时代内陆欧亚两大民族之间的直接交往。

(原载于《中西文化交流学报》2013年第五卷第一期“徐文堪先生古稀纪念中西学论专号”：第150—161页)

① 王欣：《吐火罗史研究》。北京：中国社会科学出版社，2002年，第181—182页。

ON THE KHITAN TERMS FOR "TIGER"

1. *Introduction*

Khitan, the so-called Para-Mongolic language in Pre-Chinggisid times[①], extinct though for several centuries, has left not only rich indigenous records in two different writing systems: macroscript(大字 *dàzì*[②], literally "Large(r)Script") and microscript(小字 *xiǎozì*, literally "Small(er)/Lesser Script")[③], but also quite a few Sino-Khitan[④] words in Chinese historiography. The contemporary decipherment of two Khitan scripts, especially in China and Japan, is uncovering this nomadic people's historio-cultural characteristics in the medieval Eurasian steppe.

The following paragraphs will elucidate several different records of the Khitan terms for "tiger", just to shed light upon a bifurcation of one Khitan sememe especial-

① Janhunen, Juha: Para-Mongolic, *The Mongolic languages*, Juha Janhunen(ed.), London: Routledge 2003, p.391.

② In this paper, all the Chinese characters not used to transcribe Altaic vocabulary are noted in Chinese pinyin system in italics.

③ All the cited examples in Khitan microscript substitute the linear forms for their various complicated overlaps for the sake of easy printing.

④ In this paper, these terms composed of the prefix "Sino-" and a national adjective all refer to such a national language roughly transcribed in Chinese characters.

ly noticed in the collated decipherment of the two Khitan scripts.

2. *Sino–Khitan*

At first, the Khitan terms for "tiger" are due to two Sino–Khitan spelling variants: 蔞珎思 *ly–tʂin–sz̩[①] "龍虎 *lónghŭ*–dragon (and) tiger" and 蕃珂忍 *fan–kʰɔ–rin "熊虎 *xiónghŭ*–bear (and) tiger". As for the former, its latest reconstruction *le(fu)–duše, Kurakichi Shiratori's early 20th–century decipherment based on some Tungusic cognates, was recognized partly as *lö jens without any renewed reason[②]. It is unfortunate, however, that this result could be far from feasible because the proceeding paragraphs will display some interactive identifications between those Chinese transcriptions and another Khitan microscript spelling in the next section.

Since the Mongolic lexeme for "dragon" has been identified as both Kmi.[Khitan script]/[Khitan script]/[Khitan script] *lu[③] and Mo.luu[④] <OUy.luu<MChi.龍 *ljoŋ[⑤], more the Chinese character 蔞 *ly than 蕃 *fan should be preferred as a true transcription of the Sino–Khitan "dragon". Thus, either 珎思 *tʂin–sz̩ or 珂忍 *kʰɔ–rin, the last two Chinese characters in the above mentioned spelling series, must be used to transcribe "虎 *hŭ*–tiger".

---

① In this paper, unless there is a special footnote together with it, every Chinese character used to transcribe Altaic vocabulary is noted with Pulleyblank's Early Mandarin (Yuan Dynasty) reconstruction without any tonal marker—cf. Pulleyblank, E.G.: *Lexicon of Reconstructed Pronunciation in Early Middle Chinese, Late Middle Chinese, and Early Mandarin*, Vancouver: UBC Press, 1991, since the Khitan and Jurchen languages were equivalent to the colloquial Chinese more similar to the Mongol–Yuan period's and the transcribed Altaic languages are all deprived of tones.

② Sun, Bojun & Nie Hongyin: *Qidanyu yanjiu* [A study of Sino–Khitan language], Beijing: Zhongguo shehui kexue chubanshe, 2008, pp.76–77.

③ Chinggeltei: *Qidan xioazi shidu wenti* [Problems on deciphering Khitan microscript], with the assistance of Oyonchi, Tokyo: Ajia Afurika Gengo Bunka Kenkyuusho, 2002, pp.26, 28, 135.

④ *Mongol Kidad Toli (Naman jaskasan tabtar)/Meng Han cidian (xiuding ben)* [Mongol–Chinese dictionary: Revised edition], Institute of Mongolian Language and Script, Academy of Mongolic Studies, Inner Mongolia University (ed.), Hohhot: Neimenggu Daxue chubanshe, 1999, p.851.

⑤ Наделяев, В.М., Д. М. Насилов, Э.Р.Тенишев & А.М.Щербак (Редак.): *Древнетюркский словарь*, Ленинград: Наука, 1969, п.334. This Chinese reconstruction also refers to Kmi. [Khitan script][Khitan script] *l–iuŋ to transcribe the Chinese character 龍 *lóng*, cf. Kane, Daniel: *The Kitan Language and Script*, Leiden · Boston: Brill, 2009, pp.66, 249.

It was argued that SKhi. 珎思 *tʂin–sẓ could be corrected as"珀思*p^{h}aj–sẓ"and equated with Mongolic:bars "tiger" <Turkic <Persian[1] –with a new character re–placed,or that SKhi. 蔞珎思 *ly–tʂin–sẓ and 蕃珂忍 *fan–k^{h}ɔ–rin as a contracted combination:蔞蕃珂思 *ly–fan–k^{h}ɔ–sẓ–hereupon 蕃珂思*fan–k^{h}ɔ–sẓ equivalent to "tiger" [2]–with the spelling series prolonged. Until the relevant Khitan microscript recording was corrected and deciphered(in the next part as below),the Sino–Khitan form 珂思 *k^{h}ɔ–sẓ has been identified as a precise transcription of the Khitan word for "tiger". This ultimate identification of the Chinese transcription is of much signifi–cance in that it maintains both the spelling length and the transcribing characters of the original texts.

Next,the study will focus on another transcribing series of two homophonic forms:必里遲里 *pi–li–tʂ^{h}ṛ–li and 必里遲離 *pi–li–tʂ^{h}ṛ–li,both referring to the date when the Son of Heaven was shooting tigers together with his officials and gen–erals(HKLD–53).

As for this type of recordings,there are two current decipherments as follows:

1)SKhi. 必里遲里 *pi–li–tʂ^{h}ṛ–li=一十賽 *ji–ʂi–saj"the ninth month"(MBNC) also"tiger month",which can be divided into two components:*bilig "? "and *čiri/ širi"month"[3]. It is obvious that the analysis is far from the historiographic interpreta–tion:the Son of Heaven shooting tigers on the very day.

2)SKhi. 必里遲離 *pi–li–tʂ^{h}ṛ–li=*bi–ri–či–ri=*bäri–šeri"tiger day,the ninth day of the ninth month",also according to Shiratori's viewpoint,because of the tiger

① Jia,Jingyan:Qidan wen[The Khitan scripts],*Zhongguo minzu gu wenzi*[The Chinese minority scripts], Chinese Society of Minority Scripts(ed.),Beijing,1982,p.106.

② Ji,Shi:Qidan xiaozi ziyuan juyu[Some remarks on the etymology of Khitan microscript graphs],*Minzu yuwen*,1982(3),p.56.

③ Chimeddorji:Cong yuan Mengguyu dao Qidanyu[From primitive Mongolian to Khitan language],*Journal of Central University for Nationalities*:Philosophy and Social Sciences Edition,2002(3),p.137.

shooting on the day①. It can be noted that the following table shows different records of the Khitan terms for "day"②:

Kma.③	Kmi.④	SKhi.⑤		
日	𘱞	捏離 *njɛ-li	捏咿唲 *njɛ-ji-rr̩	涅里 *njɛ-li
—	*nær	*neri		

Therefore, the Khitan word "day" certainly has an initial nasal, which could not disappear in any oral expression. Furthermore, if the Khitan word for "day" could be reconstructed as *ńäri, with an initial palatal nasal, there would not appear such an assimilation as *-s+*ń->*-š/č- in any Altaic consonantal sandhi. Thus, it is reasonable that the intervocalic sibilant -š- should be allocated not to the latter, but to the former syllable, in those reconstructed equivalents of the Chinese transcribing series involved.

Rather, these Sino-Khitan spelling series should refer to "tiger season", of which the latter component could be cognate to Jur. 乇*erin "season" (No.130)⑥ as a sementeme in the Jurchen terms for the four seasons⑦ (No. 073-076)⑧. Accordingly, this reconstruction of the Sino-Khitan recordings should be analyzed as two components:

---

① Sun, Bojun & Nie Hongyin: *Qidanyu yanjiu* [A study of Sino-Khitan language], Beijing: Zhongguo shehui kexue chubanshe, 2008, p.53.

② The following table includes the results of recent research undertaken by other scholars. In this table, only the reconstructed initial consonant *n- is of interest for my study. Other aspects of these reconstructions are beyond the scope of my paper.

③ Kane, Daniel: *The Kitan Language and Script*, Leiden·Boston: Brill, 2009, p.182.

④ Chinggeltei: *Qidan xioazi shidu wenti* [Problems on deciphering Khitan microscript], with the assistance of Oyonchi, Tokyo: Ajia Afurika Gengo Bunka Kenkyuusho, 2002, p.58.

⑤ Sun, Bojun & Nie Hongyin: *Qidanyu yanjiu* [A study of Sino-Khitan language], Beijing: Zhongguo shehui kexue chubanshe, 2008, pp.87-88.

⑥ Kiyose, Gisaburo N.: *A Study of the Jurchen Language and Script*: Reconstruction and Decipherment, Kyoto: Hōritsubunka-sha, 1977, p.67.

⑦ They are: 𘬀乇*ńeńen-erin "spring season" (Ma. niyengniyeri), 𘬁乇*ǰuğa-erin "summer season" (Ma. juwari), 𘬂乇*bolo-erin "autumn season" (Ma. bolori), 𘬃乇*tuğe-erin "winter season" (Ma. tuweri).

⑧ Kiyose, Gisaburo N.: *A Study of the Jurchen Language and Script*: Reconstruction and Decipherment, Kyoto: Hōritsubunka-sha, 1977, p.101.

*eri–the latter for“season”, and *bäriš–the former for“tiger”.

Now that its meaning is determined, more attention will be paid to this form: *bäriš, based on the widespread Altaic term for “tiger”: bars–the following analysis will focus on two points: how to determine the vowel–ä–in the first syllable and the ending consonant–š.

For the first point, such a Chinese character with a close, front vowel [i] as 必 *pi is often used to transcribe the syllables including the middle/central vowel [e/ä] in the Khitan and Jurchen languages, which is also etymologically equivalent to some other spelling variants–e.g.: SKhi. 腻俚謇 *t^həj–li–kjɛn～特里典 *təj–li–tjɛn[1]～惕里已 *t^hi–li–ki～梯里已 *t^hi–li–ki[2] for Khi.*tirigi (n)–cf. SMo. 帖舌里温 *t^hjɛ–ri–un～忒婁温 *t^həj–ləw–un for Mo.terigün“head”[3], SKhi. 乙辛 *ji–sin～意辛*ji–sin for Khi.*isin–cf. SMo. 也先 *jɛ–sjɛn for Mo.esen“clever”[4], SJur. 蒲里 *p^hu–li～蒲烈 *p^hu–ljɛ for Jur. *puli–cf.Ma.fulu“rich, redundant”[5], SJur. 斜烈 *sjɛ–ljɛ～思烈 *sẓ–ljɛ～思列 *sẓ–ljɛ for Jur. *sele–cf. Ma. seleme“a type of sword”[6], SJur. 耶補兒 *jɛ–pu–rṛ for Jur. *ebur[7]–cf. Ma. iberi“the back part of a helmet”[8], SJur. 乙

① Sun, Bojun & Nie Hongyin: *Qidanyu yanjiu*[A study of Sino–Khitan language], Beijing: Zhongguo shehui kexue chubanshe, 2008, p.108 took a special notice of the fact that, in HKLD, the Chinese characters with the initials*t–and*k–are sometimes confused with each other to transcribe a Khitan syllable.

② Sun, Bojun & Nie Hongyin: *Qidanyu yanjiu*[A study of Sino–Khitan language], Beijing: Zhongguo shehui kexue chubanshe, 2008 classified these four transcriptions into two different lexical items.

③ Sun, Bojun & Nie Hongyin: *Qidanyu yanjiu*[A study of Sino–Khitan language], Beijing: Zhongguo shehui kexue chubanshe, 2008, pp.108, 109–110.

④ Sun, Bojun & Nie Hongyin: *Qidanyu yanjiu*[A study of Sino–Khitan language], Beijing: Zhongguo shehui kexue chubanshe, 2008, p.122.

⑤ Sun, Bojun: *Jindai Nüzhenyu yanjiu*[A study of Jurchen language in Jin Dynasty], Shenyang: Liaoning minzu chubanshe, 2004, p.243.

⑥ Sun, Bojun: *Jindai Nüzhenyu yanjiu*[A study of Jurchen language in Jin Dynasty], Shenyang: Liaoning minzu chubanshe, 2004, p. 280.

⑦ Sun, Bojun: *Jindai Nüzhenyu yanjiu*[A study of Jurchen language in Jin Dynasty], Shenyang: Liaoning minzu chubanshe, 2004, p.283 has the reconstruction: *ibuṛi.

⑧ Sun, Bojun: *Jindai Nüzhenyu yanjiu*[A study of Jurchen language in Jin Dynasty], Shenyang: Liaoning minzu chubanshe, 2004, p.283.

室 *ji–ʂi～乙薛*ji–sjɛ for Jur. *isi–cf. Ma. isimbi"to reach"[1],SJur. 盈歌*jiŋ–kə～揚割 *jaŋ–kə for Jur.*yeŋge[2]–cf. Ma. yengge "bird–cherry" [3],etc. That is to say, such reconstructions from the Chinese transcriptions should be adjusted in some extent based on Altaic vowel harmony.In fact,beyond the Early Mandarin period,some of the Chinese characters including the main vowel [i]can be used to transcribe a foreign syllable with the main vowel [e],such as Chi. 伊循 *ʔji–sɧyn～七屯 *ts^{h}it–tɧun[4] for Gr.Ἰσσηδών[5],Chi. 秘鲁 *bilu*[6] for Sp. Perú,etc.

For the second point,there is a phonetic parallel between the post–alveolar affricate[č]in Mongolic languages and the sibilants[š/s]in Manchu–Tungusic languages,which can be reflected sometimes in the Chinese transcriptions as follows: SKhi. 紇真 *? [7]–tʂin for Khi. *γučin[8]–SJur. 兀室 *u–ʂi～固新 *ku–sin～谷神 *ku–ʂin～古申 *ku–ʂin for Jur. *γuši(n)[9]–cf. Mo. γučin–Ma.gūsin"thirty"[10],SKhi. 虎斯 *xu–sẓ～虎思 *xu–sẓ for Khi. *hus"strong"[11]–SJur. 忽孫 *xu–sun for Jur. *husun–

---

① Sun,Bojun:*Jindai Nüzhenyu yanjiu*[A study of Jurchen language in Jin Dynasty],Shenyang:Liaoning minzu chubanshe,2004,p.288.

② Sun,Bojun:*Jindai Nüzhenyu yanjiu*[A study of Jurchen language in Jin Dynasty],Shenyang:Liaoning minzu chubanshe,2004,p.289 has the reconstruction:*yiŋge.

③ Sun,Bojun:*Jindai Nüzhenyu yanjiu*[A study of Jurchen language in Jin Dynasty],Shenyang:Liaoning minzu chubanshe,2004,p.289.

④ These two Chinese transcriptions have the Late Middle reconstructions from Pulleyblank,E.G.:*Lexicon of Reconstructed Pronunciation in Early Middle Chinese,Late Middle Chinese,and Early Mandarin*,Vancouver: UBC Press,1991,because of their appearances in some Tang geographical works.

⑤ Pulleyblank,E.G.:The Consonantal System of Old Chinese,*Asia Major*,1962(9),p.127.

⑥ It is a Chinese pinyin spelling without tonal markers for the modern foreign proper name.

⑦ Note the Chinese character 紇 for transcribing the second syllable of the ethnonym"Uyghur",cf.Pulleyblank,E.G.:*Lexicon of Reconstructed Pronunciation in Early Middle Chinese,Late Middle Chinese,and Early Mandarin*,Vancouver:UBC Press,1991,p.122.

⑧ Sun,Bojun & Nie Hongyin:*Qidanyu yanjiu*[A study of Sino–Khitan language],Beijing:Zhongguo shehui kexue chubanshe,2008,p.66 has the reconstruction:*hüjin.

⑨ Sun,Bojun:*Jindai Nüzhenyu yanjiu*[A study of Jurchen language in Jin Dynasty],Shenyang: Liaoning minzu chubanshe,2004,p.269 has the reconstruction:*gusi/gusin.

⑩ Sun,Bojun:*Jindai Nüzhenyu yanjiu*[A study of Jurchen language in Jin Dynasty],Shenyang:Liaoning minzu chubanshe,2004,pp.269–270.Sun,Bojun & Nie Hongyin:*Qidanyu yanjiu*[A study of Sino–Khitan language],Beijing:Zhongguo shehui kexue chubanshe,2008,pp.66–67.

⑪ Sun,Bojun & Nie Hongyin:*Qidanyu yanjiu*[A study of Sino–Khitan language],Beijing:Zhongguo shehui kexue chubanshe,2008,p.70 has the reconstruction:*hüsi.

cf.Mo. hüčü–Ma. hūsun "strength" [①], SJur. 奴申 *nu–ʂin～訥申 *nu–ʂin for Jur. *nušin –cf. Ma. nečin "peaceful, tranquil" [②], SJur. 烏春 *u–tʂʰyn～烏蠢 *u–tʂʰyn～兀稱因 *u–tʂʰiŋ–jin for Jur. *učin [③]–cf. Ma. uksin "armor" [④], etc. Furthermore, it is worth noticing that the Chinese surname 尉遲 *ʔyt–trɦi [⑤] is equivalent to Khot. Viśa, which is a direct evidence for the Chinese character 遲 *trɦi transcribing a foreign syllable with some initial sibilant. Moreover, considering the fact that its phonetic component 犀 *siaj [⑥] always has a sibilant intinal [⑦], the Chinese character 遲 *trɦi can be used to transcribe some foreign syllables with the sibilant initial.

Considering the widespread acceptance of Paul Pelliot's speculation that the Khitan language was characterized by a high degree of palatalization [⑧], this ending sibilant*–šin*bäriš should come out of*–s in its intervocalic location between the preceding front vowel*–(r)i–and the succeeding one*e (ri). Thus, SKhi. 必里遲 *pi–li–tʂʰɽ should reflect a hidden Khitan term for "tiger": *bäris–also note such peculiar disyllabic lexemes in Altaic as STur. 蒲類 *bɔ–lwih [⑨] = *barus "ancient name

① Sun, Bojun & Nie Hongyin: *Qidanyu yanjiu* [A study of Sino–Khitan language], Beijing: Zhongguo shehui kexue chubanshe, 2008, p.70.

② Sun, Bojun: *Jindai Nüzhenyu yanjiu* [A study of Jurchen language in Jin Dynasty], Shenyang: Liaoning minzu chubanshe, 2004, p.240.

③ Sun, Bojun & Nie Hongyin: *Qidanyu yanjiu* [A study of Sino–Khitan language], Beijing: Zhongguo shehui kexue chubanshe, 2008, p.270 has the reconstruction: *učun.

④ Sun, Bojun: *Jindai Nüzhenyu yanjiu* [A study of Jurchen language in Jin Dynasty], Shenyang: Liaoning minzu chubanshe, 2004, pp.270–271.

⑤ It is a Late Middle reconstruction from Pulleyblank, E.G.: *Lexicon of Reconstructed Pronunciation in Early Middle Chinese, Late Middle Chinese, and Early Mandarin*, Vancouver: UBC Press, 1991, owing to the Khotanese Kingdom flourishing in Tang Dynasty (618–907 AD).

⑥ It is also a Late Middle reconstruction from Pulleyblank, E.G.: *Lexicon of Reconstructed Pronunciation in Early Middle Chinese, Late Middle Chinese, and Early Mandarin*, Vancouver: UBC Press, 1991.

⑦ Pulleyblank, E.G.: *Lexicon of Reconstructed Pronunciation in Early Middle Chinese, Late Middle Chinese, and Early Mandarin*, Vancouver: UBC Press, 1991, p.329.

⑧ Kara, György: On the Khitan Writing Systems, *Mongolian Studies: Journal of the Mongolia Society*, 1986–87 (X), p.20.

⑨ This is an Early Middle Chinese reconstruction from Pulleyblank, E.G.: *Lexicon of Reconstructed Pronunciation in Early Middle Chinese, Late Middle Chinese, and Early Mandarin*, Vancouver: UBC Press, 1991, owing to its first appearance in some 1st century Chinese historiography, cf. Pulleyblank, E.G.: The Consonantal System of Old Chinese, *Asia Major*, 1962(9), p.219.

of Lake Barköl, Tiger Lake (?　)"[1], Kha. baras "tiger"[2], Oir. baris ～baras "tiger, leopard", Sol. bari "tiger"[3], etc.

Now that rather 必里遲 *pi–li–tʂ^{h}ɻ̩ than 必里 *pi–li in 必里遲離 *pi–li–tʂ^{h}ɻ̩–li is identified as the Khitan term for "tiger", it is impossible that 必里 *pi–li had the variant spelling 匹里 *p^{h}i–li in some Khitan personal name[4]. In fact, even if it were possible, 必里 *pi–li would be differentiated sharply from 匹里 *p^{h}i–li in that the former has an unaspirated initial (MChi. 幫母 *bāngmǔ*) whereas the latter an aspirated initial (MChi. 滂母 *pāngmǔ*). Instead, 匹里 *p^{h}i–li could be a variant of SKhi. 貔貍 *p^{h}i–li/毗貍 *p^{h}i–li for "marmot"[5] because its initial (MChi. 滂母 *pāngmǔ*) developed to converge together with the initial of 貔/毗 *p^{h}i (MChi. 並母 *bìngmǔ*).

3. *Microscript*

In the more phoneticized microscript, the Khitan term for "tiger" has sofar been deciphered only as: [Khitan] [Khitan] [Khitan] *qa–ɣa–as[6], literally, "khan–beast". Simultaneously, there is also an allographic form–[Khitan] [Khitan] [Khitan] *ɣa–qa–as (LEERy 14), possibly a spelling corruption[7] owing to some auditory similarity of these two graphs: [Khitan] *qa and [Khitan] *ɣa. To such a speculation, furthermore, there appears another proof–Kmi. [Khitan] [Khitan] [Khitan] [Khitan] [Khitan]

① Pulleyblank, E.G.: The Consonantal System of Old Chinese, *Asia Major*, 1962(9), p.219.

② Poppe, Nicholas: *Introduction to Altaic Linguistics*, Wiesbaden: Otto Harrassowitz, 1965, p.158.

③ Rybatzki, Volker: *Die Personennamen und Titel der mittelmongolischen Dokumente: Eine lexikalische Untersuchung*, Doctoral dissertation, Helsinki: University of Helsinki, Faculty of Arts Institute for Asian and African Studies. November, 2006, p.268.

④ Sun, Bojun & Nie Hongyin: *Qidanyu yanjiu*[A study of Sino–Khitan language], Beijing: Zhongguo shehui kexue chubanshe, 2008, p.53.

⑤ Sun, Bojun & Nie Hongyin: *Qidanyu yanjiu*[A study of Sino–Khitan language], Beijing: Zhongguo shehui kexue chubanshe, 2008, pp.91–92.

⑥ Chinggeltei: *Qidan xioazi shidu wenti*[Problems on deciphering Khitan microscript], with the assistance of Oyonchi, Tokyo: Ajia Afurika Gengo Bunka Kenkyuusho, 2002, p.116.

⑦ Ji, Shi: *Mi lin wenjing—Qidan xiaozi jiedu xin cheng*[Solving the riddles: A new decipherment of Khitan microscript], Shenyang: Liaoning minzu chubanshe, 1996, p.309.

*ka qa–an n–u （EYZx 12)used to transcribe the personal name 可汗奴 *k^{h}ɔ–xan–nu in Chinese characters, where the graphic series [Khitan graphs] *qa–an is also equivalent to the second syllable of the word*qaɣan possibly through the Chinese intermediary.

The semantic identification of this Khitan spelling series–[Khitan graphs] *qa–ɣa–as–as "tiger" lies in IGJ 5, the only Khitan–Chinese inscription[1]. And in the same inscription, [Khitan graphs] *qa–ɣa–an(IGJ 1)can be identified as "khan(genitive)", equivalent to Chi. 皇 *huáng*[2], while the last graph [Khitan graph] *as(earlier misread as [Khitan graph] *wei)[3]also appears in Kmi. [Khitan graphs] *m–as–qó "first"[4]and [Khitan graphs] *as–ár "clear"[5]. Therefore, the initial*qa–(sometimes auditorily approximate to the middle* –ɣa –)and the final* –as in this Kmi. spelling might well be suggestive of an ultimate correspondence to the revised SKhi.珂思 *k^{h}ɔ–sẓ(discussed above).

On one hand, this Khitan term is no woder an indigenous taboo word for such a brutal predator(*Panthera tigris altaica*), neighborinng to the medieval Khitan people, pragmatically analogous to Ma. lefu "Bär<Pelztier, eines der vielen Tabus für den Bären"[6], Jap. ookami "wolf, literally, great–god", etc.

On the other hand, there have remained some other Mongolic, Tungusic and Japonic terms as such:

1)Da. [nɔjin–gurə:s] "tiger(taboo)"[7]–literally, "lord–beast", whereupon[nɔjin]

---

① Chinggeltei, Liu Fengzhu, Chen Naixiong, Yu Baolin, and Xing Fuli: Guanyu Qidan xiaozi yanjiu [On the research of Khitan microscript], *Journal of Inner Mongolia University*, 1977(4), p.69. Ji, Shi: Guanyu Qidan xiaozi de jige wenti[Some problems on Khitan microscript], *Minzu yuwen*, 1986(4), p.67.

② Chinggeltei, Liu Fengzhu, Chen Naixiong, ru Baolin, and Xing Fuli: Guanyu Qidan xiaozi yanjiu[On the research of Khitan microscript], *Journal of Inner Mongolia University*, 1977(4), pp.67–68.

③ Ji, Shi: Qidan xiaozi ziyuan juyu[Some remarks on the etymology of Khitan microscript graphs], *Minzu yuwen*, 1982(3), p.55.

④ Kane, Daniel: *The Kitan Language and Script*, Leiden·Boston: Brill, 2009, pp.55–56, 98.

⑤ Kane, Daniel: *The Kitan Language and Script*, Leiden·Boston: Brill, 2009, pp.49, 56, 88.

⑥ Menges, Karl H.: Die tungusischen Sprachen, *Altaistik: Tungusologie*.Fuchs, W., I.A.Lopatin, K.H.Menges & D.Sinor.(Hanbuch Der Orientalistik–1.Abteilung–5.Der Nahe Und Der Mittlere Osten), Leiden: E.J.Brill, 1968, p.55.Also including Jur.[Jurchen graph]*lefu "bear"(No.145), cf.Kiyose, Gisaburo N.: *A Study of the Jurchen Language and Script*: Reconstruction and Decipherment, Kyoto: Hōritsubunka–sha, 1977, p.105.

⑦ Engkebatu et al.: *Daɣur kelen–ü üges*[Dagur lexicon], Kökeqota: Öbür mongɣol–un arad–un keblel–ün qoriy–a(Hohhot: Neimenggu renmin chubanshe), 1984, p.62.

～Mo.nojan"prince, lord"＜MChi.老爺 *law–jia[①]＝*lauja"master"[②];

2)Jur. 平 *qandaγan[③]～SMa. 堪達罕 *kāndáhǎn* /犴達罕 *hāndáhǎn*[④]"elk, moose"[⑤]＝Ma.qan"khan"+dagan"cub"[⑥], cf.dagan～dahan"cub from 2 to 5 years old"[⑦], literally, "khan–cub"–of course, elk or moose is just the largest kind among all the extant deer in the world;

3)Jap. hitsuji "sheep"＜MJap. fituzi＜OJap. pjituzi[⑧]＜PJap. *pitu–nsi＝pitu "calf, lamb"+usi"ox, bull"[⑨];

4)Jap. koushi"calf"–literally, "son–bull".

Those lexical examples might well be indicative of a word–building method: individual(for social locus)+ collective(for natural genus), where the former acts as some striking place among the latter. In view of the Dagur language already in high Manchurianization, this method is used to coin very few words specially in the north–eastern Altaic languages[⑩], indicative of its probable fossilization.

---

① It is a Late Middle reconstruction from Pulleyblank, E.G.: *Lexicon of Reconstructed Pronunciation in Early Middle Chinese, Late Middle Chinese, and Early Mandarin*, Vancouver: UBC Press, 1991.

② Poppe, Nicholas: *Introduction to Mongolian comparative studies*, Helsinki: Suomalais –ugrilainen seura, 1987, p.155.

③ Aisin Gioro, Ulhicun: *Nüzhenwen zishu* de fuyuan [The recovery of Jurchen Glossary], *Beilin jikan*, (VII), Xi'an Monumental Forest Museum(ed.), Xi'an: Shaanxi renmin meishu chubanshe, 2001, p.202. Aisin Gioro, Ulhicun: *Nüzhenwen zishu* de tili jiqi yu *Nüzhenwen yiyu* zhi guanxi[The styles of Jurchen Glossary and its relations to Sino–Jurchen Glossary], *Beilin jikan*, (VIII), Xi'an Monumental Forest Museum(ed.), Xi'an: Shaanxi renmin meishu chubanshe, 2002, p.146.

④ These two are Chinese pinyin spellings owing to their appearances probably after Mongol–Yuan Dynasty (1271–1368 AD).

⑤ In Chinese pop media, 犴 *hān*"elk, moose"is often confused with"Père David's deer"(麋 *mí*), both referring to the old appelation 麈 *zhù*.

⑥ Hu, Zengyi(editor–in–chief): *Xin Man Han da cidian/Ice manju nikan gisun kamcibuha buleku bithe*[A comprehensive Manchu–Chinese dictionary], Urumqi: Xinjiang renmin chubanshe, 1994, p.159.

⑦ Hu, Zengyi (editor–in–chief): *Xin Man Han da cidian/Ice manju nikan gisun kamcibuha buleku bithe* [A comprehensive Manchu–Chinese dictionary], Urumqi: Xinjiang renmin chubanshe, 1994, p.160.

⑧ All those Jaspanese forms have been deprived of their tonal markers for the sake of simplification.

⑨ Starostin, Sergei, Anna Dybo, & Oleg Mudrak: *Etymological Dictionary of the Altaic Languages*: Part One to Three, with assistance of Ilya Gruntov and Vladimir Glumov, Leiden·Boston: Brill, 2003, p.354.

⑩ Starostin, Sergei, Anna Dybo, & Oleg Mudrak: *Etymological Dictionary of the Altaic Languages*: Part One to Three, with assistance of Ilya Gruntov and Vladimir Glumov, Leiden ·Boston: Brill, 2003 regards the Altaic lnguages as inclusive of Koreo–Japonic languages. And in this paper, the term "Altaic"prefers its typological to genealogical category. So there is always used the term"Altaic languages"instead of "Altaic family".

4. *Macroscript*

The Khitan character夫 was identified semantically as"tiger"in the earliest proper study of Khitan macroscript[①]. Later, it was ultimately identified in the recent decipherment[②]. Nevertheless, very few attempts have been made to resort to its phonetic reconstruction, which disappears in the latest reconstructed table of Khitan macroscript[③]; and its only reconstruction*bäri[④]is regarded as more or less questionable from the present perspective.

Also on referring to the Jurchen writing system, there are some further attempts to reconstruct this Khitan character.It can be noticed that there are several Jurchen characters, with the graphic similarity to夫, as follows:

1)夾*bali originally"hair, fur"[⑤]and loaned to record"favor, benefaction"(cf. Ma. fulehun)in夾 休 兊 侖*balil^{i}=bo-oŋ=*baliboŋ"command poster"and夾 千 兲 关 *bali^{i}-ša-mai=*baišamai"to kowtow for benefaction"[⑥]-the uppercases in the transcriptions referring to some phonetic complements revising their preceding phonetic

① Yan, Wanzhang: Jinxi Xigushan chutu Qidanwen muzhi yanjiu[A study of Khitan epitaph excavated in Sigu Mountain, Jinxi County, Liaoning Province], *Kaogu xuebao*, 1957 (2), p.79.

② Liu, Fengzhu & Wang Yunlong: Qidan dazi *Yelü Changyun muzhiming* zhi yanjiu [A study of Epitaph of Yelü Changyun in Khitan macroscript], *Yenching Journal of Chinese Studies*, New Series, 2004(XVI), Beijing: Institute of Yenching, p.67.

③ Kane, Daniel: *The Kitan Language and Script*, Leiden·Boston: Brill, 2009, pp.177-182.

④ Tang, John: Qidan dazi"Yin Hu"duyin kao[A phonetic reconstruction of the Khitan macroscript for "tiger the third of twelve zodiac terms"], *Xuexingtang yuyan wenzi luncong (di'er ji)*[Collection of linguistics and graphology of Xuexing Hall, Southwest University: Volume II], Deng Zhangying(ed.), Chengdu: Sichuan Daxue chubanshe, 2012, p.270.

⑤ Tang, John: Jurcico-Manchurica: "Short-Legged Bear", *Journal of Sino-Western Communications*, 2012 (IV, 2), p.49.

⑥ Jin, Qicong(ed.): *Nüzhenwen cidian*[A dictionary of Jurchen characters], Beijing: Wenwu chubanshe, 1984, p.293.Tang, John: Qidan dazi "Yin Hu" duyin kao[A phonetic reconstruction of the Khitan macroscript for "tiger the third of twelve zodiac terms"], *Xuexingtang yuyan wenzi luncong(di'er ji)*[Collection of linguistics and graphology of Xuexing Hall, Southwest University: Volume II], Deng Zhangying(ed.), Chengdu: Sichuan Daxue chubanshe, 2012, p.270.Tang, John: Jurcico-Manchurica: "Short-Legged Bear", *Journal of Sino-Western Communications*, 2012 (IV, 2), p.49.

segments[①];

2)米*uli[②])"to leave"[③];

3)次*tasχa"tiger"[④]–this Jurchen character with some probable konyomi[⑤]and graphic alteration of that Khitan character[⑥].

Together with all of them, there appears a graphic series across Khitan and Jurchen writing systems. And ultimately, those Khitan and Jurchen characters involved could stem graphically from MChi. 淅*be–articularly similar to the first syllable *bä–except for the konyomi Jurchenogram[⑦].

---

① Tang, John: Nüzhenwen zhong de yinbu jiegou [Phonetic complementation in Jurchen script], *The Korean Journal of Chinese Characters*, 2009(1), p.270.

② The previous reconstruction *uri refers to Jin, Qicong (ed.): *Nüzhenwen cidian* [A dictionary of Jurchen characters], Beijing: Wenwu chubanshe, 1984, p.114.

③ Tang, John: Jurcico–Manchurica: "Short–Legged Bear", *Journal of Sino–Western Communications*, 2012 (IV, 2), p.48.

④ Jin, Qicong(ed.): *Nüzhenwen cidian*[A dictionary of Jurchen characters], Beijing: Wenwu chubanshe, 1984, p.293.

⑤ This pair of Japanese writing terms–konyomi(literally, "meaning reading")and onyomi(literally, "sound reading")–began to be used to research the Khitan—cf.Huang, Zhenhua: Qidanwen"山", "山"kao—Qidan wenzi gouzao guilü xintan[On the Khitan graphs"山"and"山": A new approach to the building methodology of Khitan writing system], *Shehui kexue zhanxian*, 1981(2), pp.326–333 and Nie, Hongyin: Qidan dazi jiedu qianyi[A preliminary approach to the decipherment of Khitan macroscript], *Minzu yuwen*, 1999(4), pp.51–57—and Jurchen writing systems–cf.Yamaji, Jiroaki: *Joshinmoji no Seiji ni Kansuru Kenkyū* [A related study of Jurchen graphic building], Tokyo: Stencil printing, 1957? , which reflects the fact that such a pair of terms can be working widespread in the whole Sinosphere, cf.Nie, Hongyin: Qidan dazi jiedu qianyi[A preliminary approach to the decipherment of Khitan macroscript], *Minzu yuwen*, 1999(4), pp.54–55.Meanwhile, it should be ignored that Liu, Fengzhu: Qidan xiaozi"山"he"山"de jiedu ji qita[On the decipherment of"山"and"山"in Khitan microscript and another questions], *Song Liao Jin shi luncong: Diyiji*[Collection of Song, Khitan–Liao, and Jurchen–Jin history: Volume I], The Institute of Chinese History, CASS(ed.), Beijing: Zhonghua Book Company, 1985, pp.317–318 and Liu, Fengzhu: Zuijin ershi nianlai Qidan wenzi de yanjiu zhuangkuang[A Survey of the research of Khitan writings in the recent decades], *Yenching Journal of Chinese Studies*, New Series, 2001(XI), Beijing: Institute of Yenching, pp.210–211 related criticisms were actually based on his misunderstanding of konyomi and onyomi.

⑥ Tang, John: Qidan dazi"Yin Hu"duyin kao[A phonetic reconstruction of the Khitan macroscript for "tiger the third of twelve zodiac terms"], *Xuexingtang yuyan wenzi luncong(di 'er ji)*[Collection of linguistics and graphology of Xuexing Hall, Southwest University: Volume II], Deng Zhangying(ed.), Chengdu: Sichuan Daxue chubanshe, 2012, p.271.

⑦ Tang, John: Qidan dazi"Yin Hu" duyin kao[A phonetic reconstruction of the Khitan macroscript for "tiger the third of twelve zodiac terms"], *Xuexingtang yuyan wenzi luncong(di 'er ji)*[Collection of linguistics and graphology of Xuexing Hall, Southwest University: Volume II], Deng Zhangying(ed.), Chengdu: Sichuan Daxue chubanshe, 2012, pp.270–271.

If such an analysis is as it were, there will come up such an evolution of Chinese >Khitan>Jurchen characters as follows[①]:

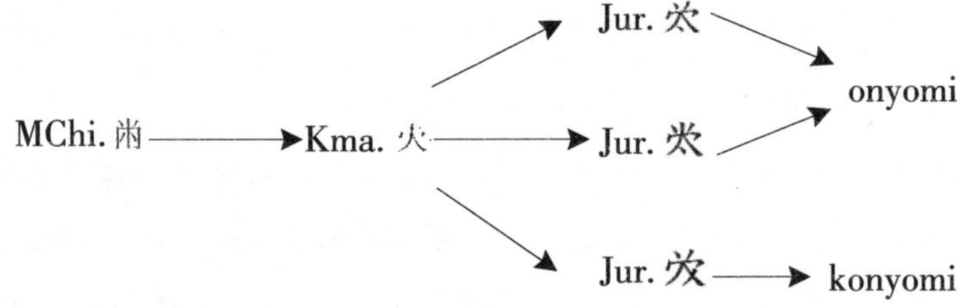

5. *Conclusions*

Accordingly, all the extant Khitan terms for "tiger" can be concluded in the following table:

<table>
<tr><th>Recordings</th><th colspan="2">Spellings</th><th>Reflections</th><th>Comprehensive Sources</th></tr>
<tr><td>Macroscript</td><td colspan="2">夫</td><td rowspan="2">*bäris</td><td>EGDLb 10,15;EYCy 20; ILGP 11</td></tr>
<tr><td rowspan="3">Sino-Khitan</td><td colspan="2">必里遲</td><td>CKK-27,HKLD-53,MBNC</td></tr>
<tr><td>珎思</td><td rowspan="2">珂思</td><td rowspan="3">*qaɣas</td><td>CHKLD(-24);RBNC</td></tr>
<tr><td>坷忍</td><td>MFC</td></tr>
<tr><td>Microscript</td><td colspan="2">[illegible]</td><td>EDCY 37;EYDl 13;EYN 3(II);FEDCJB 38;IGJ 5</td></tr>
</table>

Based on this table, it is obvious that the two Khitan writing systems could record different referrers for one referee; nevertheless, such a case has been neglected almost in our collated decipherment of Khitan scripts. On the other hand, these two Khitan terms are both a westward Turco-Mongolic[②] isogloss and an eastward Tungusic taboo, indicative of a historio-cultural confluence in the Khitan language.

In addition to the Khitan terms for "tiger", there comes the following table which

① Tang, John: Qidan dazi "Yin Hu" duyin kao [A phonetic reconstruction of the Khitan macroscript for "tiger the third of twelve zodiac terms"], *Xuexingtang yuyan wenzi luncong (di'er ji)* [Collection of linguistics and graphology of Xuexing Hall, Southwest University: Volume II], Deng Zhangying (ed.), Chengdu: Sichuan Daxue chubanshe, 2012, p.271.

② This is a renovation of the obsolete term, referring to "common in Turkic and Mongolic".

can reflect different etymons for the same concept scattered in two Khitan scripts[1]:

<table>
<tr><th>Lexemes</th><th>Kma.</th><th>Cognates</th><th>Kmi.</th><th>Cognates</th></tr>
<tr><td>tiger</td><td>夫*bäris</td><td>TMo. bars</td><td>盎圡条*qaɣas</td><td>—</td></tr>
<tr><td rowspan="2">dragon</td><td rowspan="2">炏*budur</td><td>Jur. 炏 举*mudu-ər</td><td rowspan="2">皮/炗/炛*lu</td><td>Chi. 龍 *ljuŋ</td></tr>
<tr><td>Ma. muduri</td><td>OUy. ～Mo.luu</td></tr>
<tr><td>heaven</td><td>夵*ten(gri)</td><td>SXn. 撑黎 *trʰɛ:jŋ-lɛj[2]=*teŋri</td><td>关*au[3]</td><td>SXb. 宇*wuǒ[4]=*oJur. 禾*abqa</td></tr>
</table>

This table abovementioned suggests that some basic Khitan words should be connected either with the earlier Xiongnu and Xianbei languages, or with the contemporary Turkic and Tungusic languages. Thus, such is a bifurcation of one sememe in Khitan vocabulary, which makes us conscious of the fact that the progressive decipherment and reconstruction of indigenous Khitan words will deepen our knowledge about the medieval Altaic languages.

(原载于 *Altai Hakpo*(Seoul, Korea), 24, 2014:第 135—149 页)

---

① Tang, John: Qidan dazi "Yin Hu"duyin kao [A phonetic reconstruction of the Khitan macroscript for"tiger the third of twelve zodiac terms"], *Xuexingtang yuyan wenzi luncong(di'er ji)*[Collection of linguistics and graphology of Xuexing Hall, Southwest University: Volume II], Deng Zhangying(ed.), Chengdu: Sichuan Daxue chubanshe, 2012, p.271.

② It is an Early Middle reconstruction from Pulleyblank, E.G.: *Lexicon of Reconstructed Pronunciation in Early Middle Chinese, Late Middle Chinese, and Early Mandarin*, Vancouver: UBC Press, 1991 owing to the Xiongnu Khaganate(ca.209 BC–48 AD).

③ This Khitan graph's reconstruction and its Xianbei equivalent 宇 *wuǒ both come from Ji Shi's research–Ji, Shi: Qidan ziyuan yiban[Some notes on the graphic etymology of Khitan graphs], *Shehui kexue jikan*, 1981(3), p.106 found out SXb.宇 *wuǒ"heaven, sky"(BNZD)and, together with some Mongoilian cognates, there rose up his speculation as follows: Kmi.关<Chi.天 *ʔiaw.Furthermore, Ji, Shi: *Mi lin wenjing–Qidan xiaozi jiedu xin cheng*[Solving the riddles: A new decipherment of Khitan microscript], Shenyang: Liaoning minzu chubanshe, 1996, pp.224–225 took notice of the spelling variance between伞 玍 反 北 *s–bu–o–ho(LEEDz 7, 33; LEEXy 7; LEEXz 4)and伞 玍 反 北 *s–bu–No.243–ho(EYRx 22)both for "inheriting", just to deduce that Kmi.关should be reconstructed probably as*au, similar to the replaceable*o in that Khitan spelling.However, it is dubious and abandenable that Kane, Daniel: *The Kitan Language and Script*, Leiden · Boston: Brill, 2009, p.64 regarded it as a probable mistranscription without any reasoning.

④ It is an Early Middle reconstruction from Pulleyblank, E.G.: *Lexicon of Reconstructed Pronunciation in Early Middle Chinese, Late Middle Chinese, and Early Mandarin*, Vancouver: UBC Press, 1991 owing to the Xianbei people's dynasties(386–581 AD).

TOWARDS TWO KHITAN CHARACTERS RELATED TO IRON

1. *Introduction*

The Khitan writing systems, either the logographic macroscript(大字 *dàzì*, literally "Large Script")or the abjad microscript(小字 *xiǎozì*, literally "Small Script"), are still in decipherment based mainly on the excavated epitaphs.Owing to semantic concordance to some excerpts of the Chinese inscriptions together with the Khitan epitaphs as well as some records of HKLD, there have been quite a few Khitan terms deciphered, including such Chinese loanwords or Khitan transliterations as personal names, administrative titles, reign mottos, posthumous titiles, kinwords, etc., far from the precise reconstruction of any indigenous Khitan word.It seems indicative of the fact that the present methodology from the Chinese historians could be inaccessible to deepen the decipherment of the Khitan words recorded in those Khitan writing systems.

Since the extinct Khitan language is out of question classified into the greater Mongolic family–the so–called Para–Mongolic phylum①, the sofar Altaic etymologi–

① Janhunen, Juha: Para–Mongolic, *The Mongolic Languages*, Juha Janhunen(ed.), London and New York: Routledge, 2003, pp.391–402.

cal progress[1] would offer another probable approach to the reconstruction of Khitan words in macroscript and microscript.The following example will become one of our attempts to make the Khitan graphic decipherment profound.

2. *Etymological and Graphic Analyses*

In the Berlin Turfan Collection appears a fragment, including two Khitan macro-script characters, together with nearly wholesome Uyghur notes, in the second right-ward column of the typical picture(Ch 3586)in the following[2]:

Wang Ding suggests that the Uyghur gloss qaču-(the alternative reading qaǰu- because č and ǰ are not distinguished in Old Uyghur alphabet)may be a phonetic transcription of the Khitan word meaning "iron", which is phonetically glossed as 曷朮 *hézhú* in HKLD[3]. In this paper, a new decipherment of these two Khitanograms is made mainly based on Wang's reading together with some another proofs, either etymologically or graphologically.

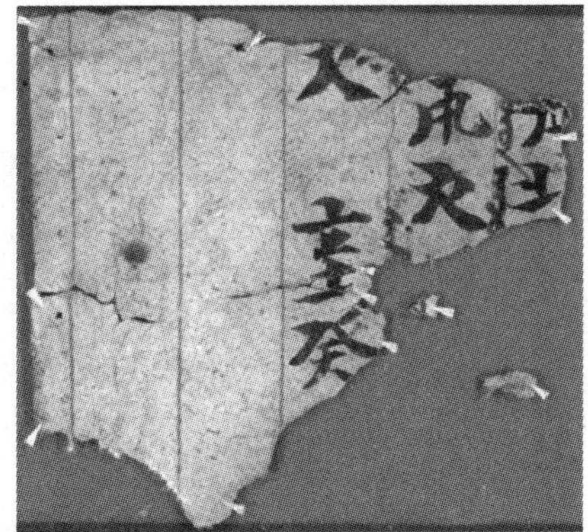

The Khitanogram "*qaču-" could o-

① Starostin, Sergei, Anna Dybo, & Oleg Mudrak: *Etymological Dictionary of the Altaic Languages*: Part One to Three, with assistance of Ilya Gruntov and Vladimir Glumov, Leiden·Boston: Brill, 2003.

② Owing to Wang, Ding: Ch 3586—ein khitanisches Fragment mit uigurischen Glossen in der Berliner Turfansammlung, *Turfan Revisited: The First Century of Research into the Arts and Cultures of the Silk Road*, Desmond Durkin-Meisterernst, Simone-Christiane Raschmann, Jens Wilkens, Marianne Yaldiz und Peter Zieme (eds.), Berlin: Dietrich Reimer Verlag, 2004, p.371, there are two nearly same copies in this Collection; only the clearer one is shown hereupon.

③ Wang, Ding: Ch 3586—ein khitanisches Fragment mit uigurischen Glossen in der Berliner Turfansammlung, *Turfan Revisited: The First Century of Research into the Arts and Cultures of the Silk Road*, Desmond Durkin-Meisterernst, Simone-Christiane Raschmann, Jens Wilkens, Marianne Yaldiz und Peter Zieme (eds.), Berlin: Dietrich Reimer Verlag, 2004, p.371.As for this Sino-Khitan word, Tang[2013]has a comprehensive study of it.

riginate from a graphic subtraction of its rightward component in the cursive Chinese character"" for "iron" coined by Pei Xiu (裴休, 791–864 AD) of Tang Dynasty (618–907 AD). The contemporary simplified Siniform "铁" comes from an assimilation of the radical "釒" into "钅" of the vulgate form "鉄", appearing in Yuan Dynasty (1260–1368 AD), by *The Comprehensive List of Simplified Chinese Characters* (《簡化字總表》) published in 1964①, unrelated to some similar Khitanograms.

In the same fragment, it is somewhat similar to "(Ch 3586 v)"; therefore, West did such a comparative reading of it and, accordingly, regarded the paralleling Uyghur letter "-q" as a fragmentary ending of the preceding spelling parallel②. Thus, this Uyghur spelling form could be restored as "qačuγ", parallel to which the Khitanogram could be restored as "" used to translate Sanskrit āyatana/viṣaya "sphere of perception or sense" (覺/識) in Buddhist terminology. This would make sense as the majority of Turfan and Dunhuang manuscripts are Buddhist in nature, and both the Khitans and the Uyghurs were mostly Buddhists, so there is a good chance that any Khitan-Uyghur manuscript would be a Buddhist text.

If such a similarity between the aforementioned characters is ignored, that is to say, the lowest fragment of the Uyghur gloss parallel to this Khitanogram cannot determine the whole spelling form, the Uyghur gloss "qaču-" could be considered to be the Khitan term for "iron" recorded in the Khitanogram③. It can become an enlightenment to overcome the confusions of (un)voicedness and stop/fricative in the second syllable of the Chinese transliteration.

---

① Zhang, Shuyan, Wang Tiekun, Li Qingmei and An Ning (eds.): *Jianhuazi shuoyuan* [On the origins of simplified Chinese characters], Beijing: Yuwen chubanshe, 1997, p.80.

② West, Andrew: Khitan Miscellanea 1: Oh, How the Gods Mock Us! Saturday, 22 October 2011, see also: <http://babelstone.blogspot.sk/2011/10/khitan-miscellanea-1.html> (2013.04.16).

③ Wang, Ding: Ch 3586—ein khitanisches Fragment mit uigurischen Glossen in der Berliner Turfansammlung, *Turfan Revisited: The First Century of Research into the Arts and Cultures of the Silk Road*, Desmond Durkin-Meisterernst, Simone-Christiane Raschmann, Jens Wilkens, Marianne Yaldiz und Peter Zieme (eds.), Berlin: Dietrich Reimer Verlag, 2004, p.373.

The other Khitanogram"[illegible]"is glossed in Uyghur as"[illegible]-urun"①.West restored the paralleling Uyghur gloss as"orun",just to consider the relevant Khitanogram to be"朿"for"place,seat,throne,territory,country"②. Such a decipherment is worth enlightening;those two Khitan characters,however,were read individually and unable to gain any support from the extant data.

If the upmost fragment of the Uyghur gloss cannot determine the whole spelling form likewise,this Uyghur spelling form can be immediately related to the Sino-Jurchen forms 斡論 *wòlún*/訛論 *ēlún* for"cast iron"in HJJD③. It should be connected with the following Altaic etymology as follows④:

Proto-Altaic:*ŏli(～-e)"to die;to be hungry,exhausted"-

—Proto-Turkic:*öl-"to die,(*öl-tür-)to kill"-cf:Old Turkic:öl-"to die"(Yenisei Old Uyghur),ölür-"to kill"(Orkhon-Yenisei Old Uyghur);Turkish:öl-"to die",öldür-"to kill",etc.;

—Proto-Mongolic:*öl-"to be hungry,hungry"-cf:Written Mongolian:ölüŋ "hungry";Khalkha:ölön"hungry";Buryat:ülen"hungry",etc.;

—Proto-Manchu-Tungusic:* (x)olbu-"soul of the dead;shadow"-cf:Evenki:elbu,olbu-n(attested only in Evenki,with probable parallels in Turkic and Mongolian).

Based on the above references and analyses,it could be weakened that Rybatzki

---

① Wang,Ding:Ch 3586—ein khitanisches Fragment mit uigurischen Glossen in der Berliner Turfansammlung,*Turfan Revisited:The First Century of Research into the Arts and Cultures of the Silk Road*,Desmond Durkin-Meisterernst,Simone-Christiane Raschmann,Jens Wilkens,Marianne Yaldiz und Peter Zieme(eds.),Berlin:Dietrich Reimer Verlag,2004,p.372.

② West,Andrew:Khitan Miscellanea 1:Oh,How the Gods Mock Us! Saturday,22 October 2011,see also:<http://babelstone.blogspot.sk/2011/10/khitan-miscellanea-1.html>(2013.04.16).

③ Tang,John:Lun "*hezhu*"-Tuhuoluoyu he Qidanyu de lianxi gouji [On the Sino-Khitan word *hezhu* for "iron":Some remarks on Tocharian and Khitan contacts],*Journal of Sino-Western Communications*:Volume V,Issue 1"Opera sinoccidentalia magistri XU Wenkan Septuagenario dicata",2013,p.154.

④ Starostin,Sergei,Anna Dybo,& Oleg Mudrak:*Etymological Dictionary of the Altaic Languages*:Part One to Three,with assistance of Ilya Gruntov and Vladimir Glumov,Leiden·Boston:Brill,2003,p.1049.

thought the Turkish–Gagauz designation ölü demir, literally "dead iron", for "cast iron" as a loan translation from German or English[1]. That is to say, such a Turkish–Gagauz isogloss seems rather cognate to the Sino–Jurchen recording, and owed further to a greater Altaic etymology despite of somewhat semantic deviation.

Simultaneously, it can be noticed that, in the Uyghur spelling form "", the extant upmost part is likened rather to "–l–" than to "–r–". Consequently, it is sophisticated etymologically that the Sino–Jurchen term 斡論 *wòlún*/訛論 *ēlún* also in HJJD for "cast iron", reconstructed as *olon[2], could be borrowed directly from some unattested Turco–Mongolic form, with the literal meaning "exhausted (iron)". And furthermore, in this fragment concerned, the two Khitan characters together with their Uyghur glosses should be reconstructed as olon "cast (iron)" and qaču "iron" respectively and interpreted as "cast iron" wholly, which conforms to the general structure of Altaic compound nouns as "specific metallurgic term+generic metallurgic term" and becomes more reasonable resulting in the two Khitan terms related to iron among the extant Khitanograms. On the other hand, Sun reconstructed it as *olun based on her reference to the Manchu word olon for "wave of water, girth of a horse"[3], which is somewhat advisable despite of her paralleling word's errorneousness.

It is well–known that the Khitan macroscript became the main eytmology of the Jurchen writing system. In the extant Jurchen graphic set, there is no such character in our present reading of this semantic item. But beyond our acceptance, an illegible Jurchenogram "" in the toponym *xu–[?]miŋan "Hu[…]Meng´an(忽口猛

① Rybatzki, Volker: Turkic words for "steel" and "cast iron", *Turkic Languages*, Volume 3, Number 1, 1999, p. 65.

② Tang, John: Lun "*hezhu*"–Tuhuoluoyu he Qidanyu de lianxi gouji [On the Sino–Khitan word *hezhu* for "iron": Some remarks on Tocharian and Khitan contacts], *Journal of Sino–Western Communications*: Volume V, Issue 1 "Opera sinoccidentalia magistri XU Wenkan Septuagenario dicata", 2013, p.154 reconstructed it as *oron, of which the reconstructed deviation came out of the previous reading of Old Uyghur spelling form "" as "[w]–r–w–n".

③ Sun, Bojun: *Jindai Nüzhenyu*[The Jurchen language of Jin Dynasty], Shenyang: Liaoning minzu chubanshe, 2004, p.266.

安)under Hebei West Circuit(河北西路)", recorded in the Monument recording the names of successful candidates for the imperial degree of 進士 *jìnshì* in 1224 (JPGII)[1], is extremely similar to the Khitanogram"[illegible]"in graphic form. And comparable to the other two similar Jurchenograms —"凧 *ədu" also for"wind"[2], "凩*xalu" also for"hot"[3]—both appearing in the Jurchen toponymy[4], it seems for us to speculate on that the Jurchen character"朮"might well be reconstructed as*ulun so as to be spelt with its preceding character"圡 *xu"in that above undeciphered Jurchen toponym, into which developed the Khitan character"[illegible] *olon". Thus, the latter's Uyghur gloss*olon can be interpreted satisfactorily. Furthermore, it could be erroneous that"朮*ulun"was regarded as allograph of the Jurchen character"赤 *fɔ"[5].

3. *Conclusions*

As above mentioned, the etymological and graphic approaches to some Jurchenograms and phonetic connection with some Sino-Jurchen glosses recorded in Chinese historiography(HJJD)could support the conclusion that these two Khitan macroscirpt characters"[illegible]*olon"and"[illegible]*qaču"might well indicate"cast(iron)"and "iron"respectively and record the Khitan metallurgic term"cast iron"wholly, which seems more meaningful than ever. Of course, it will be checked further and proved ultimately in the context of some Khitan macroscript recordings to be deciphered.

---

① Jin, Qicong(ed.): *Nüzhenwen cidian*[A dictionary of Jurchen characters], Beijing: Wenwu chubanshe, 1984, p.35. West, Andrew: "Jurchen Geography", Sunday, 28 April 2013, see also: <http://babelstone.blogspot.sk/2013/04/jurchen-geography.html>(2013.08.20).

② This is the earlier stem; and its later whole stem is 凧土 *ədu-un"wind", cf. Jin, Qicong(ed.): *Nüzhenwen cidian*[A dictionary of Jurchen characters], Beijing: Wenwu chubanshe, 1984, p.294.

③ The whole stem is 凩吴 *xalu-ŋun "hot", cf. Jin, Qicong(ed.): *Nüzhenwen cidian*[A dictionary of Jurchen characters], Beijing: Wenwu chubanshe, 1984, p.187, but his reconstruction*xalu-un is questionable.

④ West, Andrew: "Jurchen Geography", Sunday, 28 April 2013, see also: <http://babelstone.blogspot.sk/2013/04/jurchen-geography.html>(2013.08.20).

⑤ Jin, Qicong(ed.): *Nüzhenwen cidian*[A dictionary of Jurchen characters], Beijing: Wenwu chubanshe, 1984, pp.28, 29.

This paper offers certain attempts to decipher some single Khitan macro script characters based on Altaic etymology and the neighboring(Vulgar Chinese and Ju-rchen)graphic similarity.This methodology is sharply different from what Professor Liu Fengzhu(劉鳳翥)and the other pioneers(Goro Toyoda,Chinggeltei,etc.)made good use of.And furthermore,all these methods will be synthesized to enter into the decipherment of Khitan writing systems.

（原载于 *Acta Linguistica Petropolitana*,Труды Института лингвисти-ческих исследований РАН,Т.XI.Ч.3.:Исследования по монгольским языкам/Отв.Ред. П.О.Рыкин.СПб.:Наука,2015:pp.465–470）

THE KHITAN TERMS FOR DRAGON: AGAINST THE ALTAIC ETYMOLOGICAL BACKGROUND

1. *Introduction*

Dragon, as the fifth among the twelve-year zodiac (also, animal cycle), has been deciphered in the extant Khitan documents. The following chart gives the present recognition as such:

Etymologies	Recordings	Spellings	Reconstructions	Cognate References
mongolic	Macroscript①	妛/妛	*budur	Jur. 妛*mudur>Jur. 妛犟*mudu-ər >Ma. muduri
		女	*pu	
Sinitic		不 尺	*lu-uŋ	MChi. 龍 *ljwuŋ②>Jur 弓. 土*lu-un

① Literally, "Large(r)Script", the logo-syllabographic type among the Khitan writing systems, just similar to Chinese characters, its probable origin.

② All the noted reconstructions of Middle Chinese chaarcters in this paper are Romanized directly from the 反切 *fǎnqiē* system offered in《廣韻》*Guǎngyùn*, the widespread basic rhyming lexicon compiled in 11th century.

续表

Etymologies	Recordings	Spellings	Reconstructions	Cognate References
Sinitic	Microscript①	小 用②	*l-iuŋ	MChi. 龍 *ljwuŋ②>Jur. 弓 圡*lu-un
		小 穴 太	*l-iu-uŋ	
		皮/支/矣	*lu	MChi. 龍 *ljwuŋ>OUy. luu> Mo. luu～Jur. 弓*lu
	Sino-Khitan③	蔞 *lóu*④		

There are some further explanations concerning the related decipherments:

1)Kma. 炎/安, as a logogram, can be found out in the following inscriptions: 安—EYCy18⑤; 安—EXXz 5⑥, EPYP 6⑦; its graphic etymology could interpose itself between the ultimate origin of Chi. 安, the vulgar form of Chi. 蚩 chī "worm" ⑧and the direct derivative of Jur. 炎*mudur"dragon"⑨.

Furthermore, from Kma. 炎/安*budur is derived the acronymic syllable-Kma. 女

① Literally, "Small(er)/Lesser Script", the logo-phonographic type among the Khitan writing systems, similar to Old Uyghur alphabet, its probable origin, with cubic graphs.

② All the cited examples in Khitan microscript substitute the linear graphs for their various complicated overlaps for the sake of easy printing.

③ In this paper, these terms composed of the prefix"Sino-"and a national adjective all refer to such a national language roughly transcribed in Chinese characters.

④ In this paper, all the Chinese characters used to transcribe Altaic vocabulary are noted in Chinese pinyin system, in italics, without any tonal marker.

⑤ Liu, Fengzhu & Wang Yunlong: Qidan dazi *Yelü Changyun muzhiming zhi yanjiu*[A study of Epitaph of Yelü Changyun in Khitan macroscript], *Yenching Journal of Chinese Studies*, New Series, 2004(XVI), Beijing: Institute of Yenching, p.92.

⑥ Liu, Fengzhu: Qidan dazi liushinian zhi yanjiu[On the studies of Khitan macroscript in sixty years], *Journal of Chinese Studies*, New Series, Hong Kong, VII, 1998, p.325.

⑦ Liu, Fengzhu & Tang Cailan: Liao Xiao Xingyan Muzhi he Yongningjun Gongzhu Muzhi kaoshi [A decipherment of Epitaph of Xiao Xingyan and Epitaph of Princess of Yongning Prefecture in Khitan-Liao Dynasty], *Yenching Journal of Chinese Studies*, New Series, 2003(XV), Beijing: Institute of Yenching, p.89.

⑧ Aisin Gioro, Ulhicun: Suti Hanzi yu Qidanzi, Nüzhenzi zhi guanxi[On the relations between vulgar Chinese characters and Khitan-Jurchen scripts], 1999; Reprinted in: *Aixinjueluo sandai Aertaixue lunji*[Selection of three-generation Aisin Gioro scholars on Altaic studies], Hengxu, Qicong, Machimasa Yoshimoto, & Ulhicun, Kyoto: Meizendō, 2002, p.371.

⑨ Aisin Gioro, Ulhicun: *Qidan yuyan wenzi yanjiu*[Studies of Khitan Language and Scripts], Kyoto: Tō Ajia Rekishi Bunka Kenkyūkai, 2004, pp.70, 82-83.

*pu > Jur. 㑀 *pu①, and even an uranymic graph—Kmi. 𘰀 *ur②, an allographic syllabogram, for the sake of some phoneticized spellings: Kma. 太 女 *tai-pu < Chi. 太傅 *tàifù* "grand tutor"③(EPYP 1)④, 北 女 *šaŋ-pu < Chi. 尚父 *shàngfù* "courteous godfather"⑤(EYQ 1,27)⑥, 女夫 *pu-ši < Chi. 副使 *fùshǐ* "deputy messenger"⑦(EYXn 1)⑧, 女 仂 *pu-jen(EYXn 6,7, EYQ 9)⑨ ~ 女 仞 *pu-jen(EXXz 9,15)⑩ ~ 女 叉 夰 *pu-i-en(ENGP 5, EYCy 19)⑪ < Chi. 夫人 *fūrén* "lady"⑫, etc.

---

① Aisin Gioro, Ulhicun: Kanjibunkaken hyōonmoji no hassei to hatten [Establishment and development of phonography in Sinosphere], 2001; Reprinted in: *Aixinjueluo sandai Aertaixue lunji* [Selection of three-generation Aisin Gioro scholars on Altaic studies], Hengxu, Qicong, Machimasa Yoshimoto, & Ulhicun, Kyoto: Meizendō, 2002, p.398.

② Aisin Gioro, Ulhicun: *Qidan yuyan wenzi yanjiu* [*Studies of Khitan Language and Scripts*], Kyoto: Tō Ajia Rekishi Bunka Kenkyūkai, 2004, p.70.

③ Liu, Fengzhu: Qidan dazi liushinian zhi yanjiu zongshu [A survey of the studies of Khitan macroscript in sixty years], *Ri-Zhong lianhe wenzi wenhua yantaohui fabiao lunweji*, Kyoto: Nihon moji bunka kenkyūjō, 1998, p. 222.

④ Liu, Fengzhu & Tang Cailan: Liao Xiao Xingyan Muzhi he Yongningjun Gongzhu Muzhi kaoshi [A decipherment of Epitaph of Xiao Xingyan and Epitaph of Princess of Yongning Prefecture in Khitan-Liao Dynasty], *Yenching Journal of Chinese Studies*, New Series, 2003 (XV), Beijing: Institute of Yenching, p.89.

⑤ Liu, Fengzhu: Qidan dazi liushinian zhi yanjiu zongshu [A survey of the studies of Khitan macroscript in sixty years], *Ri-Zhong lianhe wenzi wenhua yantaohui fabiao lunweji*, Kyoto: Nihon moji bunka kenkyūjō, 1998, p. 222.

⑥ Liu, Fengzhu: Qidan dazi "Yelü Qi muzhiming" kaoshi [A Decipherment of Epitaph of Yelü Qi in Khitan Macroscript], *Neimenggu wenwu kaogu*, I, 2006, pp.65, 73.

⑦ Liu, Fengzhu: Qidan dazi liushinian zhi yanjiu zongshu [A survey of the studies of Khitan macroscript in sixty years], *Ri-Zhong lianhe wenzi wenhua yantaohui fabiao lunweji*, Kyoto: Nihon moji bunka kenkyūjō, 1998, p. 222.

⑧ Jin, Yongtian: Qidan dazi "Yelü Xinie muzhi" kaoshi [A decipherment of Epitaph of Yelü Xinie in Khitan macroscript], *Kaogu*, IV (1991), p.379.

⑨ Liu, Fengzhu: Qidan dazi liushinian zhi yanjiu [On the studies of Khitan macroscript in sixty years], *Journal of Chinese Studies*, New Series, Hong Kong, VII, 1998, p.332. Liu, Fengzhu: Qidan dazi "Yelü Qi muzhiming" kaoshi [A Decipherment of Epitaph of Yelü Qi in Khitan Macroscript], *Neimenggu wenwu kaogu*, I, 2006, p.67.

⑩ Liu, Fengzhu: Qidan dazi liushinian zhi yanjiu [On the studies of Khitan macroscript in sixty years], *Journal of Chinese Studies*, New Series, Hong Kong, VII, 1998, pp.325, 326.

⑪ Liu, Fengzhu: Qidan dazi liushinian zhi yanjiu [On the studies of Khitan macroscript in sixty years], *Journal of Chinese Studies*, New Series, Hong Kong, VII, 1998, p.322. Liu, Fengzhu & Wang Yunlong: Qidan dazi Yelü Changyun muzhiming zhi yanjiu [A study of Epitaph of Yelü Changyun in Khitan macroscript], *Yenching Journal of Chinese Studies*, New Series, 2004 (XVI), Beijing: Institute of Yenching, p.92.

⑫ Liu, Fengzhu: Qidan dazi liushinian zhi yanjiu zongshu [A survey of the studies of Khitan macroscript in sixty years], *Ri-Zhong lianhe wenzi wenhua yantaohui fabiao lunweji*, Kyoto: Nihon moji bunka kenkyūjō, 1998, p. 223. Aisin Gioro, Ulhicun: Kanjibunkaken hyōonmoji no hassei to hatten [Establishment and development of phonography in Sinosphere], 2001; Reprinted in: *Aixinjueluo sandai Aertaixue lunji* [Selection of three-generation Aisin Gioro scholars on Altaic studies], Hengxu, Qicong, Machimasa Yoshimoto, & Ulhicun, Kyoto: Meizendō, 2002, p.390.

2)Kmi. 𘭔/𘭕/𘭖*lu is mutually allographic[①]and frequented in many extant documents(𘭔—EKX 43,46,60,EYHy 20;𘭕— LEEDz 7,LEEXy 26,LEEXz 4,8,LEERy 11,EXZg 21,24,EYRx 3,EYZj 30,ILY 43,EHDl 22,EYN 10;𘭖—LEERy 11)[②].It is also used to transliterate MChi. 禄 *luk,equal to Kmi. 𘬿 𘭁 *l-uh[③]likewise and SKhi. 蔞 *lóu*[④].

And this microscript record could educe Jur. 𘢊*lu[⑤] "dragon",which is classified into the Livestock Class(家畜類 *Jiāchùlèi*,GJS 4a:6)[⑥]in contrast to the other Jurchenogram 𘣂in the Astronomy Class owing to dragon's divinity(天文門 *Tiānwénmén*,GJS 2:1,11a:17)[⑦];and its succeeding Jurchenogram 𘡮*? cannot be deciphered for its only appearance[⑧]. Later,this Jurchenogram makes its allograph 𘢋*lu,

① Chinggeltei:*Qidan xioazi shidu wenti*[Problems on deciphering Khitan microscript],with the assistance of Oyonchi,Tokyo:Ajia Afurika Gengo Bunka Kenkyūsho,2002,p.62.Kane,Daniel:*The Kitan Language and Script*,Leiden·Boston:Brill,2009,p.42.

② Chinggeltei:*Qidan xioazi shidu wenti*[Problems on deciphering Khitan microscript],with the assistance of Oyonchi,Tokyo:Ajia Afurika Gengo Bunka Kenkyūsho,2002,pp.116,135.

③ Chinggeltei reconstructed it as*u,cf. Chinggeltei:*Qidan xioazi shidu wenti*[Problems on deciphering Khitan microscript],with the assistance of Oyonchi,Tokyo:Ajia Afurika Gengo Bunka Kenkyūsho,2002,p.61;and it can be furthered that Kmi.𘭗𘭁*w-uh<MChi.武 *mjwo and Kmi.𘭘𘭁*b-uh<MChi.僕 *bok leads Kane's reconstruction nearest to the dropping of that final velar stop*-k and the lengthening of the main vowel in Chinese pronunciation,cf. Kane,Daniel:*The Kitan Language and Script*,Leiden·Boston:Brill,2009,p.55.

④ Tang,John:On the Khitan terms for"tiger",*Altai Hakpo*,24(2014),pp.136-137.

⑤ Its reconstruction as rather *lu than any other form(e.g.*luŋ)is due to the following similar Jurchenograms:𘢌*uli,𘢍*ulu,𘢎*solo,cf.Aisin Gioro,Ulhicun:Kanji no Arutaiminzoku ni taisuru eikyō[On Chinese characters influences on Altaic peoples],1999;Reprinted in:*Aixinjueluo sandai Aertaixue lunji*[Selection of three-generation Aisin Gioro scholars on Altaic studies],Hengxu,Qicong,Machimasa Yoshimoto,& Ulhicun,Kyoto:Meizendō(2002):p.362.

⑥ Ulhicun:*Nüzhenwen zishu* de fuyuan[The recovery of the Jurchen Glossary],*Beilin jikan*,2001(VII),Xi'an Monumental Forest Museum(ed.),Xi'an:Shaanxi renmin meishu chubanshe,pp.191,202.

⑦ Ulhicun:*Nüzhenwen zishu de fuyuan*[The recovery of the Jurchen Glossary],*Beilin jikan*,2001(VII),Xi'an Monumental Forest Museum(ed.),Xi'an:Shaanxi renmin meishu chubanshe,pp.189,199,201.Ulhicun:*Nüzhenwen zishu* de tili jiqi yu *Nüzhenwen yiyu* zhi guanxi [The styles of the Jurchen Glossary and its relations to Sino-Jurchen Glossary],*Beilin jikan*,2002(VIII),Xi'an Monumental Forest Museum(ed.),Xi'an:Shaanxi renmin meishu chubanshe,p.146.

⑧ Ulhicun:*Nüzhenwen zishu* de fuyuan [The recovery of the Jurchen Glossary],*Beilin jikan*,2001(VII),Xi'an Monumental Forest Museum(ed.),Xi'an:Shaanxi renmin meishu chubanshe,p.202.Ulhicun:*Nüzhenwen zishu* de tili jiqi yu *Nüzhenwen yiyu* zhi guanxi [The styles of the Jurchen Glossary and its relations to Sino-Jurchen Glossary],*Beilin jikan*,2002(VIII),Xi'an Monumental Forest Museum(ed.),Xi'an:Shaanxi renmin meishu chubanshe,p.158.

used as a pure syllabogram, 弓 圡in *lu-un “dragon, from Chi. 龍 *lóng*”in 夭 弓 圡 *man=lu-un“python, literally, boa-dragon”(Chi.蟒龍 *mǎnglóng*, SJV-No.189)[①] and臭 弓 圡 柔*he-lu-un=ula “Amur River, literally, Black Dragon River”(SJM-No.25)[②]-thereby, 弓in Jurchen-Jin glossary and inscriptions while 弓 in Ming glossary and memorials[③].

3)MChi.龍 *ljwuŋ is transliterated by means of two Khitan scripts either as 不尺*lu-uŋ(in黄不尺女*qoŋ-lu-uŋ-pu<Chi. 黄龍府 *huánglóngfǔ*, EYCy 12)[④]in macroscript or屮 用*l-iuŋ[⑤](e.g.in屮 用 北 炏 仐 炁 仐 并 九 亦*l-iuŋ xu ui š-aŋ s-iaŋ k-iun<Chi. 龍虎衛上將軍 *lónghǔwèi shàngjiāngjūn*)[⑥]and屮 火 太*l-iu-uŋ[⑦](e.g.in圡 屮 火 太 仐 女*qoŋ l-iu-uŋ pu-un<Chi. 黄龍府 *huánglóngfǔ*{genitive}, EXF 11, 12, 16; EIGPSS 12)[⑧]in microscript.

And further, Kma.不 *lu seems regarded as the graphic origin of the following Jurchenograms: 不/又*lun(*luŋ)[⑨]-cf. Jur. 弓 圡*lu-un<Chi. 龍 *lóng*“dragon”, 丈

---

① Grube, Wilhelm: *Die Sprache und Schrift der Jućen*, Leipzig: Kommissions-Verlag von O.Harrassowitz, 1896, pp.11, 95.Kiyose, Gisaburo N.: *A Study of the Jurchen Language and Script*: Reconstruction and Decipherment, Kyoto: Hōritsubunka-sha, 1977, p.107.

② Kiyose, Gisaburo N.: *A Study of the Jurchen Language and Script*: Reconstruction and Decipherment, Kyoto: Hōritsubunka-sha, 1977, p.222.

③ Jin, Qicong(ed.): *Nüzhenwen cidian*[A dictionary of Jurchen characters], Beijing: Wenwu chubanshe, 1984, p.45.

④ Liu, Fengzhu & Wang Yunlong: Qidan dazi *Yelü Changyun muzhiming zhi yanjiu* [A study of Epitaph of Yelü Changyun in Khitan macroscript], *Yenching Journal of Chinese Studies*, New Series, 2004(XVI), Beijing: Institute of Yenching, p.91.

⑤ Its comprehensive collection refers to Liu, Pujiang & Kang Peng(eds.): *Qidan xiaozi cihui suoyin*[An index to Khitan microscript lexicon], Beijing: Zhonghua shuju, 2014, p.385.

⑥ Chinggeltei reconstructed it as*l-uŋ xu wei ʃ-aŋ s-iaŋ k-iun, cf.Chinggeltei: *Qidan xioazi shidu wenti* [Problems on deciphering Khitan microscript], with the assistance of Oyonchi, Tokyo: Ajia Afurika Gengo Bunka Kenkyūsho, 2002, p.64.Kane did it as*l.iúŋ xu ui ś.aŋ s.iaŋ g.ün, cf.Kane, Daniel: *The Kitan Language and Script*, Leiden·Boston: Brill, 2009, pp.57, 66.

⑦ Its comprehensive collection refers to Liu, Pujiang & Kang Peng(eds.): *Qidan xiaozi cihui suoyin*[An index to Khitan microscript lexicon], Beijing: Zhonghua shuju, 2014, p.388.

⑧ Liu, Fengzhu & Liang Zhenjing: Qidan xiaozi *Xiao Fenwuni Tuguci muzhiming* kaoshi[A decipherment of Epitaph of Xiao Fenwuni Tuguci], *Wenshi*, 2008, No.1, pp.207, 208.Liu, Fengzhu & Dong Xinlin: Qidan xiaozi *Salan Shilu taishi muzhibei* kaoshi[A decipherment of Epitaphic Inscription of Grand Preceptor Saran Shiru in Khitan microscript], Kaogu, 2007, No.5, pp.70, 73.

⑨ Jin, Qicong (ed.): *Nüzhenwen cidian*[A dictionary of Jurchen characters], Beijing: Wenwu chubanshe, 1984, pp.20, 100.

*ru[1],及/冈*un[2],while Kma.尺*uŋ can refer to甲尺*su–uŋ<Chi.宗 *zōng*(EPYP 3)[3],圣尺*ŋu–uŋ<Chi. 中 *zhōng*(EYCy 14)[4],伦尺*nu–uŋ<Chi. 農 *nóng*(EYCy 3)[5]. Thus,Kma. 不尺*lu–uŋ spells just equal to Chi.龍(OUy.)lung in 千字文 *Qiānzìwén* and 禮懺文*Lǐchànwén*[6].

The differentiation of two Khitan scripts used to record the same Chinese character possibly reflects two respective transliterating routes:the macroscript form *luŋ indicative of a further syllabic form frequented in some pedagogic and Buddhist recitings–nearly equal to its modern pronunciation,while the microscipt form *liuŋ suggestive of some older pronunciation restored in administrative titles and place names.

2. *Further on the Old Uyghur Loanword*

The Old Uyghur term acts as a significant intermediary transmitted from Chinese to Khitan. In the extant documentation,there are two different alphabets–Sogdic and Arabic–recording such an intermediary word:OUy.luu(ᠯᠤᠤ/لو)～lui(ᠯᠤᠢ/لوى)[7].It is

① Jin,Qicong(ed.):*Nüzhenwen cidian*[A dictionary of Jurchen characters],Beijing:Wenwu chubanshe,1984,pp.20–21.

② Jin,Qicong(ed.):*Nüzhenwen cidian*[A dictionary of Jurchen characters],Beijing:Wenwu chubanshe,1984,pp.99–100.

③ Liu,Fengzhu & Tang Cailan: Liao Xiao Xingyan Muzhi he Yongningjun Gongzhu Muzhi kaoshi[A decipherment of Epitaph of Xiao Xingyan and Epitaph of Princess of Yongning Prefecture in Khitan–Liao Dynasty],*Yenching Journal of Chinese Studies*,New Series,2003(XV),Beijing:Institute of Yenching,p.89.

④ Liu,Fengzhu & Wang Yunlong:Qidan dazi *Yelü Changyun muzhiming zhi yanjiu*[A study of Epitaph of Yelü Changyun in Khitan macroscript],*Yenching Journal of Chinese Studies*,New Series,2004 (XVI),Beijing:Institute of Yenching,p.91.

⑤ Liu,Fengzhu & Wang Yunlong: Qidan dazi *Yelü Changyun muzhiming* zhi yanjiu[A study of Epitaph of Yelü Changyun in Khitan macroscript],*Yenching Journal of Chinese Studies*,New Series,2004(XVI),Beijing:Institute of Yenching,p.91.

⑥ Jiang,Jianshe:*Huihu–Han duiyin ji Song Yuan Huihu diqu Hanyu fangyin yanjiu*[A study of the medieval Uyghur–Chinese transcription and the Chinese dialect in Uyghur region of Song–Yuan Dynasties],Beijing:dissertation of Dept.Chinese Languages and Literature,Peking University,2008,pp.83,84.

⑦ Наделяев,В.М.,Д.М.Насилов,Э.Р.Тенишев & А.М.Щербак(Редак.):*Древнетюркский словарь*,Ленинград:Наука,1969,п.334.Hu,Zhenhua & Huang Runhua(comps.):*Aochangguan Zazi–Mingdai Hanwen Huihuwen fenlei cihui*[Dictionary from the Kocho Bureau–A classified glossary of Chinese and Old Uyghur languages],Beijing:Minzu chubanshe,1984,p.78.

sharply striking that there appears a drop of velar nasal in the loaning process from Chinese into Old Uyghur.

It has already been acknowledged that, during Tang Dynasty (618–907 AD), the Northwestern Mandarin among the various Chinese dialects has been holding a gradual drop of velar nasal from *–aŋ (宕攝 *Dàngshè*) up to *–eŋ (梗攝 *Gěngshè*) up to *–uŋ (通攝 *Tōngshè*) rhymes①, that is to say, from low vowel to middle to high②. Then, Chi. 龍 *long* (MChi. *ljwuŋ) is just ascribed to the *–uŋ rhyme: *–jwuŋ (鍾合三 *Zhōng Hé Sān*); and its loaned form in Old Uyghur with dropping the final velar nasal③ is just analogous to the following examples: 都 (OUy.) du, 重 (OUy.) čo④, 種 (OUy.) čuu⑤.

The latest systematic study of Sino Old Uyghur transcription indicates that the *–aŋ rhyme had wholly dropped its velar nasal whereas the paralleling *–eŋ and *–uŋ rhymes still (partly) maintained the common final consonant *–ŋ⑥. Meanwhile, the

① Luo, Changpei: *Tang Wudai xibei fangyin* [Northwestern Chinese dialect in Tang and Five Dynasties], Nankin: Institute of History and Philology, Academia Sinica, 1933, pp.38, 45–146. Zhang, Tieshan: *Huihu wenxian yuyan de jiegou yu tedian* [On the structure and features of Old Uyghur language], Beijing: Zhongyang Minzu Daxue chubanshe, 2005, pp.127, 132–133, 135.

② Vovin, Alexander: Once again on the Ruan–ruan language, *Ötüken'den Istanbul'a: Türkçenin 1290 Yılı* [From Ötüken to Istanbul: 1290 years of the Turkish language], Mehmet Ölmez et al. (eds.), İstanbul: Büyükşehir, 2010, pp.32–34.

③ Clauson, Sir Gerard: *An Etymological Dictionary of Pre–Thirteenth–Century Turkish*, Oxford: Clarendon Press, 1972, p.763 became aware of it roughly but smartly. Vovin, Alexander: Some thoughts on the origins of the Old Turkic 12–year animal cycle, *Central Asiatic Journal*, 48/1 (2004), pp.124–125 refused such a speculation; instead, he suggested that OUy. luu should had been borrowed not directly from Middle Chinese, but via some unknown language which did not have final –ŋ –cf. Vovin, Alexander: Some thoughts on the origins of the Old Turkic 12–year animal cycle, *Central Asiatic Journal*, 48/1 (2004), p.125, e.g. the so–called Juan–juan (or Ruan–ruan) language probably –cf. Vovin, Alexander: Some thoughts on the origins of the Old Turkic 12–year animal cycle, *Central Asiatic Journal*, 48/1 (2004), p.129. And later, he pointed out more clearly that the vocal mid>high should lead to the drop of final velar nasal in Old Uyghur loanwords from Chinese–cf. Vovin, Alexander: Once again on the Ruan–ruan language, *Ötüken'den Istanbul'a: Türkçenin 1290 Yılı* [From Ötüken to Istanbul: 1290 years of the Turkish language], Mehmet Ölmez et al. (eds.), İstanbul: Büyükş ehir, 2010, pp.32–34.

④ Zhang, Tieshan: *Huihu wenxian yuyan de jiegou yu tedian* [On the structure and features of Old Uyghur language], Beijing: Zhongyang Minzu Daxue chubanshe, 2005, p.127.

⑤ Jiang, Jianshe: *Huihu–Han duiyin ji Song Yuan Huihu diqu Hanyu fangyin yanjiu* [A study of the medieval Uyghur–Chinese transcription and the Chinese dialect in Uyghur region of Song–Yuan Dynasties], Beijing: dissertation of Dept. Chinese Languages and Literature, Peking University, 2008, p.83.

⑥ Jiang, Jianshe: *Huihu–Han duiyin ji Song Yuan Huihu diqu Hanyu fangyin yanjiu* [A study of the medieval Uyghur–Chinese transcription and the Chinese dialect in Uyghur region of Song–Yuan Dynasties], Beijing: dissertation of Dept. Chinese Languages and Literature, Peking University, 2008, pp.104–105.

same study supports such the characters in the same rhyme as 龍 *long* and their respective Old Uyghur transcriptions as well: 恭(OUy.)kungi～kuingi and 供(OUy.) kuing①, suggestive of a probable compensation of long vowel for the drop of velar nasal. Therefore, the various spellings of Chinese etymon "dragon" in Old Uyghur alphabets bring to light an actual long vowel in its Old Uyghur loanword; and so does in Hudum Mongol alphabet. However, it seems hard to reflect in either microscript or Chinese transcription for its Khitan counterpart, despite of the analogous examples–[Khitan character] *qa "khagan" and 几 *ku "man"–together with adequate reasoning②. Thus, it is reasonable that, from this Khitan word *lu, with no spelling differentiation between long or short vowels, could be directly derived Jur. [Jurchen character] *lu "dragon" abovementioned.

And now, our further attention will be paid to the sofar living Dagur language, a heavily Manchurized daughter of the extinct Khitan mother. In Dagur, there are two phrases for "dragon king": mudur i haan([Dagur script]), los i haan([Dagur script])–written in Dagur script derived from Manchu alphabet③. Obviously, the former stems from the Manchu loanword: muduri, whereas the latter looks very strange. Actually, owing to its rather Khitan (e.g. Kmi. [Khitan characters] *lu) than Mongol heritage based on long vowels in Dagur phonetic formula, the latter can be interpreted as: Da. los i < *losi < *lus + *-i–a Khitan plural suffix *-s (written in Kmi. [Khitan character])④ added to the nominal stem *lu, thereby regarded rather as a Khitan fossilization in Dagur lexicon than as a loanword from

① Jiang, Jianshe: *Huihu-Han duiyin ji Song Yuan Huihu diqu Hanyu fangyin yanjiu* [A study of the medieval Uyghur-Chinese transcription and the Chinese dialect in Uyghur region of Song-Yuan Dynasties], Beijing: dissertation of Dept. Chinese Languages and Literature, Peking University, 2008, p.83.

② Ootake, Machimi: Qidanyu de yuanyin changdu-jianlun Qidan xiaozi de pinxie guize [On the vowel lengths of Khitan language: With the spelling regulations of Khitan microscript], *Acta Linguistica et Litteraturaria Sinica Occidentalia, Vol. VIII: Monograph for Khitan Studies*, Chengdu: Sichuan wenyi chubanshe, 2013, pp.91, 93.

③ Nasun Dalai (ed.): *Niakan Daor Bulku Biteg*, Hohhot: Neimenggu Daxue chubanshe, 2001, p.176.

④ Kane reconstructed it as *se-cf. Kane, Daniel: *The Kitan Language and Script*, Leiden·Boston: Brill, 2009, pp.141-142 which seems far from its proper pronunciation in any other spelling in No.2.244, cf. Kane, Daniel: *The Kitan Language and Script*, Leiden·Boston: Brill, 2009, p.64.

Tib. klu①. On the other hand, this Dagur morphological process could be reanalyzed also as the suffix *-si agglutinating to the Khitan stem *lu, analogous to the plural affix-si in Ma. haha-si "men", hehe-si "women", omo(lo)-si "grandsons, grandchildren"②, etc.

3. *Altaic Cognates and Analogues*

As is mentioned above, Kma. 炎/妄*budur "dragon" was deciphered and reconstructed by the enlightenment of Jur. 炭*mudur"dragon"③.In fact, there is some common feature between those two words in different languages.

Based on the present decipherment and reconstruction, there comes up such an etymological route as: Kma. 炎/妄*budur"dragon" > Jur. 炭*mudur"dragon"(GJS 2:1, 11a:17)④ > 炭 犨*mudu-ər"dragon"(cf. Ma. muduri, SJV-No.135)⑤ > 炭 禾*mudu-se"dragons"(GJVHI 28)⑥. And the equivalent Sino-Jurchen terms are: 毛睹禄 *máo-dǔ-lù*, 沒都魯 *mò-dū-lǔ*⑦.

---

① This Tibetan etymology comes from Hungary Orientalist István Vásáry's suggestion by private email. Great thanks should be given to him.

② Koo, John H., Liu Jingxian, Zhao Aping, Wu Baozhu & Kwon Oh-Sun: On plural formation in Manchu, *Central Asiatic Journal*, 38/2 (1994), p.184.

③ Aisin Gioro, Ulhicun: *Qidan yuyan wenzi yanjiu*[Studies of Khitan Language and Scripts], Kyoto: Tō Ajia Rekishi Bunka Kenkyūkai, 2004, p.70.

④ Ulhicun: *Nüzhenwen zishu de fuyuan*[The recovery of the Jurchen Glossary], *Beilin jikan*, 2001(VII), Xi'an Monumental Forest Museum(ed.), Xi'an: Shaanxi renmin meishu chubanshe, pp.189, 199, 201. Ulhicun: *Nüzhenwen zishu* de tili jiqi yu *Nüzhenwen yiyu* zhi guanxi[The styles of the Jurchen Glossary and its relations to Sino-Jurchen Glossary], *Beilin jikan*, 2002(VIII), Xi'an Monumental Forest Museum(ed.), Xi'an: Shaanxi renmin meishu chubanshe, p.146.

⑤ Grube, Wilhelm: *Die Sprache und Schrift der Jućen*, Leipzig: Kommissions-Verlag von O.Harrassowitz, 1896, pp.8, 96. Kiyose, Gisaburo N.: *A Study of the Jurchen Language and Script*: Reconstruction and Decipherment, Kyoto: Hōritsubunka-sha, 1977, p.105.

⑥ Jin, Qicong(ed.): *Nüzhenwen cidian*[A dictionary of Jurchen characters], Beijing: Wenwu chubanshe, 1984, p.117.

⑦ Sun, Bojun: *Jindai Nüzhenyu yanjiu*[A study of Jurchen language in Jurchen-Jin Dynasty], Shenyang: Liaoning minzu chubanshe, 2004, p.231.

On the other hand, there are several Jurchen words, closely related to aquatic bodies, reflected either in Jurchenograms or in Sino-Jurchen records:

1) Jur. 戈 *mu "water" (cf. Ma. muke, SJV-No. 051) [①]-it obviously reflects a shortest radical form among their neighboring cognates and derivatives: SKhi. 没里 *mòlǐ* (*mörə[②]; *möri[③])[④], Kmi. 丙 *mur "river"[⑤], Sil. mur "water", Kog. *mey "river, water"[⑥], and further Jur. 厉 *bira[⑦] ~ SJur. 鼈剌 *biēlà* = *bira[⑧] > Jur. 侑 *bi'a[⑨] "river" (cf. Ma. bira, SJV-No.040)[⑩], Jur. 予 *ula "large river" (cf. Ma. ula, SJV-No.049)[⑪], etc.

---

① Grube, Wilhelm: *Die Sprache und Schrift der Jućen*, Leipzig: Kommissions-Verlag von O.Harrassowitz, 1896, pp.3, 95. Kiyose, Gisaburo N.: *A Study of the Jurchen Language and Script*: Reconstruction and Decipherment, Kyoto: Hōritsubunka-sha, 1977, p.100.

② Doerfer, Gerhard: Mongolica im Alttürkischen, *B.Lewin zu Ehre. Festschrift aus Anlass seines 65.Geburtstages, Band III: Korea*, Bochum: Brockmayer, 1992, p.48.

③ Sun, Bojun & Nie Hongyin: *Qidanyu yanjiu* [A study of Sino-Khitan language], Beijing: Zhongguo shehui kexue chubanshe, 2008, p.83.

④ Blažek, Vǘclav: Current progress in Altaic etymology, *Folia Orientalia*, Vol.52, No.1, 2005, p.245 also added it to the descendants of PA.*miūri "water", but his citation from Doefer{*mu-li*} could be wrong in the Chinese pinyin spelling.

⑤ Ji, Shi: *Mi lin wenjing-Qidan xiaozi jiedu xin cheng* [Solving the riddles: A new decipherment of Khitan microscript], Shenyang: Liaoning minzu chubanshe, 1996, p.511.

⑥ Blažek, Vǘclav: Current progress in Altaic etymology, *Folia Orientalia*, Vol.52, No.1, 2005, p.248.

⑦ Jin, Qicong (ed.): *Nüzhenwen cidian* [A dictionary of Jurchen characters], Beijing: Wenwu chubanshe, 1984, p.189.

⑧ Aisin Gioro, Ulhicun: *Nüzhen yuyan wenzi xin yanjiu* [A New Study of Jurchen Language and Script], Kyoto: Meizendō, 2002, p.12.

⑨ Kiyose, Gisaburo N.: *A Study of the Jurchen Language and Script*: Reconstruction and Decipherment, Kyoto: Hōritsubunka-sha, 1977, p.99 thought it wrong in that there could be some graphic error in the relevant Chinese transliteration, since there might come up a drop of *-r-in Tungusic languages, cf. Jur. 禾 伞 *še-re "spring, fountain" > Jur. 禾 余 *še-e "spring, fountain" (*ʃərə > *ʃəjə-cf. Ulhicun: *Nüzhenwen zishu de tili jiqi yu Nüzhenwen yiyu* zhi guanxi [The styles of the Jurchen Glossary and its relations to Sino-Jurchen Glossary], *Beilin jikan*, 2002 (VIII), Xi'an Monumental Forest Museum (ed.), Xi'an: Shaanxi renmin meishu chubanshe, p.154), Jur. 盅 *dorbi "fox" ~ Jur. 光 叉 札 *do-or-bi "andronym" > Jur. 光 札 *do-bi "fox (-monkey=ape)" > Ma.dobi "fox"-cf. Ulhicun: Xi'an beilin *Nüzhenwen zishu* xin kao [A new decipherment of the Jurchen Glossary excavated in Xi'an Monumental Forest], *Beilin jikan*, 1998 (V), Xi'an Monumental Forest Museum (ed.), Xi'an: Shaanxi renmin meishu chubanshe, p.234, Jur. 呆 臾 *ur-ke "stone" > SJur. 斡勒 *wòlè* (=*were) ~ Ma.wehe "stone"-cf. Aisin Gioro, Ulhicun: *Nüzhen yuyan wenzi xin yanjiu* [A New Study of Jurchen Language and Script], Kyoto: *Meizendō*, 2002, pp.4, 16, 29, Jur. 叟 半 *neku-ər "friend" > Ma.neku "female friend", etc.

⑩ Grube, Wilhelm: *Die Sprache und Schrift der Jućen*, Leipzig: Kommissions-Verlag von O.Harrassowitz, 1896, pp.3, 97.

⑪ Grube, Wilhelm: *Die Sprache und Schrift der Jućen*, Leipzig: Kommissions-Verlag von O.Harrassowitz, 1896, pp.3, 102. Kiyose, Gisaburo N.: *A Study of the Jurchen Language and Script*: Reconstruction and Decipherment, Kyoto: Hōritsubunka-sha, 1977, p.99.

2)SJur. 忒鄰 *tèlín*=*terin "sea" [①], which reminds us of the following Khitan forms-Kmi. 令用当*t-ir-en, 全用丂*d-ir-en, 令用券*t-ir-e, 令用夊*t-ir-uh (*dirən, *dirən, *dirə, *dirug for the four spellings respectively)[②], 尸 公*diru-n, 令用夊伏*t-ir-uh-iń(*dirugin[③]; *t-il-uh-iń[④]), 令丙才糸*t-iur-ğa-ağ, 全丙才糸*d-iur-ğa-ağ, 令丙才冇*t-iur-ğa-ar(*dəliæ for the three spellings abovementioned)[⑤], 全冇力*d-ar-aq, 小列*dar-ağ(*telɑx/delɑag, *delɑg)[⑥]-respectively equivalent to SKhi.敵/迪烈 *dílíè*, 敵/迪輦 *dínián*, 滌祿 *dílù*, 敵魯 *dílǔ*, 敵魯堇 *dílǔjǐn*, 迭剌 *diélà*, either for andronyms or for ethnonyms. Based on it, therefore, it could be speculative that the Sino-Jurchen record shares the common root with these Khitan words in diverse records.

3) Jur. 龹"sea" (GJS 2:3)[⑦] > 𘱃乇*mete-erin[⑧]"sea" (cf. Ma. mederi, SJV-

---

① Sun, Bojun: *Jindai Nüzhenyu yanjiu*[A study of Jurchen language in Jurchen-Jin Dynasty], Shenyang: Liaoning minzu chubanshe, 2004, p.259 reconstructed it as*telin referring to Mo.dalai "sea". Nevertheless, Mo. dalai has such the cognates as Ma.dolcin "small wave", OUy.taluy "ocean", etc., ultimately originating from PA. *dūla "wave, deep place"-cf.Starostin, Sergei, Anna Dybo, & Oleg Mudrak: *Etymological Dictionary of the Altaic Languages*: Part One to Three, with assistance of Ilya Gruntov and Vladimir Glumov, Leiden·Boston: Brill, 2003, p.459, difficult to connect directly with this Sino-Jurchen reconstruction.

② Aisin Gioro, Ulhicun: *Qidan yuyan wenzi yanjiu[Studies of Khitan Language and Scripts]*, Kyoto: Tō Ajia Rekishi Bunka Kenkyūkai, 2004, pp.295-296.

③ Aisin Gioro, Ulhicun: *Qidan yuyan wenzi yanjiu[Studies of Khitan Language and Scripts]*, Kyoto: Tō Ajia Rekishi Bunka Kenkyūkai, 2004, pp.217, 247.

④ Kane, Daniel: *The Kitan Language and Script*, Leiden·Boston: Brill, 2009, p.71.

⑤ Aisin Gioro, Ulhicun: *Kittanbun boshi yori mita ryōshi*[On the Khitan-Liao history based on Khitan epitaphs], Kyoto: Shoukaidō, 2006, pp.45-49.

⑥ Wu, Yingzhe: Qidan xiaozi "Dielabu" kaoshi [On the tribal name "Diela" recorded in Khitan microscript], *Minzu yuwen*, 2011, No.5, p.76.

⑦ Ulhicun: *Nüzhenwen zishu* de fuyuan[The recovery of the Jurchen Glossary], *Beilin jikan*, 2001(VII), Xi'an Monumental Forest Museum(ed.), Xi'an: Shaanxi renmin meishu chubanshe, pp.189, 201. Ulhicun: *Nüzhenwen zishu* de tili jiqi yu *Nüzhenwen yiyu zhi guanxi*[The styles of the Jurchen Glossary and its relations to Sino-Jurchen Glossary], *Beilin jikan*, 2002(VIII), Xi'an Monumental Forest Museum(ed.), Xi'an: Shaanxi renmin meishu chubanshe, p.146.

⑧ Jin, Qicong(ed.): *Nüzhenwen cidian*[A dictionary of Jurchen characters], Beijing: Wenwu chubanshe, 1984, pp.129, 179 reconstructed it as*mede-erin directly imitative to Ma. mederi.

No. 046)[①]>SJur.墨得 *mòdé*[②]=*mede[③].

Accordingly, it could be reasonable that there comes up such a conpounding e-quation as follows:

Jur. 乏*mu"water"+SJur. *terin"sea"=Jur. 矣*muterin>Jur. 岚乇*mete-erin "sea"

Furthermore, there is a widespread vocal inflection in Jurchen-Manchu phonetic system exemplified in the following:

1) Mo. nukur"friend">Jur. 吏 举*neku-ər"friend"[④];

2) Jur.凪 米 旱*bo-do-lo"pursuit">Ma. bedere"drive toward ambush"[⑤].

And especially referring to Jur. 岁 举*mudu-ər, the final*-r as omissible as乇 *-erin in岚 乇*mete-erin, it can be speculated that Jur.矣*muterin"sea"might well become the etymon of Jur.岁*mudur"dragon", just as in the following equation:

"sea": Jur. 矣*muterin>Jur. 岚乇*mete-erin ∨ "dragon": Jur. 岁*mudur>Jur. 岁 举*mudu-ər

Then, PA. *miúdu"dragon">PTung. *muduri~PKor. *mìrí~PJap.*múi"snake"[⑥] becomes somewhat dubious; rather, this common lexeme shared both in Khitan-

① Grube, Wilhelm: *Die Sprache und Schrift der Jučen*, Leipzig: Kommissions-Verlag von O.Harrassowitz, 1896, pp.3, 95.Kiyose, Gisaburo N.: *A Study of the Jurchen Language and Script*: Reconstruction and Decipherment, Kyoto: Hōritsubunka-sha, 1977, p.99.

② Sun, Bojun: *Jindai Nüzhenyu yanjiu*[A study of Jurchen language in Jurchen-Jin Dynasty], Shenyang: Liaoning minzu chubanshe, 2004, p.259 regarded it as cognate to SJur.忒鄰 *tèlín* erroneously.

③ Kane, Daniel: *The Sino-Jurchen Vocabulary of the Bureau of Interpreters*, Bloomington, Indiana: Indiana University, 1989, p.163.

④ Grube, Wilhelm: *Die Sprache und Schrift der Jučen*, Leipzig: Kommissions-Verlag von O.Harrassowitz, 1896, p.96.

⑤ Kiyose, Gisaburo N.: *A Study of the Jurchen Language and Script*: Reconstruction and Decipherment, Kyoto: Hōritsubunka-sha, 1977, p.120. Jin, Guangping & Jin Qicong: *Nüzhen yuyan wenzi yanjiu*[A study of Jurchen language and script], Beijing: Wenwu chubanshe, 1980, p.14.

⑥ Starostin, Sergei, Anna Dybo, & Oleg Mudrak: *Etymological Dictionary of the Altaic Languages*: Part One to Three, with assistance of Ilya Gruntov and Vladimir Glumov, Leiden·Boston: Brill, 2003, p. 931.

Dagur and Jurchen–Manchu languages falls indeed in an interesting Eastern isogloss① with some further Altaic etymology.

Likewise, there is such a portmanteau equation in Khitan word–building as follows:

Kmi. 𘭘*muŕ "river"+ Kmi. 令 用 夂*t–ir–uh "sea">Kma. 犮/犮*budur

Such a similar etymological process reappears both in Mongolic and Koreo–Japonic languages as follows:

In SMVZ is recorded SMo. 滕急赤 *téngjíchì* "dragon", which has disappeared anywhere in the great majority of Mongolic languages. Once it was regarded as the graphic corruption of SMo. 蟒忽思 *mǎnghūsī*=*mangğus "un ogre qui à la forme d'un serpent" ②. Owing to the preceding study, however, it can be noticed that: Trk. *deŋgiŕ "sea" > Mo. tenggis③ ～ Činggis "sea"④; herein, SMo. 滕急赤 *téngjíchì* can be reconstructed as *teŋgiŕi, a derivative of such a radical lexeme as Mo. tenggis, just equal to the semanteme "dragon" without any corruption.

Likewise, the obsolete Kor. mireu (미르) "dragon" could stem from Kor. mur (물) "water, river"⑤. Furthermore, Jap. tatu (竜) "dragon"⑥ seems to share the common

① Starostin, Sergei, Anna Dybo, & Oleg Mudrak: *Etymological Dictionary of the Altaic Languages*: Part One to Three, with assistance of Ilya Gruntov and Vladimir Glumov, Leiden·Boston: Brill, 2003, p.931.

② Kara, György: *Zhiyuan Yiyu* index alphabetique des mots Mongols, *Acta Orientalia Academiae Scientiarum Hungaricae*, Tomus XLIV(3), 1990, p.327.

③ Starostin, Sergei, Anna Dybo, & Oleg Mudrak: *Etymological Dictionary of the Altaic Languages*: Part One to Three, with assistance of Ilya Gruntov and Vladimir Glumov, Leiden·Boston: Brill, 2003, p.1417.

④ Rybatzki, Volker: *Die Personnennamen und Titel der mittelmongolischen Dokumente*: Eine lexikalische Untersuchung, Helsinki: Yliopistopaino Oy, 2006, p.314. One of the other Altaic cognates is: Ma. tenggin "lake" < PTung. *tēŋ "plain, lowland", cf. tarostin, Sergei, Anna Dybo, & Oleg Mudrak: *Etymological Dictionary of the Altaic Languages*: Part One to Three, with assistance of Ilya Gruntov and Vladimir Glumov, Leiden·Boston: Brill, 2003, p.1417.

⑤ It is cognate to Jap. mizu "water", Mo. mören "river", Ma. muke "water", etc., cf. Starostin, Sergei, Anna Dybo, & Oleg Mudrak: *Etymological Dictionary of the Altaic Languages*: Part One to Three, with assistance of Ilya Gruntov and Vladimir Glumov, Leiden·Boston: Brill, 2003, p.935.

⑥ Starostin, Sergei, Anna Dybo, & Oleg Mudrak: *Etymological Dictionary of the Altaic Languages*: Part One to Three, with assistance of Ilya Gruntov and Vladimir Glumov, Leiden·Boston: Brill, 2003, pp.1422–1423 pointed out that its prototype PJap. *tátú "dragon", cognate to Mo. tarbalǰin "eagle", Uy. tasqara "vulture", etc., stems ultimately from PA. *t'ĕŕa "a kind of eagle, vulture", which might as well be revised based on the latest decipherment of some extinct Altaic indeginous documents.

stem with Jap. taki（滝）“waterfall”①and tani（谷）“valley”②.

In short, the indigenous Khitan recognition of dragon should be based earliest upon some aquatic spirit, derived from the relevant aquatic term, either cognate or analogous to the northeastward Tungusic and Koreo–Japnoic etymology, which later paralleled to the westward Turkic amalgamation of the southward Chinese draconic ideology.

4. *Summary*

To sum up, there is a table showing the etymological correspondences between Khitan and Jurchen records for “dragon” as follows:

Macroscript	Microscript	Sino–Khitan	Jurchen	Sino–Jurchen
炎/安*budr	夾*ur	—	岁*mudur/岁 举*mudu–ər	毛睹禄/没都鲁
女*pu	—	—	怏*pu	—
—	皮/爻/夾*lu	蔓	弓*lu	—
穴 尺*lu–uŋ	—	—	弓 圡*lu–un	鲁温③
—	屮 凧*l–iuŋ/ 屮 火 太*l–iu–uŋ	—	—	—

① It is cognate to Mo.dargil“rapid current”, etc., cf.Starostin, Sergei, Anna Dybo, & Oleg Mudrak: *Etymological Dictionary of the Altaic Languages*: Part One to Three, with assistance of Ilya Gruntov and Vladimir Glumov, Leiden·Boston: Brill, 2003, p.405.

② It is cognate to Uy.tenggis “lake, sea” –cf.Rybatzki, Volker: *Die Personnennamen und Titel der mittelmongolischen Dokumente*: Eine lexikalische Untersuchung, Helsinki: Yliopistopaino Oy, 2006, p.314, Mo.tenggis “sea”, Ma.tenggin “lake” –cf.Rybatzki, Volker: *Die Personnennamen und Titel der mittelmongolischen Dokumente*: Eine lexikalische Untersuchung, Helsinki: Yliopistopaino Oy, 2006, p.1417 abovementioned, and Kog.*t(w)ən~*tʰən “valley”–cf.Blažek, Václav: Current progress in Altaic etymology, *Folia Orientalia*, Vol.52, No.1, 2005, p.248.

③ As Chinese transcription, it is excerpted out of SJV–No.189, cf.Grube, Wilhelm: *Die Sprache und Schrift der Jučen*, Leipzig: Kommissions–Verlag von O.Harrassowitz, 1896, p.11.Kiyose, Gisaburo N.: *A Study of the Jurchen Language and Script*: Reconstruction and Decipherment, Kyoto: Hōritsubunka–sha, 1977, p.107.

Hence, it can be seen that there is an etymological route from "sea" to "dragon" universally in almost all the probable branches of Altaic languages, which, as an actor related to some waters, may as well be derived directly from the terms for "sea" or the other aquatic bodies. Based on the fact, the Chinese loanword for "dragon" (far from any terms for water body), beginning from the proven Old Uyghur immigration, becomes rather prestigious in social conversations than suppliant for lexical deficiency in Khitan language. Besides, the extant Khitan records for "dragon" also include several transliterations of Chinese dragon, just to reflect the Middle Chinese pronunciation accurately.

Most of these Khitan terms for "dragon" have been inherited by Jurchen language, just as Khitan scripts and states were taken over by the Jurchen people who was civilized later. The bifurcation of Khitan and Jurchen appella tions for dragon seems indicative of a paralleling ideology between the indigenous nomadic traditions and the exotic cultural prestiges–especially the ultimate Chinese source and the Turkic (e.g. Old Uyghur) intermediary.

Referring to the neighboring Mongolic, Tungusic, Koreo–Japonic words involved, the Khitan terms for dragon are displaying the Khitan recognition of dragon based earliest upon some aquatic spirit cognate to the northeastward Tungusic etymology, which has been gradually replaced by the westward Turkic amalgamation of the southward Chinese draconic ideology. And further more, the two Khitan scripts have witnessed the nuclear Chinese acculturation of dragon into the marginal Mongol–Tungusic ideas; some Turkic factors become an effective intermediary in the earlier process of Khitan civilization.

（原载于《北方文化研究》(第六辑·清格尔泰先生逝去二周年纪念号)，首尔：檀国大学北方文化研究所(2015)：第 27—40 页）

契丹文“卯兔”论

一、导言

契丹语的十二地支在契丹大小字的现存文献中都已发现并获得解读，当然还有不少细节问题有待进一步研究。本文以资料相对比较完全、解读结果也比较成功的“卯兔”为对象，从文字学和阿尔泰语源学等方面对其进行深度考察。

记录“卯兔”的契丹大小字形式对应关系如下表所示（题名之后的数字表示所在碑铭行数）：

载体	记录	出处
汉字记音	淘里	《契丹国志·岁时杂记》
	陶里	《辽史·礼志六》《辽史·国语解》
契丹小字	[illegible] [illegible] [illegible]	《宣懿哀册》4、29《耶律永宁郎君墓志铭》35《耶律奴墓志铭》3《耶律(韩)高十墓志铭》13(II)、25《萧太山和永清公主墓志铭》20
契丹大字	[illegible]	《耶律习涅墓志铭》13
	五[illegible]	《留隐太师墓志铭》18
	五[illegible]	《故太师铭石记》39《耶律昌允墓志铭》21

而关于契丹语“兔”的汉字记音“淘里”“陶里”，相应拟音形式包括：

一)*t'ao-li[①]——这是记音汉字现代语音的直接拼写；

二)*taulə[②]——基本上是记音汉字现代口语读法的直接转写；

三)*taulia[③]——大概是参考了契丹小字释读成果的结果，实际上并不能很好反映汉字记音蕴含的契丹语音形式；

四)*töli[④]——其理据似在于虑及以之记音的其他语词中元音和谐律的作用[⑤]，但由于大字五和小字[契丹小字]表示数词“五”殆无疑虞，而其汉字记音“讨”也由同一论著拟音为 *taw[⑥]，由此契丹文字记录可以推知上述拟音自相矛盾，所以这个 *töli 恐怕也是有问题的。

二、契丹小字形式

关于“卯兔”的契丹小字记录，目前所见只有唯一的一种拼写形式：[契丹小字]。这个形式最先由民国时期金石学世家出身的学者罗福成在 20 世纪 20 年代初确定其语义的[⑦]。

早期有法国内亚学者韩百诗(Louis Hambis)的拟音 *t'ao-wou-li＝*tawuli[⑧]，且将原字[契丹小字]溯源自汉字“吴”却用其现代汉语读音而非近古语音，又将原字[契丹小字]溯

---

① Hambis, Louis: remier essai de déchiffrement de la langue khitan, *Comptes rendus de l'Académie des Inscriptions et Belles Lettres*, 97e année, N.1, 1953, pp.124, 131.

② Doerfer, Gerhard: Mongolica im Alttürkischen, *B.Lewin zu Ehre, Festschrift aus Anlass seines 65.Geburtstages*, Bd.III: Korea, Bochum: Brockmayer, 1992, p.49.

③ Vovin, Alexander: Some Thoughts on the Origins of the Old Turkic 12-Year Animal Cycle, *Central Asiatic Journal*, I, 2004, p.121.

④ 孙伯君、聂鸿音：《契丹语研究》，北京：社会科学文献出版社，2008 年，第 106 页。

⑤ 孙伯君、聂鸿音：《契丹语研究》，北京：社会科学文献出版社，2008 年，第 178—179 页。

⑥ 孙伯君、聂鸿音：《契丹语研究》，北京：社会科学文献出版社，2008 年，第 179 页。

⑦ 清格尔泰、刘凤翥、陈乃雄、于宝林、邢复礼：《关于契丹小字研究》，《内蒙古大学学报》(哲学社会科学版)，1977 年第 4 期“契丹小字专号”，第 6—7 页。

⑧ Hambis, Louis: Premier essai de déchiffrement de la langue khitan, *Comptes rendus de l'Académie des Inscriptions et Belles Lettres*, 97e année, N. 1, 1953, p.131. [法]韩百诗：《契丹文字破译初探》，董果良[译]，王承礼主编《辽金契丹女真史译文集》(第一集)，长春：吉林文史出版社，1990 年，第 288 页将此拟音改为 *tau-wu-lai，显然是中译者根据彼时契丹小字的解读成果加以修订的。

源自汉字“力”——这是完全因袭蒙古语的形式而进行的臆解，殊不可取。

现已基本确定其拟音：乇 仮 为*tau-li-a[①]。与其中关键的第二个原字可资比较的另一个例子是：契丹小字形式“陵（位格）”仮 叉 岺 矢*li-ən-ge=de（《仁懿皇后哀册》16）[②]，同音异写于业 闲 矢*l-iŋ=de（《郎君行记》2）[③]；另有其属格形式仮 叉 岺 内*li-ən-ge=ən（《道宗皇帝哀册》35）[④]。不过，仍有学者认为中间那个原字读音难以确定，从而将整个词拟音作 *tau-ul？-a[⑤]，姑且不论。

三、契丹大字形式

关于指称“卯兔”一词的契丹大字，最早的语义确定是由以前误释的“申猴”而修正过来的[⑥]。其拟音则有以下几种：

一）五*thau（73 号字）[⑦]——这是音标模式，理论上没有问题，折合成更符合阿尔泰语的形式亦即 *tau（5.073 号字）[⑧]；

二）岦～屮*la（111 号字）[⑨]——即使改为 *li～la（5.111 号字）[⑩]，显然也与契丹小字的拟音对不上，但又没有任何说明，恐为不妥。

---

① 康丹（Daniel Kane，又译康德良）构拟为 *tau-lí-a，参见 Kane，Daniel：*The Kitan Language and Script*，Leiden·Boston：Brill，2009，p.101.

② 清格尔泰、刘凤翥、陈乃雄、于宝林、邢复礼：《关于契丹小字研究》，《内蒙古大学学报》（哲学社会科学版），1977 年第 4 期“契丹小字专号”，第 66 页；即实：《谜林问径——契丹小字解读新程》，沈阳：辽宁民族出版社，1996 年，第 475 页。

③ 清格尔泰、刘凤翥、陈乃雄、于宝林、邢复礼：《关于契丹小字研究》，《内蒙古大学学报》（哲学社会科学版），1977 年第 4 期“契丹小字专号”，第 65 页。

④ 即实：《谜林问径——契丹小字解读新程》，沈阳：辽宁民族出版社，1996 年，第 474 页。

⑤ ［日］大竹昌巳：《契丹语的元音长度——兼论契丹小字的拼写规则》，《华西语文学刊》（第八辑）“契丹学专辑”，成都：四川文艺出版社，2013 年，第 87 页。

⑥ ［日］丰田五郎：《解读契丹大字的线索》，肖爱民译，《中国北方古代文化国际学术研讨会论文集》，北京：中国文史出版社，1995 年，第 304—305 页。

⑦ 刘凤翥、王云龙：《契丹大字〈耶律昌允墓志铭〉之研究》，《燕京学报》（新十七期），北京：北京大学出版社，2004 年，第 82 页。

⑧ Kane，Daniel：*The Kitan Language and Script*，Leiden·Boston：Brill，2009，p.179.

⑨ 刘凤翥、王云龙：《契丹大字〈耶律昌允墓志铭〉之研究》，《燕京学报》（新十七期），北京：北京大学出版社，2004 年，第 84 页。

⑩ Kane，Daniel：*The Kitan Language and Script*，Leiden·Boston：Brill，2009，p.180.

较早的拟音是根据契丹小字的读法将[五屮]作为一个统一的字符拟音为 *taula(Y)[1]。

以前判断契丹大字[五屮]是五和小的合文(ligature),随着材料的不断出土和逐渐解读，现在可以认为契丹大字[五屮]是各自独立出现的五和屮（《留隐太师墓志铭》18)[2]的合文。这样,屮而非小就不大可能是[山丌]的简写形式,而更有可能的是直接源自汉字"屮"[3]。而蒙文又有 ulalǰi"茅草"一词[4],从构词形态上可以离析为 ulal-ǰi,词干的音节末辅音-l-在实际发音上易同-i/j-相混同[5],故契丹大字屮或可拟音为 *ulai。于是可以得出以下公式:

五*tau＋屮*ulai＝[五屮]*taulai

基于上述分析,契丹大字字符小倒有可能是屮的异体呢。

由于在迄今所见的契丹大字碑铭中已经发现了山和丌(《耶律习涅墓志铭》28)[6]这两个字符,所以我们有理由认为,大字[山丌]是山、丌两字的合文,由此,其拟音应当归结为这两个字符的拟音。

契丹大字频见于碑铭中,可能表示"山"之意,如《耶律昌允墓志铭》之仝山(19、20)"佛山"、余山(22)"塔山"[7]。虽然现存契丹语汉字记音有指称"山"的"讷都"而据此拟音为 *nudu[8],由此推知这个汉字记音形式对应的契丹语词或为

---

① [日]丰田五郎:《解读契丹大字的线索》,肖爱民译,《中国北方古代文化国际学术研讨会论文集》,北京:中国文史出版社,1995 年,第 305、307 页。

② 吴英喆:「中国新出の契丹文字史料」,荒川慎太郎·泽本光弘·高井康典行·渡辺健哉編『契丹[遼]と10～12 世紀の東部ユーラシア』,東京:勉誠出版,2013 年:第 177 页。

③《说文解字》:屮,草木初生也。《汉书·苏武传》:武既至海上,廪食不至,掘野鼠,去屮实而食之。

④ 内蒙古大学蒙古学研究院蒙古语文研究所编:《蒙汉词典》(增订本),呼和浩特:内蒙古大学出版社,1999 年,第 242 页。

⑤ 参见几种阿尔泰语"杂草"的同源词:蒙文 ulalǰi、喀尔喀蒙语 ulalǯ、布里亚特蒙语 ulalž,楚瓦什语 vɔʷldɔʷren"荨麻"、哈卡斯语及绍尔语 ozij"类叶升麻(волчье лыко)"、绍尔语 izi"五蕊柳(чернотал)",参见 Starostin, Sergei, Anna Dybo, & Oleg Mudrak: *Etymological Dictionary of the Altaic Languages*: Part One to Three, with assistance of Ilya Gruntov and Vladimir Glumov, Leiden · Boston: Brill, 2003, p. 1051.

⑥ 刘凤翥:《契丹大字〈耶律习涅墓志铭〉再考释》,《国学研究》(第二十二卷),北京:北京大学出版社,2010 年,第 113 页。

⑦ 刘凤翥、王云龙:《契丹大字〈耶律昌允墓志铭〉之研究》,《燕京学报》(新十七期),北京:北京大学出版社,2004 年,第 92 页。

⑧ 孙伯君、聂鸿音:《契丹语研究》,北京:社会科学文献出版社,2008 年,第 86 页。

“高山”,显然与耶律昌允归葬所涉及的“低矮山丘”有所区别。并且,“讷都”的读音也无法同“卯兔”的契丹文字拼写相协调。

契丹小字《耶律奴墓志铭》中,最后的韵文部分明显采取了模仿汉文诗歌隔句押韵的形式,亦即第47行中词符(logogram)“[illegible]山”和“[illegible]日”押韵[①]。由于有汉字记音“捏离”(《契丹国志·岁时杂记》《辽史·营卫志下》)、“涅里”(《辽史·本纪第三十》)、“涅剌”(《辽史·营卫志下》)、“捏咿唲”(《辽史·礼志六》《辽史·国语解》)表示契丹语“日”,则有契丹小字拟音[illegible]*neri[②]。由此推测表示“山”的契丹小字[illegible]也有词末元音 *-i。

考虑到契丹大字《耶律习涅墓志铭》最后韵文部分也是隔句押韵——第35行的仩*ku 和第36行的[illegible]*tu[③]明显押韵 *-u。由此即可推定,在该碑铭第37行中,同日*neri 押韵的大字山[④]的末尾元音自然也是 *-i。

由于第一音节的契丹大字字符的拟音可以确定为 *tau,所以,我们毋宁参考契丹小字以音符(phonogram)拼写记录的“山”[⑤]属格形式[illegible] [illegible] [illegible]*au-ul-ən(《许王墓志》53、《耶律仁先墓志》27)[⑥]、女真文关于“山”的记录[illegible]*alin[⑦]~[illegible] [illegible]*ali-in[⑧]、以及《至元译语》所记录中古蒙古语“山”的形式 *aula[⑨],推测出此处契丹大字字符[⑩]的拟音 *auli。

---

① 石金民、于泽民:《契丹小字〈耶律奴墓志铭〉考释》,《民族语文》2001年第2期,第68页。

② 孙伯君、聂鸿音:《契丹语研究》,北京:社会科学文献出版社,2008年,第87—88页。

③ 刘凤翥:《契丹大字〈耶律习涅墓志铭〉再考释》,《国学研究》(第二十二卷),北京:北京大学出版社,2010年,第114页。

④ 刘凤翥:《契丹大字〈耶律习涅墓志铭〉再考释》,《国学研究》(第二十二卷),北京:北京大学出版社,2010年,第115页。

⑤ 清格尔泰编著:《契丹小字释读问题》,吴英喆协助,东京:国立亚非语言文化研究所,2002年,第116页认为契丹小字[illegible] [illegible]*eu-ul 意为“山”,显然不对;参见 Kane, Daniel: *The Kitan Language and Script*, Leiden·Boston: Brill, 2009, p.89,此词正确语义当为“云”。

⑥ 即实:《谜林问径——契丹小字解读新程》,沈阳:辽宁民族出版社,1996年,第468、469页;清格尔泰[编著]:《契丹小字释读问题》,吴英喆[协助],东京:国立亚非语言文化研究所,2002年,第127页。

⑦ [日]乌拉熙春:《〈女真文字书〉的复原》,《碑林集刊》(七),西安:陕西人民美术出版社,2001年,第201页。

⑧ 金启孮[编]:《女真文辞典》,北京:文物出版社,1984年,第264页。

⑨ Ligeti, Louis (déchiffré par): Un vocabulaire sino-mongol des Yuan Le *Tche-Yuan Yi-Yu*, Kara, György (édité par), *Acta Orientalia Academiae Scientiarum Hungaricae*, Tomus XLIV(3), 1990, p.262.

⑩ [日]爱新觉罗乌拉熙春:《契丹语言文字研究》,京都:东亚历史文化研究会,2004年,第94—95页指出:契丹小字中,与之同形的原字(graph)山(及其加缀性别符号的[illegible])意指“黄、金、戊己”,拟音可作 *njoro-ko。

此外,汉字“耳”见于《玉篇》《集韵》《类篇》(《正字通·卩部》),为“奏”的异体字,考察蒙文有 ailadχaχu“上奏”一词[①],根据此词首音节,推测契丹大字耳可能是借用汉字“耳”而以契丹语训读的,从而拟音作 *ai。

由此,我们得出这个契丹大字记录语词的以下拟音公式——

五*tau＋岢*auliai＝五岢*tauliai
↗ ↖
山*auli＋耳*ai

四、蒙古语族视野

由此反映出:现存的三个契丹大字记录形式却是颇有差异的两个书面表达:帋*taulai～屮*tau–ulai＝五 岢*taulai、*tau–auli–ai＝*tauliai;而契丹小字的记录,却又是与后者略有差异的另一个形式:**乇 欠 为***tau–li–a＝*taulia。

“兔”是蒙古语族中一个普遍存在的语汇:自原始蒙古语 *tawlai 派生出——蒙文(即书面蒙语)taulai/tulai、中古蒙语 taulai/taulaj/tulaj/tāwalai、喀尔喀蒙语 tūlaj、布里亚特蒙语 tūlaj、卡尔梅克蒙语 tūlā/tūlɑ̄、鄂尔多斯蒙语tūlā、东乡语 taulej/taoləj、保安语 toli、达斡尔语 taulĭ́ē/taulĭ́、东部裕固语 tūlī、土族语 tụlī/tolī、莫戈勒语 itoulä;另有通古斯语族的埃文基语tōlai 借自蒙语[②]。

目前对蒙古语族的研究已经取得了相当大的进展,这里给出一个比较全面的“汉化”谱系图[③]:

---

① 内蒙古大学蒙古学研究院蒙古语文研究所编:《蒙汉词典》(增订本),呼和浩特:内蒙古大学出版社,1999 年,第 5 页。

② Starostin, Sergei, Anna Dybo, & Oleg Mudrak: *Etymological Dictionary of the Altaic Languages*: Part One to Three, with assistance of Ilya Gruntov and Vladimir Glumov, Leiden·Boston: Brill, 2003, p.1408.

③ Rybatzki, Volker: Intra–Mongolic taxonomy, *The Mongolic Languages*, Juha Janhunen (ed.), London and New York: Routledge, 2003, pp.388–389. Janhunen, Juha: Para–Mongolic, *The Mongolic Languages*, Juha Janhunen(ed.), London and New York: Routledge, 2003, pp.391–392.其中,所谓“副蒙古语”对应的英文术语是 Para–Mongolic。

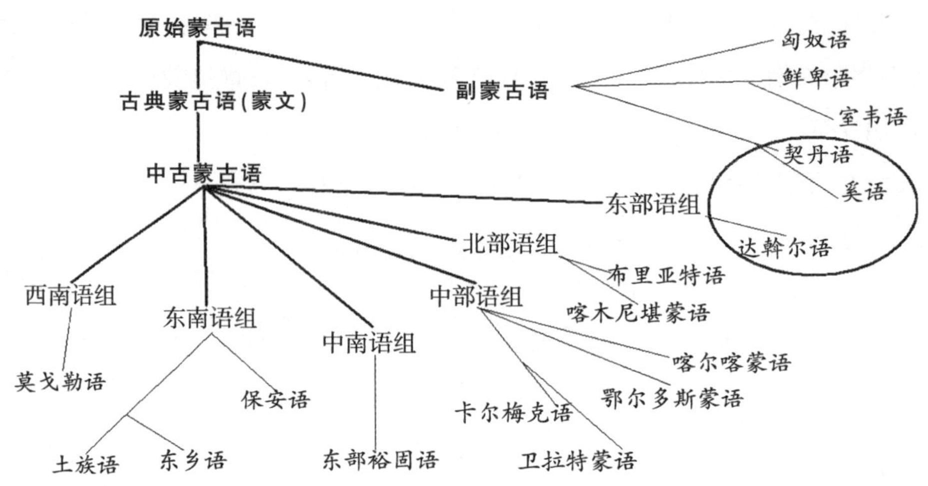

结合上述语言谱系图,将契丹语定位于蒙古语族内,契丹语“卯兔”的三个既有差别又有联系的形式就可以剖析如下了。

首先,契丹大字形式五牜*tau–ulai～𭑾*taulai 可以比诸蒙文 taulai、东乡语taulej/taoləj–第二音节元音弱化、莫戈勒语 itoulä–第二音节双元音变成单元音、喀尔喀蒙语～布里亚特蒙语 tūlaj 及埃文基语 tōlai–第一音节双元音变成长元音、卡尔梅克蒙语 tūlā–第二音节双元音变成长元音但维持后低元音音色、鄂尔多斯蒙语～卡尔梅克蒙语 tūlä–第二音节双元音变成长元音且变为前元音。这一系列语汇的语音特点在于词中–l–没有任何腭化因素。

其次,同契丹小字形式**[Khitan small script] [Khitan small script] [Khitan small script]***tau–li–a＝*taulia 以及契丹大字形式五[Khitan large script] *tau–auli–ai＝*tauliai 最相接近的几种语言形式,根据其近似程度如下所示:

一)东北部语组下属的达斡尔语 taul̕ē/taul̕——第一音节元音不变,第二音节的高元音使与之相拼的辅音发生腭化;

二)南部语组下属的东部裕固语 tūlī 和土族语 tụlī——第二音节维持高元音,两个音节的双元音都变成长元音;

三)东南部语组下属的土族语 tolī——第二音节维持高元音并变成长元音,但第一音节双元音变成短元音;卡尔梅克蒙语及鄂尔多斯蒙语 tūlä——第二音节元音维持前元音,两个音节的双元音都变成长元音。

这一系列语汇反映出来的语音特点就是词中 -l- 的腭化因素，结合契丹小字钬*li 的成音节性质，我们认为契丹语中的这个所谓“腭化因素”还停留在辅音同元音相拼阶段；而在达斡尔语阶段才成为真正的腭化。

这样看来，达斡尔语和契丹语关于“兔”的词汇形式，就是蒙古语族中边音在词中明确腭化的仅有两种语言，这一点倒是同突厥语的原始形式切合。

原始突厥语词根 *tabɨĺgan[①]指称“野兔”，再行词源历程上的追溯，是同具有相同内涵的原始蒙古语词根 *tawlai，一道从原始阿尔泰语词根 *t`ĕbà“奔跑”衍生出来的[②]，并可补以上述契丹语词作为佐证[③]。

而见于 1241 年 Gandzak 之 Kirakos 编年史的亚美尼亚文记录形式 t‘ablγay，则可能是反映这个指称“兔”的共同蒙古语词最为古老的拟测形式 *tablgai[④]。由于 -g->-i/j- 是阿尔泰语中的习见音变现象，故而上述语词的历时嬗变轨迹大致可以推断为：

↗*tablia→契丹语 *taulia	
原始突厥语 *tabɨĺgan→原始蒙古语 *tablgai→*tabliai→契丹语 *tauliai	(-b->-u-)
↘*tablai→契丹语 *taulai	

由此可见，目前已获解读的契丹大小字所记录的“卯兔”四个形式(三“大”一“小”)，其实代表了契丹语指称“兔”的三个不同语音形式；其间差距虽然不大，但却体现了从原始突厥语历时衍生出的形式分歧，这些分歧可能体现在契丹语固有的方言差别中。而两个略有不同的汉字记音(“淘里”“陶里”)实际上反映同一契丹语音形式，虑及蒙古语族相对严格的元音和谐率，将其记录的语音形式对应为 *taulai 可能是最为适宜的。然而，如果契丹语归入蒙古语族的

① [芬]兰司铁：《阿尔泰语言学导论》，陈伟、沈成明[译]，北京：中国社会科学出版社，1981 年，第 263 页指出：原始突厥语形式早期记作 *tabyl'-γana，和蒙古语 taul-ai 并行。

② Starostin, Sergei, Anna Dybo, & Oleg Mudrak: *Etymological Dictionary of the Altaic Languages*: Part One to Three, with assistance of Ilya Gruntov and Vladimir Glumov, Leiden · Boston: Brill, 2003, pp.1408-1409.

③ Blažek, Vάclav: Current progress in Altaic etymology, *Folia Orientalia*, Vol.52, No.1, 2005, p.247.

④ Blažek, Vάclav: Current progress in Altaic etymology, *Folia Orientalia*, Vol.52, No.1, 2005, p.247.

话,关于"兔"的原始蒙古语共同形式再拟测为 *tawlai[①]恐怕就不太适宜了;或许,更好的拟测共同形式至少应该是 *tabliai。

随带说一句,从原始蒙古语 *tabūn 到蒙文 tabu 再到蒙语 tab,以及达斡尔语 tābu[②],可以看出这种位于元音之后的辅音-b-是历时音变过程中较为迟缓的;结合契丹语的 *tau 进行分析,我们可以认为现代达斡尔语的 tābu 或是蒙语的借词,而不大可能是承袭自其可能的直系祖语——契丹语的固有形式。

五、结语

在迄今已知的契丹语"卯兔"文献记载中,契丹大小字和汉字记音的一共六种形式,其实承载了相互之间略有分歧的三种契丹语音形式。这三种契丹语指称"兔"的形式,都可以在毗邻的突厥—蒙古诸语言中找到各自的近似或对应形式。

根据契丹文字记录形式的深入剖析,再将剖析结果置于阿尔泰语源学的广阔视野下审视,可以发现在方块字形式下隐藏的更多契丹语汇信息。而这些信息对于蒙古语族的理论建设,以及阿尔泰语源体系的精确构建,都会起到非常积极的作用。

(原载于《青海民族研究》2016 年第二期:第 195—198 页)

① Starostin, Sergei, Anna Dybo, & Oleg Mudrak: *Etymological Dictionary of the Altaic Languages*: Part One to Three, with assistance of Ilya Gruntov and Vladimir Glumov, Leiden·Boston: Brill, 2003, p.1408.

② 孙伯君、聂鸿音:《契丹语研究》,北京:社会科学文献出版社,2008 年,第 165—166 页。

契丹文“戍犬”考述

——王元鹿先生古稀寿辰生肖诠释

一、导言

在契丹人的十二地支中，“戍犬”是现存资料最为完备、相对而言目前研究也最为充分的生肖之一。

目前已知“戍犬”的契丹大小字拼写和史籍汉字记音形式，如下表所示①：

文字类型	拼写形式	出处
契丹大字	亢	《耶律昌允墓志铭》10、《永宁郡公主墓志铭》24
契丹小字	**伏 为**	《道宗皇帝哀册》4–II、《萧胡睹堇墓志铭》29、《萧居士墓志铭》7、《萧太山和永清公主墓志铭》21·31·32、《萧仲恭墓志铭》50、《兴宗皇帝哀册》1、《耶律慈特墓志铭》18–II、《耶律（韩）迪烈墓志铭》20、《耶律迪烈墓志铭》14、《耶律奴墓志铭》27、《耶律智先墓志铭》20·27、庆陵壁画题字 1
汉字记音	捏褐	《契丹国志·岁时杂记》《辽史·礼志六》《辽史·国语解》
	涅合	《辽史·圣宗六》
	涅葛	《辽史·道宗四》II

① 根据刘凤翥、唐彩兰：《辽“萧兴言墓志”和“永宁郡公主墓志”考释》，《燕京学报》（新十四期），北京：北京大学出版社，2003 年，第 90 页；刘凤翥、王云龙：《契丹大字〈耶律昌允墓志铭〉之研究》，《燕京学报》新十七期，2004 年，第 91 页；孙伯君、聂鸿音：《契丹语研究》，北京：社会科学文献出版社，2008 年，第 87 页；吴英喆：『契丹小字新発見資料釈読問題』，東京：東京外国語大学アジヤ·アフリカ言語文化研究所，2012 年，第 120 页；刘浦江、康鹏主编：《契丹小字词汇索引》，北京：中华书局，2014 年，第 274 页整理；书名号后阿拉伯数字为所在列数、罗马数字为出现次数。

由于《辽史·国语解》明确注出“捏褐耐”意曰“犬首也”，所以契丹语“犬”的汉字记音“捏褐”很早就受到了学者的关注。对此的拟音主要有以下几家：

（一）*ńoγə～*ńöγə[1]；

（二）*nyoka[2]；

（三）*n[o/ə]x[ə]i[3]；

（四）*ńaXa[4]；

（五）*neha——并将其与蒙古语 nohai、达斡尔语 nogw 勘定为同源词[5]；

（六）*nieho[6]。

契丹小字拼写形式伏 为，早在 20 世纪初罗福成、王静如等学者的摸索中就已得以识出[7]；其拟音大致包括 *nohai[8]、*nəxəi[9]、*nek–ku[10]、*nəhei[11]、*nəkj[12]、*noqo[13]、*noxi～*noxo[14]、*njaqa[15]、*ńaxa[16]、*ńi.qo[17]、*Iŋ–aq＝*naq[18]、*eň–äq＝

---

① Doerfer, Gerhard: Mongolica im Alttürkischen, *B.Lewin zu Ehre: Festschrift aus Anlass seines 65.Geburtstages*, Band III: Korea, Bochum: Brockmayer, 1992, p.48.

② Janhunen, Juha: Para–Mongolic, *The Mongolic languages*, Juha Janhunen (ed.), London: Routledge, 2003, p.397.

③ Vovin, Alexander: Some Thoughts on the Origins of the Old Turkic 12–Year Animal Cycle, *Central Asiatic Journal*, 48/1(2004), p.121.

④ Vovin, Alexander: Once again on the Tabgač Language, *Mongolian Studies*, XXIX(2007), p.199.

⑤ 孙伯君、聂鸿音：《契丹语研究》，北京：社会科学文献出版社，2008 年，第 87、182 页。

⑥ Kane, Daniel: *The Kitan Language and Script*, Leiden·Boston: Brill, 009, p.93.

⑦ 清格尔泰、刘凤翥、陈乃雄、于宝林、邢复礼：《关于契丹小字研究》，《内蒙古大学学报》（哲学社会科学版）1977 年第 4 期“契丹小字研究专号”，第 16 页。

⑧ 山路廣明：『契丹製字の研究』，東京：アジヤ·アフリカ言語研究室，1956 年，第 37、53 页。

⑨ 清格尔泰、刘凤翥、陈乃雄、于宝林、邢复礼：《关于契丹小字研究》，《内蒙古大学学报》（哲学社会科学版）1977 年第 4 期“契丹小字研究专号”，第 64、76 页。

⑩ 黄振华：《契丹文地支名称考》，《民族古籍》1986 年第 2 期，第 23 页。

⑪ [日]西田龙雄：《契丹文字解读的新进展》，刘凤翥、王云祥、王冰[译]，清格尔泰校，《民族语文研究情报资料集》（第四期），中国社会科学院民族研究所编，1984 年，第 83 页。

⑫ 王弘力：《契丹小字墓志研究》，《民族语文》1986 年第 4 期，第 62、66 页。

⑬ [日]丰田五郎：《关于契丹小字的几点探索》，那顺乌日图译，《内蒙古社会科学》1981 年第 3 期，第 107 页。

⑭ 清格尔泰：《契丹小字释读问题》，吴英喆协助，东京：东京外国语大学亚非语言文化研究所，2002 年，第 69—70 页。

⑮ [日]爱新觉罗·乌拉熙春：《契丹语言文字研究》，京都：东亚历史文化研究会，2004 年，第 69 页。

⑯ Vovin, Alexander: Once again on the Tabgač Language, *Mongolian Studies*, XXIX(2007), p.199.

⑰ Kane, Daniel: *The Kitan Language and Script*, Leiden·Boston: Brill, 2009, p.93.

⑱ [日]武内康则：《拓跋语与契丹语词汇拾零》，[韩]申英姬译，《华西语文学刊》（第八辑·契丹学专辑），傅勇林主编，成都：四川文艺出版社，2013 年，第 73 页。

*ňäq[①]等形式。这个契丹语词除了用作地支生肖以外,还用作人名,现代学者将其汉字音译为“涅赫”[②]。

而契丹大字拼写形式的释读则晚近得多，一旦释出就直接与其小字拼写形式对等并拟音作 *nəxəi[③]。

契丹语“戌犬”一词记录形式多样但语音形式整齐划一,诸家的拟测主要体现在词首辅音是齿鼻音还是腭鼻音的分歧方面。

二、推演

我们的分析首先针对契丹语“戌犬”的汉字记音,其中首字“捏”“涅”同音,可以合并讨论。需要注意的是,女真文[illegible]“鹅”的汉字记音是“嫩捏哈”,参考对应的满文词 niongniyaha 以及元音和谐律的作用，这个词应当拟音为*ńoŋ-ńa-χa(*niyongniyaha[④];*nionniaha[⑤];*ńoŋńaχa[⑥]),而女真文“人”的汉字记音是“捏儿麻”,参考对应的满文词 niyalma 以及元音和谐律的作用,即可将其拟音为 *ńaŕma(*niyarma[⑦];*niarma[⑧];*neʀma[⑨])——亦即“捏”字对应的音节为*ńa;而用来记录女真语的汉字“葛”“合”又可以分别拟音作*go/ga 和 *ha/ho/qa[⑩],

① [日]大竹昌巳:《契丹语的元音长度——兼论契丹小字的拼写规则》,《华西语文学刊》(第八辑·契丹学专辑),傅勇林主编,成都:四川文艺出版社,2013 年,第 90 页。

② 石金民、于泽民:《契丹小字〈耶律奴墓志铭〉考释》,《民族语文》2001 年第 2 期,第 64、67 页。

③ 刘凤翥、唐彩兰:《辽“萧兴言墓志”和“永宁郡公主墓志”考释》,《燕京学报》(新十四期),北京:北京大学出版社,2003 年,第 85 页;刘凤翥、王云龙:《契丹大字〈耶律昌允墓志铭〉之研究》,《燕京学报》新十七期,2004 年,第 83 页。

④ Kiyose, Gisaburo N.: *A Study of the Jurchen Language and Script*: Reconstruction and Decipherment, Kyoto: Hōritsubunka-sha, 1977, p.106.

⑤ 道尔吉、和希格:《女真译语研究》,《内蒙古大学学报》(哲学社会科学版)1983 年增刊,第 102 页。

⑥ Starostin, Sergei, Anna Dybo, & Oleg Mudrak: *Etymological Dictionary of the Altaic Languages*: Part One to Three, with assistance of Ilya Gruntov and Vladimir Glumov, Leiden · Boston: Brill, 2003, p.1021.

⑦ Kiyose, Gisaburo N.: *A Study of the Jurchen Language and Script*: Reconstruction and Decipherment, Kyoto: Hōritsubunka-sha, 1977, pp.112–116.

⑧ 道尔吉、和希格:《女真译语研究》,《内蒙古大学学报》(哲学社会科学版)1983 年增刊,第 117—127 页。

⑨ Starostin, Sergei, Anna Dybo, & Oleg Mudrak: *Etymological Dictionary of the Altaic Languages*: Part One to Three, with assistance of Ilya Gruntov and Vladimir Glumov, Leiden · Boston: Brill, 2003, p.1013.

⑩ 孙伯君:《金代女真语》,沈阳:辽宁民族出版社,2004 年,第 84、89 页。

仍旧虑及元音和谐律的作用,可知“涅合”“涅葛”同“捏褐”一道,都可以拟音作 *ńa-qa——这才是这组汉字记音拟测的最大公约数;而这一拟音已在前述的部分学者拟音中得以揭示。

而契丹小字的唯一拼写伏 力,亦可与之很好的配合。鉴于契丹大小字在记录“戌犬”的众多已见形式中尚未出现异体,所以我们可以接受大字也是记录同一契丹语词[①]的论断。由此推测,契丹大字亢*ńaqa 取其首音节近似和字形减损,大概源自汉字“兒”＜“捝”(娘母佳韵平声开口二等,转写为 *ṇe),参考《庄子·庚桑楚》:终日握而手不捝,共其德也;《广韵》:捝,搦皃,平声、十三佳、妳佳切。

进一步考虑,契丹语“戌犬”的准确拟音形式 *ńaqa,还能钩稽出幸存于汉籍记音的更为古老的鲜卑语同源词来,这就是见于《魏书·志第十九·官氏九》述及鲜卑姓氏时若干氏,后改为苟氏中的“若干”一词,其中作为汉姓的“苟”当为“狗”之谐音。用中古音转写,“若(日母麻/药韵上/入声开口三等)干(见母寒韵平声开口一等)”即为 *ńa(k)-kan;转换为阿尔泰语的对应形式,则为 *ńa-qan(*nyak kan=*ńa-qan[②];*ŋaqan[③];*ňaqan[④])——这即是幸存的鲜卑语词“狗”的拟测形式,参见满文词 niyahan“狗崽子”、niyahašambi“放犬扑猎”[⑤]。

至于研究辽代庆陵壁画契丹文题字时论及“鲜卑亦以‘诺亥’(犬)为姓”[⑥],则是以蒙古语译音表示的以今律古,并非现存史籍另有汉字记音的鲜卑语词“诺亥”。而此处有待进一步考证的契丹人名“常胜详稳捏褐”丙 本 为 亢仐 各 火伏 力 *i-? -a-ad s-éŋ-un ńa-qa 疑似辽国名将耶律奴瓜(*jilaagu sənggun nəkj)[⑦],若得加以确证,倒是可以得出关于契丹语“戌犬”的另一个汉字记音形式“奴瓜”。

---

① Kane, Daniel: *The Kitan Language and Script*, Leiden·Boston: Brill, 2009, p.180.

② Vovin, Alexander: Once again on the Tabgač Language, *Mongolian Studies*, XXIX(2007), pp.199-200.

③ [日]武内康则:《拓跋语与契丹语词汇拾零》,[韩]申英姬译,傅勇林主编,《华西语文学刊》(第八辑·契丹学专辑),成都:四川文艺出版社,2013 年,第 73 页。

④ [日]大竹昌巳:《契丹语的元音长度——兼论契丹小字的拼写规则》,傅勇林主编,《华西语文学刊》(第八辑·契丹学专辑),成都:四川文艺出版社,2013 年,第 90 页。

⑤ Vovin, Alexander: Once again on the Tabgač Language, *Mongolian Studies*, XXIX (2007), p.199.

⑥ 王弘力:《契丹小字墓志研究》,《民族语文》1986 年第 4 期,第 62 页。

⑦ 王弘力:《契丹小字墓志研究》,《民族语文》1986 年第 4 期,第 62 页。

按，“耶律奴瓜”小传见于《辽史·列传第十五》，汉字记音“奴（泥母模韵平声合口一等）瓜（见母麻韵平声合口二等）”虑及辽金时代汉语语音[①]以及阿尔泰语中元音和谐律因素可以拟音作 *no-γo，正与达呼尔文“犬、狗”（转写为 noγo、现代口语读作 nowo）[②]相符。

三、溯源

阿尔泰语关于“犬～狼”的语汇有一个共同词根：*ŋi̯àk`u——由此再衍生出突厥语共同词根 *eker“猎犬”、蒙古语共同词根 *nakaj“犬”、通古斯语共同词根 *ŋōKe“貂、犬科雄兽、狼、貉”、朝鲜语共同词根 *nŋkori“獾”[③]。契丹语词“戌犬”业已归入这个阿尔泰语共同词根的孳生形式之一[④]。

其中，蒙古语共同词根 *nakaj 即孳生出蒙文 noqai、中古蒙语 noxai～noɣaj～nuqaj、喀尔喀蒙语及布里亚特蒙语 noxoj、卡尔梅克蒙语 noxǟ～noxā、鄂尔多斯蒙语 noxȫ、东乡语 noɢi～noɣəi、保安语 noɢui、达斡尔语 nogo～nogu～nog～nohe、东部裕固语 noxɢui、土族语 noxwə～noxui、莫戈勒语 noqεi～noqei[⑤]。这一系列语汇的最大特点是词首为齿鼻音——显然跟契丹语词“捏褐”的腭鼻音起首距离较远[⑥]，但同契丹语词“奴瓜”的齿鼻音起首差可比拟——也可以认为，契丹语词“奴瓜 *no-γo”正由达斡尔语 noγo 所承袭至今。

而通古斯语共同词根 *ŋōKe 则孳生出埃文语 ŋōke“犬科雄兽”、奥罗奇语 ŋöksjö“狼”、埃文基（鄂温克）语 ńēkē“貂”、满语 ńoxe“狼（满文 niohe）”～nuxere“狗（满文 nuhere）”、锡伯语 juxə～juxu“狼”、那乃（赫哲）语 naoto“貉”、乌德盖

---

① Kane, Daniel: *The Kitan Language and Script*, Leiden · Boston: Brill, 2009, pp.260–264.

② 那顺达来编著：《汉达词典》，呼和浩特：内蒙古大学出版社，2001 年，第 106 页。

③ Starostin, Sergei, Anna Dybo, & Oleg Mudrak: *Etymological Dictionary of the Altaic Languages*: Part One to Three, with assistance of Ilya Gruntov and Vladimir Glumov, Leiden · Boston: Brill, 2003, p.1030.

④ Blažek, Václav: Current progress in Altaic etymology, *Folia Orientalia*, Vol.52, No.1 (2005), p.246.

⑤ Starostin, Sergei, Anna Dybo, & Oleg Mudrak: *Etymological Dictionary of the Altaic Languages*: Part One to Three, with assistance of Ilya Gruntov and Vladimir Glumov, Leiden · Boston: Brill, 2003, p.1030.

⑥ Janhunen, Juha: Para-Mongolic, *The Mongolic languages*, Juha Janhunen (ed.), London: Routledge, 2003, p. 397.

语 nautu“貉”[①]。这一系列语汇的最大特点是词首辅音为舌根鼻音向腭鼻音乃至齿鼻音过渡，其间又以腭鼻音为主导——这种情形显然同契丹语词“捏褐”腭鼻音起首的典型特征更为切合。

另外我们注意到，17 世纪初编成的《会同馆女真译语》[②]的汉字记音条目中，尚有语义为“犬”的“捏哈”一词，基于元音和谐律和通古斯语的历时演进大致拟音可为 *ńa–χa（*nie–ha[③]）——这正是契丹语形式 *ńa–qa 借入女真语[④]以及满语（niaha“7 月龄狗”，18 世纪巴多明神父法式拼音记录）[⑤]后词中塞音擦化的结果，也符合同语族内相对保守的埃文基语词形 ńēkē、以及满文词形 niohe[⑥]忽略元音差异的前进形式。这样再上溯至鲜卑时代就可以看出，契丹语词“戌犬”*ńa–qa 乃至鲜卑语“狗”*ńa–qan，反映的并非一个蒙古语族词根，乃是一个通古斯语族的词根。

其实，现存女真语料尚可对此通古斯语词源脉络加以赓补。我们注意到14 世纪编成的《金史》有汉字记音的女真语汇“女奚列（烈）：狼”，15 世纪编成的《永乐本女真译语》收录有“[女真字]：嫩果黑：狼”。其间的汉字记音分别拟音为——

（一）“女奚列（烈）”*ńu–he–re“狼”（*niohilie[⑦]；*ńu–hi–le[⑧]），满文词 nuhere“狗”正是其历时音变历程中词首腭鼻音去腭化（de–palatalization）的结果；而这个女真语词 *ńu–he–re，似乎又可推导为满文词 niohe“狼”代表的词干加缀构

① Starostin, Sergei, Anna Dybo, & Oleg Mudrak: *Etymological Dictionary of the Altaic Languages*: Part One to Three, with assistance of Ilya Gruntov and Vladimir Glumov, Leiden·Boston: Brill, 2003, p.1030.

② Kane, Daniel: *The Sino–Jurchen Vocabulary of the Bureau of Interpreteurs*, Bloomington, Indiana: Indiana University, Research Institute for Inner Asian Studies, 1989, p.99.

③ Kane, Daniel: *The Sino–Jurchen Vocabulary of the Bureau of Interpreteurs*, Bloomington, Indiana: Indiana University, Research Institute for Inner Asian Studies, 1989, p.234.

④ Vovin, Alexander: Once again on the Tabgač Language, *Mongolian Studies*, XXIX (2007), p.199.

⑤ ［马来西亚］卓鸿泽：《塞种源流及李唐氏族问题与老子之瓜葛——汉文佛教文献所见中、北亚胡族族姓疑案》，《中央研究院历史语言研究所集刊》第七十八本、第一分（2007），第 200 页脚注 95。

⑥ Janhunen, Juha: Para–Mongolic, *The Mongolic languages*, Juha Janhunen (ed.), London: Routledge, 2003, p.397.

⑦ 孙伯君：《金代女真语》，沈阳：辽宁民族出版社，2004 年，第 240 页。

⑧ Tang, John: On the terms for ‘goat’ recorded in Khitan and Jurchen scripts, *Altai Hakpo*, No.21 (2011), p. 195.

词后缀-re 的结果；类似的演化还可参考：满语词 nouquere"7—11 月龄狗"（18 世纪巴多明神父法式拼音记录）[①]可以视为埃文基语词 ńēkē 词首辅音去腭化、元音缩短、加缀构词后缀-re 的结果。

（二）"押恩：狗"*ja-ɣan"狗"（*jaɣin[②]；*yan[③]），如果参考满文词 niyahan 和锡伯语词 juxə～juxu 的话，则可以认为是鲜卑语词 *ńa-qan 词首腭鼻音去鼻化（de-nasalization）、而词中塞音擦化后在元音之间语流音变浊化的结果了[④]；此间浊化的情形亦可参考满语词 nieguen"母狗"（18 世纪巴多明神父法式拼音记录）[⑤]直接渊源自鲜卑语词 *ńa-qan 所代表的词形（同时发生元音的阴阳性屈折变化）。

（三）"嫩果黑"*ńoŋ-γo-χoi（*niyongehe[⑥]；*niongohe[⑦]；*ńen-gu-hei[⑧]），这是根据元音和谐律调整后的拟测结果，参考了女真文[女真字]*ńoŋ-ńa-χa"鹅"以及[女真字]*he-ke"西瓜"（对应满文 hengke[⑨]），体现出了契丹语词借入女真语词[⑩]中塞音在元音之间语流音变浊化后的同部位鼻音增生情形；至于女真字[女真字]，原本是个译写阴性元音的音符，通常拟音作 *he[⑪]，这里虑及阳性元音充盈的词干

① ［马来西亚］卓鸿泽：《塞种源流及李唐氏族问题与老子之瓜葛——汉文佛教文献所见中、北亚胡族族姓疑案》，《中央研究院历史语言研究所集刊》第七十八本、第一分（2007），第 200 页脚注 95。

② ［日］爱新觉罗乌拉熙春：《女真语言文字新研究》，京都：明善堂，2002 年，第 6 页；但其径直将该拟音赋予明初汉字记音为"引答洪"的女真字"犬"却未详加阐释两者记载时代切近而读音迥异的理由，殊不可取。

③ 孙伯君：《金代女真语》，沈阳：辽宁民族出版社，2004 年，第 282 页。

④ ［日］爱新觉罗乌拉熙春：《女真语言文字新研究》，京都：明善堂，2002 年，第 6 页通过现存通古斯语材料的排比，认为金代女真语的 *j-来自 *n-的腭化发展；其说语义较为含糊，倘若再行虑及此处考证得出的鲜卑语词[契丹字]"犬"，则在语音的历时演化上似有差池。

⑤ ［马来西亚］卓鸿泽：《塞种源流及李唐氏族问题与老子之瓜葛——汉文佛教文献所见中、北亚胡族族姓疑案》，《中央研究院历史语言研究所集刊》第七十八本、第一分（2007），第 200 页脚注 95。

⑥ Kiyose, Gisaburo N.: *A Study of the Jurchen Language and Script*: Reconstruction and Decipherment, Kyoto: Hōritsubunka-sha, 1977, p.148.

⑦ 道尔吉、和希格：《女真译语研究》，《内蒙古大学学报》（哲学社会科学版）1983 年增刊，第 199 页。

⑧ Tang, John: On the terms for 'goat' recorded in Khitan and Jurchen scripts, *Altai Hakpo*, No.21(2011), p. 196.

⑨ Kiyose, Gisaburo N.: *A Study of the Jurchen Language and Script*: Reconstruction and Decipherment, Kyoto: Hōritsubunka-sha, 1977, p.104.道尔吉、和希格：《女真译语研究》，《内蒙古大学学报》（哲学社会科学版）1983 年增刊，第 98 页。

⑩ ［马来西亚］卓鸿泽：《塞种源流及李唐氏族问题与老子之瓜葛——汉文佛教文献所见中、北亚胡族族姓疑案》，《中央研究院历史语言研究所集刊》第七十八本、第一分（2007），第 200 页脚注 95。

⑪ Kiyose, Gisaburo N.: *A Study of the Jurchen Language and Script*: Reconstruction and Decipherment, Kyoto: Hōritsubunka-sha, 1977, p.84.

以及音近的因素而拟测为 *χoi，表明这是一个属格形式——《女真译语》中作为词条收录的名词属格形式亦不乏其例，参考[illegible]*ši–či–hei“雀”(*šičihei[①]；*šigčihe[②])、[illegible]:*χan^{gan}–ni＝*χağan＝ni“皇帝”(*haganni[③]；*haŋan ni[④])等；此外，这个词还发生了元音的圆唇化，对应的情形亦可参考满文姓氏 niohuru～赫哲语 nioguru“钮祜禄，汉姓改为‘郎’，显然与‘狼’谐音”(niohuru＜niohe＋–buru)[⑤]更为合理地推断当是女真文词 *ńuhere 元音完全圆唇化的结果。

于是，我们可以得出一个通古斯语族关于“犬～狼”一系语汇演化的谱系树来，如下图所示：

```
                    ↗女真语 *ńoŋ–γo–χoi
      ↗契丹语 *ńa–qa→女真语 *ńa–χa→满语 niaha
鲜卑语 *ńa–qan→满语 nieguen→埃文基语 ńēkē→满语 niohe→女真语*ńu–he–re→满语 niohuru
      ↘满语 niyahan→女真语 *ja–ɣan        ↘满语 nouquere→      ↓满语 nuhere
```

从上图看出，至迟在鲜卑语词的词汇发生学时代，通古斯语中词首的舌根鼻音就已经演进为腭鼻音了；而至今在词首仍然保留舌根鼻音的埃文语和奥罗奇语，其语汇乃是较之鲜卑语词而言显得更为原始的形式了。

关于鲜卑语的通古斯语族成分早有推测[⑥]，而契丹语同通古斯语的密切关系同样曾有论述[⑦]，本文对契丹语词“戌犬”兼及鲜卑语词“狗”的脉络梳理，更是从基本词汇角度对于东北亚地区早期阿尔泰语的通古斯特质(Tungusicism)

① Kiyose，Gisaburo N.：*A Study of the Jurchen Language and Script*：Reconstruction and Decipherment，Kyoto：Hōritsubunka–sha，1977，p.106.

② 道尔吉、和希格：《女真译语研究》，《内蒙古大学学报》(哲学社会科学版)1983 年增刊，第 102 页。

③ Kiyose，Gisaburo N.：*A Study of the Jurchen Language and Script*：Reconstruction and Decipherment，Kyoto：Hōritsubunka–sha，1977，p.112.

④ 道尔吉、和希格：《女真译语研究》，《内蒙古大学学报》(哲学社会科学版)1983 年增刊，第 117 页。

⑤ [马来西亚]卓鸿泽：《塞种源流及李唐氏族问题与老子之瓜葛——汉文佛教文献所见中、北亚胡族族姓疑案》，《中央研究院历史语言研究所集刊》第七十八本、第一分(2007)，第 200 页脚注 95。

⑥ [马来西亚]卓鸿泽：《塞种源流及李唐氏族问题与老子之瓜葛——汉文佛教文献所见中、北亚胡族族姓疑案》，《中央研究院历史语言研究所集刊》第七十八本、第一分(2007)，第 206—211 页。

⑦ Menges，Karl H.：*Tungusen und Ljao*，Wiesbaden：Kommissionsverlag Franz Steiner GMBH，1968.

做出了更加有力的佐证。归结到本文的讨论内容,一言以蔽之,鲜卑语和契丹语这两种所谓的“准蒙古语”(Para-Mongolic)①,至少在“犬～狗”这个语汇的源流嬗变中体现出了鲜明的通古斯特质。

(原载于傅勇林等[主编]《华西语文学刊》第十三辑“王元鹿先生古稀寿辰纪念专辑”,成都:四川文艺出版社 2016 年版:第 171—176 页)

① Janhunen, Juha: Para -Mongolic, *The Mongolic languages*, Juha Janhunen (ed.), London: Routledge, 2003, pp.391-392.

契丹文“午马”为“弥里”说检讨

在契丹文记录的十二地支中,“午马”似乎是最早获得释读[①]而又最为缺乏争议的:其多个契丹大字形式——馬/馬/馬——一望而知即是汉字“馬”的减笔[②]乃至变形,而其目前唯一确认的契丹小字形式[illegible]则由两个原字拼合而成,似乎也可以根据其拟音 *m-ri,参考相关汉字记音“抹里”“末里”“墨离”等就简单得出相应内在语音形式 *möri[③],进而由此反推相应契丹大字拼写的对应拟音 *muri[④]。

上述拟音结果似乎也能得到阿尔泰语系内部，尤其是满蒙语的同源词参证:原始通古斯语 *murin——埃文基(鄂温克)语 murin、女真语 *mu-rin、奥罗奇语 muri(n)、埃文(拉穆特)语 mụrъ̣n、乌利奇语 mụrị(n)、奥罗克语 mụrị(n)、锡伯语 morin、满语 morin、那乃(赫哲)语 morị̃、索伦语 morĩĩ、涅吉达尔语 mojịn、乌德盖语 mui;原始蒙古语 *mori——蒙文 mori(n)、布里亚特蒙语 mori(n)、布里亚特蒙语＞俄语方言 mórin、鄂尔多斯蒙语 mori(n)、中古蒙语morin～mori～murin、莫戈勒语 morin～morin～muren、卡尔梅克语 mörn̥、东乡语 mori、土族语

---

① 阎万章:《锦西西孤山出土契丹文墓志研究》,《考古学报》1957 年第二期,第 72—73 页;清格尔泰、刘凤翥、陈乃雄、于宝林、邢复礼:《关于契丹小字研究》,《内蒙古大学学报》(哲学社会科学版)1977 年第四期(契丹小字专号),第 15 页。

② 聂鸿音:《契丹大字解读浅议》,《民族语文》1999 年第四期,第 53 页。

③ 孙伯君、聂鸿音:《契丹语研究》,北京:社会科学文献出版社,2008 年,第 81—82 页。

④ 刘凤翥:《关于混入汉字中的契丹大字“乣”的读音》,《民族语文》1979 年第四期,第 265 页。

mori、达斡尔语 mori～moŕ、喀尔喀蒙语 moŕ、保安语 more、东部裕固语 mōrə 等[①]。其词形上的共性皆在于：首音节元音都是圆唇后元音，而次音节元音在可能的情况下大多也倾向于前元音。

然而，契丹小字释读工作的进展似乎提醒我们，契丹语中的情形可能还有更为微妙的因素需要具体考察。比如在部分契丹小字墓志的释读过程中，就出现了明确无误的[illegible] *m–ri 同汉字记音“弥里”严整对应的例子。

《耶律迪烈墓志铭》第五行——

契丹小字：[illegible] [illegible] [illegible] [illegible] [illegible] [illegible]

拉丁转写：*tera–χń–ô–ur χar–γa–ai š–ri–e i–ar–u–ut m–ri

汉字对译：迭剌 部 霞濑益 石烈 耶律 弥里

《耶律智先墓志铭》第五行——

契丹小字：[illegible] [illegible] [illegible] [illegible] [illegible] [illegible] [illegible] [illegible] [illegible]

拉丁转写：*tera–χń–ô–ur ？–i χar–γa–ai š–ri–e an–s i–ar–u–ut m–ri š–ja

汉字对译：迭剌 部 府？ 霞濑益 石烈 县？ 耶律 弥里 乡？

上述两处文字内容，应当对应《辽史·本纪第一·太祖上》记载的耶律阿保机籍贯（契丹）迭剌部霞濑益石烈乡耶律弥里（人）[②]。因此，契丹小字拼写形式[illegible] *m–ri 自当隶定（nominalize）为 *miri，在可资参证的语料中，有卡尔梅克蒙语＞俄语方言 mérin[③]一词与此拟音差可比拟。

虽然这个表示“午马”的形式在整个阿尔泰语的关系词序列中显得十分突兀而稀罕，但是位于词干的元音–i–往往反映的是一种更为原始的语音形式，参

---

① Starostin, Sergei, Anna Dybo, & Oleg Mudrak: *Etymological Dictionary of the Altaic Languages*: Part One to Three, with assistance of Ilya Gruntov and Vladimir Glumov, Leiden · Boston: Brill, 2003, p.945.

② 宝玉柱：《契丹小字[illegible]及其替换字研究》，《内蒙古大学学报》（人文社会科学版）2006 年第一期，第 8 页。

③ Starostin, Sergei, Anna Dybo, & Oleg Mudrak: *Etymological Dictionary of the Altaic Languages*: Part One to Three, with assistance of Ilya Gruntov and Vladimir Glumov, Leiden · Boston: Brill, 2003, p.945.

见如下诸例——

1)“黄色”契丹语“世里”*širi＞蒙文 sira＞突厥语 sarïγ；

2)“肉”蒙文 miqa＞喀尔喀蒙语 maχ；

3)“鸡” 女真文厄*tiqo＞满文 coko～蒙文 takiya＞契丹小字令 力 为*taqa～中古蒙语 taγaqu；

4)“父”女真文兂*amin＞满文 ama。

原来这个更新的拟音结果，或可反映的是一种沉淀已久的古老语音形式，它却也能同辽朝基层组织名称汉字记音“弥里”很好对应，其首音节元音则是展唇的细音，从而与《辽史》中契丹语词“马”的汉字记音“抹里”“末里”“墨离”首音节元音是圆唇的洪音判然有别了，因此二者是不能简单勘同的。《辽史·营卫志》“弥里”作“抹里”，或为是同名异记，毋宁是因为两者都有“马”义而羼入的结果。

附带说一句，澳大利亚学者康丹(Daniel Kane)曾经指出现存抄本《兴宗哀册》第二行出现的另一个“弥里”的疑似拼写形式叉 夫[①]实际上并不可靠，经我们仔细目验抄本原文，仍然应是叉 化。

从更多已经得到公认的契丹小字释读成果中，我们可以看出原字叉*m 在拼音时的某些具体而微的特征来。

首先，原字叉在独立内嵌元音时都是细音——

1)九 叉*g-m＝*gim“金(音译)”；

2)叉 佥*m-s＝*mis“冰”(《萧仲恭墓志》48)[②]，参考达斡尔语 meis、西部裕固语 piz[③]；

3)叉 关 九 汞*m-ŋ～g-u＝*miŋgu“萌觚(人名)、银”(《耶律仁先墓志》39)[④]，参考蒙文 mungγu、满文 monggo；

---

① Kane, Daniel: *The Kitan Language and Script*, Leiden · Boston: Brill, 2009, p.107.

② 即实：《谜林问径——契丹小字解读新程》，沈阳：辽宁民族出版社，1996 年，第 135 页。

③ Starostin, Sergei, Anna Dybo, & Oleg Mudrak: *Etymological Dictionary of the Altaic Languages*: Part One to Three, with assistance of Ilya Gruntov and Vladimir Glumov, Leiden · Boston: Brill, 2003, p.933.

④ 即实：《谜林问径——契丹小字解读新程》，沈阳：辽宁民族出版社，1996 年，第 245—246 页。

4)[契丹小字] [契丹小字]*m-g～m-g＝*migmig“熙熙”(《宣懿皇后哀册》14)[①],参考鄂尔浑突厥文 maγ“荣光”;

5)[契丹小字]*m-qu-ui＝*miqui“蔑孤”(《耶律玦墓志》2)[②]。

其次,为了确定词内元音时,原字[契丹小字]亦可拼合细音——

1)[契丹小字]*š-m-i＝*šimi“审密”～[契丹小字]š-m-n＝*šimin“审密(属格)”[③];

2)[契丹小字]*š-iú m-i＝*šiú mi～*[契丹小字]š-iú m-ir＝*šiú mir“枢密”[④];

3)[契丹小字]*m-in＝*min“朝、位,墓、茔”(《梁国王墓志铭》17、《耶律副部署墓志铭》9)[⑤];

4)[契丹小字]*m-ie-au＝*mieau“人名”(《萧敌鲁墓志铭》25)[⑥];

5)[契丹小字]*m-i-in＝*mīn～[契丹小字]*m-i-ən＝*mīn“我的”。

再者,原字[契丹小字]另外拼出洪音时,必须拼合明确含有相应元音的其他原字——

1)[契丹小字]*m-a＝*ma“马(音译)”;

2)[契丹小字]*m-ún-ún＝*manun“猎”;

3)[契丹小字]*m-as-γu＝*masγu/[契丹小字]*m-as-qu＝*masqu“第一”;

4)[契丹小字]*m-o＝[契丹小字]*mo“大”;

5)[契丹小字]*m-ó-qú＝*moqu“长(子)”;

6)[契丹小字]*m-o-od＝*modo“末掇(音译)”(《萧敌鲁墓志铭》9、11,《萧图古辞墓志铭》4)[⑦]。

根据上述诸例的对照解析,我们可以得出一个重要规律:原字[契丹小字]要拼出洪

---

① 即实:《谜林问径——契丹小字解读新程》,沈阳:辽宁民族出版社,1996年,第68页。

② 吴英喆:《契丹小字“迭剌部”考释》,《民族语文》2011年第五期,第76页。

③ 吴英喆:『契丹小字新発見資料釈読』,东京:東京外国語大学アジア·アフリカ言語文化研究所,2012年,第44页。

④ [日]爱新觉罗乌拉熙春:《契丹语言文字研究》,京都:东亚历史文化研究会,2004年,第114页。

⑤ 刘浦江、康鹏主编:《契丹小字词汇索引》,北京:中华书局,2014年,第151页。

⑥ 康鹏:《契丹小字〈萧敌鲁副使墓志铭〉考释》,辽宁省辽金契丹女真史研究会编:《辽金历史与考古》(第四辑),沈阳:辽宁教育出版社,2013年,第275页。

⑦ 康鹏:《契丹小字〈萧敌鲁副使墓志铭〉考释》,辽宁省辽金契丹女真史研究会编:《辽金历史与考古》(第四辑),沈阳:辽宁教育出版社,2013年,第276、277页。

音必须同含有相关元音的原字拼合，否则表示内嵌的细音。

注意如下一例：叉及 仕永犳*m-o m-u-či＝*mo muči “神圣”（＜鲜卑语：毛）[①]，其中反映出与原字叉功能对立的是原字仕，独立内嵌的元音则是洪音，这个拼音特征同样有以下得到公认的诸例可以支持——

1）仕 佥*m-s＝乇/乇*mas“一”；

2）仕 中 九*m-l-g＝*malγa“惠文”＜突厥语 bilga“毗伽（*milge）”[②]。

契丹语“午马”，从契丹小字拼写及其相应的汉字记音来看，却是一个阿尔泰语固有词序列中特立突出的形式 *miri，充分反映出契丹语对阿尔泰语原始展唇前元音的坚持，进而推知，以契丹大字形式记录的“午马”至少在作为十二地支之一出现时也当维持这一内在语音形式，而在社会生活用途方面的“马匹”，或许才是“抹里”“末里”“墨离”等汉字记音所对应的语汇吧。

如果参考鄂尔浑突厥文记录下来的古突厥人十二生肖中 yond“午马”和at“马匹”的分野，我们就能充分理解契丹十二生肖之“午马”所蕴涵的这一奇特现象，同时也对《辽史·国语解》中保留的契丹语汇表充斥着突厥语借词不以为怪了——毕竟，立国之后的契丹人充满了突厥化的色彩，正是彼时内陆欧亚民族文化特色的典型表现之一。

（原载于《北方文化研究》（第七辑），首尔：檀国大学北方文化研究所（2016）：第 143—147 页）

---

① 清格尔泰：《契丹小字几个常用原字读音研究》，《内蒙古大学学报》（人文社会科学版）2007 年第四期，第 5 页。

② 陶金：《辽金帝王契丹文尊号庙号年号汇考》，《中西文化交流学报》2015 年第七卷第二期（伯希和大师逝世七十周年纪念虏学专辑），第 134 页。

"札兀惕·忽里"的契丹文还原

"札兀惕·忽里"是蒙古帝国创建者、后以"成吉思汗"闻名于世的蒙古人铁木真早年受封于女真金国的一个名分，是在金章宗明昌七年（1196 年）因协助平定阻卜（塔塔儿）叛乱有功而由丞相完颜襄授予的一个封号，其完整形式最先为世所知是在汉字记音本《元朝秘史》（今称《蒙古秘史》）中，作"札兀惕中忽舌里"（第 134 节，总译"札兀忽里"）、"察兀惕中忽舌里"（第 179 节，旁译"官名"）；另有第 281 节"札中忽敦"（旁译"金人的"）、同节"札中忽惕"（旁译"金人每"）。而专记蒙元太祖、太宗朝事迹的蒙古史著《圣武亲征录》则将此词汉字记音为"察兀忽鲁"，注释为"若金移计使也"。此外，波斯人拉施特（Rashid-al-Din Hamadani，1247—1318 年）在其所撰《史集》（*Jāmi ʻal-tawārīkh*，成书于1300—1310 年）中，也留下了"札兀惕·忽里"的波斯文拼写形式：Jāūūt-qūrī。

但由于《元朝秘史》在这个汉字记音蒙古语形式旁边缺乏对译或语焉不详，因而长期以来这个词的具体内涵和对应职官存有多种争议[①]：

①那珂通世、王国维《圣武亲征录校注》认为是"百夫长"；

②屠寄《蒙兀儿史记》认为是"女真统帅"；

③柯劭忞《新元史》认为是"百户长"；

① 孙伯君：《"札兀惕忽里" 考释》，《中央民族大学学报》（哲学社会科学版）2006 年第 1 期，第 90—91 页；愛新覺羅烏拉熙春：「蒙古九峰石壁石刻と『札兀惕·忽里』」，『立命館文学』595 号，2006 年 7 月；又同氏《爱新觉罗乌拉熙春女真契丹学研究》，京都：松香堂，2009 年，第 57—59 页。

④青木富太郎《蒙古的民族和历史》认为是“百夫长”或“百户长”；

⑤伯希和《元朝秘史译注》仅仅指出是“头衔”；

⑥符拉基米尔佐夫《成吉思汗传》认为是“边境军队的司令官”；

⑦格鲁塞《蒙古帝国史》认为是“百人组的指挥官”，具有“一旗之长”的含义；

⑧韩儒林《元朝史》认为是“乣军统领”；

⑨内蒙古人民出版社《蒙古族简史》（1985年版）认为是“部族官”“女真人的总帅”；

⑩札奇斯钦《蒙古秘史新译并注释》认为是“有威权的部落首长”；

⑪巴雅尔《关于蒙古秘史的三个问题》认为是“昭武大将军蒙古各部统帅”；

⑫村上正二《蒙古秘史译注》认为是“汉人队长”。

近年来随着契丹、女真文字材料的不断出土和持续研究，利用这些阿尔泰语本族语料来重新审视这个问题，才逐渐有了拨云见日的感觉。

21世纪初的相关研究，首先是将“札兀惕·忽里”比定于女真语 *ǰursin i huri，解作“女真的统领”[①]。这个构思其实可以追溯到20世纪初屠寄认为是“女真统帅”的推测。然而，“札兀惕”与“女真”的对勘并无阿尔泰语历时语音学的支持，不能谓之成功。附带说一句，这个拟测出来的女真语形式其实也是值得商榷的：女真字[illegible]在《女真文字书残叶》(1:23)(4b:5)(8:12)中表示“梅”的词符，拟音当作 *ǰušur（参考满文：jušuri“酸梅子”）[②]，因此，出现在《女真译语·杂字》中表示族名的[illegible][illegible]，其实反映的是词符用作音符并加缀音补成分的情形，拟音当作 *ǰušur^{šen}＝ǰušen，从而与女真文献中出现的另一个词末鼻音失落的形式[illegible][illegible]*ǰu-še＝ǰuše构成对应关系[③]。基于此，即便这个女真语拟测形式可取，其形式也当是[illegible][illegible][illegible]□□*ǰušen ni χuru(la)（其间关于“忽里”的准确拟音参见下文）。

① 孙伯君：《“札兀惕忽里”考释》，《中央民族大学学报》（哲学社会科学版）2006年第1期，第92—93页。

② [日]乌拉熙春：《西安碑林女真文字书新考》，《碑林集刊》（五），西安碑林博物馆编，西安：陕西人民美术出版社，1998年，第235页。

③ 唐均：《楔形文字和女真文字中音补结构比较研究》，《中国海洋大学学报》（社会科学版）2011年第三期，第89—90页。

未几，学者们在丰富的契丹文字材料中解读出了关于“汉儿”一词的契丹文记录形式，首先是日籍学者爱新觉罗乌拉熙春从契丹小字石刻中辨认出了“汉儿”的多种小字拼写形式[①]；随即，中国学者陶金从迄今为止正式刊布的唯一一页契丹文（大字）手稿中辨识出了“汉儿”的大字拼写形式并联系到了石刻中的另一变体[②]。而其语义内涵则最接近日本学者村上正二早先所持的“汉人队长”这一见解[③]，当年金朝丞相完颜襄授予铁木真这一称号，本意就是“统辖诸外族（或其居住地域）的首领”，这一史实表明“汉儿”已经演变成为金朝境内主体民族以外多个民族的统称了[④]，从而同《元朝秘史》《圣武亲征录》里面对应的旁译和注释“金人”语义相一致。

目前所知关于“汉儿”的契丹大小字拼写及其拟音形式可以概括如下表所示：

词根拟音类型	契丹大字 拼写	契丹大字 转写	契丹小字 拼写	契丹小字 转写
*čauqur	——	——	夬号余夾 / 夬号丈夾 / 汞余夾	*č–iau–qu–ur
	夬来刈	*ǰauqu–ur=i	夬号余夾关 / 夬号丈夾关 / 夬号丈化	*č–iau–qu–ur=i
*čauqui	夬允	*ǰauqu–ui	夬号余火 / 夬号丈火 / 汞余火 / 汞欠火	*čiau–qu–ui
			夬号丈关	*č–iau–qu–i
			支号余火	*tź–iau–qu–ui
	——	——	夬号丈长 / 汞欠长	*č–iau–qu=us
	——	——	夬号丈支	*č–iau–qu=tź

① ［日］爱新觉罗乌拉熙春：《辽金史与契丹、女真文》，京都：东亚历史文化研究会，2004年，第94—95页。

② 陶金：《契丹大字考证三则》，《中西文化交流学报》2014年第六卷第一期，第203—204页。

③ 爱新觉罗乌拉熙春：「蒙古九峰石壁石刻と『札兀惕·忽里』」，『立命館文学』595号，2006年7月；又同氏《爱新觉罗乌拉熙春女真契丹学研究》，京都：松香堂，2009年，第57—59页。

④ 爱新觉罗乌拉熙春：「蒙古九峰石壁石刻と『札兀惕·忽里』」，『立命館文学』595号，2006年7月；又同氏《爱新觉罗乌拉熙春女真契丹学研究》，京都：松香堂，2009年，第60页。

在上表的诸种拼写形式中，契丹小字的原字□既可以译写清辅音č-又可以译写浊辅音ǰ-，而原字□*ǰau本是“百”的词符（logogram）。我们注意到，用原字□*č-来拼写时后面总是带有介音-i-，据此似乎可以推测：□译写的清辅音č-与介音-i-共现时可能表达相应的浊辅音ǰ-——这样就能方便解释使用浊辅音开头的原字□，乃至腭化的词首浊辅音形式□*tź-（i-）作为异形拼写的缘由了——与之相关的一个例证是：唐文宗时代（826—840年）出现的契丹早期传说人物昭古可汗或嘲古可汗，此汗名“昭古/嘲古”或为后世所称“汉儿”的词根[1]，附其拟音：昭古*ǰau-γu、嘲古*čau-γu。进而可以推测，契丹大字“□/□*ǰauqu”大略是直接源自汉字“中*čuŋ”的字体部分变形的。

至于这一族称（ethnonym）的词源，有“赵国”[2]、“朝人”[3]、“桃花石”[4]等说法。以“赵国”为其词源，核心问题在于这个汉字词的出现远远晚于“对应”契丹语词可能的出现时间；以“朝人”为其词源则于汉籍无徵；因而，还是元代汉籍《长春真人西游记》首见的“桃花石”早在隋唐时期就有7世纪拜占庭学者西摩喀塔（Theophylact Simocatta）希腊语记录（Ταυγάστ）Taugast和8世纪鄂尔浑突厥文铭刻（č-γ-b^1-t^1=□□□□）Tabγač可以比定。

在这一词源比定过程中，词首辅音（蒙古语族）ǰ-（有时记作ǯ-）～（突厥语族）t-之间的对应规律至关重要，与之相关的例证材料包括——

①汉字记音契丹语“爪”～契丹大字百～契丹小字□*ǰau（<*ǯaɣu）对应汉字记音女真语“汤古”～女真文□*taŋγu——当然，《阿尔泰语词源辞典》认为在阿尔泰语系词目“百”的分布中，蒙古语族*ǯaɣu-n与通古斯语族*ńamā及日语momo同源[5]，而通古斯语族*taŋgu则和日语tamura一道是一个归结于*t′aŋa

① 陶金：《契丹大字考证三则》，《中西文化交流学报》2014年第六卷第一期，第204页。

② ［日］爱新觉罗乌拉熙春：《辽金史与契丹、女真文》，京都：东亚历史文化研究会，2004年，第95页。

③ 傅林：《契丹语和辽代汉语及其接触研究》，北京：北京大学中文系博士学位论文，2013年，第169—175页。

④ 陶金：《契丹大字考证三则》，《中西文化交流学报》2014年第六卷第一期，第204—205页。

⑤ Starostin, Sergei, Anna Dybo, & Oleg Mudrak: *Etymological Dictionary of the Altaic Languages*: Part One to Three, with assistance of Ilya Gruntov and Vladimir Glumov, Leiden·Boston: Brill, 2003, pp.1004–1005.

"大数"的共有词(isogloss)[①],不过这个论断其实并未妨碍蒙古语族的 *ǰ-同非蒙古语族的 *t-之间潜在的对应关系(有关详细剖析还可以另文撰述);

②成吉思汗长子朮赤之名，蒙古语形式是ǰoči 而突厥语形式则为 Tuši 或 Toši[②];

③成吉思汗之称号"成吉思",蒙古语形式Činggis 亦作ǰinġis,源自突厥语 tengiz"湖泊、海子"[③];

④蒙文ǯegeken"母狼"对应突厥语族哈卡斯语 totxanax～图瓦语 toqtan"鼬"[④];

⑤蒙文ǯodaw～喀尔喀蒙古语ǯodō "西伯利亚冷杉" 对应突厥语族回鹘文 tɨt～鞑靼方言 tet aɣac"落叶松"～柯尔克孜语 tɨt"桑树"[⑤]。

词中的辅音-b-擦音化为-w/u-即使在契丹语中也是常见的音变现象,参考:"盐"汉字记音契丹语"到斯"*daws～蒙文 dabusun～汉字记音女真语"答卜孙"*dabsun[⑥]、"五"汉字记音契丹语"讨"*taw～蒙文 tabun[⑦]～汉字记音女真语"脱卜欢:十五"*tobχon,等等,正坐实了鄂尔浑突厥语形式 Tabγač与拜占庭希腊语形式(Ταυγάστ)Taugast 之间词干语音嬗变的规律性,因而从"桃花石"到"汉儿"的阿尔泰语过渡也没有问题。

而作为源头的Tabγač一词中，其词尾部分-ač是个典型的突厥语名词后缀[⑧],当此词进入蒙古语族氛围中后，原有的突厥语词缀被替换成蒙古语词缀也是很自然的,部分参考"强、力"汉字记音契丹语"虎思/斯"*qus～达斡尔语 kuč;另外一个有些疏远的旁证是:"国" 的契丹小字形式有九 夾*g-ur 和九 火*g-ui两

---

① Starostin, Sergei, Anna Dybo, & Oleg Mudrak: *Etymological Dictionary of the Altaic Languages*: Part One to Three, with assistance of Ilya Gruntov and Vladimir Glumov, Leiden·Boston: Brill, 2003, p.1401.

② [法]伯希和:《蒙古与教廷》,冯承钧等译,北京:中华书局,1994 年,第 27 页。

③ Rybatzki, Volker: *Die Personennamen und Titel der mittelmongolischen Dokumente*: Eine lexikalische Untersuchung, Helsinki: Yliopistopaino Oy, 2006, pp.313–314.

④ Starostin, Sergei, Anna Dybo, & Oleg Mudrak: *Etymological Dictionary of the Altaic Languages*: Part One to Three, with assistance of Ilya Gruntov and Vladimir Glumov, Leiden·Boston: Brill, 2003, p.389.

⑤ Starostin, Sergei, Anna Dybo, & Oleg Mudrak: *Etymological Dictionary of the Altaic Languages*: Part One to Three, with assistance of Ilya Gruntov and Vladimir Glumov, Leiden·Boston: Brill, 2003, p.390.

⑥ 孙伯君、聂鸿音:《契丹语研究》,北京:社会科学文献出版社,2008 年,第 162 页。

⑦ 孙伯君、聂鸿音:《契丹语研究》,北京:社会科学文献出版社,2008 年,第 163 页。

⑧ [芬兰]G·J·兰司铁:《阿尔泰语言学导论·形态学》,陈伟、沈成明译,北京:中国社会科学出版社,1981 年,第 278—281 页。

种[1]，前者为早期汉语借词，用于与辽朝并立的域外诸国；后者为晚期汉语借词，用于辽朝境内的封国，尽管渊源有别，但其间词末音素-r～-i 之间的交替，可以启迪我们推断这类语音交替并非唯一的。

以上分析表明，"汉儿"才是"札兀惕"及其所对应契丹语诸形式的真正内涵。

至于对应"忽里"的契丹文拼写，目前在大小字中皆有发现——契丹小字：亜 伞*gu-ru；契丹大字：紌*guru（可能源自繁体汉字"統"但以契丹语训读）、戊 朩*gu-ru[2]，它在辽朝年号"统和"以及职官名称"都统"、"掌旗鼓"中都有体现。

而此"忽里"亦可勘同于《金史》所见的"忽鲁～胡鲁"[3]乃至"胡鲁剌"[4]，确有"总揽""统率"之义；其拟音 *χuru[5]则对应蒙古语族的"忽里"，从契丹文拼写可以推测其拟音当为 *quri，词首辅音反映的同部位塞音～擦音交替习见于契丹—女真语之间，参考下表例词[6]——

<table>
<tr><th>义项</th><th>契丹语</th><th>参见</th><th colspan="2">女真语</th><th>参见</th></tr>
<tr><td>犬～狼</td><td>捏褐 *ńaqa</td><td>埃文基语 ńēkē</td><td colspan="2">女奚列/烈 *ńuhere</td><td>满文 niohe</td></tr>
<tr><td>契丹</td><td>契丹 *qïtan</td><td>古突厥文 qïtañ</td><td colspan="2">*hitan</td><td>——</td></tr>
<tr><td>门</td><td>堕瑰 *doqoi</td><td>——</td><td colspan="2">都哈 *duχa</td><td>满文 dūha</td></tr>
<tr><td>可汗</td><td>呵/珂 *qa</td><td>——</td><td colspan="2">罕 *χan</td><td>满文 han</td></tr>
<tr><td rowspan="2">绵羊</td><td rowspan="2">昏 *qon</td><td rowspan="2">古突厥文 qoñ</td><td colspan="2">和你 *χoni</td><td>满文 honin</td></tr>
<tr><td>火唵 *χonan</td><td>活离罕 *χoniχan</td><td></td></tr>
<tr><td>强/力</td><td>虎思/斯 *qus</td><td>达斡尔语 kuč</td><td colspan="2">忽孙 *husun</td><td>满文 hūsun</td></tr>
<tr><td>蛇</td><td>*moγo</td><td>——</td><td colspan="2">梅黑 *meihe</td><td>——</td></tr>
</table>

① 爱新觉罗乌拉熙春：「蒙古九峰石壁石刻と『札兀惕·忽里』」，『立命館文学』595 号，2006 年 7 月；又同氏《爱新觉罗乌拉熙春女真契丹学研究》，京都：松香堂，2009 年，第 60 页。

② 陶金：《辽金帝王契丹文尊号庙号年号汇考》，《中西文化交流学报》2015 年第七卷第二期（伯希和大师逝世七十周年纪念虏学专辑），第 139 页。

③ 孙伯君：《金代女真语》，沈阳：辽宁民族出版社，2004 年，第 221—222 页。

④ 孙伯君：《金代女真语》，沈阳：辽宁民族出版社，2004 年，第 224—225 页。

⑤ 孙伯君：《金代女真语》，沈阳：辽宁民族出版社，2004 年，第 221 页的拟音 *huru 可采，但孙伯君：《金代女真语》，沈阳：辽宁民族出版社，2004 年，第 224 页的拟音 *hulula 则不可取。

⑥ 表中第一行"犬～狼"词例的详细谈论又参见唐均：《契丹文"戌犬"考述——王元鹿先生古稀寿辰生肖诠释》，《华西语文学刊》（第十三辑·王元鹿先生古稀寿辰纪念专辑），傅勇林等主编，成都：四川文艺出版社，2016 年，第 173—174 页。

女真人建立金国及至攻灭辽国之后，辽朝官方的契丹文字除了为远遁西域的西辽(彼时汉籍记载:呷辣吸给)所继承以外,女真金朝也在长达半个多世纪的时间内袭用两种契丹文字，从金太祖阿骨打伐辽用契丹降人或俘虏口授笔录以契丹文记事、历仕太祖至世宗朝的女真宗室完颜勖在凡游宴有可言的场合辄以契丹字作诗见意、契丹文长期充任汉籍迻译为女真文的中介语文等等表现①看来,契丹文字承载的契丹语随着文字一并通行于女真上层社会。

一直到金章宗明昌二年(1191 年)十二月,金廷才正式下诏罢除契丹字的使用,然而官方的禁令并不能立即禁断契丹语文在民间的继续流通。所以,现存蒙古国肯特(Khentiy)县境内南部的《九峰石壁记功碑》记载②:铁木真协助大金([illegible]*amba-an duli-in-gi alčun[un] gurun[un])开府仪同三司尚书右丞相任国公宗室襄([illegible]*ča-aŋ-ču yo-či-iŋ-saŋ ka-i-pu-gi-tuŋ γo-se-gi im-gui-guŋ ton-ǰi begi-le saŋ)击破北朮孛([illegible]*uri-gen ǰo-bo-γo)建功,时在明昌七年([illegible]*ge-gi-en pese-če-hei nadan ańa),其后受封“札兀惕·忽里”称号,相去金朝官方罢用契丹字的时间仅有五年左右的间隔,以常理度之,相对于表达仍显贫乏的女真语文而言,拥有更为丰富职官术语的契丹语文,更能准确表达完颜襄对铁木真的晋封。

是以迄今可以拟测,在尚无相关女真文字文献出土、而契丹文字材料逐渐得以解读的今天,铁木真从金朝获得的封号“札兀惕·忽里”,最为准确的复原形式可以归结于契丹语文的表达,亦即——

文字形式	典型拼写	相应拟音
契丹大字	[illegible]	*ǰauqu-ur=i=gu-ru
契丹小字	[illegible]	*č-iau-qu-ur=i=gu-ru

① 夏宇旭:《略论金代代女真人对契丹文化的承袭》,《吉林师范大学学报》(人文社会科学版)2012 年第一期,第 50 页。

② 爱新觉罗乌拉熙春:「蒙古九峰石壁石刻と『札兀惕·忽里』」,『立命館文学』595 号,2006 年 7 月;又同氏《爱新觉罗乌拉熙春女真契丹学研究》,京都:松香堂,2009 年,第 43—48、51、55—56 页。

在内亚历史由中古时代向近古迈进之际，契丹文字作为首个创制并有规模文献留存至今的民族文字系统，上承中原汉地和西域回鹘的文脉，下启女真、蒙古等荡涤高度文明区域的民族国家，其枢纽性的中介地位毋庸置疑。随着契丹大小字材料的不断解读，两种契丹文字材料之间的相互印证，以及契丹文献同毗邻其他民族文字文献的互证，将会开辟我们对契丹人的历史文化在内陆欧亚草原文明中古时代重要地位的深入认识。对铁木真的早期金廷封号“札兀惕·忽里”的彻底解读，正是这一设想的有力佐证之一。

（原载于北京大学外国语学院语言学与应用语言学研究所[编]《语言学研究》第二十三辑，北京：高等教育出版社 2017 年版：第 135—141 页；又收入刘劲荣、李晓莉[主编]《中国民族古文字研究——中国民族古文字研究会第十次学术会议论文集》，昆明：云南民族出版社 2018 年版：第 130—134 页）

女真学及满学

满语中的判断标记词及其句法功能①

引 言

判断句从形式上看是一种基本结构为起事(相当于主语)和止事(相当于谓语)②、而由体言性结构充当止事的特殊句式,从语义上看则是构成句子主体的两大成分之间由止事对起事进行相关特性的确认或者是相同内容的指称③,从语用上看又是说话者基于认知而对由起事承载的所表征事像进行由止事承担的推定性叙说④。从命题表达上看,判断句以其固有的认知型特征区别于情意型的祈愿句;而从陈述语气上看,判断句又以陈述者主观意志对所表征事像的理性作用区别于纯感性勾画的现象描写句——而这两种甄别,则体现出判

---

① 本文在写作过程中曾得到北京大学外国语学院日语系盛文忠博士的部分帮助,特此申谢。文中引例中的下划线为笔者所加,用以指示文章相应段落的主旨研究对象。

② 关于起事和止事的细致论述可以参看范晓、张豫峰等:《语法理论纲要》,上海:上海译文出版社,2003年,第185、186页。

③ 鉴于同满语结构类似的大语种中日语的句法研究较为成熟系统,这里暂且先采用日语界的判断句定义予以粗略的界说,参见陈访泽:《日语句法学》,长春:吉林教育出版社,2003年,第174页。注意到在日语中充任谓语(日语称“述語”)的体言结构都是名词加缀相应的曲用形式(一般的教学语法称之为“助動詞”),这种结构中名词起主导作用,详细探讨参见遠竹敬子:「名詞の述語形」,日本語文法研究會編:『概說·現代日本語文法:改訂版』,鈴木康之監修;東京:桜楓社,1991年,第110页。

④ [日]仁田义雄:《日语的语气和人称》,曹大峰、张麟声、李庆祥译,北京:北京大学出版社,1997年,第44页。

断句内在的一种物我之间的静态对等特性。

满语判断句的基本框架包括两个表示判断的体言性成分[①],分别充任起事和止事;尤其是在名词或名词短语充任止事之时[②]——包括口语中带有情感色彩判定的情形:

1)ara,ere ai gisun.“哎呀,这是什么话。”(《清文启蒙》)

2)agu si yala gašan toksoi albatu haha.“君诚乡曲之偎子也。”(《聊斋·辛十四娘》)

3)ere wehe yala agu i booingge nio.“石果君家者耶?”(《聊斋·石清虚》)

或者是起事中存在复杂结构(例如,主谓段语、宾动短语或是多重修饰结构等)的情形:

4)aha emu dubei jergi hūlhi monggo aha.“奴才一介庸愚蒙古世仆。”(《同治朝库克吉事奏折》)

5)ejen ama ere aika sini yabuci acara baitao.“主爷此乃你应行之事吗?”(《金瓶梅》)

6)ere amban mini nenehe han de karulame,ejen de tondongge isibure tušan teisu.“此臣所以报先帝而忠陛下之职分也。”(《合璧古文·出师表》)

7)erdemu be tukiyere gung be karularangge gurun i amba kooli,tondo mujilen i afaha weile be akūmburengge ambasai jurgan.“尚德崇功,国家之大典;输忠尽职,臣子之常经。”(《嘉庆八年给韩德旺之诰命》)

然而,满语判断句更多的是包含有标示判断语气的各种标记性语词的情形。这些标记词既有标示肯定判断的也有标示否定判断的;既有位于起止事之间的所谓“内插”型标记词也有位于起止事之后的所谓“后置”型标记词。另有个别动词可以标示判断意味。下文即对这些判断标记词展开论述;其间所用例证率以有书面记录的满语材料为准。

---

① 沈原:《论满语判断句》,《满语研究》1989 年第 1 期,第 42 页。

② 季永海、刘景宪、屈六生:《满语语法》,北京:民族出版社,1986 年,第 179 页对此的说法是:“体词作谓语时”。

一、内插型的判断标记词

（一）连用形 oci 标示判断时并不依其前面的成分是名词还是代词而有实质性的隐现规律①，如下例所示：

8）ere gisun oci oros sanat yamun ci tucibume gisurehengge.“此言系由俄罗斯萨纳特衙门说出的。”（《满文俄罗斯档》）

9）geng šeng hendume，bi oci balama šusai geng kioi bing，booigoji i jalahi jui sehe.“耿生曰：我狂生耿去病，主人之从子耳。”（《聊斋·青凤》）

（二）连用形 seci 标示判断时多为并举式，譬如：

10）yargiyan i doco acaci，be seci daicing gurun，suwe seci dai ming gurun，meni meni gurun i ejen oci uthai wajiha kai.“若果以礼交欢，则朕为大清，尔为大明，各君其国而已。”（《大清太宗文皇帝实录》）

11）bi seci manju gurun，suwe seci hūlun gurun，suweni hūlun gurun ambula seme bi gaji seci ombio.“我乃满洲，尔乃呼伦，尔国虽大，让你给一些地方可以吗？”（《一学三贯清文鉴》）

12）emu seci wen jang arara uju，emu seci jusei dorgi niongnio.“一个是文章魁首，一个是仕女班头。”（《西厢·拷艳》）

（三）动名词 serengge 和 sehengge 在标示判断语气时前者极为常见而出现几率较低：

13）ili serengge wargi ječen i šošohon i ba.“伊犁乃西陲绝域。”（《锡伯营总管和特恒额等铭刻图公碑文》）

14）mukden serengge abkai banjibuha ten i ba.“盛京为天祚之基。”（《御制盛京赋》）

---

① 因而沈原：《论满语判断句》，《满语研究》1989 年第 1 期，第 42 页的意见“如果主语是人称代词（或有人称代词的并列词组）、指示代词，则主语后面往往不加 serengge、oci 等词”并无意义。

15)bi serengge emu gasara mangga nimere mangga beye,sini gese gurun be haihabure hoton be haihabure arbun de adarame hamire.“我是个多愁多病身，怎当你倾国倾城貌？”(《西厢·闹斋》)

16)baturu kiyangkiyan jalan i baita be šanggabumbi,jalan i baita baturu kiyangkiyan be šanggabumbi sehengge,turgun fifi nikai.“英雄造世事，世事造英雄，乃事出有因焉。”(《锡伯营新任副总管正蓝旗牛录章京巴达兰献图公颂文》)

实质上，这两个词在标示判断时就是由此动名词挈领起的一串复合结构充当整个前一判断成分,故而此时的判断句是一个由相当于日语中所谓“形式体言”的结构充当前一判断成分的名词谓语句。

不过,serengge 还可用于句末(但必须置于语气词之前),也有判断标记的功能:

17)simbe sain be tacikini serengge kai.“是教你学好啊！”(《重刻清文虚字指南编》)

18)suwayan teišun baitalara be fafulahangge,jiha hungkerere de tusa obufi,gurun i boobai be selgiyebume hafunakini serengge dabala.“禁止用黄铜是益于铸造钱币、流通国宝而已。”(《上谕八旗》)

然而,如果是与摹拟词连用的 serengge,即使其所在句子具有判断意味,这个 serengge 亦非判断标记，而是整个摹拟词结构中与其后句子成分起连接作用的一部分。

19)fusur serengge sain,kifur serengge sain akuu.“酥的好,硬的不好。”(出处失记)

20) hoo serengge abka na i tob sere sukdun.“浩然者乃天地之正气也。”(《合璧古文·正气歌》)

二、后置型的判断标记词

(一)虚词 be 相当于汉语文言中的"也",这种情况皆与其他判断标记配合使用:

21)tondo serengge dulimba be."忠者中也。"(《清文虚字指南编》)

22)banin serengge,uthai giyan be;giyan serengge uthai sukdun be."性即理也,理即气也。"(《重刻清文虚字指南编》)

这个多义词在用作名词、代词以及格助词[1]时几乎都不见于句末,从而易于辨析开来。

(二)虚词 inu 相当于汉语文言中的"也",特别是在介绍某人或者引入某个话题之时,常用 inu 标示这种正式的判断:

23)ajige hūwašan fa tsung,ere pu gio s'y i fa ben jang loo i šabi inu."小僧法聪,是这普救寺法本长老的徒弟。"(《西厢·警艳》)

24)sakda niyalma hendume,ere mini modo sargan inu sehe."翁曰:此吾拙荆。"(《聊斋·狐嫁女》)

25)mama mini mafa ere inu seme,ini mafa be tantame bošoho."媪曰:此吾叟也。遂击逐其翁。"(《尸语故事之十九·佛祖教化老翁行善》)

这个标示判断语气的 inu 需要和同样用于判断句中、但本身具有实际意义的 inu 区别开来,后者见以下两例:

26)ere ajige sengse i gisun inu."这小贱人倒也说得是。"(《西厢·拷艳》)

27)nitsan sama hendume,in gurun i yekuli jekuli nisihai bira yekuli jekuli dalin de tehe nitsan sama inu sere."尼山萨满说:阴间的尼石海河岸上住的尼山萨满就是。"(《尼山萨满手稿三》)

---

① 李书:《谈满语中的 be》,《满语研究》1986 年第 1 期,第 54、56 页。

而位于句中的 inu 并非判断标记，而是普通的副词“亦”：

28)siyan šeng ainaha niyalma be sarakū, inu terei gebu hala be yargiyalahakū. “先生不知何许人也，亦不详其姓字。”(《合璧古文·五柳先生传》)

29)booi ejen i takūrara be alici tetendere, inu umainaci ojorakū kai.“既受主人所遣，亦无奈耳。”(《聊斋·贾儿》)

30)tubai niyalma dulimbai gurun de gebu tucikengge inu bi.“那里的人也有于中国出名者。”(《使交纪事》)

即使是 inu 前后的两个成分之间表示判断或具有判断意味时也不例外：

31)tere inu dobi, umesi sektu.“是亦狐，最黠。”(《聊斋·婴宁》)

32)hūwan lang udu hahardara unde bicibe, inu tsui halangga booi amga jalan i juse omosi ombi.“欢郎虽是未成人，算崔家后代儿孙。”(《西厢·警寺》)

（三）表示否定意义的判断标记词只有 waka 一个，相当于汉语文言中的“非”：

33)ya gemu gucu waka.“哪人都不是朋友。”(《清文启蒙》)

34)terei tusa ilhai yafan i duibulerengge waka.“其利非花可比。”(《满蒙汉三合教科书》)

35)niyalma banitai sarangge waka, we hūlhi akū ome mutembi.“人非生而知之者，孰能无惑？”(《合璧古文·师说》)

36)sakda beye bahafi gosime hairarangge waka.“非老身所得而爱惜者矣。”(《聊斋·田七郎》)本句中，否定判断指示词位于一个分句末尾，其后(本例未引)的 bicibe 是用来体现 waka 在此处必须明确的形态变化的助动词。

37)geren geli ududu jursu fu be fondolohongge, ajige jui i mutujengge waka seme kenehunjere de, ho šeng hencehen tucibufi, terei aldungga be alaha.“众又疑穴数重垣，非童子所能者，生出镵以言其异。”(《聊斋·青娥》)

（四）虚词 kai 为感叹语气词，一般解释都仅仅是认为用来增强判断意味[①]。下面以《聊斋·曾友于》一文中出现 kai 的情形为例具体分析这一语词的实际功能；该文中带 kai 之句凡六见五句，依次分别为：

§1）tatarangge，tese torolon akū ofi kai.“责之者，以其无礼也。”

§2）dzeng ceng wancame hendume，uttu gosin akū oci，ere gashan gurgu kai sefi.“成恚曰：如此不仁，是禽兽也。”

§3）gi dzu hendume，amai seolehengge dabanaha kai，mini jacin eshen serengge enduringge mergen kai sefi.“（继）祖曰：父过虑矣。二叔，圣贤也。”

§4）terei eyehe jemden de uttu ohobi kai.“其流弊然也。”

§5）mujilen be sefereme jobolon de seremšere jui bihengge giyan kai.“宜其有操心虑思之子也。”

根据 kai 之前的句式结构和相应语义，§1）是复合后置介词结构充任谓语、§3）前半句为动词谓语、§4）为带助动词的副词谓语句，皆属用言型谓语句；§2）、§3）后半句、§5）俱为名词（短语）作谓语的体言性谓语句：显然后三者为典型的判断句；若据汉译则除§3）前半句外俱为判断句，由此知必须以原文为准衡量其语法结构。再如：

38）gereme we gecen i bujan be fulhūn icehei，eiterecibe gemu wakcara niyal–mai yasai muke kai.“晓来谁染霜林醉？总是离人泪。”（《西厢·哭宴》）

并且，§3）后半句中尤有 serengge 一词标示其判断语气，再参考以下诸例：

39）gūwa hendume，jabjan serengge mang kai，waci jiyanggiyūn de ehe sehe.“有人曰：蟒者莽也，杀之，于将军不利。”（《随军纪行》）

40）ere gu halangga hehe serengge，mini sargan kai.“此顾氏，我妻也。”（《聊

---

① 季永海、刘景宪、屈六生：《满语语法》，北京：民族出版社，1986 年，第 275—276 页认为 kai 是感叹语气词；刘厚生、关克笑、沈微、牛建强：《简明满汉词典》，王钟翰审订，开封：河南大学出版社，1988 年，第 256 页释之为“［语气］矣、哉”；胡增益主编：《新满汉大词典》，乌鲁木齐：新疆人民出版社，1994 年，第 467 页释之为“表示判断或肯定的语气”；刘景宪、赵阿平、赵金纯：《满语研究通论》，哈尔滨：黑龙江朝鲜民族出版社，1997 年，第 367 页认为“其意义相当于现代汉语中的‘啊’‘呀’，古汉语中的‘矣’‘也’等”，“用于句末，表示夸奖、赞扬、感慨、叹惜等语气”。

斋·梅女》)

与此可资比较的还有推而广之的-ngge结构抑或oci与kai的呼应:

41)ini jui be gosire de,sefu be sonjofi tacibumbime,ini beye de oci sefu obure be gisurengge, hūlhi kai."爱其子,择师而教之,于其身也,则耻师焉,惑矣。"(《合璧古文·师说》)

42)yaya goidafi tehengge gemu budun eberhun miyalma kai."凡久居者,尽阘茸也。"(《聊斋·梅女》)

43)morin be niyalma ubaliyambuhengge,urunakū terei yabun de morin ome yabuha ba bifi kai."马而人,必其为人而马者也。"(《聊斋·彭海秋》)

44)doose hendume,agu i sahangge ai tuttu cinggiya,gūwabsi baire be joo,bi oci uthai endurin kai sere jakade,wang miyan ele holtoho seme basuhabi."道士曰:子何见之卑?无他求,即我便是仙耳。王益笑其诬。"(《聊斋·仙人岛》)

可见,作为语气词的kai在体言性的谓语之后应当认为是标示判断,这个判断标记词还可同其他判断标记词一并出现配合使用。

(五)类似的情形也见诸语气词dabala、dere;并且由于dabala、dere和be同属祈使肯定语气词一类①,因而在体言性谓语之后这两个词也具有标示判断语气的功能。兹不赘析,各举一例示意:

45)damu ajige hafan dabala."不过一微员耳。"(《清文指要》)

46)tuttu oci,ere uthai nure i haran dere."若是那么着,这就是酒之故耳。"(《清文启蒙》)

三、能够标示判断意味的动词

(一)动词bi/bimbi汉语通常释为"有",实质与西语中存在动词类似②,既

① 季永海、刘景宪、屈六生:《满语语法》,北京:民族出版社,1986年,第274页。

② De Harlez,C.:*Manuel de la langue mandchou*:grammaire,anthologie & lexique,Paris:Maisonneuve Frères & Ch.Leclerc,Éditeurs,1884,p.181以法语释之为être,avoir;von Möllendorff,P.G.:*Manchu Grammar with Analysed Texts*,Shanghai:Printed at the American Presbyterian Mission Press,1892,p.10以英语释之为to be。

可标示存有（相当于“在”）亦可标示属有（相当于“有”）[①]——当标示存有或属有者的体言性结构以予—位格（示以格助词 de）形式出现时，动词的语义指向以主格形式出现者，否则该动词的语义即指向由主格形式体现的存有/属有者和被存有/属有者：

47）coohai caliyan de eden akū sere anggala，ba na de yargiyan i ambula tusa bi.“不但于兵饷无亏，于地方实有裨益。”（《重刻清文虚字指南编》）——表示存在。

48）ere gese kooli akū baita geli bini.“这样无理的事也有呢？”（《清文启蒙》）——表示存在。

49）emken be daharangge ai weile bi.“从一者得何罪？”（《聊斋·鸦头》）——表示属有。

其标示判断意味的功能当为上述内涵的引申，例如：

50）kungdzy i mafari sung gurun i niyalma bihe.“孔子先宋人。”（《清文指要》）

51）sini ama g'o moo dači li hioi i boo i baita be icihiyara miyalma bihe，li hioi i ulin jaka be suwe urunakū gamaha gidahangge bi.“尔父郭茂原系李煦家办事之人，尔等必有携带隐匿其财物者。”（《雍正朝总管内务府折》）

那么无论是否标示判断意味，该动词在句中都保持了其存有或属有的基本语义：

52）uba juwan aniyai cargi，mei halangga i fe boo bihe.“此十年前梅氏故宅。”（《聊斋·梅女》）[②]

53）yalurengge muduri bi，tasha bi，garunggū garudai bi，terei hacin adali akū.“所骑或龙、或虎、或鸾凤，不一其类。”（《聊斋·仙人岛》）

（二）动词 ombi 构成句子时，多数情况下是体现谓语的时态特征，这些形

---

① 具体的语义描写参见黎艳平：《bi 与 bimbi 浅论》，《满语研究》1993 年第 1 期，第 19—21 页。

② 这里 uba 为地点副词，从句式上讲当以为 bihe 为表示存有；然而其语义和汉译句式无不显示其绝类一个判断句。

态与标示判断意味无关：

54)hūwangdi tumen gurun be uherileme dasame,dorgi tulergi banjire irgen de ejen ombi.“皇上统御万邦,为中外生民主。”(《亲征平定朔漠方略》)——表明现在—将来时。

55)musei amba yabungga hūwangdi abkai fejergi be enggeleme dasaha gūsin duin aniya oho.“我大行皇帝临御天下三十有四年。”(《宣统继位诏》)——表明过去时。

56)ede dosire bederere oksoro feriyere sidende heni majige jurcerakū dabarakū ohode,teni fafungga kemungge cooha oci ojoro be saci ombi.“可知进退步骤之间,尺寸不可违越,方为节制之师。”(《上谕·军令条约》)[1]

而 ombi 本身的含义又相当于英语的 to become[2],有一种渐变的意味在内[3],该动词的语义一定是指向与之紧接的体言性成分——因而在这种句子的省略句中这一部分和紧邻的动词都是不可忽略的：

57)fe be urebumbime ice be sarangge sefu oci ombidere.“温故而知新,可以为师矣。”(《御制翻译四书·论语上》)

58)hūwa niyangdzy wasei ukdun oho nikai.“花娘子瓦窑哉！”(《聊斋·翩翩》)

59)yasa neifi beye be tuwaci, emgeri ajige jui ombime geli sargan jui oho.“开眸自顾,身已婴儿,而又女也。”(《聊斋·续黄粱》)

这种意味在接于形容词之后时显得分外突出：

60)minggan tumen aniya fafun selgiyen isibume mutehekū ba na be badarambufi umesi onco amba oho.“千万年法令不能加之地，俱为扩充广大。”(《异域录》)[4]

---

① 前一个为动词否定式名词化后接缀后置词的形态,后两个表明“可能”情态。

② Von Möllendorff, P.G.: *Manchu Grammar with Analysed Texts*, Shanghai: Printed at the American Presbyterian Mission Press, 1892, p.10.

③ 具体的语义描写参见刘景宪:《论动词 sembi、ombi、bimbi 的语法功能》,《满语研究》1997 年第 1 期,第 21—23 页。

④ 本句中形容词本身的描述性与 ombi 内在的渐变意味在语义衔接上趋于一致。

这样，该动词实际上与判断句所要求的纯粹静止意味还是有差别——譬如：

61)mini juwe meyen i ice ši,uthsi emu defei hūi wen junggin ohobi.“我两首新诗,便是一合回文。”(《西厢·警寺》)①

62)gise hehe serengge,gemu dobi ombi,gūnihakū dobi bime gise ojorongge bi.“妓尽狐也,不谓有狐而妓者。”(《聊斋·鸦头》)②

总的来看,ombi保存了动词固有的实际语义,即使是在标示可能的判断意味之时也还具有与判断句的静态指称有所区别的动态变化意味。

(三)由此可见,由动词bi/bimbi和ombi标示判断意味的句子,除了该动词的基本语义得以保留因而不能随意隐现以外，动词本身的语义指向决定了这类动词存在的句子中句子的核心仍然是动词本身；这与判断句的内涵迥然有别。故而,即便是这两个动词能够在某些情况下标示句子的判断意味,但有其以谓语动词形式出现的句子却不能与判断句等而视之的。

四、判断标记词的复合形态

(一）多个判断标记词一并出现而独立使用的情形中既有加强判断语气，也有确认某些易混判断句式的意味在内：

63)mini nuyembi sehengge,niyaman hūncihin haji waka,eigen sargan i haji be kai.“我所谓爱,非瓜葛之爱,乃夫妻之爱。”(《聊斋·婴宁》)③

64)fusihūn beye udu niyalma waka bicibe,yargiyan oci inu niyalma kai.“妾固非人,而实亦人也。”(《聊斋·狐妾》)④

---

① 这里实指新诗“成为”回文。

② 本句中有serengge标示,从而可以判定为判断句无疑。

③ 本句由两个判断分句构成,前一个判断分句以sehengge和waka配合指示判断,后一个则以sehengge和be配合指示判断;而kai因其语气词的性质,故而只在整个句子末尾出现。

④ 注意本句中后一分句的inu并非判断指示词而是普通副词。

65)duwan wen ging inu waka be yargiyalame jorime muterakū.“是否段文经不能确指。”(《满文本高宗实录》)

66)eici jortai badarambume gisurehekūngge inu waka babe,kingfu jang guwang sy de afabufi,suwaliyame getukeleme fonjikini.“是否不欲张大其辞,着庆复、张广泗一并问明。”(《平定金川方略》)

上述后两例表明:inu 与 waka 连用表示“是否”,可见这两个虚词具有对应关系;而这种情形也是 inu 作为判断标记却不见于判断句末的惟一表现。

(二)多个判断标记词配合使用的情形是:

§1)oci+inu,这种结构语气较强,如汉语的“即是”,例如:

67)bi oci dabcikū antaha inu.“我剑客也。”(《聊斋·聂小倩》)

68)bi oci wang wen inu,aide bahafi jui biheni.“我即王文,乌得有子?”(《聊斋·鸦头》)

69)ere oci sioi sy dzeng ni icihiyaci acara baita inu.“此则徐嗣曾应办之事。”(《满文本高宗实录》)

§2)oci+waka,这是对应§1)的否定形式,例如:

70)ejen oci ejen waka,amban oci amban waka,ama oci ama waka,jui oci jui waka.“君不君,臣不臣,父不父,子不子。”(《御制翻译四书·论语下》)

71)usihūn beye oci niyalma waka,dobi kai.“妾非人,狐耳。”(《聊斋·鸦头》)

§3)seci+inu,例如:

72)ordo be arahangge we seci,alin i hūwašan jy siyan inu.“作亭者谁?山之僧智仙也。”(《合璧古文·醉翁亭记》)①

§4)serengge/sehengge+be,这在《重刻清文虚字指南编》(卷上页二)里就有明确的说明:“也字翻 be 讲是字,上用 serengge 与 sehengge。”这种情形尤用于对一个概念下定义或进行类似定义的诠释,例如:

① 本句中 seci 挈领起的前一个分句本身就是一个不用判断指示词的判断句;而 seci 和下一分句中的 inu 实际上配合表示一个大的判断句。

73)marambi serengge,anatame alime gaijarakū be.“辞者,推而不受也。”(出处失记)

74)šu be tacimbi sehengge,irgebun bithe be kicere be.“所谓学文者，是攻诗书也。”(《重刻清文虚字指南编》)

§5) serengge/sehengge+inu,例如:

75)joo coo šen serengge harangga hiyan i niyalma inu.“赵潮伸籍隶该县。”(《光绪朝崇实等题本》)

76)kalka serengge wargi ba i amba gurun,yuwan gurun i enen inu.“喀尔喀乃西北大国,元之苗裔也。”(《亲征平定朔漠方略》)

§6) 其他情形(如 serengge+kai 等),因在前文已多有涉及,故此处不赘。

(三)在判断标记词以上述固定的连用形式出现于句中之时,名词性的起事和止事通常都获得了明确的句法地位。尽管在满语的句子中名词性结构之间的次序并无严格的要求,但在判断句中,这种次序的严格性就体现出来了;在无判断标记词的判断句中这种语序的严格性并不明显，而通过判断标记词的这种搭配使用,上述语序必须严格遵循的内在机制也就一目了然。

五、对判断标记词运用的解释

(一) 从上述判断标记词的构词形态可以大略推知其语源：如 oci＜ombi(成、为)、seci / serengge / sehengge＜sembi(曰),这种语词的派生及其衍生功能的广泛体现,也使其原本具有的实际语义消褪几尽,从而成为一个仅仅体现某些语法特征的纯粹语法标记。

就上述语源流变例证而言,前两者为条件式副动词而后两者为动名词;这种渊源自动词某种变化形式的原型结构揭示了它们在标示判断语气时,oci和seci 具有假设推定的命题指向——比较下面诸例所反映的其原意结构:

77)yargiyan i faššaha seme holtome banjibume,akūngge be bisire de obume,weihuken ningge be ujen obume boolara oci sacime wa.“捏造实绩,以无作有,以轻

报重者斩。"(《上谕·军令条约》)

78)deribun bisire duben bisirengge, teni niyalma seci ombi dere."有始有终的才是人罢。"(《重刻清文虚字指南编》)

而亦称"的字结构形的动名词形式"[①]的 serengge 和 sehengge, 实为 sembi 的未完成时和完成时连体形加缀 ningge 的缩略形-ngge 的名词化形式[②], 它在标示判断语气时, 实际上是将原来的起事凸现的一种表达——以下两例即是尚无 serengge 但出现了其类似结构的判断句, 应当视之为这种结构过渡类型的体现形式:

79)hargašaci, luku bime umesi yebcungge ningge lang ya alin inu."望之蔚然而深秀者, 琅琊也。"[③](《合璧古文·醉翁亭记》)

80)ninggun gurun be mukiyebuhengge cin gurun i haran waka."灭六国者, 非秦也。"(《合璧古文·阿房宫赋》)

再对照如下诸例, 又能更清楚地看出: 这类用于起事与止事之间的判断标记词实际上是将起事在话语中的地位进一步提升的标志; 这时整个判断句原有的突出止事就转移到了突出起事之上:

81)sefu serengge doro be ulara, erdemu be tacibure, hūlhi be surengge."师者, 所以传道、授业、解惑也。"(《合璧古文·师说》)[④]

82)kemungge malhūn yargiyan gulu serengge niyalmai sain erdemu, mamgiyakū dabali eldengge fiyangga serengge niyalmai amba ehe."节俭朴素, 人之美德; 奢侈华丽, 人之大恶。"(出处失记)

---

① 刘景宪、赵阿平、赵金纯:《满语研究通论》, 哈尔滨: 黑龙江朝鲜民族出版社, 1997 年, 第 185 页。

② 季永海、刘景宪、屈六生:《满语语法》, 北京: 民族出版社, 1986 年, 第 173 页认为这种动名词结构是由现在—将来时动名词(亦即-ra/-re/-ro)形式、过去时动名词(亦即-ha/-he/-ho)形式上缀以附加成分-ngge 所构成; 而刘景宪、赵阿平、赵金纯:《满语研究通论》, 哈尔滨: 黑龙江朝鲜民族出版社, 1997 年, 第 185 页则明确指出"附加成分-ngge 来源于 ningge 一词"。

③ 由于满文中动名词结构-ngge 来自动名词-ra/-re/-ro 与 ningge 的缩合, 因而本句中 ningge 和 inu 搭配使用对判断句特征的体现, 就不啻还原了这种判断指示词连用形式的本来面目。

④ 本句直译即是"所谓老师, 即所传道、授业、解惑者"。

通过下面一例中满文原文和相应汉语译文的对照即可更明显地体现这一点：

83)juwang yuwan fang ni diyan siyoo el g'o serengge mini beye.“自家是状元坊店小二哥。”(《西厢·警艳》)①

（二）由于满语句子是以动词为核心的语法结构，而这种内插型的判断标记词又都渊源自动词，因而，由动词的非谓语形式-ci 或-rengge / -hengge 位于起事和止事之间对起事的这种提升，实际上就是将起事置于一种话语主题的地位。此时整个句子的核心无疑就从原来的止事部分转移到了以上述动词的非谓语形式挈领起的句子结构中，若要构成省略句，这作为话语主题的部分也不能被忽略。由此又可以理解，前述 serengge 置于句末标示判断语气的情形实际上也就是在起事得到突出之后止事隐匿或者与起事换位后的一种变形形式。

而属于后置型的判断标记词 inu 和 waka 则是名词虚词化的结果，be、kai、dabala 以及 dere 则是因其语气词功能的延伸而标示判断语气的。它们的运用就使本为句子重心的止事上升为句子主题，从而与句子主题不能位于句末的原则相吻合。这也就是这类判断句在省略部分句子结构时，作为句子主题的止事部分以及其后的判断标记词不能省略的缘故。

如果再结合前面言及的判断标记词配合使用情形还可以发现：位于起事和止事之间的判断标记词，在将其紧前的句子成分主题化时，较之位于起止事之后的判断标记词更具有优先性；其间的原因似乎仍然可以归结为满语句子中动词的核心作用——相比渊源于其他词类的判断标记词而言，由动词衍生出来的判断标记词在句子结构中具有更为强烈的焦点提示功能，故而在多种判断标记词并现之际，位于起止事之间的内插型判断标记词当为整个句子结构的中心——尽管其语义方面几乎已经退化为完全空白的了——而这个句子中心又从另一个不太引人注目的角度体现出满语以动词为句子组织核心的句法思想。

① 本句直译即“所谓状元坊店小二哥即自家”。

至此又可以说明:正是由于 bi / bimbi 和 ombi 始终位于句末成为相应句子的核心所在,因而也就不可能出现内插型判断标记词与之连用的情形,前述以这几个动词充任谓语的句子的焦点结构仍然位于句末——这种没有上升为句子主题可能性的结构显然也是与判断句的命题表达和陈述语气不相符合的。

结　语

总的来看,满语中的完整判断句可用以下的公式来概括:

起事+(内插判断标记词)+止事+(后置判断标记词)+(语气词/动词限定形式)

其间某些可省略成分以括号标出,但各个成分之间的相对位置不能调换。

虽然满语中有完全不显示形态变化的动词如 bi(有)、akū(无)、joo(罢),前述具有判断标志性的诸词中 inu 和 waka 与其也有相似之处,但由于渊源自动词的判断标志 oci 和 serengge 等从不处于一个句子末尾,这同满语中动词的限定形式一定居于句子末尾的通例相悖逆;更为根本的还在于无论是内插型的 oci、seci、serengge / sehengge 还是后置型的 inu、waka 等等都能提升其紧前的句子成分使之主题化,因而,这几个标示判断句的语词似乎不宜称之为"判断动词"[①]而统一称为"判断标记词"更显合理。而且,在这些判断标记词的基础上,我们可以看出满语中句子的主题在一定程度上还具有语法性的标记这一突出特征。

(原载于《满语研究》2005 年第一期:第 23—31 页)

① 这是季永海、刘景宪、屈六生:《满语语法》,北京:民族出版社,1986 年,第 179 页的见解,他们认为"判断动词又称联系动词,……都表示'是'的意思"或者"'不是'的意思";沈原:《论满语判断句》,《满语研究》1989 年第 1 期,第 42 页已经对此加以反证。

石刻文献所见女真语复数后缀问题札记

引　言

关于女真语的复数形式问题，就目前材料所限，也还是有了一定的研究[①]。这些成果集中起来，可以概括为：

§1 女真语复数用后缀形式表达，缀于名词之后；

§2 迄今发现并研究过的一共是四个后缀（字）——帯、柔、余、邑，这几个女真字标示复数的用法皆见于石刻材料中；

§3 这些复数后缀接缀名词时须遵循元音和谐律，同时部分名词词干有音节脱落情形，部分后缀同满语名词复数后缀具有对应关系。

至于这四个作为复数后缀来使用的女真字，在明代《女真译语》[②]中都有明确汉字与之对译，兹列如下：

---

① 金光平、金启孮：《女真语言文字研究》，北京：文物出版社，1980年，第196—197页。

② 明代的《女真译语》有两种本子：即永乐年间设四夷馆后编纂的所谓“乙种华夷译语”中的《女真译语》和明末茅瑞徵辑会同馆编纂的所谓“丙种女真译语”；前一种译语有女真字和汉字的对照，后一种译语仅有汉字记音的女真语词汇而无对应女真字，本文所涉女真译语当指由德人葛鲁贝（Wilhelm Grube，自取汉名“顾路柏”）在其所著《女真语言文字考》（*Die Sprache und Schrift der Jučen*）一书中整理过的前一种译语柏林藏本。有关《女真译语》流传的诸版本情况参见金光平、金启孮：《女真语言文字研究》，北京：文物出版社，1980年，第14—16页。

§1□*–ta：见于“天文”第 18 条，“宫室”第 5 条，“人事”第 35 条、第 75 条、第 95 条、第 124 条，“器用”第 14 条，“续添”第 7 条、第 46 条，对译汉字皆为“塔”。

§2□*–se：见于“时令”第 10 条、第 30 条，“新增”第 1 条、第 45 条，“身体”第 23 条，“人物”第 27 条，“人事”第 69 条，对译汉字皆为“塞”。

§3□*–e：见于“地理”第 18 条，对译汉字为“厄”——此处这个并非复数后缀的女真字似乎是表示复数后缀那一字的异体□，暂且记为 *–e_2。

§4□*–ši：见于“人物”第 6 条、第 14 条、第 46 条，对译汉字分别为“史”、“侍”和“士”；“身体”第 7 条及“续添”第 31 条，对译汉字皆为“师”；另，《庆源郡女真国书碑》碑文中似有其一异体□，暂记为–$ši_2$。

基于上述女真语的汉字对音，这里有必要先就本文采用的女真文罗马转写方案略作说明。金启孮先生所编纂的《女真文词典》所拟语音形式①成为本方案得以形成的主要参考，但将其中的音标形式径改为（带有附加符号的）拉丁字母以及希腊字母形式以便电脑操作；此外着重参考了聂鸿音先生对《金史》中以汉字记音的女真语词所作的声类归纳②，对个别地方进行了调整：

§1 将金明两代女真语之间可能发生的重唇音 *p 轻唇化后的 *f 改标 *ph 以资体现；

§2 女真语中元音之间可能隐现的辅音 *g 仿现代土耳其语文字方案拟为 *ğ③；

§3 取消了纯粹模仿汉语拼音方案的用作复元音单元音化介音的 *y和 *w 而径以复合元音标示；

---

① 金启孮［编］：《女真文辞典》，北京：文物出版社，1984 年。实际上，是书并未开列出明确的语音系统，只是按照满语的语音系统径直对译女真文字，似有不严谨之嫌；这里的“依据”也就是大致采纳其具体对译诸实例的归纳而已。

② 聂鸿音：《〈金史〉女真译名的音韵学研究》，《满语研究》1998 年第 2 期，第 79—89 页。

③ 这个“音素”在古代满—通古斯语中的情况很难判断；参照蒙古语口语和书面语的差异，似乎可以比定为它脱落后使其前后的元音合并转化为长元音的情形。因为这一具体细节并不涉及本文主题的论证，本文遂对此不作详细追究，这里的转写采用这样的形式实际上也考虑到了这一因素在内。

§4 为突出元音和谐律的作用而以前后两组喉音(*g / *k / *h 与 *γ / *q / *χ)分别拼非阳及阳性元音;

§5 参考穆麟多夫(P.G.von Möllendorff)的满文转写方案将阳性的 *u 拟为 *ū、阴性的 *u 拟为 *u;

§6 同一读音的不同文字表达暂且采用右下标的阿拉伯数字予以区别;

§7 女真文单字之间以短横线相隔,女真语单词之间以空格相隔。

这样得出的这一女真语的罗马转写方案大致如下:

元音[①]:a、o、ū、ÿ——阳性元音,e、u、y——阴性元音,i、ï——中性元音;ai、au、ei、eu、ia、ie、ua、ue——复合元音

辅音[②]:b、p、m、ph、d、t、n、l、r、s、γ / g / ğ、q / k、χ / h、ng、ǰ、č、š

本文均以这一规则转写女真文[③]。

一、关于女真语复数后缀的本体研究

就迄今为止的石刻材料发掘和研究结果来看，女真语复数形式其实也并不仅限于名词的表达[④]。下面先按女真文罗马转写次序开列所有的复数后缀单独用例,再就女真语复数后缀的相关问题作进一步的分析。

§1*amin“父”>*amin-ta(《女真语言文字研究》第 196 页)

§2*beği-in“孛堇(臣)”>*beği-se(《女真进士题名碑》第 3、5、17 行)

§3*beği-le“勃极烈(官)”>*beği-le-e(《女真进士题名碑》第7行)

---

① 金光平、金启孮:《女真语言文字研究》,北京:文物出版社,1980 年,第 176—177 页。

② 聂鸿音:《〈金史〉女真译名的音韵学研究》,《满语研究》1998 年第 2 期,第 84 页。

③ 对于女真语这样一种构拟出来的古代语言,本文为行文简洁不再一一标出作为构拟标志的 * 号,除非在女真语同满蒙语比较的场合。

④ 女真文所反映出的女真语代词情况虽然十分罕见，但在指示代词的单复数变化中似乎也有类似名词单复数变化的后缀 *-se 与其他词缀的交替情况出现,参见金光平、金启孮:《女真语言文字研究》,北京:文物出版社,1980 年,第 202 页。而根据金光平、金启孮:《女真语言文字研究》,北京:文物出版社,1980 年,第 189 页,女真文所见形容词又有 *amba-an“大”>*amba-sa“巨大”的变化,这里的 *-sa 后缀若从词源上分析未必同复数后缀毫无联系。故而不能完全排斥名词以外复数词缀不能表现的情形。

§4*čauχa“军”>*čau-ši(《大金得胜陀颂碑》第5、6行)

§5*ge-bu“名”>*ge-bu-se(《女真进士题名碑》第12、14行)

§6*ǰu-i“子”>*ǰu-se(《女真语言文字研究》第190页)

§7*meu-mu-heu“谋克”>*meu-mu-se(《大金得胜陀颂碑》第22行)

§8*mudu-r“龙”>*mudu-se《大金得胜陀颂碑》第28行)

§9*omo-lo“孙”>*omo-lo-$ši_2$(《庆源郡女真国书碑》第三面第2行)

§10*omo-lo“孙”>*omo-ši(《女真语言文字研究》第190页)

§11*weile“事”>*weile-se(《大金得胜陀颂碑》第25行)

本文诸引例所涉各石刻材料的出现时代各有不同:朝鲜《庆源郡女真国书碑》可能镌刻于金熙宗天眷(1138—1140年)或皇统(1141—1149年)年间[①],理当反映女真语在金朝前期的面貌;吉林《大金得胜陀颂碑》刻于金世宗大定二十五年(1185年),内容虽是间接译自同碑汉文原文,反映金代中期女真语的面貌却是较为可信;河南开封《女真进士题名碑》刻于金哀宗正大元年(1224年),内容亦当是译自后被磨灭的同碑汉文原文,反映的则是金末女真语的实际语言特点;而明奴儿干都司《永宁寺碑》则是明成祖永乐十一年(1413年)所立,内容是同碑汉文的摘译,反映的女真语特点已同金代略有差异[②]。这里给出的有关用例虽然为数不多,但却是出自可以代表不同时期语言特征的实际文献材料,加之金明两代女真语实际所依据的基础方言的差别[③],反映出来的还应当是女真语的某些共时—历时差异。

在接缀复数后缀的时候,女真语中能够接缀复数后缀的名词没有某种意

① 对于此碑镌刻时代的确定现在尚有别的意见,本文暂且依据金氏的结论;另,此碑分四面,著录其拓片最为详备的《朝鲜金石综览》排序有错,金光平、金启孮:《女真语言文字研究》,北京:文物出版社,1980年,第332—333页对此曾作订正。文中所引率依此订正本。

② 钟民岩、那森柏、金启孮:《明代奴儿干永宁寺碑记校释——以历史的铁证揭穿苏修的谎言》,《中央民族学院学报》1976年第1期,第59页。

③ 金代女真语以黑龙江地区的生女真方言为基础;明代女真语则以吉林地区的海西女真方言为基础,参见爱新觉罗·乌拉熙春:《满族语言文字的发展演变》,《爱新觉罗氏三代满学论集》,恒煦、启孮、乌拉熙春,呼和浩特:远方出版社,1996年,第405—406页。

义上或语法上的区分，如 *amin 为指人名词、*mudu-r 是动物名词、*beği-in 和 *beği-le 为职官名词（实际上也是一类指人名词）、*ge-bu 和 *weile 是典型的非动物名词；但它们都可接缀复数后缀构成相应的复数形式。

女真语的复数词缀与构词词缀之间或许还存在着某种对应或转化关系：

§1*beği-le“官”＜*beği-in“孛堇(臣)”

§2*bithe-ši“吏”＜*bithe“文”(《永宁寺碑》第 7 行)

而且还可以看到，女真语中构词后缀和复数后缀之间既有音义皆同而形体有异的情形，也有音形皆同而意义有异的情形：

§1*-ši(见于 *čau-ši 以及 *omo-ši)——复数后缀

§2*-ši(见于 *ia-ši)——构词后缀(柏林木《女真译语·杂字》身体门第 7 字)

§3*-ši$_2$(见于 *omo-lo-ši$_2$)——复数后缀

这些情形似乎都暗示了女真语中复数后缀同构词后缀之间的密切关系。

从复数后缀的使用角度看，至少在金代女真语中，与含有复数意味的修饰语连用时亦可使用复数后缀，这是同后来的满语判然有别的地方。例如：

(1)*□□□□□ ši gušin omo-lo-šï“……三十孙”(《庆源郡女真国书碑》第三面第 2 行)

(2)*ge-en čau-ši i ete-i χo-bū ul-ta tau-un-pa “命诸军毕会于此”(《大金得胜陀颂碑》第 6 行)

(3)*ge-en čau-ši ugči-in etu-bie nu-bure-mei ili-lu-nai “众军穿甲序立”(《大金得胜陀颂碑》第 11 行)

(4)*ninggu mudu-se eu-ulu“六(龙)飞(戾止)”(《大金得胜陀颂碑》第 28 行)

而更多的时候是不使用此类后缀，如：

(5)*ge-en ania □ gia-au-hua-ra“募化多年”(《庆源郡女真国书碑》第一面第 4 行)

(6)*ǰo-erin-nggi be dondi-lu-mai ge-en ǰa-χa sai-an ai ali-lu-χai“闻报收

受多件善品”(《庆源郡女真国书碑》第三面第 5 行)

(7)*mingɣan ania se-nggi-ge ǰa-sa “千载治孝”(《大金得胜陀颂碑》第31行)

(8)*tu-dulu oši-ši-χar te-den-bu-hei helse“诸多先觉进献之言”(《女真进士题名碑》第 6 行)

仅就上述语料而言,似乎可以看出这一语法表现的一个理据来:如果是被含有复数意味的修饰语所限制的核心名词本身是一个独立的有灵类(animate)[①]名词(例 1—4 的情形),那么该名词就要添加上复数后缀;而如果这一核心名词本身是独立的无灵类(inanimate)名词(例 5—7 的情形),这个复数后缀就毋需添加。至于例 8 中的 *oši-ši-χar“诸多先觉”一词的表现,该词作为一个颇具抽象语义的派生词而言,其灵性范畴(animacy)并不具有“独立”的存在性,这也是该例证与例 1—4 中加缀了复数后缀的诸词迥然有别之所在。当然,这样一来又似乎引出阿尔泰语言中极少涉及的“灵性范畴”;不过,不见于现代阿尔泰语的各种语法范畴却也并非绝不存在于业已消失的古代语言中,目前正在愈来愈清晰地揭示出来的契丹语中“性范畴”的表现[②]似乎就可以作为这样的一个旁证罢。

参照上文述及复数词缀构词化的情形,似乎可以认为,女真语的复数后缀在同具有集合意味的名词连用之后可能成为构词后缀,从而即便是在已有复数意味修饰语的情况下仍然得以继续使用。而与指人名词连用的复数后缀,则因其使用上的稳定性而一直保持到满语之中;但具体的接缀方式可能略有变化,前述 omolo“孙”的两种复数形式就反映出女真语在这一方面的摇摆。

---

① 对这一语法范畴的另外几种常见的译称分别是“动物性”、“有生性”,与之对应的分别是“非动物性”和“无生性”;概称即是“动物性”和“生命性”。本文采用了笔者以为更为准确的译法,有关的细致讨论限于篇幅而将另文专述。

② 吴英喆:《契丹小字“性”语法范畴再探——以带点与不带点的原字为主线》,《蒙古学集刊》(电子版)2004 年第 3 期;吴英喆:《契丹小字“性”语法范畴初探》,《内蒙古大学学报》(人文社会科学版)2005 年第 3 期,第 25—28 页;吴英喆:《从“性”语法范畴论说契丹语数词》,甘肃兰州:丝绸之路民族古文字与文化学术讨论会参会论文,2005 年 8 月。

在女真语普遍适用的复数后缀向满语中只适用于指人名词的过程中，金代还使用的某些场合在明代可能就已不再使用的语言现象或许就是一个过渡时期——这主要是指那些非动物名词的复数形式而言。参看下列几例的比较：

(9)*šunja bia ǰaqun inenggi dan-pu-un duχa do ge-bu-se šal-lia “五月八日列名榜于丹凤门”(《女真进士题名碑》第 12 行)

(10)*gušin □ ǰu(？) ge-bu-se to □ ali-šou“授三十士名”(《女真进士题名碑》第 14 行)

(11)*nu-ru-gen da-si γa-χai nialma i ge-bu“奴儿干都司诸官员之名”(《永宁寺碑》第 15 行)

当然，这种情况或许也是复数词缀在女真语中原本就具有使用上的非必需性。只是因为语料的限制，我们暂时还无法对此作出明确的理据判断。

至于另一种与复数构成类似的语义结构，即表示替代性不完全指称的“……等”含义，女真语中是在专名后使用独立的语词 *adi“类、群”来表征而不使用复数后缀——金明两代的女真语在这方面表现一致——比较下面的用例：

(12)*bei-umi-r sa-γai adi“国相撒改等”(《大金得胜陀颂碑》第 7 行)

(13)*nu-in guan i-ši-χe adi“内官亦失哈等”(《永宁寺碑》第 6 行)

(14)*mede-eri tu-li-hi ku-i adi“海外苦夷等”(《永宁寺碑》第 9 行)

此外，在明代的《女真馆来文》中出现了如下的“伪”用例①：

(15)*a-χa-ai nu-u-lu mie-u a-nia“奴婢每连年不容来进贡”(《来文》第6通)

(16)*a-χa-ai nu-u-lu a-nia qo-tўng “奴婢每年往来出气力进贡”(《来文》第 15 通)

---

① 这两个例子引自柏林本《女真译语》，参见 Grube, Dr.Wilhelm M.: *Die Sprache und Schrift der Jučen*, Leipzig: Kommissions-Verlagvon O.Harrassowitz, 1896, pp.116, 134；引用时原有的转写已按本文设定的方案进行了简单转换。编入《女真译语》的这些女真馆《来文》，多是明四夷馆习译人员以汉文文法套缀女真文词汇而成的“非女真语”文书，其中的语法结构一般认为并不足以作为研究当时女真语的真实凭据。

这里的后一个引例是正常的 *nu-u-lu“每”接缀 *a-nia“年”;但前一个引例却似乎是以此同一个 *nu-u-lu“每”作为 *a-χa-ai“奴婢”的复数后缀——因为元代白话汉语中常用汉字“每”作为多数的标记,所以这里尤其显示出产生于元代之后的《来文》女真文书套用汉语语法书写女真文的特点来——它与本文讨论的女真文复数后缀实质上没有任何关联。

二、关于女真语复数后缀的比较研究

由于女真语中存在着多个复数后缀,仅就上述寥寥数例仍可看出,除了开头已经提及的元音和谐律对词缀接续词干的要求以外,接缀词缀也因词干名词的不同而另有差别。只是由于现存女真语材料太少,我们无法就其语言本身进一步指出女真语中上述复数后缀的细致区分之所在;但参照满语的相应情形,或许还可推测一些对应女真语复数后缀稍微具体的使用差异。

书面满语所见的七个复数后缀 *-sa、*-se、*-so、*-ta、*-te、*-si、*-ri 只用于不带数量意味修饰语的指人名词;而又可以细分为以下三种类型①:

§1*-sa / *-se / *-so:接缀名词词干时遵循元音和谐律,接缀于表示泛称的非亲属指人名词或指人名词化形容词之上;

§2*-ta / *-te:接缀名词词干时也遵循元音和谐律,接缀于表示特称的亲属指人名词之上;

§3*-si 和 *-ri:接缀名词词干时不遵循元音和谐律,可能脱胎于含有卑贱或尊贵意味的构词词缀。

迄今所见的女真语复数后缀 *-ta、*-se、*-ši(皆有满语中的对应成分。即便是立足于女真语中目前仅见的材料,也略微可以看出满语复数后缀上述区分一定程度上的合理性,由此又反过来推证女真语相应词缀的部分细致含义。

---

① 刘景宪、赵阿平、吴宝柱、[美]H. 约翰:《关于满语名词复数的研究》,《民族语文》1993 年第 4 期,第 23—26、68 页。

比如,女真语复数后缀 *-ta 用于 *amin“父”,正合满语复数后缀-ta 的使用规则,那么我们似乎可以认为这个复数后缀在女真语中也有类似的语用特点。而只有一个用例的另一个女真语复数词缀 *-e,就女真语本身而言很难作出什么结论;但据目前所知也不清楚女真语中的 *-e 在满语中的对应词缀,因而我们除了可以认定女真语中 *-e 接缀于阴性元音词干之上这一特性外似乎再难多说。

女真语复数后缀 *-se 在前述引例中出现频次最高,既用于指人名词(*ǰu-se“诸子”)和动物名词(*mudu-se“群龙”)也用于非动物名词(*ge-bu-se“诸名”);显然满语中的-se 与之对应,仅仅是在功能上已大大退缩为只接缀指人名词了。

关于词缀 *-ši 在名词中的用例只有 *čau-χa“军”＞*čau-ši“师”以及 *omo-lo“孙”＞*omo-ši / *omo-lo-ši$_2$“诸孙”。其异写表明该词缀字的纯音节性质;从元音和谐的规律亦可看出女真语中的中性元音 *i 并不限于和同类型元音以外的元音相和谐。

至于该词缀的内在意蕴,在我们注意代词中的 *šu-nu“诸君”(《大金得胜陀颂碑》第 10 行)＞*šu-nu-ši“诸君”(《大金得胜陀颂碑》第 24 行)时,可以看出后者应当对应满语中的 suwenči“你们等”,表达较前者“你们”而言更为宽泛的指代意义①。再对照“军”之集合意味,由此似乎可以推知,后缀 *-ši 的复数意义很大程度上包含了一种指示集合名词的宽泛义在内——正是这一特点决定了该词缀在语言的历时演变中发生了前面已经述及的构词词缀化的变化。

比较满语复数后缀-si 的用法,似乎泛指的意味就更显著:haha“男人”＞hahasi“众男”、hehe“女人”＞hehesi“众女”、aha“奴仆”＞ahasi“诸仆”;再参之满语中使用该后缀的另外两个词:omolo“孙子”＞omoso“众孙”、hojihon“女婿”＞hojihosi“诸婿”,这两个词都是用来指称长幼次第中处于较低层级位置亲属的,

---

① 道尔吉、和希格:《女真文〈大金得胜陀颂〉碑校勘释读》,《内蒙古大学学报》(哲学社会科学版)1984 年第 1 期,第 73 页。

加上处于社会层级中较低等级的 aha，其中包含的意蕴自然是所谓的“社会地位低微或辈分晚小”[①]；但 haha 与 hehe 却不具有此种内在意义。注意到语言中具有语义高低级别区分的情形往往是低级者处于泛指的地位这一特点，结合 haha、hehe 本身的泛指性以及女真语中对应词缀 *-ši 的泛称意味，我们毋宁推测满语复数后缀-si 着重于名词泛指意味的突出。

这种泛指复数后缀的存在，以及前述复数词缀在使用上的非必需性，都反映出女真语和满语中的所谓“复数”，实际上应当是同“不定数”相对立的“定数”，而非对应于“单数”的寻常复数概念。这就意味着，加缀所谓复数后缀的语词，即是标示语言中所需明示的复数概念，而相对应的纯粹词干形式，则既可以表示单数概念，也可以指示毋须明示的复数概念——这并非女真语—满语一系的特殊情形，也是蒙古语等语言的一个显著特征[②]。比较而言，女真语的复数使用频率恐怕要远远高于满语，使用的名词范围也要宽于满语。

在添加上述复数后缀之时，女真语名词词干还出现音节脱落的情形。就目前材料所知，这种音节脱落表现为两种情形：

§1 词干末辅音 *-n / *-r 的脱落（如前列女真语复数后缀单独用例之2、7）；这一种情形应视为阿尔泰诸语言——特别是满蒙语言——的一个共有特点；而从语源角度分析也可能归结为下述第二种（即音节脱落）情形[③]。

§2 词干末音节的脱落（如前列女真语复数后缀单独用例之 4、6）；与此情形有关的具体分析先付诸明代中后期女真语料——会同馆《女真译语》[④]所载

---

① 刘景宪、赵阿平、吴宝柱、［美］H. 约翰：《关于满语名词复数的研究》，《民族语文》1993 年第 4 期，第 26 页。

② 清格尔泰：《蒙古语语法》，呼和浩特：内蒙古人民出版社，1992 年，第 146 页。

③ ［芬兰］P. 阿尔托：《兰司铁与阿尔泰语言学》，张继忠、高宝珍译，刘照雄校，《民族语文研究情报资料集》第 1 辑，北京：中国社会科学院民族研究所编，1983 年，第 15 页。

④ 参照穆鸿利：《女真语与满语之比较研究》，《满语研究》1995 年第 1 期，第 56—68 页，将明代几种不同时期的女真译语进行对比研究从而考察女真语的一些历时音变规律。该文对女真译语各版本代表的女真语语体风格有着较为详细的论证；下文的部分例证也引自穆鸿利：《女真语与满语之比较研究》，《满语研究》1995 年第 1 期，第 64—67 页。

下表中开列的几例①：

词义	会同馆译语对应的女真语口语	永乐译语对应的女真语文语
长	過迷 *γol-mi	戈迷吉 *γol-mi-gi
窗	發 *pha	伐阿 *pha-ğa
房	博 *bo	卜戈 *bo-ğo
剪	哈雜 *χa-sa	哈子哈 *χa-s-χa
路	住 *ǰu	住兀 *ǰu-ğu
民	亦忒 *il-te	一忒厄 il-te-ğe
婿	活的 *χo-di	和的斡 χo-di-ğo

上述词例反映出的是女真语词干末尾以喉音 *g / *ğ起首的音节本身的不稳定性②，而这种不稳定性在接缀词缀时更能充分表现出来。复数词缀是较领属人称词缀和格助词而言更毗邻词干的黏着词缀③，它本身具有的部分构词意味为它在与词干的长期凝固使用中逐渐由语法范畴向词法范畴转化提供了可以凭藉的前提；这在女真语这样一种保留满—通古斯语族原始特征相对较多的语言中应该是表现得更为显著。再考察满语中词干音素或音节脱落的 ama "父亲" > amata 和 omolo "孙子" > omoso 及其在女真语中的对应体：从 *amin "父"到 *amin-ta 的变化没有词干音素的脱落，但 *omo-lo"孙"却有 *omo-lo-ši$_2$ 和 *omo-ši 两种复数表现形式。这种略为摇摆的表现形式正如前文所述，反映出女真语中逐渐产生出语法后缀与构词词缀可以相互交替的趋势来。

① 此处引例的拟音基础，会同馆译语中的材料以康丹（Daniel Kane）的拟音为准，参见 Kane，Daniel：*The Sino-Jurchen Vocabulary of the Bureau of Interpreters*，Bloomington：Indiana University，1989；永乐译语中的材料则以葛鲁贝的拟音为准，参见 Grube，Dr.Wilhelm M.：*Die Sprache und Schrift der Jučen*，Leipzig：Kommissions-Verlagvon O.Harrassowitz，1896；但都经历了前述罗马转写方案的修正。原书中的汉字注音仍保留其繁体形式。

② 考虑到晚于《女真译语》产生的回鹘式满文并未体现出记录长短元音倾向的语言事实，我们似乎可以认为，这两种《女真译语》中对女真语词的汉字记音之间的差异，更可能反映的是音节的脱落而非长元音的曲折表现。

③ 比如，鄂温克语名词接缀词缀的次序是：名词词根+数+格+领属，参见 D.O.朝克：《鄂温克语研究》，北京：民族出版社，1995 年，第 49 页。这种情形在阿尔泰语言中也是一个广泛存在的现象。

在从女真语到满语的语言演进历程中，名词复数词缀的使用总的来看是“渐趋弛废”的态势：即由在女真语中对任何名词的适用性缩减至满语中仅仅是不带具有数量意味修饰语的指人名词之上。此外还需留意的是：满语中使用复数后缀的词有不见于女真语的情形，也就是满语中唯一可接缀复数后缀的非指人名词 morin“马”的情形——其复数形式是 morisa，用例如下：

（17）orin de，yung šūn i čoohai morisa isinjiha“二十日，永淳之军马到”（《随军纪行》）

（18）beise jangtai，jiya laita sasa juraki seme gisureme toktofi，meni morisa be selgiyefi ganabuha“贝子新泰、将军赖塔议定一并起程后，传令往取我等之马匹”（《随军纪行》）

这种复数形式的产生与满语中其他复数形式只见于指人名词的要求相悖，对此的一种解释是马在满族早期社会生活中几与奴仆相当的“准成员”作用从而赢得语言中和指人名词地位相当的某些处理①。

而在大多数情况下，满语中的 morin 并不使用复数形式，比如：

（19）morin ing de bibuhengge asuru labdu akū，te geli ičihiyači，ing kūwarin de morin ekiyehun ofi，seremšeme tuwakiyara de mangga ombi“营中所留马匹不甚多，现若又办，营中马匹短缺，恐难防守”（《三国演义》）

（20）morin bahafi tarhūrakū，tuweri hetume muterakū，bučerengge ambula ohobi“马不得肥，以致不能度冬，毙者甚多”（《亲征平定朔漠方略》卷二）

（21）nirui janggin funde bošokū de bure dain i agūra aha morin i jergi jakabe gemu neneme sindaha iče manju nirui janggin funde bošokū sede buhe songkoi buki“应发给佐领、骁骑尉之兵器、奴仆、马匹等物，皆照先前委任新满洲佐领、骁骑尉等所给之例一体办理”（《三家子陶氏家族史料》）②

---

① 刘景宪、赵阿平、吴宝柱、［美］H. 约翰：《关于满语名词复数的研究》，《民族语文》1993 年第 4 期，第 26、68 页。

② 引自李书译：《三家子陶氏家族史料》，刘景宪校，《满语研究》1986 年第 4 期，第 113—119 页。

据此似乎可以认为 morin 的这种复数形式大概是使用于满语某些语言变体之中，抑或是一种较为个人化风格的用法。

从现有女真语料中可以看出，*mori“马”不用接缀复数后缀的形式有如下用例：

(22)*χa-an □ tur-χar-ši ǰo-ǰe-un bu-lu pan □ we mori do se-men ere te-hun guai-di-ma“帝视左右，人马异常”(《大金得胜陀颂碑》第24行)

然而 *mori 本身并非不能接缀构词后缀，譬如：

(23)*se-ǰe-en to-ǧue-u-lu ču šunǰa mori-li tek-je-ni guai-γan χa-di “鞍车五马非久贵”(《奥屯良弼诗刻石》第5行)——此处 *mori-li “骑马”＜*mori “马”[①]。

两厢对照可见，女真语中 *mori“马”不大使用复数形式的趋向似乎比较明显。而在蒙古语中，mori“马”却有明确的复数形式：morid。此外还可注意的是女真语中的动物名词 *mudu-r“龙”却是有复数形式 *mudu-se 的，并且这个复数形式所用的词缀 *-se 与满语中接缀于 morin 之后的-sa 当为同一类型。因而，简单认为这种个别现象是不规范形式[②]似乎失之草率。

虽然阿尔泰诸语言可能存在的共同形式似乎表明了蒙古语和满语中的咝音 s 并无同齿音 t/d 相转化或对应情形[③]，但借词可能性不大的一系列词汇实例却表明在蒙古语与满语之间存在着 s：t/d 的明确对应，下面是其中实实在在的部分词例[④]：

---

① 罗福颐、金启孮、贾敬颜、黄振华：《女真字奥屯良弼诗刻石初释》，《民族语文》1982 年第 2 期，第 31 页注⑦。

② 季永海、刘景宪、屈六生：《满语语法》，北京：民族出版社，1986 年，第 114 页。

③ Poppe，Nicolaus：*Vergleichende Grammatik der altaischen Sprachen*：Teil 1 Vergleichende Lautlehre，Wiesbaden：Otto Harrassowitz，1960，p.64-65.

④ 表中的蒙满语比较词例大多引自哈斯巴特尔：《关于满语和蒙古语某些辅音的比较》(二)，《满语研究》1993 年第 1 期，第 40 页。文中照录蒙语(口语)转写形式而未加统一处理，考虑的是这种不统一情形并不涉及本文内容。

词义	满语形式	蒙古语形式	女真语参考形式
车	sejen	tergen	*se–ǰe
地弩	selmin	telig/teling	——
钓	seke–	dege–	——
缎子	suje	torγa	*su–ǰe
欢乐	sebjen	debjiyen	——
金	aisin	altan	*anču–un
凸起	sunta–	tüntül–	——
支起	suja–	tulγa–	——
支棍	sujakū	tulγaγur	*tui–phu(柱杖)

可见，我们以为满语 morisa 一词对应于蒙语的 morid，似乎也不无道理——而这也就可以直接推证出满语中何以不使用遵循元音和谐律的复数后缀-so 来构成复数形式的了。

再从文化背景上看，女真人和满人都以剽悍骑射武力征服过南面的农耕中源王朝建立过民族国家，对马的重要性都很有认识和体会，但这种认识和体会并非上述迥异于固有语言变化的语言形式出现的机制，至多也只是具有加强这种语言异化形式的功能——这一点还可以参看后来又转向以农牧业为主生活的锡伯人在语言中还出现 honin“羊”的复数变化形式①这一情形。

据此我们至少可以认为，满语中 morin 一词的复数形式并非女真语—满语一系语言的固有形式，而是女真语在向满语过渡过程中受蒙古语影响而产生的；这一情形自然也就反映不到女真文所记录的女真语言中，也就是说，蒙古语对女真语—满语的这一影响应当是发生在女真文业已脱离女真口语的明代中叶以后。而且，上述各种材料还透露出一个迹象：在某些方面现代满语同其

① 刘景宪、赵阿平、吴宝柱、[美]H. 约翰：《关于满语名词复数的研究》，《民族语文》1993 年第 4 期，第 68 页。

祖语女真语的差距似乎要大于女真语同蒙古语的差距。

结　语

仅就现存女真文材料可以得见的情形来看，女真语的复数后缀相对于其直接后裔语言满语而言，不仅显得种类繁多，而且变化相对复杂，使用的对象也更为广泛。现今可知的女真语复数后缀在接缀名词词干时需要遵循元音和谐律的制约，但中性元音的后缀还可以接缀于非中性元音词干之后，这种复数后缀在一定条件下已经具有转化为构词后缀的趋势；这些复数后缀在使用时于所接缀名词而言并不像满语中那样只局限于语义上的指人特征，所接缀的名词之前亦可带有标示复数意味的修饰语，在书写上还有一音数形的情形。而且，现有的材料已经反映出女真语复数后缀的使用范围和频度都有缩减的趋势。

在整个阿尔泰语系中①，满—通古斯诸语言本有第一性(primary)复数后缀-r/-(i)l，而第二性(secondary)复数后缀-tan/-ten、-(na)sal/-(ne)sel 则是第一性复数词缀同突厥—蒙古—通古斯共有复数词缀-s、-t/-d、-n 的复合；而满语中的复数词缀-ta/-te、-sa/-se 则又是这种第二性词缀的音节脱落形式；与之相比，鄂温克语等通古斯语保留着更为完整的复数第二性后缀体系②。而在整个女真语—满语体系中，这种渊源自阿尔泰诸语言共有复数词缀的复数后缀在使用时占据主要地位；而来自非复数构形成分的复数词缀如-si、-ri 始终不是该语言系统中的主流，在构成复数形式时不仅作用相当有限，而且相应的伴随意蕴往往显得较为突出。现今遗存相当有限的女真语材料在这方面的反映颇为有限，但对应于-se 的女真语复数后缀 *-se 的广泛使用正体现了这

---

① [芬兰]兰司铁:《阿尔泰语言学导论》，陈伟、沈成明[译]，北京:中国社会科学出版社，1981 年，第 53—59 页；孟达来:《论阿尔泰语系语言的复数附加成分》，《满语研究》1996 年第 2 期，第 55—60 页。

② D.O.朝克:《鄂温克语研究》，北京:民族出版社，1995 年，第 50—51 页。

一点;而略可对应-si 的女真语复数后缀 *-ši 在女真文献中的复杂语义特点及其语用表现又能佐证非主流的复数词缀在构形方面的有限性和在伴随意义上的突出特点。这两个比较显著的特征似乎可以表明女真语—满语一支语言在阿尔泰语言系统中至少不能视作边缘语言。

(原载于北京大学外国语学院外国语言学及应用语言学研究所[编]《语言学研究》第四辑,北京:高等教育出版社 2006 年版:第 123—133 页)

TOPONYMS RECORDED IN JURCHEN SCRIPT: A PRELIMINARY SURVEY[①]

The extant linguistic sources on Jurchen, recorded in the native script and preserved in either inscriptions or other literary documents, remain somewhat fewer than those on Khitan. Even so, the toponymic information contained in the Jurchen sources is far from non-existent, and it gives important historical and geographical information about the Jurchen. The present paper contains a complete list of the Jurchen toponyms in all currently known original native documents. The material is mainly quoted from Jin Qicong's Jurchen dictionary[②]. Based on this toponymic corpus, some philological analysis will also be presented. This analysis will, however, be "accumulative" (i.e., pertaining to the collecting and classifying of the corpus), rather than "ecological" (i.e., pertaining to the investigation of the geographical nomenclature in its environmental and chronological aspects), for the latter type of research would require access to more detailed historico-geographical materials[③].

---

① Acknowledgements: Thanks are due to Prof. Juha Janhunen for his overall supervision, to Dr. Volker Rybatzki for his guidance concerning some etymological conclusions, as well as to Prof. Daniel Kane and Prof. Shiraishi Noriyuki for their help in supplying some indispensable references.

② Jin, Qicong (ed.): *Nüzhenwen cidian* [A dictionary of Jurchen characters]. Beijing: Wenwu chubanshe, 1984.

③ Wright, John Kirtland: The study of place names: Recent work and some possibilities, *Geographical Review* 19/1 (1929), p.140.

In discussing the data written in Jurchenograms(Jurchen characters) below, the Roman capital letters are used to transcribe the Jurchen logograms (even when the latter are used as phonograms), while the Roman italic letters are used to transcribe the Jurchen phonograms (proper).Palatalization is expressed by the Cyrillic 'soft sign'(ь).Chinese is Romanized according to the Pinyin system (without tones), except when details of reconstructed Middle Chinese forms are discussed.

1. *Classification of the Jurchen toponyms*

Almost all the extant toponyms written in Jurchenograms are suffixed with some generic geographical term, according to which they can be classified.The classes thus established include country (國) names, province (州) names, prefecture (縣) names, district (路) names, capital (京) names, town (邑) names, village (村) names, station(站) names, fort(衛) names, as well as hydronyms and oronyms, i.e., names for water basins(水) and mountains(山). In addition there are also some unspecified region names as well as names classified according to an architectural feature.

In texts written in Jurchenograms, two different characters are used to indicate the class of 'capital': i氺 and 帛. The former character represents a variant of Chi.京 *jīng* 'capital', while the latter, used phonetically, apparently derives from Chi.巾 *jīn* 'towel; silk' (cf.No.560 of SJV)①. By contrast, only one character, 夂**jeu*, is used to refer to two distinct categories within the class of 'province'.Of the two categories, one is equivalent to the regular concept of Chi. 州 *zhōu* 'province', while the other corresponds to the Buddhist signification of 'land' and is equivalent to Chi.洲 *zhōu.*

① Grube, Wilhelm: *Die Sprache und Schrift der Jučen*, Leipzig: Kommissions-Verlag von O.Harrassowitz, 1896, p.29.Kiyose, Gisaburo N.: *A Study of the Jurchen Language and Script*: Reconstruction and Decipherment, Kyoto: Hōritsubunka-sha, 1977, p.128.

As for the class of 'district', the Jurchen equivalent of Chi. 路 *lù* is 盂而 *ǰu-gu*, but instead of this a special word, 为灰 *wo-on* (of which the first character has also another allograph 为), is often used. This administrative term referred, during the Jin period, to a special type of district under a province, under which there might be some *mingans*. On the other hand, the class of 'fort' is indicated by the Jurchenogram 为 *wei* <vChi. 为 *wèi*, translated into Chinese as 衛 *wèi*. This term seems to be equivalent to what is recorded as 窩稽 *wōjī* in 《柳邊紀略》*Liǔbiān Jìlüè* by the Qing scholar Yang Bing (楊賓). Li Wenxin (李文信) has noted that the fort bearing the name 那木窩稽 *nàmù wōjī* in Yang (vol.1, p.13) is identical with 納木河衛 *nàmùhé wèi* of the Ming period[①]. The term 窩稽 *wōjī* is, however, not found in the actual Jurchen toponymic material.

Particularly important philological information is contained in the great number of more local toponyms, referring to administrative entities of the *mingan* and *muku* levels. The *mingan* and *muku* were two basic entities of social organization among the Jurchen of the Jin period, roughly equivalent 'tribe' and 'clan', respectively. The term *mingan* is identical with the numeral Jur. 圭 *MIŊAN >Ma. *minggan* 'thousand', borrowed from Mongolic **mingga/n*[②], cf. also Khi. 关 *MIɒ (FEDJB), which has been interpreted both as 'mingan' and 'thousand'[③]. The term *muku*, Jur. 火攵左 **meu-mu-he*～火攵右 **meu-mu-he*～火攵贝 **meu-mu-he*～火木矢 **meu-mu-ku*～火木矢 **meu-mu-ku*[④]～麼忽 **me-hu*>Ma. *mukūn* 'clan', on the other hand,

---

① Li, Wenxin: *Liaohai congshu pizhu* [Commentaries on the *Liaohai Collection*], Shenyang: Liaoshen chubanshe, 1985.

② Rozycki, William: *Mongol Elements in Manchu*, Bloomington, Indiana, 1994, p.158.

③ Zhu, Zhimin: Nei Menggu Aohan Qi Laohugou Jin dai Bozhou fangyushi mu [Tomb of Defense Commander for Jurchen-Jin Bozhou Province excavated at the Laohu Valley, Aohan Banner, Inner Mongolia], *Kaogu* 1995/9, pp.802-807. Chinggeltei: On the problems of reading Kitan characters, *Acta Orientalia Academiae Scientiarum Hungaricae* 55/2002, p.107.

④ Jin, Qicong (ed.): *Nüzhenwen cidian* [A dictionary of Jurchen characters], Beijing: Wenwu chubanshe, 1984, p.106.

is probably a borrowing from Khi. 抹鹘 *mo-hu* id.,also attested in Khi. 莫弗紇 **mo-fu-he*‘tribal leader’[①].In Chinese transcription the former term is also recorded in the shapes 猛安*měng'ān*～盲安 *máng'ān*～萌眼 *méngyǎn*,while the latter occurs as 毛毛可*máomáokě*～毛可 *máokě*～謀克 *móukè*[②].

The division of the Jurchen into entities of the *mingan* and *muku* levels was confirmed by an official edict issued just one year before the Jin Dynasty was founded-in 1114 AD.In this connection,each group of 300 families was to form one *muku*,while each group of 10 *mukus* was to form one *mingan*.As a great number of Jurchen families subsequently moved to the former Song areas in North China,the *mingan-muku* organization received also administrative and economic functions.Originally,both of these organizational levels had been formed as consanguine entities for hunting enterprises,but during the Jin Dynasty they came to have multiple other social functions.Thus,they were used as a basis for (1)titles of official management,(2) ranks of army establishment,(3)grades of local administration,(4)institutional levels of family organization,and(5)hereditary offices of the nobility[③].These two terms therefore also became incorporated into Jurchen toponymy.The heads of a *mingan* and a *muku* could be regarded as equivalent to a *milliturion* and a *centurion* in Western military history.

In the analysis of the Jurchen toponymic corpus it is important to note that the extant data come from the Jin and Ming periods,respectively.Between these periods, there was a temporal gap of around one hundred years-roughly corresponding to the Yuan Dynasty-during which linguistic developments took place in both Jurchen and

① Menges,Karl H.:Titles and organizational terms of the Qytan and Qara-Qytaj (Ši-Liao),*Rocznik Orientalistyczny* 17/1951-1952,p.73.Sun,Bojun:Liao Jin guanzhi yu Qidan yu[The Khitan-Liao and Jurchen-Jin official terminology and Khitan language],*Minzu Yanjiu* 2004/1,pp.74-75.

② Sun,Bojun:*Jindai Nüzhenyu yanjiu* [A study of Jurchen language in Jurchen-Jin Dynasty],Shenyang: Liaoning minzu chubanshe,2004,pp.234-236.

③ Gibert,Lucien:*Dictionnaire historique et géographique de la Mandchourie*,Hongkong:Imprimerie de la Société des Missions-Étrangères,1934,pp.622-223.

Chinese. As the decipherment of the Siniform Jurchenograms is based on Chinese historical phonology, it is very relevant always to consider the chronological context, which naturally also influences the reconstruction of the geographical situation. The different status of the Jurchen during the Jin and Ming periods is in some cases also reflected in the graphic expression of the relevant toponyms.

2. *Lexical structures of the Jurchen toponyms*

As a language with an 'Altaic' typological orientation, Jurchen places the attributive before the head noun. In toponyms this means that the generic term normally follows the proper name, as in the following examples:

1) 臾 弓 土 岑 **he-lu-un ULA* 'Amur River' – 臾 弓 土 **he-lu-un* is here the transcribed proper name and 岑 **ULA* the native generic term for '(large) river'.

2) 玨 夊 吊 为 厌 *URĬ-ge ǰin wo-on* 'Northern Capital District' – 玨 夊 吊 **URI-ge ǰin* is the proper name, written partially with a logogram, while 为 厌 **wo-on* is the generic term for 'district'.

Such a structure can also be used recurrently, as in the following examples:

3) 耒 亍 両 郉 火 朩 矢 **im-γai-da BI'A meu-mu-ku* 'Imgaida River Muku' – 耒 亍 両 **im-γai-da* is the proper name and 郉 **BI'A* the generic term for '(small) river', both of which are merged into a new complex proper name attributed to the following generic term 火 朩 矢 **meu-mu-ku*.

4) 仅 夾 厈 郉 圭 **nu-ei-gi BI'A MIŊAN* 'Neigi River Mingan' – the proper name 仅 夾 厈 **nu-ei-gi* refers to the generic term 郉 **BI'A*, while the complex 仅 夾 厈 郉 **nu-ei-gi BI'A* refers to the generic term 圭 **MIŊAN*.

5) 禾 火 吊 北 列 圭 **su-un-gur ALI-in MIŊAN* 'Sun'gur Mountain Mingan' – the proper name 禾 火 吊 **su-un-gur* refers to the generic term 北 列 **ALI-in*, while the complex 禾 火 吊 北 列 **su-un-gur ALI-in* refers to generic term 圭 **MIŊAN*.

6）先 妥 此 刈 圭 *ŠILA-gu Ali-in MIŊAN 'Shilagu Mountain Mingan'–the proper name 先 妥 *ŠILA-gu refers to the generic term 此 刈 *ALI-in, while the complex 先 妥 此 刈 *ŠILA-gu Ali-in refers to generic term 圭 *MIŊAN.

Chinese toponyms containing direction terms could be used as such in Jurchen, since they follow the same word order (attributive+head noun), e.g., 玌 火 朱 火 为 灰 *URI-ge ǰULE-ge wo-on 'Northeastern District', 玌 火 丙 火 为 灰 *URI-ge PULI-ge wo-on 'Northwestern District', 肖 仹 丙 火 为 灰 *PAN-ti PULI-ge wo-on 'Southwestern District'. Such expressions are identical to those also present in Khitan and Mongol[①]. Some examples also contain fossilized Chinese toponyms, e.g., 付 弋 朱 火 为 灰 *he-be ǰULE-ge wo-on 'Eastern Hebei District', 付 弋 丙 火 为 灰 *he-be PULI-ge wo-on 'Western Hebei District'. Following the Liao system of the Khitan, the Jurchen had several capitals, identified by direction terms, e.g., 冬 反 帛 *wo-gi ǰin 'Supreme Capital' (in GJVHI), 朱 火 帛 *JULE-ge ǰin 'Eastern Capital', 玌 火 帛 为 灰 *URI-ge ǰin wo-on 'Northern Capital District'.

One difference between the Jin and Ming period Jurchen toponyms is that in the Jin period native Jurchen generic terms were commonly used, while in the Ming period they were often replaced by transcriptions of the corresponding Chinese terms. Thus, for 'mountain' the native term 此 刈 *ALI-in was used in the Jin period, while in the Ming period it was normally replaced by the Chinese term 山 shan, transcribed as 卞 *šan. Similarly, for '(small) river', the Jin period sources use the native term 邟 *BI'A while in the Ming period sources it is replaced by the Chinese term 河 hé, transcribed as 丈 *he. Only once in Jin period documents, the Chinese term is also attested, transcribed as 由 *χo. The native term for '(large) river', 岑 *ULA, is attested twice in Ming period documents (cf. below).

① Wu, Yingzhe: Guanyu Qidan xiaozi zhong de fangwei mingci ? dong? [On the orientation term ? east? recorded in Khitan microscript]. Nei Menggu Daxue Xuebao, Renwen Shehui Kexue Ban 2004/1, pp.52–53.

3. *Graphic features of the Jurchen toponyms*

Another difference between the data from the Jin and Ming periods is that in the Jin period the generic terms used in toponyms were normally written in terms of logograms, while in the Ming period syllabograms were almost always used. This difference allows the toponyms from the two periods to be differentiated graphically. Exceptionally, however, in a Jin period inscription (GJVHI), the river name 乏休 夗 冉 **na–li–in χo* 'Lailiu River' is wholly transcribed in syllabograms, with the generic term 冉**χo* rendering the corresponding Chinese word. On the other hand, in a Ming period document (SJM), the toponym 贝 号 土 岑**he–lu–un ULA* 'Amur River' retains the logographically written generic term 岑**ULA* '(large) river'. The reason might well lie in the different perception of these two rivers by the Jurchen: the former river, located inside today's North China, was known by its Chinese name even during the Jin period, while the latter river, located in Manchuria, retained its native Jurchen name and local association even during the Ming period.

As the administrative system of the Jin empire was 'new' as compared with that of China, it is natural that some generic terms occurring in toponyms were simply transcribed from their Chinese counterparts. Examples include Jur. 咏～弟 *ǰ*in* for Chi. 京 *jīng* 'capital' and Jur. **sben* for Chi. 縣 *xiàn* 'prefecture'.

It also has to be noted that the Jurchen toponymic data contain a considerable amount of internal graphic variation. There are, in particular, many differences between the early (Jin and Ming period) inscriptions and the later (Ming period) Sino-Jurchen manuscript glossaries. There are, however, also differences between the individual inscriptions, as well as between the individual manuscript glossaries. Accordingly, it is possible to establish three types of graphic variation:

(i) Variation between Jurchenograms as used in inscriptions and in manuscript documents. For instance, to transcribe Chi. 海西 *hǎixī*, the manuscripts (SJM) normally use the sequence 以盃, while the inscriptions (YTI) have 火 办.

(ii) Variation between Jurchenograms as used in different inscriptions. For instance, the generic term for 'capital' is written both as 关 (KJI) and (more frequently) as 弟 (GJVHI and JPGII).

(iii) Variation between Jurchenograms as used in different manuscript sources. For instance the word for 'plum' is written both as 火 (GJS) and as 太 (SJV, cf. No. 107)①.

As can be seen from the examples, the graphic variation can involve the use of either entirely different characters or graphic variants (allographs) of a single character. The general background of the variation lies in the fact that the Jurchen script was never fully regulated in spite of its official position in the Jin Empire. Compared with both the Chinese and the Khitan scripts, the Jurchen script was relatively seldom used in daily life, or even in administrative activities.

4. *Etymological notes on the Jurchen toponyms*

Since many of the Jurchen documents are Sino-Jurchen bilinguals, the Jurchen toponyms incorporate both native Jurchen expressions and imported Chinese words and phrases. Below are first some etymological notes on the endonymic toponyms in the corpus.

(1) 斥土 国土 **ALČUN-un GURUN-un* 'Jin Country', literally, 'Golden Country'.— As is well known, this name is based on a Manchurian hydronym (river name), which is transcribed in Chinese characters variously as 安車骨 *ānchēgú*, 阿

---

① Grube, Wilhelm: *Die Sprache und Schrift der Jučen*, Leipzig: Kommissions-Verlag von O. Harrassowitz, 1896, p.6. Kiyose, Gisaburo N.: *A Study of the Jurchen Language and Script*: Reconstruction and Decipherment, Kyoto: Hōritsubunka-sha, 1977, p.103.

朮滸 *āzhúhǔ*, 按出虎 *ànchūhǔ*, 阿里出虎 *ālǐchūhǔ*, 阿祿阻 *ālùzǔ* or 阿勒楚喀 *ālèchǔkā*. This raises the question as to how to reconstruct the pronunciation of the Jurchen root 斥 'gold'. In view of the Manchu equivalent *aisin*, Ligeti postulated the following chronological sequence: **alčun* > **alčin* > **alšin* > Ma. *aisin* > Na. *aysin*[1]. Another sequence is given by Poppe: Ma. *aisin* < **al'sin* < **altin* ~ Mo. *altan* ~ OTrk. *altun* < **altun*[2]. Sun has pointed out that a lateral consonant (**l*) in Jurchen codas tended to be identified with a nasal final (**n*) in Chinese, particularly if followed by a dental stop (**d* or **t*)[3]. Therefore, this Jurchen stem might well be reconstructed as **alču*, rather than **alču*, as was assumed earlier. Habitually, this country name had the modifier 仐 米 **AMBAN-an* 'great', cf. 大 兎 处 **dai-mi-in* 'Great Ming' vs. 为 友 冈 土 **DULI-in GURUN-un* 'Central Country' or 书 仪 冈 土 **so-γo GURUN-un* 'Korean Country' (KJI). The complete name was, consequently, 仐 米 斥 土 冈 土 **AM-BAN-an ALČUN-un GURUN-un* (as used especially in GJVHI and JINP). This country name is likewise found in some epitaphs inscribed in the Khitan scripts, such as Khi.ma. 火 实 国 **MAI NЬUGU GUR* (YKI)[4] and as Khi.mi. 乂 山 几 女 **MAI NЬUGU gu-ur* (IGJ)[5].

(2) 受 岸 仚 **bu-gu γa-ša* 'Bugu Village'. — 夹 受 **bu-gu* 'deer' (No.146 of SJV)[6] < Mo. *buγu*[7], cf. Ma. *buhū* id.

---

① Ligeti, Louis: Note préliminaire sur le déchiffrement des 《petits caractères》joutchen, *Acta Orientalia Academiae Scientiarum Hungaricae* 2/1953, p.225.

② Poppe, Nicholas: *Vergleichende Grammatik der altaischen Sprachen*. Teil 1, Vergleichende Lautlehre, Wiesbaden: Otto Harrassowitz, 1960, p.85.

③ Sun Bojun: Song Yuan shiji zhong Nüzhen yu de biaoyin [The transcription of Jurchen lexical items in Song and Mongol-Yuan Chinese historiography]. *Minzu Yuwen* 2004/4, pp.44–45.

④ Liu, Fengzhu & Wang Yunlong: Qidan dazi Yelü *Changyun muzhiming* zhi yanjiu [A study of Epitaph of Yelü Changyun in Khitan macroscript], *Yenching Journal of Chinese Studies*, New Series, 2004 (XVI), Beijing: Institute of Yenching, pp.71–88.

⑤ Chinggeltei: On the problems of reading Kitan characters, *Acta Orientalia Academiae Scientiarum Hungaricae* 55/2002, pp.111–113.

⑥ Grube, Wilhelm: *Die Sprache und Schrift der Jučen*, Leipzig: Kommissions-Verlag von O.Harrassowitz, 1896, p.8. Kiyose, Gisaburo N.: *A Study of the Jurchen Language and Script*: Reconstruction and Decipherment, Kyoto: Hōritsubunka-sha, 1977, p.105.

⑦ Rozycki, William: *Mongol Elements in Manchu*, Bloomington, Indiana, 1994, p.37.

(3)凧乆 圭*EDU-ge MIŊAN 'Eduge Mingan'.—凧乆 *EDU-ge is allographic to 凧土*EDU-un (No. 5 of SJV)[①], with the difference being that the former contains the adjectival suffix 乆 and the latter the nominal suffix 土, cf. Ma.*edun* 'wind': *e-dungge* 'pertaining to the wind'.

(4) 半介 㐌 列 火 木 矢*GЬAHUN-hun ALI-in mu-mo-ko 'Giyahun Mountain Muku'.—半介 *GЬAHUN-hun seems equivalent to 半土(No.155 of SJV)[②], both of which stand for the word *gьahun* 'hawk, eagle', cf.Ma.*giyahūn* id.

(5)弋 儿 㐌*ΓO'MI ŠAŊЬAN ALIN 'Eternally White Mountain', i.e.the Changbai Shan Mountains.— This oronym remains uncertain, since I have not been able to obtain a rubbing of the original inscription(JAI).The public report about this inscription identifies the three Jurchenograms in question as equivalent to Chi. 太白神 *tàibáishén* or 太平碑 *tàipíngbēi*, of which the latter contains 平 *píng*, parallel to Jur. 早 处in 毎 太 早 处 吏*u-yan-pi-in sьen 'Yuanping Prefecture'(in JPGII) or to Jur. 仐 处in 禾 仐 处*tai-fi-in(in YTI), and 碑 *bēi*, parallel to Jur. 贝 爷 牟 贝*he-e we-he (in JPGII), neither of which is normally written with a single Jurchenogram. Recent information (by email) from scholars who have read the inscription suggests, however, that the correct reading is 弋 儿 㐌, which is the Jurchen equivalent to Chi. 長白山 *chángbái shān*.The relevant Chinese oronym appears not later than the mid 10th century(in 長白山新會院碑, dating to the third year of the 顯德 reign of 後周 the Later Zhou).The Changbai Shan Mountains were worshipped by the Jurchen(and Manchu) due to their white(snowy) appearance, which in the native belief was connected with purity.The mountains served as auspicious symbols for the founding of a new dy-

---

① Grube, Wilhelm: *Die Sprache und Schrift der Jučen*, Leipzig: Kommissions-Verlag von O.Harrassowitz, 1896, p.1.Kiyose, Gisaburo N.: *A Study of the Jurchen Language and Script*: Reconstruction and Decipherment, Kyoto: Hōritsubunka-sha, 1977, p.96.

② Grube, Wilhelm: *Die Sprache und Schrift der Jučen*, Leipzig: Kommissions-Verlag von O.Harrassowitz, 1896, p.9.Kiyose, Gisaburo N.: *A Study of the Jurchen Language and Script*: Reconstruction and Decipherment, Kyoto: Hōritsubunka-sha, 1977, p.105.

nasty[①].The oronym itself may be of a local origin, cf.also Ma.*golmin šanyan alin* id., though it has a relationship of loan translation with the Chinese equivalent.Several other Chinese oronyms of a similar type are recorded in pre-Song sources, including: 不咸山 *bùxián shān*, 蓋馬大山 *gàimǎ dà shān*, 單單大嶺 *dāndān dà lǐng*, 徒太山 *tútài shān*, 太皇山 *tàihuáng shān*, 太末山 *tàimò shān*, 太白山 *tàibái shān*, and 白頭山 *báitóu shān*.

(6)[Jurchen] **HEČE-če-he ya-ša*'Hečehe Village'.—As [Jurchen] is allographic to [Jurchen] and [Jurchen] **če* seems phonetically similar to [Jurchen]**čen*(<vChi.称 *chēng*), it could be presumed that [Jurchen] means 'city' just as [Jurchen]**HEČE-čen* means 'city'(No.33 of SJV)[②].The element [Jurchen] **he* may be analyzed as a nominal suffix.The Jurchen word for 'city' seems etymologically to be connected with Khi. [Khitan]**he-če*'border, place', as has also been suggested by Kane[③].Obviously, this was a Khitan loanword in Jurchen, and as an administrative term is was easily incorporated into a toponym.

(7)[Jurchen]**HUTU-ŋi-ya-ma(n) jeu* 'Victory Hill State'.—This is a rare example of abstract naming in the present toponymic database.The relevant Chinese transcription 忽土皚葛蠻 *hūtǔ'áigěmán* appears in HJD for 'Victory Hill'(Vol. 24).The same Jurchen character [Jurchen] occurs also in [Jurchen]**HUTU-ur* 'felicity' and in [Jurchen]**HUTU-χan* 'bell', of which the former seems related to the toponymic semantics, i.e.'victory', literally, 'possessing good fortune'.The stem **hutu*-'good fortune' was probably borrowed from Khi.苦統 **ku-tuŋ*/胡篤 **hu-du(-gu)*'good for-

① Gibert, Lucien: *Dictionnaire historique et géographique de la Mandchourie*, Hongkong: Imprimerie de la Société des Missions-Étrangères, 1934, pp.860-861.Chan, Hok Lam:《Ta Chin》(Great Golden): the origin and changing interpretations of the Jurchen state name, *T'oung Pao* 77/1991, p. 261.

② Grube, Wilhelm: *Die Sprache und Schrift der Juen*, *Leipzig*: Kommissions-Verlag von O.Harrassowitz, 1896, p.2.Kiyose, Gisaburo N.: *A Study of the Jurchen Language and Script*: Reconstruction and Decipherment, Kyoto: Hōritsubunka-sha, 1977, p.99.

③ Kane, Daniel: Khitan and Jurchen, *Tumen jalafun jecen akû*: Manchu Studies in Honour of Giovanni Stary, Alessandra Pozzi & Juha Antero Janhunen & Michael Weiers (eds.), Wiesbaden: Harrsassowitz Verlag, 2006, p. 127.

tune',recorded in Chinese characters as 胡覩古/ 胡都 (cf.Trk.*qut* 'happiness, blessing')[①].A problem in this connection is,however,that the relevant Khitan word, when written in the Khitan script,seems to have a different phonetic shape,Khi.mi. 斗 余*ya-? [②].The Jurchen character 籴 is also attested as transcribing the first syllable of the Chinese borrowing 籴 赤*lau-sa < Chi.騾子 *luózi*'mule',but this may be due to a mistake[③].

(8)㕡 𠂆 𠂆 *nu-ru-γan* 'Nurgan'.—This is the Jurchen name of today's Tyr in Russia.Since there is no further information on this item, its etymological connections will inevitably remain obscure.Most obviously,it may be compared with the word *nurga* 'fist'>Ma.*nuja*-(with cognates elsewhere in Tungusic,Mongolic,and Turkic),but the motivation of the naming can not be confirmed.Alternatively,we might speculate on a connection between a complex of words that seem to denote both 'mountain' and 'gold' or 'yellow'.The Khitan word concerned is Khi.mi.山 **ÑURGU* 'gold,yellow',with several Chinese transcriptions,including 女古 *nǚgǔ*/ 女固 *nǚgù*,translated as Jurchen 按出虎 *ànchūhǔ* 'gold' and Chinese 潢 *huáng* 'yellow' [④],after which was named the river 女古没里 *nǚgǔ mòlǐ*[⑤].Franke has compared this item with Mo.*noγoγan* 'green'=Ma.*niowanggiyan* id.and Ma.*niohon*

---

① Franke,Herbert:Two Chinese-Khitan macaronic poems,*Tractata Altaica*:Denis Sinor sexagenario optime de rebus Altaicis merito dedicate,Walther Heissig al.(eds.),Wiesbaden:Harrassowitz Verlag,1977,p.177. Vovin,Alexander:Once again on Khitan words in Chinese-Khitan mixed verses,*Acta Orientalia Academiae Scientiarum Hungaricae* 56/2003,p.241.Kane,Daniel:Khitan and Jurchen,*Tumen jalafun jecen akû*:Manchu Studies in Honour of Giovanni Stary,Alessandra Pozzi & Juha Antero Janhunen & Michael Weiers (eds.),Wiesbaden: Harrsassowitz Verlag,2006,pp.127-128.

② Kane,Daniel:Khitan and Jurchen,*Tumen jalafun jecen akû*:Manchu Studies in Honour of Giovanni Stary, Alessandra Pozzi & Juha Antero Janhunen & Michael Weiers (eds.),Wiesbaden:Harrsassowitz Verlag,2006,p. 128.

③ Kiyose,Gisaburo N.:*A Study of the Jurchen Language and Script*:Reconstruction and Decipherment,Kyoto:Hōritsubunka-sha,1977,p.90.Jin,Qicong (ed.):*Nüzhenwen cidian* [A dictionary of Jurchen characters], Beijing:Wenwu chubanshe,1984,p.297.

④ Cf.the details in Franke,Herbert:Bemerkungen zu den sprachlichen Verhältnissen im Liao-Reich,*Zentralasiatische Studien* 3/1969,p.33.

⑤ Pelliot,Paul:Notes on Marco Polo:Volume 1,Paris:Imprimérie nationale,1959,pp.379-380.

'greenish, bluish' [1]. On the other hand, the Khitan character 山 may have been borrowed graphically from Chi. 山 *shān* 'mountain' [2], suggesting that there may have existed a Khitan word for 'mountain' that was homophonous with the word for 'gold, yellow'. In fact, this Khitan word may be hidden behind two Chinese transcriptions: 女里 *nǚlǐ* (in HLD) and 涅烈袞 *nièliègǔn* (in NHTD) [3]. Franke furthermore relates 女古 *nǚgǔ* with 女真 *nǚzhēn*, <MChi. **ńźudžen* 'Jurchen', quoting the argument of the Taiwanese scholar Li Hsüeh-Chih (李學智) [4]. This, however, brings us too far from the context of Jurchen toponyms. It should only be noted that the ethnonym 女真 *nǚzhēn* probably originally referred to a broad group of populations. It may be identical with the ethnonym 如者 *rúzhě*<MChi. **ńźudža* in Tang Dynasty sources [5]. There might also be a connection with 柔然 *róurán*<MChi. **ńźuńźen*, an ethnonym referring to the group often assumed to be ancestral to the 'Avar' of Western sources. Another Chinese name for the 'Avar' is 烏桓 *wūhuán*<MChi. **oɣwan* [6], but this can hardly have any connection with the Jurchen ethnonymic complex.

(9) 兂余圭 **še-e MIŊAN* 'Še'e Mingan' ~ 兂余火攵左 **še-e meu-mu-he* / 兂余火攵炅 **še-e meu-mu-he* 'Še'e Muku'. —These items contain the word 兂余 **še-e* 'spring, fountain' (No. 48 of SJV) [7]. Cf. also Ma. *šeri id.*, *šele* 'puddle'.

① Franke, Herbert: Bemerkungen zu den sprachlichen Verhältnissen im Liao-Reich, *Zentralasiatische Studien* 3/1969, pp.33-34.

② Zhou, Jianqi:《Nüzhen》yu Qidan xiaozi *NURGU [《Nüzhen》and 'mountain' in Khitan microscript], *Nei Menggu Daxue Xuebao, Renwen Shehui Kexue Ban* 1994/4, pp.40-42.

③ Zhou, Jianqi:《Nüzhen》yu Qidan xiaozi *NURGU [《Nüzhen》and 'mountain' in Khitan microscript], *Nei Menggu Daxue Xuebao, Renwen Shehui Kexue Ban* 1994/4, pp.39, 42-43.

④ Franke, Herbert: Bemerkungen zu den sprachlichen Verhältnissen im Liao-Reich, *Zentralasiatische Studien* 3/1969, pp.33-36.

⑤ Pelliot, Paul: *Notes on Marco Polo*: Volume 1, Paris: Imprimérie nationale, 1959, p.386. Franke, Herbert: Bemerkungen zu den sprachlichen Verhältnissen im Liao-Reich, *Zentralasiatische Studien* 3/1969, p.23.

⑥ Pulleyblank, Edwin G.: The Chinese and their neighbors in prehistoric and early historic times, *The Origins of Chinese Civilization*, David N. Keightley (ed.), Berkeley/Los Angeles, CA.: University of California Press, 1983, p.453.

⑦ Grube, Wilhelm: *Die Sprache und Schrift der Jučen*, *Leipzig*: Kommissions-Verlag von O.Harrassowitz, 1896, p.3. Kiyose, Gisaburo N.: *A Study of the Jurchen Language and Script*: Reconstruction and Decipherment, Kyoto: Hōritsubunka-sha, 1977, p.99.

(10)厤奂圭*XO'DON-on MIŊAN 'Holdon Mingan'.—The item 厤奂 *XO'DON-on 'pine' is here written logo-syllabographically, cf. the logographic rendering 厤 in No.104 of SJV① and Ma.*holdon* id.In Chinese documents this Jurchen word had several transcriptions②:和朵 *huóduǒ*,和團 *huótuán*,桓端 *huánduān*,唤端 *huànduān*, 活活土 *huóhuótǔ*, 和鲁端 *huólǔduān*, 和鲁奪徒 *huólǔduótú*, 和里閒 *huólǐjiān*, many of which contain a reflex of the medial syllable-final segment l.Cf. also Khi.ma. 户 **hu* (?)'pine'(in EXPl), with the character borrowed from Chi.戶 *hù*.

(11)木米厤圭**YARA-an BI'A MIŊAN*'Yaran River Mingan'.—木 **YARA* might well be allographic to 木 **YARA*'leopard'(No.148 of SJV)③, cf.Ma.*yarha* id. The sequence 木米 **YARA-an*, as a whole, is probably a variant of the same word, with an 'unstable nasal' or 'phonetic complement' in the end④.

Following, then, are some notes on a few exonymic toponyms in the database.By exonymic toponyms in this context we mean items that are either transcribed or translated from other languages.Exonymic toponyms do not, however, comprise toponyms which merely contain elements(such as loanwords) borrowed from other languages.

(12)仐反攵叐甫乑瓦史庣**AMBAN-la mu-te-bu-hei na-γa-ri* 'Palace of Great Succession'.—Since this should be a hall to worship Confucius, the expression must be a loan translation from Chinese.Jur. 仐反 **AMBAN-la* 'greatly'(No.724 of

① Grube, Wilhelm: Die Sprache und Schrift der Ju? en, Leipzig: Kommissions-Verlag von O. Harrassowitz, 1896, p. 6. Kiyose, Gisaburo N.: A Study of the Jurchen Language and Script: Reconstruction and Decipherment, Kyoto: Hōritsubunka-sha, 1977, p. 103.

② Franke, Herbert: Einige W? rter der Jur? ensprache in chinesischer Umschrift, Gedanke und Wirkung. Festschrift für Nicholaus Poppe, Walther Heissig & Klaus Sagaster (eds.), Wiesbaden: Harrassowitz Verlag, 1989, pp. 135-136. Zhou, Feng: ? Huohuotu Meng'an? he ? Beiyeshan Mouke? xiaokao [Some remarks on ? Huohuotu Meng'an? and ? Beiyeshan Mouke?], Yinshan Xuekan 2001/3, p. 63.

③ Grube, Wilhelm: Die Sprache und Schrift der Ju? en, Leipzig: Kommissions-Verlag von O. Harrassowitz, 1896, p. 9. Kiyose, Gisaburo N.: A Study of the Jurchen Language and Script: Reconstruction and Decipherment, Kyoto: Hōritsubunka-sha, 1977, p. 105.

④ Gelb, I. J.: A Study of Writing: The Foundations of Grammatology, Chicago, Illinois: The University of Chicago Press, 1952, p. 105.

SJV)[1] functions as an adverbial to the following verb, while Jur. [Jurchen script] **mu–te–bu–hei* 'one that has been succeeded' is a passive participle determining the following head noun, which is [Jurchen script]**na–γa–ri* 'palace'. The Jurchen word for 'palace' is also recorded in Chinese transcription as 納葛里 *nàgělǐ*(in HJD). The corresponding Chinese item is rendered in Jurchen as [Jurchen script]**dъen* (No.195 of SJV)[2].

(13)[Jurchen script]**DULI–in GURUN–un* 'Central Country', or 'Middle Kingdom', i.e. 'China'.—In pre–Qin Chinese literature the term 中國 'Central Country' had referred to the central region of present–day China. Beginning with the Han Dynasty, this term became an epithet of any government holding the territory concerned. Later, even 'Barbarian' governments occupying a part of Central China could consider themselves as representing the 'Central Country.' In Jurchen, the term is a direct translation from Chinese, though the element Jur. [Jurchen script] **DULI–in*＝**dulin* is a borrowing from Mongolic (possibly Khitan), cf. Mo. **düli* 'middle, center'[3].

(14)[Jurchen script]**hi–tan* 'Khitan (Country)'.—This is the only appearance (hapax legomenon) of this ethnonym and toponym in Jurchen documents (GJVHI). The word is recorded in Khitan sources as Khi.mi. [Khitan script]**QITA–i*～[Khitan script]**QITA–ən–i*, and in Turkic sources as OTrk. *qïtañ*, different from *xïtaj* 'Chinese' (DS:449, 637). In Chinese, several transcriptions are attested: 契丹 *qìdān*<MChi. **khjitan* (first in《魏書》*History of Tabgach Wei*), 吸給 *xīdǎi*<MChi. **xie(p)tai* (in《黑韃事略》*Concise History of the Black Tatars*), 乞塔 *qǐtǎ*<MChi. **khieitha(p)* (in《高昌館譯語》*Sino–Uighur Vocabulary*), 乞大 *qǐdà*<MChi. **khieitai* (in《老乞大》*Lao Qida in*

① Grube, Wilhelm: *Die Sprache und Schrift der Jučen*, Leipzig: Kommissions–Verlag von O.Harrassowitz, 1896, p.38. Kiyose, Gisaburo N.: *A Study of the Jurchen Language and Script*: Reconstruction and Decipherment, Kyoto: Hōritsubunka–sha, 1977, p.137.

② Grube, Wilhelm: *Die Sprache und Schrift der Jučen*, Leipzig: Kommissions–Verlag von O.Harrassowitz, 1896, p.11. Kiyose, Gisaburo N.: *A Study of the Jurchen Language and Script*: Reconstruction and Decipherment, Kyoto: Hōritsubunka–sha, 1977, p.108.

③ Doerfer, Gerhard: *Mongolo–Tungusica*, Wiesbaden: Otto Harrassowitz, 1985, p.20.

Korea). The Jurchen rendering of this proper name reveals a graphic etymology: Jur. 𘠀 **hi*<Khi.ma.𘠀 **či*<Chi.犀 *xī*<MChi. **si* 'rhinoceros'.In Khitan, the character Khi.ma.𘠀 is used to transcribe Chi.齊 *qí*<MChi. **tshi* in 齊王 'Prince of Qi', Chi.漆 *qī*<MChi. **tshji*(*t*) in 漆水縣 'Prefecture of Qishui'(in EYQ), 西 *xī*<MChi. **si* in 西平郡王 'Prince of Xiping'(in EYXn), and 祺 *qí*<MChi. **khi* in 祺州 'Qi State' (in EXPl).These examples suggest that a phonetic confusion had taken place between initial dentals and velars in some northern Chinese vernacular(s) of the time.It is unclear, however, how the situation should be understood from the point of view of the actual Khitan system of sounds.

(15)乏 休 (仇) 由**na-li-in χo* 'Lailiu River'.—This hydronym appears only once in GJVHI (Col. 6), as a parallel to 涞流河 *láiliú hé* in the corresponding Chinese version.In view of the Chinese element 由 *χo* 'river' in the Jurchen data, the item would seem to involve a Jurchen transcription of the Chinese hydronym.If this is so, the Jurchenogram 乏 **na*, with a nasal initial, was used to transliterate the Chinese syllable 涞 **lái*, with a lateral initial.Variation between the initials **n*-and **l*-is common in many languages of the region, including Chinese dialects.More often, however, a Jurchen initial **n*-is rendered variously as either **n*-or **l*-in Chinese transcriptions, as in Jur.朱 币**NIMA-χa* 'fish', cognate of Ma.*nimaha*[1], transcribed as Chi.泥厖古 *nímánggŭ*(in HJD) or 里襪哈 *lĭwàhā*(in SJV, with Chi.襪 *wà*<vChi. **ma* (*t*)<MChi. **miuet*).Similarly, the Ming period anthroponym 杀 反**ni-ge* is transcribed as Chi.李哥 **lige*(in SJM)[2].However, it has to be noted that the Jurchen sequence乏 休 仇 **na-li-in* is not an exact transcription of Chi. 涞流 *láiliú*, for there is no explanation of the syllable-final nasal **n* in the Jurchen data.In fact, the same

---

① Menges, Karl H.: Die tungusischen Sprachen, *Tungusologie*: Handbuch der Orientalistik, Erste Abteilung, V.Band, 3.Abschnitt, Leiden/Köln: E.J.Brill, 1968, p.251.

② Cited in Jin, Qicong (ed.): *Nüzhenwen cidian* [A dictionary of Jurchen characters], Beijing: Wenwu chubanshe, 1984, p.287.

hydronym is recorded in Ming Dynasty sources as Chi. 納鄰河 *nàlín hé*, while its modern shape is 拉林河 *lālín hé*, both of which suggest an original identical with the Jurchen data. Obviously, the item has been borrowed forth and back, and it is ultimately not of a Chinese origin.

(16) [illegible] **he–lu–un ULA* 'Amur River'.—This hydronym has a notoriously complicated history. The origins of the name apparently lie in local expressions meaning 'black river', as in Ma. *sahaliyan ula* id., which were translated into Chinese as 黑龍江 *hēilóng jiāng* 'Black Dragon River'. The Chinese shape appears not before the 10th to 12th centuries (in HLD, compiled in the 14th century). The Jurchen sequence [illegible] **he–lu–un* must apparently be seen as a transcription of Chinese 黑龍 *hēilóng*. The Jurchen item is attested twice in the Ming period source SJM (14th—15th centuries).

(17) [illegible] **hi–yan če–en wei* 'Hiyančen Fort'.—This is simply a transcription of the Chinese toponym. Kiyose mistook [illegible] *yan (in [illegible] **nam–še–yan–bu ǰeu* 'South Jambudvipa' and [illegible] **u–yan–pi–in sьen* 'Yuanping Prefecture') as [illegible] **XONI* 'sheep' and accordingly reconstructed an erroneous pronunciation for the first Jurchenogram①.

If the foreign influences are excluded, it may be seen that the basic source of toponyms in the Jin period was the native vocabulary for natural phenomena (wind, spring), materials (gold), plants (pine), or animals (deer, leopard). In the areas taken by the Jurchen from the Liao and Song dynasties, directional terms were also used. As toponymic material and geographical nomenclature may reflect the social character and political developments in a region②, the Jurchen toponymic corpus may turn out

---

① Kiyose, Gisaburo N.: *A Study of the Jurchen Language and Script*: Reconstruction and Decipherment, Kyoto: Hōritsubunka–sha, 1977, p.200.

② Wright, John Kirtland: The study of place names: Recent work and some possibilities, *Geographical Review* 19/1 (1929), pp.142–143.

to be of some value for ethnohistorical conclusions.Unfortunately,the extent of such conclusions will always be limited by the scarcity of extant primary documents from the Jin period.

Appendix: The Jurchen toponymic corpus

Notice: Below is a maximally complete list of the toponyms recorded in Jurchen sources[1].The list is here presented as raw material, without transcriptions of the Jurchen items.The English glosses are also only approximate, and the Jurchen words occurring in them do not include special transcriptional symbols (with the exception č and š).

Country names: 乐土閑土 Golden Country (Jin) / 杍火 Khitan (Country) / 为友閑土Central Country(China) / 天 兎 夃Great Ming / 天 兎Great Ming / 为友閑土 Korea / 斿 存 卉Khocho (Uighur) / 盃 尖Western Barbarians (Tibet) / 盃 伞Western Land(India) / 毛 侑Burma

Province names: 尔 禾 太 芝 ⺧South Jambudvipa Province / 丢 ⺧Tai Province / 柒 丏 岸 疛 ⺧Victory Hill Province

Unspecified region names: 床 内□ 芖 Alahumaki / 圧Dara / 缶 灰 竿Fananer / 归 盃，丈 夬Haixi / 何 来□ 芌□□ Hančirenio / 友 芠 佘 半 乍 㕦Laibaisuweji / 斿 产 丈 Liaodong / 东 灭 夭 芠 Penglai / 仕 甬Shangdang / 氺□□ Ulziyot

Prefecture names: 斿 产 卌 史Liaoyang Prefecture / 兎 夃 九Mingshui(Prefecture)

① Bsed upon the publications: Grube, Wilhelm: *Die Sprache und Schrift der Jučen*, Leipzig: Kommissions-Verlag von O.Harrassowitz, 1896.Kiyose, Gisaburo N.: *A Study of the Jurchen Language and Script*: Reconstruction and Decipherment, Kyoto: Hōritsubunka-sha, 1977.Jin, Qicong(ed.): *Nüzhenwen cidian*[A dictionary of Jurchen characters], Beijing: Wenwu chubanshe, 1984.Aisingioro, Ulhicun:《Menggu Jiufeng shibi Nüzhen zi shike》yi shi [A decipherment of the Jurchen Inscription of Nine Peaks in Mongolia], *Liao Jin Shi yu Qidan, Nüzhen Wen*.Kyouto: Tou A Rekishi Bunka Kenkyuukai, 2004, pp.140-154.Shiraishi, Noriyuki (ed.): *Research on Inscriptions of Jin Dynasty in Mongolia*: Report of the Scientific Research Project Grant-in-Aid JSPS, Basic Research(C), 2006 (Subject Number: 16520460).

/ 失 史 Plum Prefecture / 厗 夂 史 Quzhou Prefecture / 舟 太 早 夂 史 Yuanping Prefecture

District names: 夫 叏 夂 东 为 灰 Daimingpu District / 丈 早 夂 东 为 灰 Dongpingpu District / 戊 米 为 灰 Galan District / 韦 火 米 东 为 灰 Long'anpu District / 玫 禾 为 灰 Posu District / 疒 压 为 灰 Supin District / 六 床 不 为 灰 Yiliminzhou District / 屖 米 不 为 灰 Xiongzhou District / 付 弋 朱 史 为 灰 Eastern Hebei District / 付 弋 丙 史 为 灰 Western Hebei District / 玌 史 吊 为 灰 Northern Capital District / 玌 史 朱 史 为 灰 Northeastern District / 玌 史 丙 史 为 灰 Northwestern District / 有 作 丙 史 为 灰 Southwestern District

Capital names: 冬 夜 吊 Supreme Capital / 仕 彔 Supreme Capital / 面 火 桌 Central Capital / 面 火 舟 Central Capital / 朱 史 吊 Eastern Capital

Town and village names: 反 史 史 Nurgan (City) / 夫 氏 舟 太 Taiyuan (City) / 斐 妥 岸 Bugu Village / 床 手 升 岸 企 Hečehe Village / 左 妥 夬 岸 企 Janguči Village

Architectural names: 叙 夫 甫 序 Avalokitešvara Hall / 冬 灰 攵 爱 市 升 瓦 史 虎 Palace of Great Succession / 韦 火 伐 瓦 史 虎 Palace of Great Virtue / 永 利 禾 Palace of Sacred Mercy / 求 东 火 宗 Red Phoenix Gate

Fort names: 半 丈 为 Ai River Fort / 东 夬 丈 为 Ajin River Fort / 东 弓 火 为 Arun Fort / 斐 包 反 丈 为 Butunu River Fort / 存 灰 包 干 为 Čalatu Mountain Fort / 串 休 夂 干 为 Dolin Mountain Fort / 戎 夫 丈 为 Fain River Fort / 优 丈 为 Fe River Fort / 东 串 包 丈 为 Fudutu River Fort / 斥 关 为 Gitan Fort / 斥 关 丈 为 Gitan River Fort / 庆 斥 丈 为 Gogi River Fort / 币 声 为 Haja Fort / 压 灰 包 丈 为 Hanratu River Fort / 币 史 米 为 Harfin Fort / 币 史 元 岸 为 Harman Fort / 俑 太 夬 夂 为 Hiyančen Fort / 币 关 丈 为 Hootun River Fort / 丈 关 为 Hoton Fort / 尚 灰 为 Hura Fort / 雨 休 存 丈 为 Ilića River Fort / 雨 叏 丈 为 Imi River Fort / 雨 盃 为 Iši Fort / 雨 盃 非 为 Left Iši Fort / 声 夬 为 Jajin Fort / 贝 不 为 Jianzhou Fort / 杀 斐 角 为 Jibude Fort / 血 丈 丈 为 Judun River Fort / 火 为 Ken Fort / 贝 不 非 Left Jianzhou Fort / 乍 又 非 为 Left Uje Fort / 关 币 丈 为 Looha River Fort / 元 岜 休 夂 为 Maulin Fort / 攵 尚 灰 丈 为 Muhula River

Fort / 攵 友 丈 为Mula River Fort / 攵 友 片 丈 为Mulan River Fort / 攵 休 斥 为Muligi Fort / 乏 友 斥 丈 为Naragi River Fort / 杀 友 史 为Salar Fort / 孟 休 攵 为Šilim Fort / 消 压 乇 为Tahan Mountain Fort / 消 攵 弓 Tamru （Fort）/ 消 庆 友 为 Tamara Fort / 关 丈 为Ton River Fort / 为 弓 灭 为Toron Fort / 乍 义 为Uje Fort / 臭 关 丈 为Utun River Fort / 余 压 丈 为Yuhan River Fort

Station names: 吏 史 央 汝 县 Berjen Station / 会 承 今 Manjin Station / 乍 伷 压 丈 吏 消 县 Udihan River Thousand –Family Station / 乍 义 计 炅 吏 消 县 Uje Taun Station

Mingan names: 爪 厈 圭? River Mingan / 吏 仔 圭Čančun Mingan / 乩 光 圭Čutun Mingan / 丹 及 圭 Dutega Mingan / 爪 火 圭 Eduge Mingan / 非 炓 伷 Eyeku(Mingan) / 皮 米 圭 Galan Mingan / 消 戎 Gopa （Mingan）/ 非 作 安 竿 圭 Hojo Kiwir Mingan / 乖 炇 圭 Holdon Mingan / 左 爪 圭 Hu–? Mingan / 肉 币 斥 光 圭 Jahogi Tun Mingan / 非 玉 圭Jošen Mingan / 行 央 圭Meigan Mingan / 反 安 斥 厈 圭Neigi River Mingan / 为 冄Oho（Mingan）/ 东 伷 寸 此 刈 圭Pudi Mountain Mingan / 禾 灭 乩 此 列 圭Sungur Mountain Mingan / 夂 令 寸 叏 币 圭Sungeri Daho Mingan / 乇 仔 圭Šančun Mingan / 禾 余 圭Šee Mingan / 兂 叏 此 刈 圭Šilagu Mountain Mingan / 炅 反 圭Šite Mingan / 亦 土 杙 压 圭Tumen Bihan Mingan / 灭 而 土 Udau （Mingan)/ 木 米 厈 圭 Yaran River Mingan

Muku names: 用 杲 斥 火 攵 左 Darogi Muku / 友 米 火 攵 左 Galan Muku / 半 介 此 列 火 木 矢 Giyahun Mountain Muku / 岸 东 火 攵 左 Hepu Muku / 非 凡 杲 炇 火 攵 贝Hojo Hairo Muku / 圭 疒 而 厈 火 木 矢Igaida River Muku / 尔 夭 杙 此 列 火 木 贝 Kečen Mountain Muku / 将 ⺈ 杂 土 厈 火 攵 贝Koteuhurun River Muku / 午 庑 炇 禾 火 攵 左Ongonsu Muku /禾 余 火 攵 左，禾 余 火 攵 贝Šee Muku / 圭 斥 火 攵 左Šeugi Muku / 爪 火 火 攵 左 Šilie Muku

Hydronyms：贝 弓 土 岑Amur River / 乏 休 丸 冉Lailiu River / 吏 戈Orija(River) / cf.also the river names contained in the fort names, station names, mingan names, and muku names.

Oronyms: [illegible] □ Čigulgan (Mountain) / [illegible] (?　) Eternally White Mountain (Changbaishan) / cf.also the mountain names contained in the mingan names and muku names.

（原载于 *Studia Etymologica Cracoviensia* (Kraków, Poland), 13 (2008): pp. 155—170）

从母语文字记载看女真人的多元宗教生活

一、弁言

以往对女真人宗教生活的研究，多是基于汉籍的记载并配合女真文材料的译释结果而进行的定性分析，比如，萨满教在女真人信史记载的早期不仅起着全民均等的功利性作用还直接服务于掌权者的重大决策活动①、女真人创制本族文字、采用汉族科举制度及其迅速儒化的情形②、女真人信仰佛教却未见舍身出家的情形③、东海女真在汉化过程中皈依佛教的大致情形④、金代道教似乎主要是在汉人中间流行而女真人甚少参与⑤、等等。这些分析在女真人宗教信仰的来龙去脉、总体态势、变化趋势、表现模式等方面都做出了甚有价值的探索，当然有助于我们认识古代民族的宗教生活状况。

女真人的母语文献，以及女真文字的相关记录，在本文的考察过程中分为

---

① 富育光、孟慧英：《金代女真族的萨满教》，《黑河学刊》1988年第3期，第73页。

② 杨军：《女真文字、女真科举与女真汉化》，《长春大学学报》2006年第1期。

③ 都兴智：《金代女真人与佛教》，《北方文物》1997年第3期，第71页。

④ 董万仑：《从庆源、北青女真字刻石看金代东海女真的文化》，《黑龙江民族丛刊》1998年第4期，第55—56页。

⑤ 张荣铮：《金代道教试论》，《天津师大学报》1983年第1期；王德朋：《金代道教述论》，《中华文化论坛》2004年第3期。

三个阶段来加以处理。

一是女真文字书阶段：公元 12 世纪前期女真人建立金国后不久就官方颁行女真文，此时有《女真文字书》对新生的女真文字加以一定的规范。20 世纪中期陕西西安碑林发现的女真文残页，经考证即为金初《女真文字书》的手抄件殆无疑虞[①]。这是一份辞书类型的文献，其收录的女真语汇可以代表女真文字创制初期对相关概念的记录情形。

二是实用文献阶段：女真文字在金代虽因汉字和契丹字的强大惯性影响而用途相对不广，但还是有碑铭、文书、符牌等不同类型的实用载体存世；延续至明代，仍有居留今东北地区的女真人使用女真文字的碑铭记录。此外，金元明三代的汉籍记录也保留了不少的女真语词。这些都是女真人使用母语记载其现实生活的有效记录；我们适当采撷部分译音文字补充女真文字记录的拟音工作。

三是女真译语阶段：明代前期和中期为了适应女真部落朝贡的需要而编制了辞书性质的《女真译语》，含"杂字"和"来文"两种不同类型的文献形式。虽然其中不乏汉人杜撰的语法形式，但在词汇层面仍然可以发掘出彼时女真人生活面貌的具体记载。前期的译语附有女真文字，后期的则全是汉字记录；我们在没有女真文字材料的情况下采用这里的汉字记音材料作为词条进行搜集。

现在由于女真人母语文献的批量解读，我们有可能基于此直接勘视女真人的宗教生活，并对相关材料进行一些定量性的考察剖析。

二、萨满教语汇汇释

有关萨满教的女真语词汇，除了明显可以认定的以外，我们主要参考满语

---

① 金启孮：《陕西西安碑林发现的女真文字书残页》，《内蒙古大学学报》1979 年第 1、2 期；[日] 乌拉熙春：《〈女真文字书〉的体例及其与〈女真译语〉的关系》，西安碑林博物馆编《碑林集刊》（第八辑），西安：陕西人民美术出版社，2002 年。

的萨满教词汇来进行推认;但既可用于萨满教亦可作为普通语汇的语词,如果在现存女真语料的实际用例中没有出现与萨满教关系密切的情形,我们本着宁缺勿滥的原则就不将其归入萨满教术语之中。

1)珊蛮“祭司”:《三朝北盟会编》卷三:珊蛮者,女真语巫妪也,以其变通如神;《金史》卷四有妃名“撒卯”①。这个女真语词的汉字记音,“珊蛮”拟音作 *šaman②正可对应满语 šaburambi“睡”、“撒卯”拟音作 *sama(n)亦可对应满语 saman,这两个词显然体现了方言的差别。

2)国相(厍 夫 羊):见于《大金得胜陀颂碑》第 7 行,拟音作 *omir③可以对应满语 omimbi“饮”。这是女真人社会中受到高句丽直接影响、早期兼有萨满功能的相佐人士,其萨满功能或与中北亚地区流行的乌迈(Umay)女神崇拜密切相关④。

3)神(尭 羊):见于《女真文字书·天文门》《大金得胜陀颂碑》第 15、23、25 行及《女真译语·新增》,拟音作 *phiǰur。

4)神御(尭 举 冉 对):见于《大金得胜陀颂碑》第 15 行,拟音作 *phiǰur-tesui⑤。

5)神道(尭 乩 盂 函):见于《大金得胜陀颂碑》第 24 行,拟音作 *phiǰuri-ǰugun⑥。

6)神火(尭 举 戈):见于《大金得胜陀颂碑》第 25 行,拟音作 *phiǰur-toγo⑦。

7)太白神(天 金 尭):见于吉林省长白山天池女真祭台近年来所发现的《长

① 孙伯君:《金代女真语》,沈阳:辽宁民族出版社,2004 年,第 252 页。

② 孙伯君:《金代女真语》,沈阳:辽宁民族出版社,2004 年,第 252 页拟音作 *sanman,显然是汉字记音“珊蛮”的直接转换,且未考虑词首辅音的差异,不妥。

③ [日]爱新觉罗·乌拉熙春:《女真语言文字新研究》。京都:明善堂,2002 年,第 148 页。

④ 李秀莲:《〈大金得胜陀颂碑〉女真文“斡·兀迷·儿”考释》,聂鸿音、孙伯君[编]《中国多文字时代的历史文献研究》,北京:社会科学文献出版社,2010 年,第 452—454 页。

⑤ [日]爱新觉罗·乌拉熙春:《女真语言文字新研究》。京都:明善堂,2002 年,第 162 页,拟音略有变更。

⑥ [日]爱新觉罗·乌拉熙春:《女真语言文字新研究》。京都:明善堂,2002 年,第 169、170 页,拟音略有变更。

⑦ [日]爱新觉罗·乌拉熙春:《女真语言文字新研究》。京都:明善堂,2002 年,第 170 页,拟音略有变更。

白山太白神碑》[1]。《金史·本纪三十五》:女真地有长白山。长白山是女真族的发祥地,故受到特殊的尊崇。长白山在女真人心目中的地位,如汉族君臣眼中的泰山。

8)灵([illegible]):见于《大金得胜陀颂碑》第 23、24 行,拟音作 *phergur 可以参见满语 ferguwen“灵验”[2]。

9)灵贶([illegible]):见于《大金得胜陀颂碑》第 23 行,拟音作 *ono-phergur[3]可以对应满语 ferguwecun“祥瑞”。

10)祥瑞([illegible] ～ [illegible]):在《女真文字书·书信》及《大金得胜陀颂碑》第 10、23、24、26、27、30 行出现的是[illegible],拟音作 *sabi[4];在《大金得胜陀颂碑》第 24、26、30 行出现的是[illegible],拟音作 *sabi-orγo 正好对应满语 sabi orho“灵芝”[5]。

11)凶兆([illegible]):见于《女真文字书·天文门》,原来推测是“家神”之义[6]大概是对应满语 soko“神祇”;后来推测是“怪徵”可以对应满语 so“不祥之兆”[7]。

12)天([illegible]):见于《女真文字书·天文门》、碑铭及《女真译语·天文门》。女真人本有拜天习俗,初兴是望日而拜,后来才设位而祭[8];金国创建者阿骨打天赋异兆而生,征战时常有天助[9]。《金史》有汉字记音“呵不哈”,拟音作 *(χ)abqa[10]可以对应满语 abka。

---

① 林俊萍:《长白山发现女真祭台圭形文字碑》,国家林业局[编]《中国林业年鉴(1999—2000)》,北京:中国林业出版社,2000 年。

② [日]爱新觉罗·乌拉熙春:《女真语言文字新研究》。京都:明善堂,2002 年,第 169 页,拟音略有变更。

③ [日]爱新觉罗·乌拉熙春:《女真语言文字新研究》。京都:明善堂,2002 年,第 168、169 页,拟音略有变更。

④ [日]爱新觉罗·乌拉熙春:《女真语言文字新研究》。京都:明善堂,2002 年,第 143 页。

⑤ [日]爱新觉罗·乌拉熙春:《女真语言文字新研究》。京都:明善堂,2002 年,第 169 页。

⑥ [日]乌拉熙春:《〈女真文字书〉的体例及其与〈女真译语〉的关系》,西安碑林博物馆[编]《碑林集刊》(第八辑),西安:陕西人民美术出版社,2002 年,第 146 页。

⑦ [日]爱新觉罗·乌拉熙春:《女真语言文字新研究》。京都:明善堂,2002 年,第 137 页。

⑧ 武玉环:《论金代女真的宗教信仰与宗教政策》,《史学集刊》1992 年第 3 期,第 13 页。

⑨ 富育光、孟慧英:《金代女真族的萨满教》,《黑河学刊》1988 年第 3 期,第 74 页。

⑩ [日]爱新觉罗·乌拉熙春:《女真语言文字新研究》。京都:明善堂,2002 年,第 295 页据以拟音作 *(x)abuga,不确。

13)日(旯～未圡):在金代《女真文字书·天文门》及《大金得胜陀颂碑》第27行、《永宁寺碑》第7行出现的是旯,在明代《女真译语·天文门》中出现的是未圡“阴”,显然是意符记录和音符拼写的差异。这个女真语词拟音作 *ši/uγun 可以对应满语 šun①。

14)祖(夗我):见于《大金得胜陀颂碑》第21、28、30行及《女真译语·人物门》,拟音作 *mapha 可以对应满语 mafa。

15)汗(凬～凬夽):在《女真文字书·天文门》出现的是凬、在《大金得胜陀颂碑》第22、24行及《女真译语·人物门》出现的是凬夽,拟音作 *qaγan 可以对应满语 kan。

16)柳(釆～釆臭):在《女真文字书·果实门》出现的是釆,在《女真译语·花木门》出现的是釆臭,拟音作 *suhei 或可对应满语 suiha“艾蒿”。史籍记载女真人有“拜天射柳”之俗,后来成为金国的重要礼制之一;后来在满族人的民俗中又演化为崇柳、祭柳的习俗②。

17)龙(岁～岁禿～岁羋):在《女真文字书·天文门》出现的是岁 *mudur、在《大金得胜陀颂碑》第28行出现的是其复数形式岁禿 *muduse、在《女真译语·鸟兽门》出现的是岁羋 *mudur——对应满语 muduri。龙在女真人意识形态中原本可能具有祖先神的内涵,这是这个女真语固有词后来对译汉字“龙”的某种前提吧③。

18)乌鸦(岸币):见于《女真译语·鸟兽门》,拟音作 *γaχa 正好对应满语 gaha。这是满族先民的始祖神和保护神④。

19)梦(肴旁):见于《女真译语·人事门》,拟音作 *tohin 可以对应满语 tolgin。女真人在战争中也经常以托梦的形式来占卜吉凶,预言胜负。这实际上也

① [日]爱新觉罗·乌拉熙春:《女真语言文字新研究》。京都:明善堂,2002年,第145、172页。

② 李秀莲、韩亚男:《女真人崇柳习俗源流探微》,《北方文物》2009年第3期,第80—81页。

③ 李秀莲、姚玉成:《龙与女真语“木杜儿”对译关系的文化寓意》,《边疆经济与文化》2008年第六期,第47—48页。

④ 赵阿平:《满族语言与历史文化》,北京:民族出版社,2006年,第156页。

是一种萨满教神权仪式的活动，而女真人的部落首领就应是其大萨满。史籍中描绘的金世祖就是一个未卜先知、多以梦验的萨满形象[①]。

20)酹([illegible])：见于《大金得胜陀颂碑》第10行，拟音作 *nure-dowobi[②]，其中后一词对应满语 dabumbi“焚烧”、dabukū“火盆、火炉”。《金史·太祖纪》：庚子，进师，有火光正圆，自空而坠。上曰：此祥征，殆天助也。酹白水而拜，将士莫不喜跃。

21)禳禬([illegible])：见于《大金得胜陀颂碑》第11、25行，拟音作 *giŋgenǰeru[③]可以一对应满语 ginggembi～gingnembi“祭祀时把酒杯放在盘内向上奉献”[④]。

22)祷告([illegible])：与“禳禬”一起构成“厌胜”，见于《大金得胜陀颂碑》第25行，拟音作 *sorχoru 可以对应满语 sori sahambi“设供求福”、sorgon“供品”[⑤]。

23)剑([illegible])：见于《女真译语·器用门》，拟音作 *halma 可以对应满语 halmari“神刀”[⑥]并参照女真语 *nekur“友人”＞满语 neku“女友”之间尾音的脱落情形。

24)鼓([illegible])：见于《女真译语·器用门》，拟音作 *tuŋken 正好对应满语 tungken“抬鼓”。

25)伏塔“绳”：见于《会同馆译语》，拟音作 *phuta 可以对应满语 futa。这是萨满祭祀时的重要工具之一[⑦]。

26)白([illegible])：见于《女真译语·声色门》以及《花木门》《鸟兽门》《器用门》

---

① 富育光、孟慧英：《金代女真族的萨满教》，《黑河学刊》1988年第3期，第75页。

② [日]爱新觉罗·乌拉熙春：《女真语言文字新研究》。京都：明善堂，2002年，第160页。

③ [日]爱新觉罗·乌拉熙春：《女真语言文字新研究》。京都：明善堂，2002年，第160、170页。

④ 胡增益主编《新满汉大词典》，乌鲁木齐：新疆人民出版社，1994年，第336、337—338页。

⑤ [日]爱新觉罗·乌拉熙春：《女真语言文字新研究》。京都：明善堂，2002年，第170页。

⑥ [日]爱新觉罗·乌拉熙春：《女真语言文字新研究》。京都：明善堂，2002年，第323页。此页为女真语词拟音作 *xalmar，聊备一说。

⑦ 赵阿平：《满族语言与历史文化》，北京：民族出版社，2006年，第165页。

《珍宝门》,《金史》有人名“鄯阳”“斜也”“斜野”,据此汉字记音可以拟音[1]作 *šaŋ a(n)。《三朝北盟会编》卷三:(女真人)其衣则衣布,好白色,短而左衽,《大金国志》:金人旧衣白……至于衣服尚如旧俗,这种尚白的习惯已经由萨满教信仰逐渐演化为民族生活习俗了[2]。

27)楼子(半 赤):见于《女真文字书·宫室门》及《女真译语·宫室门》,拟音作 *leuse。作为女真人萨满教生活融入中原汉人生活方式强烈影响的一个典型例子,这种萨满崇拜的专用建筑,乃是在汉人建筑形制直接影响之下的产物,与女真人固有的地下室建筑形制迥异[3]。

三、佛教语汇汇释

女真人信奉佛教大约是从渤海人和高句丽人那里传播而来的。所以现存女真语料中跟佛教关系密切的几方碑铭都是在今朝鲜和俄罗斯远东境内。

1)佛(乑):见于《女真文字书·天文门》、《朝鲜庆源女真国书碑》、《朝鲜北青女真字石刻》第 3 行、《永宁寺碑》第 11 行以及光绪年间北京西山大觉寺关帝庙遗址右侧门石刻[4],拟音[5]作 *phutikye 可以对应满语 fucihi[6]。

2)法身(乑 戈 夲):见于《朝鲜庆源女真国书碑》第一面第 2 行。

3)佛寺(乑 戈 天 卓 米):见于《朝鲜庆源女真国书碑》第一面第 5 行及第四面第 1 行。

---

① 孙伯君:《金代女真语》,沈阳:辽宁民族出版社,2004 年,第 254 页拟音作 *šanyang,孙伯君:《金代女真语》,沈阳:辽宁民族出版社,2004 年,第 281 页拟音作 *seye——这些不同的拟音结果似乎体现女真语方言差别的汉字记音。

② 富育光、孟慧英:《金代女真族的萨满教》,《黑河学刊》1988 年第 3 期,第 76 页。

③ 王可宾:《从语言遗迹看女真社会历史文化》,《史学集刊》1992 年第 3 期,第 13 页。

④ 金启孮[编著]:《女真文辞典》,北京:文物出版社,1984 年,第 178 页。

⑤ 金光平、金启孮:《女真语言文字研究》,北京:文物出版社,1980 年,第 341—342 页以及金启孮[编著]:《女真文辞典》,北京:文物出版社,1984 年,第 178 页拟音皆作 *futiçi? ,显然承袭自满语 fuçihi,未免简单不确;[日]爱新觉罗·乌拉熙春:《女真语言文字新研究》。京都:明善堂,2002 年,第 191—192 页拟音作 *burka,参照的是突厥—蒙古语的 burqan,也不妥。

⑥ 唐均:《称佛方块单字形音关系类型论》,《中国文字研究》(第十一辑),郑州:大象出版社,2009 年,第 174 页,拟音略有变更。

4)释迦(舌 杰):见于《朝鲜庆源女真国书碑》第一面第4行,拟音作*šiǰa[①]。但因译自梵文音节-kya-的汉字“迦”为舌根音声母,所以这里的译释存疑。

5)佛陀(玫 桊):见于《朝鲜北青女真字石刻》第3行,拟音作*pho-do[②]。

6)弥勒(秊 佬 羊):见于《朝鲜北青女真字石刻》第3行,拟音作*milei[③]。

7)阎王(竞 毛):见于《女真文字书·天文门》[④],拟音作*ilmun可以对应满语ilmun“地狱”。

8)狻猊(圡):见于《女真文字书·鸟兽门兽类》[⑤],拟音作*erselen可以对应满语erselen“狻猊、幼狮”。

9)和尚(夹 乞 夅～夹 乞 秃～柔 仕～夹 仕):在圣彼得堡藏女真文字书残页第1行出现的是夹 乞 夅*hwa-ša-aŋ[⑥]、在圣彼得堡藏女真文字书残页第5行出现的是其复数形式夹 乞 秃*hwa-ša-se[⑦]、在《朝鲜北青女真字石刻》第1行出现的是柔 仕*hwa-šaŋ、在《女真译语·人物门》中出现的是夹 仕*hwa-šaŋ[⑧]可以对应满语hūwašan“和尚”及huwešen“尼姑”。

10)众生(方 炎 压):见于《永宁寺碑》第1行,拟音作*tumen-weihun,其中的后一词对应满语weihun“活的”[⑨]。

11)居士(更 秌 邕):见于《朝鲜庆源女真国书碑》第一面第2、5行及第三面第3行,拟音作*čieŋši可能为汉字“信士”的音译[⑩]。

---

① 金光平、金启孮:《女真语言文字研究》,北京:文物出版社,1980年,第345页。
② [日]爱新觉罗·乌拉熙春:《女真语言文字新研究》。京都:明善堂,2002年,第191、192页,拟音略有变更。
③ [日]爱新觉罗·乌拉熙春:《女真语言文字新研究》。京都:明善堂,2002年,第191页。
④ [日]爱新觉罗·乌拉熙春:《女真语言文字新研究》。京都:明善堂,2002年,第130页。
⑤ [日]爱新觉罗·乌拉熙春:《女真语言文字新研究》。京都:明善堂,2002年,第143页。
⑥ [日]爱新觉罗·乌拉熙春:《爱新觉罗乌拉熙春女真契丹学研究》,京都:松香堂书店,2009年,第67页。
⑦ [日]爱新觉罗·乌拉熙春:《爱新觉罗乌拉熙春女真契丹学研究》,京都:松香堂书店,2009年,第69—70页。
⑧ [日]爱新觉罗·乌拉熙春:《爱新觉罗乌拉熙春女真契丹学研究》,京都:松香堂书店,2009年,第109页。
⑨ 金光平、金启孮:《女真语言文字研究》,北京:文物出版社,1980年,第367页。
⑩ 金光平、金启孮:《女真语言文字研究》,北京:文物出版社,1980年,第341页。

12)安居([illegible]):见于《朝鲜北青女真字石刻》第3行,拟音作 *anγo 可能为汉字“安居”的音译[①]。

13)募化([illegible]):见于《朝鲜庆源女真国书碑》第一面第4行及第三面第3行,拟音作 *giauhuara 正为汉字“叫化”的音译[②]。

14)祭拜([illegible]):见于《永宁寺碑》第11行,拟音作 *ǰugute 可以对应满语 juktembi“祀神”、jukten“祭祀”[③]。

15)香([illegible]):见于《女真译语·器用门》,对应满语 hiyan。

16)旃檀([illegible]):见于《女真文字书·珍宝门》,拟音作 *ǰondon 可以对应满语 jondombi“念佛、念经”、jondon“念头”。

17)琉璃([illegible]):见于《女真文字书·珍宝门》[④],拟音作 *aiχa 可以对应满语 ai-ha。

18)善([illegible]~[illegible]~[illegible]):在《永宁寺碑》第10行出现的是[illegible]、在《朝鲜庆源女真国书碑》第三面第5行出现的是[illegible]、在《女真进士题名碑》第5行及《女真译语·通用门》出现的是[illegible],拟音[⑤]作 *sai(a/in)可以对应满语 sain“好”。

19)寺([illegible]~[illegible]~[illegible]):在《女真文字书·宫京》出现的是[illegible],在《朝鲜庆源女真国书碑》第一面第2行及第三面第5行出现的是[illegible],在《永宁寺碑》第1、10、11行及《女真译语·宫室门》中出现的是[illegible],拟音作 *taira(n)[⑥]可以对应韩语 cyel、日语 tera。分布在《女真文字书》同一门类中佛教的“寺”在排名上远远落后于萨满教的“楼子”,这至少表明在字书编纂的金熙宗时期萨满教在女真人生活中的影响力还是远远强过佛教的[⑦]。

① [日]爱新觉罗·乌拉熙春:《女真语言文字新研究》。京都:明善堂,2002年,第191、192页。
② 金光平、金启孮:《女真语言文字研究》,北京:文物出版社,1980年,第345页。
③ 金光平、金启孮:《女真语言文字研究》,北京:文物出版社,1980年,第374页。
④ [日]爱新觉罗·乌拉熙春:《女真语言文字新研究》。京都:明善堂,2002年,第136页。
⑤ [日]爱新觉罗·乌拉熙春:《女真语言文字新研究》。京都:明善堂,2002年,第138页拟音作 *saja/i(n),聊备一说。
⑥ [日]爱新觉罗·乌拉熙春:《女真语言文字新研究》。京都:明善堂,2002年,第148页。
⑦ 王耘:《“寺”字从女真语到满语的音变分析——兼谈中原佛教在东北地区的本土化》,《东北史地》2009年第1期,第78页。

20)速不案“塔”:见于《会同馆译语》,对应满语 subarg/han、sumarhan。

21)观音堂([illegible]):见于《永宁寺碑》第 11 行。

22)南瞻部洲([illegible]):见于《朝鲜庆源女真国书碑》第一面第 1 行。

此外尚有佛教最常用的经典引语“唵嘛呢叭咪吽”,也有女真字的迻译留存:六字真言([illegible]):见于《永宁寺碑》两侧。

四、儒教语汇汇释

儒家或者儒学与儒教,历来就是难以明确区分的几个概念。本文从儒教的角度出发,因此在相关语汇的遴选中只考虑表达抽象概念(含神异灵物)的情形来加以处理。

1)天([illegible]):见于《女真文字书·天文门》及《女真译语·人物门》,拟音作 *tien 是为汉字“天”的音译。

2)圣([illegible]~[illegible]~[illegible]):在《女真文字书·灵圣》是[illegible],在《女真文字书·宫京》、《大金得胜陀颂碑》及《女真译语·人物门》中是[illegible][1],拟音作 *ači(bur)。在圣彼得堡藏女真文字书残页另外出现了音译形式[illegible]*ši-in[2]。

3)仁义([illegible]):见于《大金得胜陀颂碑》第 28 行及《女真译语·续添》,拟音作 *jenhina[3]。

4)诚信([illegible]~[illegible]):在《大金得胜陀颂碑》第 21 行出现的是[illegible]、在前苏联出土银牌、《女真译语·人事门》及日本《吾妻镜》出现的是[illegible],拟音作

① [日]爱新觉罗·乌拉熙春:《女真语言文字新研究》。京都:明善堂,2002 年,第 141 页。

② [日]爱新觉罗·乌拉熙春:《爱新觉罗乌拉熙春女真契丹学研究》,京都:松香堂书店,2009 年,第 68 页。

③ [日]爱新觉罗·乌拉熙春:《女真语言文字新研究》。京都:明善堂,2002 年,第 173 页;[日]爱新觉罗·乌拉熙春:《女真语言文字新研究》。京都:明善堂,2002 年,第 294 页认为 *jen 为汉字“仁”的音译,*hina 对应满语 šinahi、šinagan,这里有误。满语无此二词,但有 sinagan“丧事、丧服”和 sinahi“孝服”,均为动词 sinagambi“服丧”所派生——参见胡增益[主编]:《新满汉大词典》,乌鲁木齐:新疆人民出版社,1994 年,第 677 页。可见若以女真语“义”对应满语“丧”似欠牵强。

*χaγdaχ / γon[1]可以对应满语 agdun[2]。

5)忠(□□):见于《女真进士题名碑》第 5、7 行及《女真译语·人事门》,拟音作 *tondo 正好对应满语 tondo。

6)孝(□□□):见于《大金得胜陀颂碑》第 14、16、31 行及《女真译语·人事门》,拟音作 *segiŋe 可以对应满语 sengge“老”、senggi“血”、senggimbi“友爱”。

7)善(□□□):见于《女真译语·人事门》,拟音作 *nomqo 可以对应满语 nomhon“忠厚老实”。

8)恶(□□):见于《大金得胜陀颂碑》第 21 行和《女真译语·人事门》以及《人物门》《通用门》,拟音作 *ekebe 可以对应满语 ehe。

9)学(□□～□□□):在《女真译语·宫室门》出现的是□□,表示习学之处,为汉字“学”的音译;在《女真译语·续添》出现的是□□□*tatibur,为“习学”之行为,可以对应满语tacimbi。

10)礼(□□～□□□□):在《大金得胜陀颂碑》第 2、17 行及《女真译语·通用门》中出现的是□□、在《大金得胜陀颂碑》第 20 行出现的是动词□□□□“行礼”,拟音作 *dorolomai[3]。

11)琴瑟(□□):见于《奥屯良弼诗石刻》第 10 行,拟音作 *činse[4]。但因汉字“琴”为闭口韵尾,所以这里的译释存疑。

12)伦理(□□□□□):见于《女真译语·续添》。

13)纲常(□□□□□):见于《女真译语·续添》。

14)道德(□□□□):见于《女真译语·续添》。

15)易经(□□□):见于《大金得胜陀颂碑》第 25 行,拟音作 *iigiŋ[5]。

16)孔(□):见于《女真译语·新增》。考虑到这是汉字音译,我们有理由推

① [日]爱新觉罗·乌拉熙春:《女真语言文字新研究》。京都:明善堂,2002 年,第 166、167 页。

② [日]爱新觉罗·乌拉熙春:《女真语言文字新研究》。京都:明善堂,2002 年,第 294 页。

③ [日]爱新觉罗·乌拉熙春:《女真语言文字新研究》。京都:明善堂,2002 年,第 165、166 页。

④ 罗福颐、金启孮、贾敬颜、黄振华:《女真字奥屯良弼诗石刻初释》,《民族语文》1983 年第 2 期,第 29 页;[日]爱新觉罗·乌拉熙春:《女真语言文字新研究》。京都:明善堂,2002 年,第 202 页。

⑤ [日]爱新觉罗·乌拉熙春:《女真语言文字新研究》。京都:明善堂,2002 年,第 170 页。

测其不是表示“孔洞”，而是用来音译“孔圣人”的。

17）麒麟（其休夂）：见于《女真译语·鸟兽门》，拟音作 *kilin。

18）蟒龙（禾弓土）：见于《女真译语·鸟兽门》，拟音作 *maŋlun。

19）文字之道（仗／庋 弋 血 函）：见于《金上京女真字劝学碑》的是庋 弋 血 函，见于《大金得胜陀颂碑》第 20 行的是仗 弋 血 函。

除了上述词汇的记录之外，在现存的女真语料中还出现了儒家经典引语的迻译文字。这种情形表明儒教的思想和理念在金代女真人的生活中就已深深融入了。

1）天有显道，厥类惟彰：本句出自《尚书·泰誓下》，女真文译文是丢 更 办 仐 祀 仐 血 函 [司] 圡 弋 矢 肪 卒 栾 圤 禾（《大金得胜陀颂碑》第 25 行）。

2）罔游于逸，罔淫于乐：本句出自《尚书·大禹谟》，女真文译文是禸 炁 友 庥 色 乇 甬 斥 禸 灰 未 庙 色 芊 壳 芈 豆（《女真进士题名碑》第 3 行）。

3）汝无面从，退有后言：本句出自《尚书·益稷》，女真文译文是厽 禸 □ 攵 弋 叉 乎 走 垂 帯 艮 氺 厍 关 疛 更 釆 丞 史 豆（《女真进士题名碑》第 3—4 行）。

4）有言逆于汝心，必求诸道；有言逊于汝志，必求诸非道：本句出自《尚书·太甲下》，女真文译文是疛 孛 屋 孓 东 屎 岙 岁 更 更 床 竿 纠 金 岙 夂 亩 函 吴 豆 疛 亩 乐 奚 升 支 叉 庋 厍 呑 岁 更 更 床 竿 纠 金 岙 夂 亩 函 先 支 吴 豆（《女真进士题名碑》第 4 行）。

5）明王慎德，四夷咸宾：本句出自《伪古文尚书·旅獒》，女真文译文是伻 東 佘 禿 更 丰 伐 丰 希 佬 俑 杀 甬 艮（明王世贞《弇州山人四部稿》、明方于鲁《方氏墨谱》）。

6）夙夜匪解：本句出自《诗经·大雅·烝民》以及《诗经·大雅·韩奕》，女真文译文是空 隶 宪 岳 疗 岛 礻（《金上京女真字劝学碑》）。

7）车驾五马非久贵，碧草一旗映清浏[①]：本句出自《诗经·干旄》“孑孑干旟，

① [日]爱新觉罗·乌拉熙春：《女真语言文字新研究》。京都：明善堂，2002 年，第 202 页。

在浚之都；素丝组之，良马五之”①，女真文原文是[illegible]□[illegible]（《奥屯良弼诗石刻》第7、8行）。

五、道教语汇汇释

在现存的女真语料中，有关道教的典型术语大概只有以下几个可以认定。

1）道士（[illegible]）：见于《女真译语·人物门》。

2）观（[illegible]）：见于《女真译语·宫室门》。

3）仙鹤（[illegible]）：见于《女真译语·鸟兽门》，拟音作 *bulehei 可以对应满语 bulehen②。

六、统计考察

其实通过上述女真语汇的搜集整理，我们已可注意到：现存女真文碑铭中，《大金得胜陀颂碑》深刻反映出萨满教的影响；《朝鲜庆源女真国书碑》《朝鲜北青女真字石刻》《永宁寺碑》集中反映出佛教的影响；《女真进士题名碑》反映的则是儒教的影响。再加上其他数量不等的文字记录，这些实用型的女真字文献显然能够在很大程度上呈现女真人使用民族文字记录的宗教生活轨迹。

上述语汇的搜罗，基本上囊括了现存女真文献中同女真人生活时代密切相关的四种宗教的记录，大凡崇拜对象、神职人员、崇拜行为、崇拜工具、活动场所、核心概念、相关灵物等无不俱备。由于其中有词汇还有语句，为了统计的方便，我们将上述单独开列的每个词条记作权重1（其中，存疑的词条各自记作

① 罗福颐、金启孮、贾敬颜、黄振华：《女真字奥屯良弼诗石刻初释》，《民族语文》1983年第2期，第31页注⑦。

② 女真语的这个词是以属格形式（*-i）呈现的，[日]爱新觉罗·乌拉熙春：《女真语言文字新研究》。京都：明善堂，2002年，第316、317页刻意以奥罗奇语（Orochi）之 bujəki、索伦语（Solon）之 bulxi 与其对应，未免舍近求远。

权重0.5、有着不同女真字拼写形式的又各自记作权重1)，每个语句记作权重3，于是可以得到下表所示数据：

宗教语汇	萨满教	佛教	儒教	道教
词条权重	27	21.5	18.5	3
异形权重	6	7	5	0
语句权重	0	1×3	7×3	0
权重总计	33	31.5	44.5	

将上表数据描以折线统计图，其间各种宗教的影响走向就更为清晰，如下图所示——

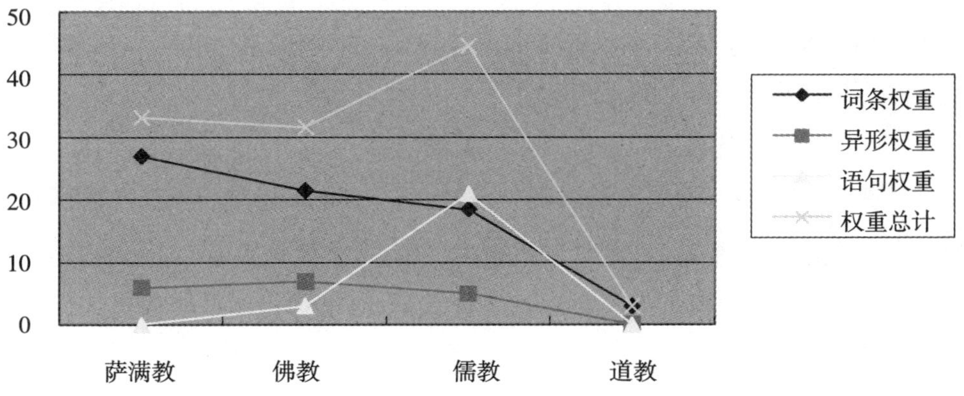

由上图可以得出如下三点：

一、如果我们将上述开列的词条视作民族文化的奠基的话，那么，这里统计出来的数据恰好可以表明女真人的宗教生活中呈现出“萨满教＞佛教＞儒教＞道教”这样由下至上的宗教层次积累——上图自上而下第二条折线所示。可见，作为民族意识形态的内涵和外延，萨满教无可争议成为最为核心的成分，而佛教较之儒教而言又构成了女真人信仰的内核之一。

二、同一词条的不同异写，则反映出相应词汇的使用在某些共时平面上的分歧，这种情形在一定程度上表明了相关语汇所反映的内涵在彼时社会生活中的活跃,就宗教使用的活跃性而言呈现“佛教＞萨满教＞儒教＞道教”的趋势——上图自上而下第三条折线所示。注意这条折线的弯折幅度在萨满教、佛教和儒教之间变化很小，透露出这三种宗教在女真人社会生活中发挥具体作用的势力大致处于势均力敌、互争雄长的状态。

三、由于佛教和儒教都有丰富的经典和持久的传颂方式,所以在现存女真字的文献中尚有对这两教经典语句的迻译，由此刻画出的女真人宗教生活的总体趋势则是“儒教＞萨满教＞佛教＞道教”——上图自上而下第一条折线所示。其中儒教影响的异军突起态势明显是因为女真人迻译儒家经典文句带来的较大权重而致,这同儒家文化的强势性、系统性以及积极入世的特征及其对毗邻民族的深刻影响密切相关。

可见，简单的定性分析难以刻画女真人社会生活中各种宗教的具体影响情形，而即使是有限的数据描述却能够比较充分地刻画出不同宗教在女真人生活的不同层面发挥作用的形势来。

以上是横向的比较;下面转入纵向的比较。

按照“弁言”中对女真文语料的三分法,将上述四种宗教语汇的权重分别纳入每个阶段进行统计。在统计的过程中,女真文字记录异形的情形合并成为一个词条,作为辅助拟音的汉字记音不计入统计,语句仍然按照权重 3 计算，于是得到下表所示数据：

	萨满教语汇	佛教语汇	儒教语汇	道教语汇	权重总计
第一阶段	9	6	2	0	17
第二阶段	18	16+1×3	10+7×3	0	68
第三阶段	14	5	16	3	

将上表数据(总计不计)描以直方统计图,如下图所示——

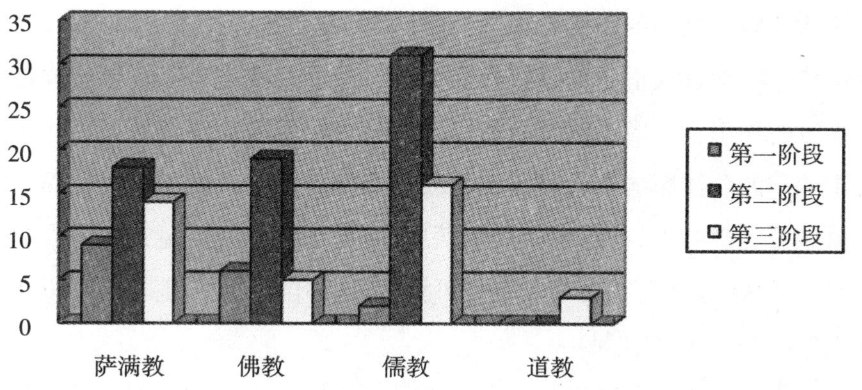

由此统计图可以看出以下四点：

一、萨满教在三个阶段的社会生活表现相对比较均衡，在晚期辞典类文献中的出现权重也接近权重最高的儒教，这种情形自然是由萨满教在女真人意识形态中的原初性和根本性所决定的。

二、佛教在实用文献中出现的权重略高于萨满教，但在早晚期的辞典类文献中出现的权重较之萨满教差距不小，表明佛教在总体上对女真人意识形态的影响仍然逊于萨满教。

三、儒教在实用文献中出现的权重大大高于其他三种宗教，在晚期辞典类文献中出现的权重也大大高于佛教和道教，表明儒教对女真文世俗生活的影响远远强于其他宗教，而且随着时代的演进而呈现愈加强化的趋势——这既和女真人的汉化轨迹趋同，也和儒教的宗教性最弱关系密切。

四、除了道教以外的三种宗教都是在实用文献中的权重最为突出，显示现存女真人的早期和晚期辞典类文献在词条收录上尚有较大的缺口；而道教语汇只在晚期辞典类文献中出现，表明道教对于女真人实际生活的影响可谓微乎其微。

七、馀论

通过现存女真人第一手语料记录的上述数据分析，我们可以看出：作为女真人信仰基础和核心的萨满教,尽管在外来多种宗教的冲击下略有退却,但是仍然保持了在女真人群中的强势社会影响,即使在晚期女真人已经深度汉化后萨满教的作用也不容小觑;而在外来的宗教中,佛教较之儒教而言对于女真人意识形态的总体影响更为显著,儒教只是随着女真人的不断汉化而发挥着愈来愈显著的影响力,在整个社会生活层面,毋宁说是儒家范式在对女真人的生活起着强势的作用;在女真人有据可稽的几百年历史中,道教几乎没有进入女真人的信仰空间之中。

现存女真文语料虽然为数不多,而且对于历史上出现过的文献总量而言显得随机性较强,但是由于目前大规模发现女真文材料的可能性很小,所以这批语料基本上可以视作一个封闭的集合。尤其对于宗教而言,现存的女真文语料对女真人有史可据的宗教信仰都有反映,因而,我们至少在研究女真人的宗教生活时,可以在各种材料的辅助下尽可能确凿地考订出相关的语料,然后按照一定的类别划分,对其进行穷尽性的定量研究。这样处理的结果,使我们可以站在女真人第一手材料记录的基础上,比较明晰地看清历史上女真人的宗教生活状况,从而避免定性分析带来的模糊和笼统。

当然,由于现存语料的限制,这种定量分析的结果可能并不完全吻合女真人彼时社会生活中宗教信仰表现的准确面貌,只是便于我们理清历史湮没的民族文化生活脉络,从而在一个比较明确的程度上逼近民族历史的旧貌。

(原载于《青海民族研究》2012 年第一期:第 53—60 页)

JURCICO–MANCHURICA: "SHORT–LEGGED BEAR"①

1. *Introduction*

Ma. honiki"short–legged bear" has been seldom noticed possibly for its brief semantic reference. In the Manchu–Qing official dictionaries, e.g. the quintolingual Manchu dictionary *Wǔtǐ Qīng wénjiàn*(五體清文鑑, Ma. *sunja hacin i hergen kamciha manju gisun i buleku bithe*, edited in ca.1790 and published in ca.1805), gave out a simply interpretive phrase"短腳熊 *duǎnjiǎoxióng*"(No. 15968)②. Furthermore, in the modern bilingual dictionaries, the earlier well–known Manchu–Russian dictionary was noted as: малаго рода медвѣдь съ очень короткими передними

① In this paper, all the Siniform characters are closely followed by the relevant literal transcriptions, where the whole capital letters indicate logograms and the whole lowercase letters indicate phonograms. On the other hand, all the Chinese characters are spelt in the first appearance by *Hanyu pinyin*(Official Chinese Romanization), even to suggest some medieval Chinese phonological features still kept. And all the phonetic constructions involved, without any special note, are due to my own design, in which the Jurchen *p–(>*f–later) is written as *ph– in the Romanized items.

② Tamura, Jitsuzo, Shunju Imanishi & Hisashi Sato: *Wu–t'i Ch'ing–wên–chien: Translated and explained*, Kyoto: Institute for Inland Asian Studies, Faculty of Letters, Kyoto University, 1966, p.910.

ногами, отъ чего онъ не можетъ перешагивать чрезъ перекладину①, maybe the most detailed version; and the famous Manchu-German dictionary was noted as: kleine Bärenart mit kurzen Vorderbeinen②, only a direct translation from the traditional Chinese explanation as above-mentioned. Based on the explanations as such in the main related dictionaries, this Manchu lexical item could be far from a profound investigation.

2. *Diachronic Evolution from Some Jurchen to Manchu Items*

Recently, Jur.[illegible](1:13, 11a:28, GJS)～[illegible](7:9, GJS) were recognized as logographic for "short-legged bear"③. Hereupon, [illegible] and [illegible] had been regarded as allographic between each other, of which the latter was written in Jurchen-Jin Dynasty④. Owing to frequently phonographic utilization of those two Jurchenograms as Prof. Jin Qicong offered, the reconstructed *hu⑤, recorded in Chinese character 胡 *hú* in SJV, might come from the initial syllable of the logographic Jurchenogram.

Therefore, the Jurchen-Manchu spellings for "short-legged bear" seem conclusive to the following parallel forms: Jur.[illegible]～[illegible](with a probable reconstruction *hu), Ma. honiki. It would be indicative of another parallel forms with plausible referring to

---

① Захаров, Иван: *Полный маньчжурско-русскій словарь, Санктпетербургъ*: Типографія императорской академіи наукъ, 1875, п.423.

② Hauer, Erich: *Handwörterbuch der Mandschusprache*, Wiesbaden: Kommissionsverlag Otto Harrassowitz, 1952—1955, p.454.

③ Ulhicun: *Nüzhenwen zishu* de fuyuan [The recovery of *Glossary of Jurchen Script*], *Beilin jikan*, Vol.VII, Xi'an Beilin Bowuguan (ed.), Xi'an: Shaanxi renmin meishu chubanshe, 2001, pp.188, 194, 200, 202. Ulhicun: *Nüzhenwen zishu de tili jiqi yu Nüzhen yiyu* de guanxi [The format of *Glossary of Jurchen Script* and its relations to *Sino-Jurchen Vocabulary*], *Beilin jikan*, Vol.VIII, Xi'an Beilin Bowuguan (ed.), Xi'an: Shaanxi renmin meishu chubanshe, 2002, p.146.

④ Jin, Qicong (ed.): *Nüzhen wen cidian* [Dictionary of Jurchenograms], Beijing: Wenwu chubanshe, 1984, pp. 111-112.

⑤ *xu in Jin, Qicong (ed.): *Nüzhen wen cidian* [Dictionary of Jurchenograms], Beijing: Wenwu chubanshe, 1984, p.111.

"sheep":Jur. 汞*QONI(No.144,SJV),Ma.honin. Likewise,there appears a temporal reconstruction of the logographic Jurchenogram: 肉*QONIKI,from which the Jurchenogram 尚*qo could be considered as phonographic with the sustenance of the initial syllable.

As a deeper investigation, there appeared Jur. 汞 (7:4,GJS) much earlier[①], representing a better match to the Chinese transcription of Khitan "sheep": 昏 *hūn* (CKK),although regarded as cognate with Mo.qoni(n)"sheep"[②] and reconstructed as *qun[③].

Besides,there are two Chinese transcriptions for "sheep" in Jurchen language: 火唵 *huǒ'ǎn*(HJD) "sheep" Romanized as *honan[④],and 活離罕 *huólíhǎn*(HJD) "lamb" Romanized as *horihan[⑤].It is obvious that those two Chinese transcriptions could be parallel to Mo.qonin～qoriqan,and Turk.qoń "mouton,et spécialement brebis"～qozï "agneau dans sa première année"[⑥].Actually,there is a plausibly loaning route between Turkic,Mongolic,and Tungusic languages:Turk. *kojn＞Mo.qoni(n)＞Tung.konin,etc.[⑦]Accordingly,the Chinese transcriptions for Jurchen"sheep"～

① Ulhicun:*Nüzhenwen zishu* de fuyuan [The recovery of *Glossary of Jurchen Script*],*Beilin jikan*,Vol.VII, Xi'an Beilin Bowuguan(ed.),Xi'an:Shaanxi renmin meishu chubanshe,2001,pp.194,202.Ulhicun:*Nüzhenwen zishu* de tili jiqi yu *Nüzhen yiyu* de guanxi [The format of *Glossary of Jurchen Script* and its relations to *Sino-Jurchen Vocabulary*],*Beilin jikan*,Vol.VIII,Xi'an Beilin Bowuguan(ed.),Xi'an:Shaanxi renmin meishu chubanshe,2002,p.146.

② Hambis,Louis? :Premier essai de déchiffrement de la langue Khitan,*Comptes rendus de l'Académie des Inscriptions*,Séance du 27 mars,1953,p.131.

③ Sun,Bojun & Nie Hongyin:*Qidanyu yanjiu* [A Study on the Khitan Language],Beijing:Shehui kexue wenxian chubanshe,2008,p.72.

④ Sun,Bojun:*Jindai Nüzhenyu* [Reconstruction of the Jurchen language in Jin Dynasty],Shenyang:Liaoning minzu chubanshe,2004,p.227.

⑤ Sun,Bojun:*Jindai Nüzhenyu* [Reconstruction of the Jurchen language in Jin Dynasty],Shenyang:Liaoning minzu chubanshe,2004,pp.227-228.

⑥ Bazin,Louis:Noms de la《chèvre》en turc et en mongol,*Studia Altaica*-Ural-Altaische Bibliothek-zum 60, am 8,august,1957;aussi en:*Les turcs des noms, des hommes*,Budapest:Akadémiai Kiadó ·Paris:αρ éditions ARGUMENTS,1994:pp.265-270.

⑦ Starostin,Sergei,Anna Dybo,& Oleg Mudrak:*Etymological Dictionary of the Altaic Languages*:Part One to Three,with assistance of Ilya Gruntov and Vladimir Glumov,Leiden ·Boston:Brill,2003,p.543.

"lamb" should reflect a closer relation to Mongol equivalents, as concluded in the following table:

Chinese Transcriptions	Semantic Connotations	Revised Jurchen Reconstructions	Mongol Equivalents	Turkic Equivalents
火唵	sheep	*qonin	qonin	qoń
活離罕	lamb	*qoriqan	qoriqan	qozï

Owing to such a parallel relations, the above-mentioned Chinese transcription 昏 *hūn* of Khitan "sheep" should be revised in the reconstruction as *qoń, assimilated to the Turkic equivalent. And the analysis of Jurchen lexical pair*qonin ~ *qoriqan suggests a tendency to the phonetic proximity between -ni-and-ri-.

3. *Decipherment of Three Other Jurchenograms*

Comparable to Jur.𘡸graphically, Jur. 𘡹"pine-cone"(1:23,4b:5,8:12,GJS; No.127,SJV) is logographic[①], together with the cognate Ma.hūri and the Chinese transcription in HJD: 阿虎里 *āhǔlǐ*[②]~阿活里 *āhuólǐ*, both Romanized as *ahuri[③]. The graphic similarity between 𘡸 and 𘡹 can be indicative of a revised reconstruction: Jur.𘡹*(A)QORI[④], and its Chinese transcription *aqori, which would lead to an

① Ulhicun: *Nüzhenwen zishu* de fuyuan [The recovery of *Glossary of Jurchen Script*], *Beilin jikan*, Vol.VII, Xi'an Beilin Bowuguan (ed.), Xi'an: Shaanxi renmin meishu chubanshe, 2001, pp.188, 191, 195, 203. Ulhicun: *Nüzhenwen zishu de tili jiqi yu Nüzhen yiyu* de guanxi[The format of *Glossary of Jurchen Script* and its relations to *Sino-Jurchen Vocabulary*], *Beilin jikan*, Vol.VIII, Xi'an Beilin Bowuguan (ed.), Xi'an: Shaanxi renmin meishu chubanshe, 2002, p.146.

② Grube, Wilhelm: *Die Sprache und Schrift der Jučen*, Leipzig: Kommissions-Verlag von O.Harrassowitz, 1896, p.93.

③ Sun, Bojun: *Jindai Nüzhenyu* [Reconstruction of the Jurchen language in Jin Dynasty], Shenyang: Liaoning minzu chubanshe, 2004, p.191.

④ This a-initial remained still in Jin Dynasty and eclipsed in post-Jin Dynasty, cf. Aisin Gioro, Ulhicun: *Nüzhen yuyan wenzi xin yanjiu*[A new study of Jurchen language and script], Kyoto: Meizendou, 2002, p.10.

etymological revision of PTung.*kuri “cone, nut”[①].

Also graphically similar to 肉, Jur. 米 (11a:20, GJS) “backward” [②] later appeared, phonographic for the verbal root, in the Jurchen spelling series 米右*uli–mei “zurückhalten” (No.402, SJV), cf.Ma.ulambi “weitergeben, übermitteln, überliefern, übergeben, weitererzählen”[③].Thus, Jur.米*uli should be a later phonetic reconstruction, similar to its earlier pronunciation.

Since this Jurchenogram must have been logographic for the direction of backward, opposite to the direction of frontward, there are a series of direction terms concerned in the probably neighboring languages [④] : Mo.doruna ~dürüne “east”; Jur. 朱 岳*JULE–ši = *julcši “cast” (No.590 SJV), Jur.朱 佬*JULE^{le} = *julc “front” (No. 598, SJV); PMo.*hörö–ne > MMo.xorone ~ xorene, WMo.öröne ~ örüne “west”[⑤]; Jur. 受岳*PHULI–ši[⑥] = *phuleši “west” (No.591, SJV)[⑦], etc.It can be noticed that the

① Starostin, Sergei, Anna Dybo, & Oleg Mudrak: *Etymological Dictionary of the Altaic Languages*: Part One to Three, with assistance of Ilya Gruntov and Vladimir Glumov, Leiden·Boston: Brill, 2003, p.725.

② Ulhicun: *Nüzhenwen zishu* de fuyuan [The recovery of *Glossary of Jurchen Script*], *Beilin jikan*, Vol.VII, Xi'an Beilin Bowuguan (ed.), Xi'an: Shaanxi renmin meishu chubanshe, 2001, pp.199, 201.Ulhicun: *Nüzhenwen zishu de tili jiqi yu Nüzhen yiyu* de guanxi [The format of *Glossary of Jurchen Script* and its relations to *Sino–Jurchen Vocabulary*], Beilin jikan, Vol.VIII, Xi'an Beilin Bowuguan (ed.), Xi'an: Shaanxi renmin meishu chubanshe, 2002, p.146.

③ Grube, Wilhelm: *Die Sprache und Schrift der Jučen*, Leipzig: Kommissions–Verlag von O.Harrassowitz, 1896, p.102.Hauer, Erich: *Handwörterbuch der Mandschusprache*, Wiesbaden: Kommissionsverlag Otto Harrassowitz, 1952—1955, p.953.

④ As for the following Jurchenogram series for “east” and “frontward”, Aisin Gioro, Ulhicun: N*üzhen yuyan wenzi xin yanjiu* [A new study of Jurchen language and script], Kyoto: Meizendou, 2002, pp.126–127 thought the succeeding characters 岳*ši as locative suffix and 佬*le as locative suffix; however, her collection of the Jurchen case suffixes—also cf.Aisin Gioro, Ulhicun: *Nüzhen yuyan wenzi xin yanjiu* [A new study of Jurchen language and script], Kyoto: Meizendou, 2002, pp.79, 81—hasn't such so–called case–markers.Based on the contradiction, the suggestion of case suffixes seems inferior to that of phonetic complements, cf.Tang, John: Nüzhenwen zhong de yinbu jiegou [The phonetic complements in Jurchen writing system], *The Korean Journal of Chinese Characters*, Vol. 001(2009): pp.265–282.

⑤ Starostin, Sergei, Anna Dybo, & Oleg Mudrak: *Etymological Dictionary of the Altaic Languages*: Part One to Three, with assistance of Ilya Gruntov and Vladimir Glumov, Leiden·Boston: Brill, 2003, p.1157.

⑥ Owing to l–appearance in the Jurchen term for “east” —cf.Starostin, Sergei, Anna Dybo, & Oleg Mudrak: *Etymological Dictionary of the Altaic Languages*: Part One to Three, with assistance of Ilya Gruntov and Vladimir Glumov, Leiden ·Boston: Brill, 2003, p.1157—gave out the Jurchen term for “west” as *fu–ri–si questionably, and due to PTung. *perki–n “west” incorrectly.

⑦ Grube, Wilhelm: *Die Sprache und Schrift der Jučen*, Leipzig: Kommissions–Verlag von O.Harrassowitz, 1896, p.92.

terms for "east" and for"frontward" share the same root in Mongolic and in Jurchen; and the common root of the terms for "west" in Mongolic and in Jurchen might well suggest a derivation of the common root from"west" to "backward"①.All the compari-son and analysis are listed in the following table:

Directions	East	Front	West	Back
Middle Mongol	doruna～dürüne		xorone～xorene	
Jurchen	*julеši	*jule	*phuliši	*phuli

Herein, it can be concluded that there comes into being a revised reconstruction of the Jurchen term for "backward": 炏*PHULI. And the initial labial's omission or assimilation to the following round vowel would become the later phonogram 炏*uli.

Likewise comparable to炏, Jur.炏(9:15, GJS) was classified as "hair"② and far from the detailed meaning.Furthermore, Ma.beileci "kurzes Herbsthaar des Tier-felles"③ could indicate a reconstruction of this Jurchenogram: 炏*BAILA, logographic for a type of hair or fur either in animal or in human bodies.On the other hand, in the Jurchen inscriptions this Jurchenogram was used phonographically in the spelling series④: 炏 休*bai-li "benefaction, favor"(JPGII 21), 炏 千 乘 矣*bai-i-ša-mai "to thank"(No.815, SJV).Because Jur. 炏 休*bai-li"benefaction, favor" can be cognate with Ma.baili and Jur. 千 叹 * [il]ILΓA (No.118, SJV) "flower" indicates the Ju-

① Aisin Gioro, Ulhicun: *Nüzhen yuyan wenzi xin yanjiu*[A new study of Jurchen language and script], Kyoto: Meizendou, 2002, pp.23-25 thought the Jurchen terms for "frontward" and for "backward" respectively in common roots with "south" and "north", ignorant of the remnant documentation of the same radical relation between the terms for "east" and for "frontward" in SJV.

② Ulhicun: *Nüzhenwen zishu de fuyuan* [The recovery of *Glossary of Jurchen Script*], *Beilin jikan*, Vol.VII, Xi'an Beilin Bowuguan(ed.), Xi'an: Shaanxi renmin meishu chubanshe, 2001, pp.196, 204.

③ Hauer, Erich: *Handwörterbuch der Mandschusprache*, Wiesbaden: Kommissionsverlag Otto Harrassowitz, 1952—1955, p.84.

④ Jin, Qicong(ed.): *Nüzhen wen cidian*[Dictionary of Jurchenograms], Beijing: Wenwu chubanshe, 1984, p. 293.

rchenogram 寸 *il as phonographic① to complement the succeeding logogram 們 *ILΓA②, the Jurchen spelling series 炏寸兲夨 should be revised as *BAILA^{il}–ša–mai＝*bailišamai and the Jurchen spelling series 炏 休 revised as *BAILA^{li}＝*baili.

4. *A Widespread Phonetic Approximation in Jurchen Writing*

In a short word, there appears a law for graphic derivation in Jurchen writing system: some trivial differentiation in the graphic form is due to the phonetic similarity of the characters. The Jurchenogram series above–mentioned have held such a graphic differentiation based partly on this phonetic proximity: –ni–～–li–～–ri–, which, in fact, matters significantly in a wider area as the following.

§1 –n–～–l–～–r–approximation in Jurchenogram derivation, just as the underlined phonemes–

1)–n–～–l–: vChi.盾*dù<u>n</u>*>Jur.为*DU<u>L</u>I “middle”③;

2)–ni–～–li–: vChi.仈*<u>nì</u>*>Kma.*仆<u>ni</u>>Jur. 休*<u>li</u>④;

3)–n–～–r–: vChi.有*dù<u>n</u>*>Jur.肴*da<u>r</u>⑤, vChi.屏*dià<u>n</u>*>Jur.屡*DIRAMIN～屏

① Aisin Gioro, Ulhicun: *Nüzhen yuyan wenzi xin yanjiu* [A new study of Jurchen language and script], Kyoto: Meizendou, 2002, p.153.

② Aisin Gioro, Ulhicun: *Nüzhen yuyan wenzi xin yanjiu* [A new study of Jurchen language and script], Kyoto: Meizendou, 2002, p.140.

③ Aisin Gioro, Hengxu, Aisin Gioro Qicong, Yoshimoto Michimasa & Aisin Gioro Ulhicun: *Aixin Jueluo shi sandai Aertaixue lunji* [Collection of three Aisin Gioro generations' Altaic Studies], Kyoto: Minzandou, 2002, p. 370.

④ Huang, Zhenhua: Hanzi de chuanbo jiqi jieyong moshi [On the transmission and loaning modes of Chinese characters], *Hanzi de yingyong yu chuanbo– '99 Hanzi yingyong yu chuanbo guoji xueshu yantaohui lunwenji*, Zhao Liming & Huang Guoying (eds.), Beijing: Huayu jiaoxue chubanshe, 2000, p.198 pointed out that Jur. *li comes from Chi.休 *xiū* based on this Chinese character's peculiar meaning 無實李 *wúshílǐ*"fruitless plum" (EY), which is nowadays considered far from the Jurchen literati's Chinese knowledge.

⑤ Aisin Gioro, Hengxu, Aisin Gioro Qicong, Yoshimoto Michimasa & Aisin Gioro Ulhicun: *Aixin Jueluo shi sandai Aertaixue lunji* [Collection of three Aisin Gioro generations' Altaic Studies], Kyoto: Minzandou, 2002, p. 371.

*DIRA "thick"[①];

4)-r-～-l-: vChi.礼 lǐ>Kmi.仉*ri>Jur.仵*le[②];

5)-li-～-ri-: Jur.寻*PHULI"to walk">Jur.㑳*MORIN"horse"[③], Jur.𫎇*URI "north">Jur.㞺*ALIN "mountain"[④].

§2 -n-～-l-～-r-approximation in Chinese transcription of Jurchen words, just as the underlined suggestions-

1)-n(a)-～-r-: Chi.薩那罕 sànàhǎn(SCBMHB)=Jur.㐂 禿*SARΓAN[an]=*saryan"wife"[⑤];

2)-n-～-r-: Chi.盤里合 pánlǐhé(HJD)=Jur.*parha"thumb"-cf. Ma.ferhe[⑥];

3)-n-～-l-: Chi.安春 ānchūn/按春 ànchūn(HJD)=Jur.斥 圡*ALČUN[un]=*alčun "gold"[⑦], Chi. 桓端 huánduān/喚端 huànduān (HJD)=Jur. 帀*QOLDO～/帀/帀 笈*QOLDON[on]=*qoldo(n)"pine"[⑧], Chi.罕麻 hǎnmá(No.217, SJV)=Jur.

① Aisin Gioro, Hengxu, Aisin Gioro Qicong, Yoshimoto Michimasa & Aisin Gioro Ulhicun: *Aixin Jueluo shi sandai Aertaixue lunji* [Collection of three Aisin Gioro generations' Altaic Studies], Kyoto: Minzandou, 2002, p. 379.

② Aisin Gioro, Hengxu, Aisin Gioro Qicong, Yoshimoto Michimasa & Aisin Gioro Ulhicun: *Aixin Jueluo shi sandai Aertaixue lunji* [Collection of three Aisin Gioro generations' Altaic Studies], Kyoto: Minzandou, 2002, pp. 371, 427.

③ Jin, Guangping: Nüzhen zhizi fangfalun-Jian yu Riben Yamaji Hiroaki shi shangque[On the methodology of Jurchenogram derivation: A critique to the research of Japanese scholar Hiroaki Yamaji], Jin Qicong (rev.), *Neimenggu Daxue xuebao(zhexue shehuikexue ban)*, Vol. IV(1980), p.26.

④ Aisin Gioro, Hengxu, Aisin Gioro Qicong, Yoshimoto Michimasa & Aisin Gioro Ulhicun: *Aixin Jueluo shi sandai Aertaixue lunji* [Collection of three Aisin Gioro generations' Altaic Studies], Kyoto: Minzandou, 2002, p. 437.

⑤ Sun, Bojun: *Jindai Nüzhenyu* [Reconstruction of the Jurchen language in Jin Dynasty], Shenyang: Liaoning minzu chubanshe, 2004, p.75.

⑥ Sun, Bojun: *Jindai Nüzhenyu* [Reconstruction of the Jurchen language in Jin Dynasty], Shenyang: Liaoning minzu chubanshe, 2004, p.241.

⑦ Sun, Bojun: *Jindai Nüzhenyu* [Reconstruction of the Jurchen language in Jin Dynasty], Shenyang: Liaoning minzu chubanshe, 2004, pp.198-199.

⑧ Nie, Hongyin: *Jinshi* Nüzhen yiming de yinyunxue yanjiu" [A phonological study of the Chinese transcriptions of Jurchen proper names in *History of Jin Dynasty*], *Manyu yanjiu*, Vol.2, 1998, p.87. Sun, Bojun: *Jindai Nüzhenyu*[Reconstruction of the Jurchen language in Jin Dynasty], Shenyang: Liaoning minzu chubanshe, 2004, p.226.

龙 攴 *χal-mar =*χalmar "sword"-cf.Ma.halmari[1], Chi. 深温 *shēnwēn*(No.91, SJV)[2]=Jur.床 炅*šim[3]-ul =*šimul "cold"-cf.Ma.simeli;

4)l-～n-: Chi.涞流河 *láiliúhé*(HJD)=Jur.妥 休 夂 甪*na-li-in-he=*nalin-he "a Jurchen hydronym"[4];

5)li-～ni-: Chi.泥厖古 *nímánggǔ*(HJD)=Chi.里襪哈 *lǐwàhā*[5](No.163, SJV)=Jur.朿 乎*NIMAQA^{xa}=*nimaqa "fish"[6], Chi.李哥 *lǐgē*(SJM)=Jur.未 疾*ni-ge=*nige (Ming anthroponym)[7].

Until now, let's return to Jur.内*QONIKI "short-legged bear". Related to it phonetically, there is: Jur.千 *QALIΓU(4a:8, 6:8, 7:9, GJS)[8]～千 午*QALI-γu(No.179, SJV) =*qaliγu "sea otter", cf.Ma.hailun, haihun(reconstructed as *xaliγu)[9], originating from PMo.*kaliγun, which has another derivatives: MMo.qali'un, WMo.

---

① Aisin Gioro, Ulhicun: *Nüzhen yuyan wenzi xin yanjiu*[A new study of Jurchen language and script], Kyoto: Meizendou, 2002, p.323.

② It is far from precise that Kiyose, Gisaburo N.: *A Study of the Jurchen Language and Script*: Reconstruction and Decipherment, Kyoto: Hōritsubunka-sha, 1977, p.102, note 51) made Ma. singkeyen "chilly" as reference.

③ Hereupon, the reconstructed Jurchen syllable *šim is according to the Middle oral pronunciation of Chi.深 with an š-initial and an i-final and an m-ending, cf.Nie, Hongyin: *Jinshi* Nüzhen yiming de yinyunxue yanjiu" [A phonological study of the Chinese transcriptions of Jurchen proper names in *History of Jin Dynasty*], *Manyu yanjiu*, Vol.2, 1998, p.85.

④ Tang, John Toponyms recorded in Jurchen script: A preliminary survey, *Studia Etymologica Cracoviensia* (Kraków, Poland), Vol.13(2008), pp.164-165.

⑤ Aisin Gioro, Ulhicun: *Nüzhen yuyan wenzi xin yanjiu*[A new study of Jurchen language and script], Kyoto: Meizendou, 2002, p.268 reconstructed it as *lim^{w}aka, obviously a direct transliteration of the Chinese transcription.

⑥ Menges, Karl H.: Die tungusischen Sprachen, *Tungusologie* (Altaistik; Handbuch der Orientalistik, Erste Abteilung, V.Band, 3.Abschnitt), Leiden/Köln: E.J.Brill, 1968, p.251.

⑦ Jin, Qicong(ed.): *Nüzhen wen cidian*[Dictionary of Jurchenograms], Beijing: Wenwu chubanshe, 1984, p. 287.

⑧ Ulhicun: *Nüzhenwen zishu* de fuyuan [The recovery of *Glossary of Jurchen Script*], *Beilin jikan*, Vol.VII, Xi'an Beilin Bowuguan (ed.), Xi'an: Shaanxi renmin meishu chubanshe, 2001, pp.191, 194, 202. Ulhicun: *Nüzhenwen zishu de tili jiqi yu Nüzhen yiyu de guanxi*[The format of *Glossary of Jurchen Script* and its relations to *Sino-Jurchen Vocabulary*], *Beilin jikan*, Vol.VIII, Xi'an Beilin Bowuguan (ed.), Xi'an: Shaanxi renmin meishu chubanshe, 2002, p.146.

⑨ Aisin Gioro, Ulhicun: *Nüzhen yuyan wenzi xin yanjiu*[A new study of Jurchen language and script], Kyoto: Meizendou, 2002, p.220.

qaliγun "otter, beaver"[①].

5. Conclusions

Concerning the approximate relation between–ni–in *qoniki and–li–in *qaliγu, it could be speculated that the Jurchen word for the so–called "short–legged bear" (together with its Manchu counterpart), as a matter of fact, becomes cognate with the Jurchen word for "sea otter", an obvious loanword from the Mongolic languages, so that Jur. *qoniki～Ma. honiki "short–legged bear" might well belong to Mustelidae, instead of Ursidae, similar to beaver or otter.

（原载于 *Journal of Sino–Western Communications*, December, 2012, Volume IV, Issue 2: pp.45–52）

① Starostin, Sergei, Anna Dybo, & Oleg Mudrak: *Etymological Dictionary of the Altaic Languages*: Part One to Three, with assistance of Ilya Gruntov and Vladimir Glumov, Leiden ·Boston: Brill, 2003, p.773.

ENCORE À PROPOS DU NOM《NANKIĀS》NOTÉ PAR PAUL PELLIOT①

Le nom propre《Nankiās (南家 *Nán–jiā*)》,parmi tout à fait quelques appellations pour le pays et le peuple dans(certaines parties de) la Chine médiévale tel que Sinae～Chine(秦 *Qín*/晉 *Jìn*)②,Machin(馬秦*Mă–qín*),Taugast(桃花石 *Táo–huā–shí*),Cathai(契丹 *Qì–dān*),Jāūqut (漢兒 *Hàn'ér*),etc.③,est le moins un qui a embrassé l'attention des chercheurs modernes.Par ailleurs,il est Paul Pelliot qui avait poursuivi son étymologie④.Après ses recherches sur les variantes orthographiques suivants:《Nangās》écrit à la plume de Kirakos l'historien arménien au XIIIe siècle et 《Nangkiya》 enregistré dans le vocabulaire ouigour–chinois de Ming aux XIVe siècle,à partir de laquelle sont dérivées les formes mongoles 《Nangkiyas》 pour

---

① Un grand merci est donné pour Ms.AN Na,Institut de langues étrangères,Université de Nantong,pour sa généreuse révision de mon article en français.

② Pelliot,Paul:《Deux itinéraires de chine en Inde à la fin du VIIIe siècle》,*Bulletin de l'Ecole française d'Extrême –Orient*,Année 1904,Volume 4,Numéro 1:pp.131 –413.Zheng –Zhang,Shangfang:《Gu yiming kan'e bianyuan wuli》[Cinq exemples de recherche étymologique sur la transcription chinoise des noms propres],*Zhongguo yuwen*,No.6,2006,pp.541–542.

③ Jia,Jingyan:《'Hanren'kao》[Sur les Han–Chinois,*Zhongguo shehui kexue*,No. 6,1985,pp.99–109.

④ Pelliot,Paul:《Sur quelques mots d'Asie centrale attestés dans les textes chinois》,*Journal asiatique:Recueil de mémoires et de notices relatifs aux études orientales publié par la Société asiatique*,nars–avril 1913,onzième série,tome 1,pp.451–469.

désigner le Chinois et 《Nangkiyad》pour designer les Chinois[①], sa conclusion finale est: Nankiās ou Nangiās (囊家 *Náng-jiā*) était le synonyme mongol, employé par Rachid ed-Din le historien persan, égal à Manzi ou Mangi (蠻子 *Mán-zǐ*), et devait restituer une forme 《南家*Nán-jiā*: gens du Sud》, extraite du livre historique chinois *Sān-cháo Běi-méng Huì-biān* (《三朝北盟會編》) compilé au XIIe siècle(1194 AD), avec cet emploi en valeur de terme pluriel[②]; parfois, par rapport à l'ethnonyme mandchoue pour les Chinois: Nikan et le pluriel Nikasa[③].

Depuis la recherche étymologique de Pelliot a été publiée[④], Feng Cheng-chun (馮承鈞) l'a traduit en chinois, en conséquence bien connue par les chercheurs chinois[⑤].Cependant, depuis longtemps, il n'y a personne d'autre qui a donné toute recherche plus approfondie soit pour ou contre le argumentation de Pelliot[⑥].Maintenant, je vais un peu plus loin pour compléter son analyse étymologique basée sur les progrès récents des études mongol-toungous.

Dans les dossiers chinoises existantes de mots djourtchen, d'abord, il y ont non

---

① Pelliot, Paul: 《Sur quelques mots d'Asie centrale attestés dans les textes chinois》, *Journal asiatique: Recueil de mémoires et de notices relatifs aux études orientales publié par la Société asiatique*, nars-avril 1913, onzième série, tome 1, pp. 460-462.

② Pelliot, Paul: 《Sur quelques mots d'Asie centrale attestés dans les textes chinois》, *Journal asiatique: Recueil de mémoires et de notices relatifs aux études orientales publié par la Société asiatique*, nars-avril 1913, onzième série, tome 1, pp. 462-463.

③ Pelliot, Paul: 《Sur quelques mots d'Asie centrale attestés dans les textes chinois》, *Journal asiatique: Recueil de mémoires et de notices relatifs aux études orientales publié par la Société asiatique*, nars-avril 1913, onzième série, tome 1, pp. 465-466.

④ Pelliot, Paul: 《Sur quelques mots d'Asie centrale attestés dans les textes chinois》, *Journal asiatique: Recueil de mémoires et de notices relatifs aux études orientales publié par la Société asiatique*, nars-avril 1913, onzième série, tome 1, pp. 451-469.

⑤ Feng, Cheng-chun (tr.): 《Bo Xi-he: Nan-jia》[Paul Pelliot: Sur le nom 《Nankiās》], *Xiyu Nanhai shidi kaozheng yicong erbian* [Traductions chinoises des recherches historiques et géographiques de Sérindie et Indochine: La deuxième collection], Shanghai: La Presse Commerciale, 1934, pp.71-73.

⑥ Pelliot, Paul: 《Sur quelques mots d'Asie centrale attestés dans les textes chinois》, *Journal asiatique: Recueil de mémoires et de notices relatifs aux études orientales publié par la Société asiatique*, nars-avril 1913, onzième série, tome 1, pp. 451-469.

seulement 泥哈 *Ní-hā* mentionné par Pelliot[①],mais aussi ces autres mots que 粘罕 *Nián-hǎn*/粘漢 *Nián-hàn*,尼堪 *Ní-kān*,鳥家 *Niǎo-jiā*,qui ont été recueillis dans une dernière œuvre chinoise sur les éléments lexicaux djourtchens[②],utilisés pour désigner les Chinois. Comme il y a beaucoup des progrès de la recherche sur la phonologie chinois vulgaire de la Xe à la XIIIe siècles,ces caractères chinois utilisés pour transcrire la langue djourtchen devraient être construits plus précisément que jamais.Par conséquent,nous pourrions bien donner les mots les plus approximantes en parallèle aux quatre transcriptions chinois dans le tableau suivant:

Le temps de compilation	Le dernier XVIe siècle	L'ancien XIVe siècle	XIIIe-XVe siècles	Le milieu de XIIe siècle	L'ancien XIIIe siècle
Les premières sources	会同馆《女真译语》*Nǚ-zhēn yì-yǔ* par le Bureau des interprètes	《金史》*Jīn shǐ*	Opéras chinois de Yuan & Ming	《松漠纪闻》*Sōng-mò jì-wén*	《大金国志》*Dà Jīn-guó zhì*
Transcriptions chinois	泥哈	粘罕	粘漢	尼堪	鳥家
Reconstructions	*ɦi-χa	*ɦam-χan		*ɦi-qam	*ɦau-γa

It me faut remarquer comment reconstruire la prononciation du caractère chi-nois《鳥》,dont sa première consonne a été classée dans la dentale non aspirée(端母 *Duān-mǔ*) jusqu'à la période médiévale,i.n.les dynasties de Sui et Tang.A partir de la dynastie de Jin,au moins,ce caractère chinois peut être découvert prononcer la consonne initiale tel que le dentaire-nasal afin de se séparer de l'homophone du mot abusive《屌 *diǎo* 》,référant à《queue ou bite》;c'est-à-dire,il a une allogreffe《[illegible]》,

① Pelliot,Paul:《Sur quelques mots d'Asie centrale attestés dans les textes chinois》,*Journal asiatique:Recueil de mémoires et de notices relatifs aux études orientales publié par la Société asiatique*,nars-avril 1913,onzième série,tome 1,p. 466.

② Sun,Bojun:*Jindai Nüzhenyu* [Le langue djourtchen dans la dynastie de Jin],Shenyang:Liaoning minzu chubanshe,2004,pp.237-238.

qui a été indiquée en monosyllabe construite par deux syllabes chinois（反切 *fǎn-qiē*）: 奴了切 *nú-liǎo-qiē* dans la nasale dentaire（泥母 *Ní-mǔ*）, citée par le Jin Hán Xiàoyàn(韓孝彦) en compilant *Sì-shēng piān-hǎi* (《四聲篇海》) le dictionnaire selon l'impression de Ming mais enregistrée la plus tôt dans *Yù-piān*（《玉篇》) le dictionnaire graphique compilé dans le milieu du VIe siècle et se référant à 《une certaine espèce d'oiseau》.Jusqu'à la dynastie de Ming, ce caractère《鳥》a commencé à avoir la prononciation avec l'initiale d'aujourd'hui《n-》: 尼了切 *ní-liǎo-qiē* aussi dans la nasale dentaire(泥母 *Ní-mǔ*), enregistrée dans le dictionnaire graphique *Zì-huì*(《字彙》) généralisé de Ming au début de Qing.

Ensuite, parmi tous les quatre records precedents, la nasale finale《-n》dans la dernière syllabe peut être omise librement selon la phonétique mongol-toungouse, qui détermine *-χa et *-χan alternent mutuellement; et une telle finale de syllabe peut également être alternée avec la nasale labiale《-m》que 阿點 *ā-diǎn* ou 阿敵音 *ā-dí-īn*, *adim en khitan, apparenté au mot djourtchen 𘱛（哈的 *hā-dí*）*hadi pour 《noble》[1], même illustré avec les records chinois 珊蠻 *shān-mán*, *ša(n)man, et 撒卯 *sǎ-mǎo*, *samau, (cf.saman en mandchou）[2] pour《sorceress》en djourtchen.Et dans la syllabe initiale en djourtchen, la consonne finale《-m》peut être modifiée par la semi-voyelle《-u》dans le même lieu articulé comme le mot djourtchen pour《le nom propre de la organisation militaire de base dans la société djourtchen》avec les formes djourtchen comme 𘬁𘭁𘬂 *meu-mu-he, 𘬁𘭁𘬃 *meu-mu-he, 𘬁𘬄𘬅 *meu-mu-ke[3](aussi cf.mukūn en mandchou）et chinois comme 毛毛可 *máo-máo-*

---

① Sun, Bojun & Nie Hongyin: *Qidanyu Yanjiu*[Les études de la langue khitan], Pékin: Shehuikexue Wenxian Chubanshe, 2008, pp.45-46.

② Sun, Bojun: *Jindai Nüzhenyu* [Le langue djourtchen dans la dynastie de Jin], Shenyang: Liaoning minzu chubanshe, 2004, p.252.

③ Jin, Qizong(éd.): *Nüzhenwen Cidian*[Le dictionnaire des caractères djourtchens], Pékin: Wenwu Chubanshe, 1984, p.106.

kĕ, 毛可 *máo-kĕ*, 謀克 *móu-kè*[①] entièrement pour la reconstruction *mu(m)ke en djourtchen, qui est analogue à ce terme *Xiāo Tán duì-zhuăn* (宵談對轉) dans la phonologie chinoise traditionnelle[②].

Quant à cet ethnonyme《南家 *Nán-jiā*》, it faut restituer le mot djourtchen selon la prononciation vulgaire de caractères chinois: *nam-γa. Ainsi, il conduce à la série suivante, à peu près, montrant une trace diachronique des différentes transcriptions chinois désigner la même ethnonyme—Chinois:

*ńi-qam > *nam-γa > *ńau-γa > *ńam-χan > *ńi-χa

Cette série indique un tel point de vue importante que la reconstrcution djourtchen *ńi-qam pourrait refléter une première forme plus avec le consonne sourde dans le début de sa dernière syllabe, même s'elle a été utilisée jusqu'à la dynastie de Qing.

Enfin, il me faut remarquer le mot tabghatch《染干[③] *Răn-gàn*》, peut-être pour désigner les Chinois, qui peut être reconstruit comme *ńam-γan, dont à une vue doit être derivée l'ethnonyme《南家 *nam-γa》. Tout à fait, nous pouvons résumer le diagramme montrant tous les mêmes radicaux distribués dans des langues variées comme suit :

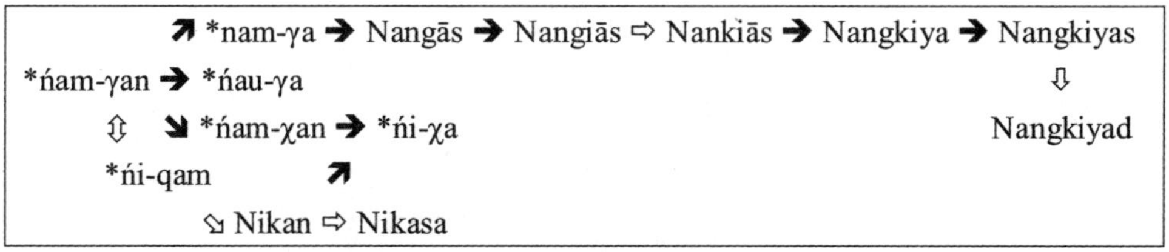

↗ *nam-γa ➔ Nangās ➔ Nangiās ⇨ Nankiās ➔ Nangkiya ➔ Nangkiyas
*ńam-γan ➔ *ńau-γa ⇩
⇳ ↘ *ńam-χan ➔ *ńi-χa Nangkiyad
*ńi-qam ↗
⇘ Nikan ⇨ Nikasa

① Tang, John:《Toponyms recorded in Jurchen script: A preliminary survey》, *Studia Etymologica Cracoviensia*, 13(2008): p.156.

② Feng, Zheng:《Shanggu Hanyu de Xiao Tan duizhuan yu gudai Yindu yuyan zhong de -am > -o, -u xing yinbian》[L'alternance entre -w et -m en chinois ancien et le développement phonétique -am > -o, -u dans les langues de l'Inde ancienne], *Gu Hanyu yanjiu*, No.3, 1993: pp.53-59.

③ Ce mot tabgatch est cité dans ce passage suivant de l'historiographie chinoise: 嘗有鮮卑聚語,崔昂戲問昕曰:「頗解此不? 」昕曰:「樓羅,樓羅,實自難解。時唱染幹,似道我輩。」(《北史卷二十四·列傳第十二》)

En résumé, le nom propre transcrit en caractères chinois 《南家 *Nán-jiā*》 peut ainsi offrir la forme reconstruite *nam-γa qui a été héritée de la forme plus tôt, *ńam-γan en tabghatch, au moyen de la de-palatalization de la consonne initiale. Par ailleurs, les mots apparentés mongoles procédant deviennent ses emprunts directs prêtés aux différentes langues avec la conquête des Mongols en steppe eurasienne; tout au plus, cependant, de l'origine de 《南家 *nam-γa》 a été dérivé un autre mot, qui a été restauré comme *ńi-qam (en djourtchen)～Nikan (en mandchou) à partir de la dynastie de Jin jusqu'à Qing.

（原载于 *Journal of Sino-Western Communications*, December, 2015, Volume VII (Fremont, USA), Issue 2"Le numéro spécial de xenologie en mémoire du maître Paul Pelliot à l'occasion du 70e anniversaire de sa mort": pp.119-124）

女真文“契丹”考

一、序说

在目前所知的资料中，女真文记录的族称（ethnonym）“契丹”此前仅一见，出现在 12 世纪后期镌刻的《大金得胜陀颂碑》中[1]：

原文：[illegible] [illegible]（第 21 行）[2]

拟音：*hi-tan＝ni dewe-gen ǰu-γun ber-ɣe＝o tar ehe＝be abqa doldi-lu

对译：契丹＝属格标记 终 道 失＝呵 彼 恶＝宾格标记 天 闻-现在时标记

串译：辽季失道，腥闻于天

目前确认的女真文“契丹”，即是[illegible] *hi-tan。构成这一族称的两个女真字[illegible] *hi 和[illegible] *tan，虽然也都算是现存女真语料中的常见字，但其具体情形仍然值得细致剖析。

需要说明的是：下文涉及的契丹—女真文拉丁转写为笔者基于以往多家

[1] 刘凤翥、于宝林：《女真文字〈大金得胜陀颂〉校勘记》，《民族语文论集》，北京：中国社会科学出版社 1981 年，第 298 页；道尔吉、和希格：《女真文〈大金得胜陀颂〉碑校勘释读》，《内蒙古大学学报》（哲学社会科学版）1984 年第 4 期，第 68 页；［日］爱新觉罗乌拉熙春：《女真语言文字新研究》，京都：明善堂，2002 年，第 166 页。

[2] 下划线所示研究对象的原文位置。

研究而建立的自拟系统；其中以上标形式出现的转写，表示对应的女真字符在记录相应语汇时起着音补(phonetic complement)[①]作用；而契丹小字的原文，出于排版的便利，将其改变为线性排列，这样对本文的研究内容并无影响。

二、[女真字]字考

构成这一族称的次字[女真字] *tan 相对不常见，但在公元1119年女真文创制后不久编定的《女真文字书》残叶中却有收录，见于“收覆”门类：[女真字](5a:10)[②]、[女真字][女真字](10a:3)[③]、[女真字][女真字](11a:6)[④]，而以[女真字][女真字]为正体[⑤]。

在朝鲜半岛矗立至今的《庆源女真国书碑》(金天眷元年至皇统元年，即公元1138—1141年间)中出现了[⑥]：

原文：[女真字][女真字][女真字][女真字][女真字][女真字](第III面第4行)[⑦]

拟音：*tik-tan=ba da-χa-bie

对译：制度=宾格标记 依照-现在时标记

串译：依照制度[⑧]

据此可知，《女真译语》(词条745)出现的[女真字][女真字][女真字] *tik-tan=ba 实际上是带有宾格标记[女真字] *ba 的形式，早在20世纪50年代匈牙利学者李盖提(Louis

① 有关女真文中音补成分的详细研究，可以参考唐均：《女真文中的音补结构》，《韩国汉字研究》2009年创刊号：第265—282页；唐均：楔形文字和女真文字中音补结构比较研究，《中国海洋大学学报》(哲学社会科学版)2011年第三期：第84—90页。

② [日]乌拉熙春：《〈女真文字书〉的复原》，西安碑林博物馆[编]《碑林集刊》(七)，西安：陕西人民美术出版社，2001年，第192页。

③ [日]乌拉熙春：《〈女真文字书〉的复原》，西安碑林博物馆[编]《碑林集刊》(七)，西安：陕西人民美术出版社，2001年，第197页。

④ [日]乌拉熙春：《〈女真文字书〉的复原》，西安碑林博物馆[编]《碑林集刊》(七)，西安：陕西人民美术出版社，2001年，第199页。

⑤ [日]乌拉熙春：《〈女真文字书〉的复原》，西安碑林博物馆[编]《碑林集刊》(七)，西安：陕西人民美术出版社，2001年，第204页。

⑥ 金光平、金启孮：《女真语言文字研究》，北京：文物出版社，1980年，第337页。

⑦ 参见下划线所指示的位置。

⑧ 金光平、金启孮：《女真语言文字研究》，北京：文物出版社，1980年，第354页。

Ligeti）对此就已正确加以构拟[①]，而70年代美籍日裔学者清濑义三郎则府（Gisaburo Norikura Kiyose）却拟作 *tik–tam–ba[②]，显然是囿于《女真译语》本身的局限，未能甄别《译语》纂者格标记羼入语词本体的错讹。

由于在《女真进士题名碑》(金正大元年，即公元1224年)中也出现了含有女真字符合的两个词汇：合 帯 内*tik–ta–χu“理”(第5行)、合 犮 甬 支*tik–ta–darla“至于理”(第6行)。再虑及从女真语到满语的辅音腭化特征[③]，参考满文 ciktan“伦常”[④]以及 ciktarambi“富有、蔓延、结交”[⑤]，我们推测，出现在《女真文字书·收覆》中的 耂 ～耂 实际上当是合～合 的异体字。然则，耂 犮及其异体耂 犮，可能就是与上述满文词汇相当的女真语词“结交”，拟音当作 *tik–tan。

三、屖字考

构成这一族称的首字屖 *hi，在现存女真语料中是出现较为频繁的了[⑥]。而《大金得胜陀颂碑》(第28行)又以屖 肩 太*hi–hien^{ien}音译“羲轩”[⑦]。足以证明当时(金大定廿五年，即公元1185年)女真字屖读作 *hi。

在距此碑铭镌刻半个多世纪以前编定的《女真文字书》中，该女真字见于

① Ligeti, Louis: Note préliminaire sur le déchiffrement des《petits caractères》joutchen, *Acta Orientalia Academiae Scientiarum Hungaricae*, T.III, fasc.2.(1953), p.18.

② Kiyose, Gisaburo N.: *A Study of the Jurchen Language and Script*: Reconstruction and Decipherment, Kyoto: Hōritsubunka–sha, 1977, p.138.

③ [韩]李基文:《中古女真语的音韵学研究》，黄有福[译]，《民族语文研究情报资料集》(二)，北京：中国社会科学院民族研究所，1983年，第146页。

④ 金光平、金启孮:《女真语言文字研究》，北京：文物出版社，1980年，第297页；胡增益主编:《新满汉大词典》，乌鲁木齐：新疆人民出版社，1994年，第136页。

⑤ 胡增益主编:《新满汉大词典》，乌鲁木齐：新疆人民出版社，1994年，第136页。

⑥ 金启孮编:《女真文辞典》，北京：文物出版社，1984年，第53—54页。

⑦ 刘凤翥、于宝林:《女真文字〈大金得胜陀颂〉校勘记》，《民族语文论集》，北京：中国社会科学出版社1981年，第300页；道尔吉、和希格:《女真文〈大金得胜陀颂〉碑校勘释读》，《内蒙古大学学报》(哲学社会科学版)1984年第4期，第77页；[日]爱新觉罗乌拉熙春:《女真语言文字新研究》，京都：明善堂，2002年，第173页。

“厚薄”和疑似“地名”门类中①。《女真文字书·厚薄》②:秉 屖(1a:21、4b:3、8:9③)④,其首字秉 可能是東的异体,而東又是負～厌的异体⑤,拟音 *ke⑥。于是秉 屖可为女真文拟音 *ke-ki,因而推测该女真语词可能同满文 keike“刻薄、薄情”⑦同源而有类似语义,这样就符合该女真文记录在《女真文字书》中所处的“厚薄”门类了。

该女真字又出现于疑似《女真文字书·地名》中位于本类倒数第七、八位的屖峀(10a:14)⑧,虑及《女真文字书》两字一组或为两词或为一词的特点,屖 *ki 已是不能单独成词的音符(phonogram),那么这两个女真字应该拼成一个语词。而其次字峀又见于《女真文字书·禽类二》中(4a:11、8:1)⑨,拟音 *buduχu,意指“船钉鱼(蛇鮈)”⑩,为一个词符(logogram)。而这个女真字峀在疑似“地名”门类中却应该是一个音符,其拟音自然应该同其词符拟音有所关联。

比这个女真字右边多一点的是凿 ,有两个不同的拟音:

一)*ta 见于女真语词凿 凿 艮*ta-ta-χai“下营”(《女真译语·器用门》词条 268)⑪;

二)*budu 见于女真语词凿 先*budu-γoi “饭”(《女真译语·饮食门》 词条

---

① [日]爱新觉罗乌拉熙春:《女真语言文字新研究》,京都:明善堂,2002 年,第 129 页。

② [日]乌拉熙春:《〈女真文字书〉的复原》,西安碑林博物馆编《碑林集刊》(七),西安:陕西人民美术出版社,2001 年,第 203 页。

③ 金启孮编:《女真文辞典》,北京:文物出版社,1984 年,第 54 页推测字在《女真文字书》的此处单用表示“帘”,显然是不妥的了。

④ [日]乌拉熙春:《〈女真文字书〉的复原》,西安碑林博物馆编《碑林集刊》(七),西安:陕西人民美术出版社,2001 年,第 188、191、195 页。

⑤ 金启孮编:《女真文辞典》,北京:文物出版社,1984 年,第 141 页。

⑥ 金启孮编:《女真文辞典》,北京:文物出版社,1984 年,第 137 页。

⑦ 胡增益主编《新满汉大词典》,乌鲁木齐:新疆人民出版社,1994 年,第 477 页。

⑧ [日]乌拉熙春:《〈女真文字书〉的复原》,西安碑林博物馆编《碑林集刊》(七),西安:陕西人民美术出版社,2001 年,第 197 页。

⑨ [日]乌拉熙春:《〈女真文字书〉的复原》,西安碑林博物馆编《碑林集刊》(七),西安:陕西人民美术出版社,2001 年,第 191、195、202 页。

⑩ [日]爱新觉罗乌拉熙春:《女真语言文字新研究》,京都:明善堂,2002 年,第 128 页。

⑪ Kiyose, Gisaburo N.: *A Study of the Jurchen Language and Script*: Reconstruction and Decipherment, Kyoto: Hōritsubunka-sha, 1977, p.112.

523)[1]。

注意表示"饭"的女真文词符并不见于尚有缺字的《女真文字书·饮食》中[2],其蒙文同源词是 budaγa,读作[bədɑ:～bodɑ:][3],而加点成为异体是后期女真文的一个普遍特征[4],比如日～日 *ineŋgi[5]、月～月 *bia[6]、勿～勿 *amur[7]、右～右 *ča[8]、长～长 *gi[9]、芾～芾 *ta[10]、峃～峃 *bu[11]、合～会 *tik[12]等等。由此可以推测仅有一点之差的女真字峀也可能有 *ta 和 *buduχu 两个异音。

这样的推测如果不谬,那么在疑似《女真文字书·地名》中出现的成词拼写屖峀就可以拟音作 *ki-ta。这个拼写或许就是"契丹"族称在女真文中的另外一种拼写形式,反映出来的语音特点既是较之碑铭中记录的屖攵 *hi-tan 更为早期的、亦即词首塞音 *k-尚未擦音化为 *h-的情形,也更像是契丹小字记录词根哭 *qïta(《耶律仁先墓志》第 53 行)的女真语翻版——参见哭关 *qïta-i、哭叉 *qïta-n、哭叉关 *qïta-n-i[13]以及哭伞 *qïta-s(《耶律仁先墓志》第 48、49 行,疑似复数形式)。

---

① Kiyose, Gisaburo N.: *A Study of the Jurchen Language and Script*: Reconstruction and Decipherment, Kyoto: Hōritsubunka-sha, 1977, p.126.

② [日]乌拉熙春:《〈女真文字书〉的复原》,西安碑林博物馆编《碑林集刊》(七),西安:陕西人民美术出版社,2001 年,第 203 页;[日]乌拉熙春:《〈女真文字书〉的体例及其与〈女真译语〉之关系》,西安碑林博物馆[编]《碑林集刊》(八),西安:陕西人民美术出版社,2002 年,第 160 页。

③ 内蒙古大学蒙古学研究院蒙古语文研究所:《蒙汉词典》(增订本),呼和浩特:内蒙古大学出版社,1999 年,第 494 页。

④ [日]乌拉熙春:《西安碑林女真文字书新考》,西安碑林博物馆编《碑林集刊》(五),西安:陕西人民美术出版社,1998 年,第 232 页。

⑤ 金启孮编:《女真文辞典》,北京:文物出版社,1984 年,第 123—124 页。

⑥ 金启孮编:《女真文辞典》,北京:文物出版社,1984 年,第 253—254、255 页。

⑦ Ligeti, Louis: Note préliminaire sur le déchiffrement des《petits caractères》joutchen, *Acta Orientalia Academiae Scientiarum Hungaricae*, T.III, fasc.2.(1953), p.216. 金启孮编:《女真文辞典》,北京:文物出版社,1984 年,第 149、181 页。

⑧ 金启孮编:《女真文辞典》,北京:文物出版社,1984 年,第 161、172 页。

⑨ 金启孮编:《女真文辞典》,北京:文物出版社,1984 年,第 145、152 页。

⑩ 金启孮编:《女真文辞典》,北京:文物出版社,1984 年,第 108、113 页。

⑪ 金启孮编:《女真文辞典》,北京:文物出版社,1984 年,第 31、32 页。

⑫ 金启孮编:《女真文辞典》,北京:文物出版社,1984 年,第 231、234 页。

⑬ 清格尔泰编著:《契丹小字释读问题),吴英喆[协助],东京:国立亚非语言文化研究所,2002 年,第 161 页;[日]爱新觉罗乌拉熙春:《契丹语言文字研究》,京都:东亚历史文化研究会,2004 年,第 29 页;[日]爱新觉罗乌拉熙春:《辽金史与契丹、女真文》,京都:东亚历史文化研究会,2004 年,第 87 页。

就蒙古语族共有的词根而言，这种失落词尾-n 辅音的类似情形更多用来构成词干基本形，可能正是契丹语较之于蒙古语而言一个特色性的倾向，试比较以下词例（表中对应的蒙古语词以蒙文拉丁转写为准）[①]：

词义	契丹小字记录	契丹语汉音	拟音	蒙古语
契丹	[illegible]	乞塔	*qïta	kidan
可汗	[illegible]	呵 / 珂[②]	*qa	qaγan
日	[illegible]	捏离	*ńari	naran
河	[illegible]	没里	*möri[③]	mören
廿	[illegible]	画里[④]	*qori	qorin
血	[illegible]	赤寔 / 赤实[⑤]	*č–i–is[⑥]	čisun
云	[illegible][⑦]	——	*eu–ul	额兀连 *egulen[⑧]
好	——	捨 / 奢	*ša	sayin
五	[illegible]	讨	*tau	tabu(n)
千	[illegible]	猛	*miŋ	mingγa(n)
万	[illegible] / [illegible]	图木 / 秃没	*tüm	tüme(n)

① 本表据孙伯君、聂鸿音：《契丹语研究》。北京：社会科学文献出版社，2008 年，第 165—166 页制成但不限于此，超出的部分大多根据[日]爱新觉罗乌拉熙春：《契丹语言文字研究》，京都：东亚历史文化研究会，2004 年的研究而加以扩展。

② 此记录出自“蕃珂忍”，见于《说郛·重编燕北录》，参见即实：《契丹小字字源举隅》，《民族语文》1982 年第 3 期，第 56 页；清格尔泰：《契丹语数词及契丹小字拼读法》，《内蒙古大学学报》（人文社会科学版）1997 年第 4 期，第 5 页。

③ [日]爱新觉罗乌拉熙春：《契丹语言文字研究》，京都：东亚历史文化研究会，2004 年，第 49 页谨慎为此字符拟音 *mu(？)。

④ 此记录原为繁体“晝里”，出自《契丹国志》；其中的“晝”很有可能是繁体“畫”（画）之形近讹字，参见清格尔泰：《契丹语数词及契丹小字拼读法》，《内蒙古大学学报》（人文社会科学版）1997 年第 4 期，第 2 页。

⑤ 从《辽史·营卫志》：孝曰赤寔得本、《辽史·国语解》：孝，赤实得本以及清格尔泰[编著]：《契丹小字释读问题》，吴英喆[协助]，东京：国立亚非语言文化研究所，2002 年，第 128、129—130 页所载契丹小字反映“孝（[illegible] / [illegible] / [illegible]）<血（[illegible]）”而来，参见 Kane, Daniel: A note on *čisdeben, *Central Asiatic Journal*, Vol.48, No.2(2004): pp.223–225.

⑥ [日]爱新觉罗乌拉熙春：《契丹语言文字研究》，京都：东亚历史文化研究会，2004 年，第 75 页作 *tʃisu。

⑦ 清格尔泰[编著]：《契丹小字释读问题》，吴英喆[协助]，东京：国立亚非语言文化研究所，2002 年，第 116 页认为这个拼写对应“山”，恐误。

⑧ 此为元代《华夷译语》中汉字记录的中古蒙古语形式，[日] 爱新觉罗乌拉熙春：《契丹语言文字研究》，京都：东亚历史文化研究会，2004 年，第 75 页拟音作 *ehulen。

四、馀论

作为族称,"契丹"在汉籍中有着纷繁多样的记音形式,以下给出目前可以在中古和近古史乘中大致对应契丹—女真文字记录的情形:

女真字	拟音	契丹字	拟音	汉字	拟音	最早出处	时代
[illegible]	*hi-tan	——	——	沁[1]丹	*tsim-tan	《旧五代史·外国列传一》	10 世纪中期
		——	——	奚丹	*hi-tan	辽宁义县万佛堂东窟北魏石刻	6 世纪初
						《册府元龟》	11 世纪初
[illegible]	*ki-ta	[illegible]	*qïta-i	吸绐	*hi-tai	《黑韃事略》	13 世纪前期
		[illegible]	*qïta	吉答歹	*ki-ta-tai	《南村辍耕录·氏族》	14 世纪中期
		[illegible]	*qïta-n	契丹	*ki-tan	《魏书·世祖纪》	554 年
		[illegible]	*qïta-n-i				
		[illegible]	*qïta-s	乞答惕	*ki-ta-at	《元朝秘史》	1240 年

上表胪列的契丹族名,无论是契丹小字和女真字的直接记录,还是汉字的间接译写,无不清晰显示出契丹语中清塞音和擦音相通的情形来。

首先,在汉字记音的契丹语材料中就有这一语音特征的表现[2]——

---

① 于宝林:《契丹古代史论稿》,合肥:黄山书社,1998 年,第 306 页将此字误为"泌"。另,以这一精系字来对译见系声母的契丹语音 *k-,可能正是黎新第:《辽代石刻别字异文所见辽代汉语语音》,《语言科学》2005 年第 4 卷第 4 期,第 48、50—51 页所示辽代汉语音韵体系中见精二组声母相互代用的一个侧面表现。

② 下表第一条目出自于宝林:《契丹古代史论稿》,合肥:黄山书社,1998 年,第 306 页。

词条	塞音记录	出处	擦音记录	出处
契丹始祖名	奇首	《辽史》	奚首	《辽史·耶律曷鲁传》
族名	契丹	《魏书》《唐书》等	奚丹	《册府元龟》

其次，契丹小字对译汉字，通过以下两种情形反映这一语音特征①：

一）同一个汉字用表示塞音和擦音的契丹小字原字分别译写，既有舌根音情形②，也有舌叶音情形——

汉字	塞音契丹小字对译	拟音	擦音契丹小字对译	拟音
开	[illegible]	*k–ai	[illegible]	*h–ai
尚	[illegible]	*č–aŋ	[illegible]	*š–aŋ

二）同一个契丹小字拼写，既对应塞音声母的汉字，又对应擦音声母的汉字，暂时归于舌根音情形——

塞音声母汉字	擦音声母汉字	契丹小字对译	拟音
期	禧	[illegible]	*h–i
庆	兴	[illegible]	*h–iŋ
		[illegible]	*h–i–iŋ

舌根清塞音的擦音化，无论是 q–还是 k–，也不论该塞音是否出现在元音–i–之前，都是蒙古语族语言的一个典型特征③。作为蒙古语族的一员④，契丹语显然在这方面发展得更为先进：不仅体现在舌根音方面，而且还扩展到了舌

① 根据清格尔泰编著：《契丹小字释读问题》，吴英喆［协助］，东京：国立亚非语言文化研究所，2002 年，第 108—164 页整理。

② 沈钟伟：《辽代北方汉语方言的语音特征》，《中国语文》2006 年第 6 期，第 493 页认为同一原字表示汉语的送气清塞音（溪母）字和清擦音（晓母）字，从而将该原字构拟为 *kh。

③ Poppe, Nicholas: *Introduction to Mongolian Comparative Studies*, Helsinki: Suomalais–Ugrilainen Seura, 1955, pp.129–146.

④ Janhunen, Juha (ed.): *The Mongolic languages*, London: Routledge, 2003, pp.391–402.

叶音中;而使用表示擦音的原字来译写汉字的塞音声母和擦音声母,也表明契丹语舌根塞音的擦化可能较之蒙古语而言显得更为严重了。而女真语中遗存的两个契丹族名,译写其首音节辅音的女真字符看似历时现象,或许就是契丹语中上述塞音擦化典型特征的直接反映。

最后,将女真语文材料中的众多族名记录拣出如下几种加以整合,即如下表所示①:

	女真	契丹	汉人(南蛮)	
词末无-n	血 秄*ǰu-še	屖 尚*ki-ta	泥哈	*ńi-χa
词末有-n	叀 岑*ǰušur[šen]=*ǰušen	屖 炊 *hi-tan	粘罕/汉	*ńam-χan

据此可以看出:女真语中的族名,无论是自称还是他称,其实都可能有词干末尾-n 辅音的隐现情形,从而构成同一个族名的不同形式;相较而言,带-n的形式似乎更显语体方面的正式性。检视上表所列,都是与契丹人和契丹语关系密切的条目,由此再进而推测:女真语的这一特征,同前述契丹语中无-n词干成为基本形的特点似有相通之处,或许就是契丹语的影响所致也未可知。

(原载于辽宁省博物馆、辽宁省辽金契丹女真史研究会[编]《辽金历史与考古》第七辑"刘凤翥先生八秩华诞颂寿论文集",沈阳:辽宁教育出版社 2017 年版:第 141—147 页)

① 其中女真族名据[日]乌拉熙春:《西安碑林女真文字书新考》,西安碑林博物馆编《碑林集刊》(五),西安:陕西人民美术出版社,1998 年,第 235 页整理而成,汉人族名据孙伯君:《金代女真语》,沈阳:辽宁民族出版社,2004 年,第 237—238 页整理而成。

内亚草原帝国城市缘起的多个层次

——基于女真文所记相关术语的源流爬梳

根据迄今在中亚研究领域成就最为卓越的学者之一美籍匈牙利人塞诺(Denis Sinor，1916—2011年)的意见，内亚(Inner Asia)作为学术概念所涉及的空间范围实在太广，无法用统一的经济生态或自然环境来定义，但其生命力恰在于这一巨大的区域在人类历史上总是成为挑战欧亚各大文明的蛮族的活动舞台，来自内亚的蛮族与传统文明承载者之间的冲突对抗与交流互动，构成了理解人类历史发展的一条基本主线①。而中央欧亚(Central Eurasia)，则是实际上可以置换内亚的另外一个概念，在空间上大致是旧大陆位于伟大定居文明不断变动的边界之外的一部分，由此主要凸显在这篇区域活动的游牧民族和渔猎民族等蛮族②。

草原帝国(l'empire des steppes)是20世纪法国人格鲁塞(René Grousset，1885—1952年)在其同名撰述中提出的概念，指的是从欧洲西海岸的法国中部，一直到亚洲东北部的日本海以西的空间范围内，在公元前1000年左右的斯基泰人和中国北方少数民族，到18世纪中叶的蒙古人汗国这一时间范畴内的游牧民族文明形式发展变迁的统辖;这些游牧人群迁徙、袭击和进攻毗邻地

① 郑诗亮:《钟焓谈辽史与内亚史研究》,《东方早报·上海书评》2016年5月8日。

② [美]丹尼斯·塞诺:《丹尼斯·塞诺内亚研究文选》,北京大学历史系民族史教研室译,北京:中华书局,2006年,第3—5页。

带的行为方式及其内在动机，从生活环境和生活方式去解释的话，就特别彰显自然法则对草原民族迁徙、征战等重大军事行动的决定作用①。因此，草原帝国的概念，可以用来指称中央欧亚（不限于游牧）民族进入文明时代的一种特征表现。

其中的阿尔泰语系民族，自西向东涵盖了突厥人、蒙古人、通古斯人，广义上还包括了朝鲜人和日本人。这里要涉猎的，是本以渔猎为生而在 12 世纪初期崛起的东北亚土著民族——女真人，他们在毗邻先进的中原汉文明和塞北契丹文明的强烈影响下，创造了自己的民族文字，留下来用这种汉字式女真文字记录的一些材料。

在明代永乐年间镌刻立于奴儿干都司的汉—蒙—女真三体石碑《永宁寺碑》第 3 行，出现了意指“部落”的一个女真文词汇[illegible] *fa-lia②，其对应满文词汇 falga“一佐领人聚会场所，宗族、乡党”③相较而言在发生学上显得还要古老一些，因为历时音变呈现 *-g/γ->*-i/j-的情形④而非相反。

这个满文词汇 falga，仅以其可能存古的核心内涵“一组房屋”而推演至原始通古斯语形式 *palVga“一组房屋”⑤，从而归于原始阿尔泰语形式 *pi̬lagV“要塞、一组房屋”的衍生形式之一，并行的情形还包括以下语汇⑥：

一）原始突厥语形式 *bialɨk“城市、要塞”——由鄂尔浑突厥文—回鹘文—喀喇汗文—中古突厥语 balɨq、西部裕固语 balɨq“围墙”～paluq、哈拉吉语 baluq“村子”、楚瓦什语 püler 等材料支撑；

① 纪宗安主编：《暨南大学中外关系史与华侨华人论集：中外关系史名著提要》，北京：中国华侨出版社，2002 年，第 297—299 页。

② 金光平、金启孮：《女真语言文字研究》，北京：文物出版社，1980 年，第 359 页。

③ 孙昊：《辽代女真族群与社会研究》，兰州：兰州大学出版社，2014 年，第 132 页。

④ ［美］N. 鲍培：《阿尔泰语言学导论》，周建奇译、照日格图审校，呼和浩特：内蒙古教育出版社，2004 年，第 249 页。

⑤ Starostin, Sergei, Anna Dybo, & Oleg Mudrak: *Etymological Dictionary of the Altaic Languages*: Part One to Three, with assistance of Ilya Gruntov and Vladimir Glumov, Leiden · Boston: Brill, 2003, p.1092.

⑥ Starostin, Sergei, Anna Dybo, & Oleg Mudrak: *Etymological Dictionary of the Altaic Languages*: Part One to Three, with assistance of Ilya Gruntov and Vladimir Glumov, Leiden · Boston: Brill, 2003, p.1092.

二）原始蒙古语形式 *balaga-sun “城市、要塞”——由蒙文 balaɣasun～balɣasu(n)、中古蒙语 balaxasun～balaqasun～bal(a)ɣaṣun～balɣasun、喀尔喀蒙语 balgas、布里亚特蒙语 balgāha(n)～balgān“茅舍”、卡尔梅克蒙语 balɣəsṇ、鄂尔多斯蒙语 balɢasu～balɢus、达斡尔语 balga～balag“房屋、住处”、土族语 ba(r)ɢāsə～warɢāsə 等材料支撑，并留意蒙古语借入埃文基语 balaɣan～balgahun 等、借入俄语balagán，俄语借入雅库特语和埃文语 balaɣan；

三)原始日语形式 *pái“炉、家、户”(由古日语 pe、中古日语 fé、现代日语 i-he“户”等材料支撑。

更进一步，上述阿尔泰语共同词汇还可能追溯到更为底层的乌戈尔语词根 *palV“村子”——参见沃古尔语 pâβl、奥斯恰克语 pūγəl、匈牙利语 falu 乃至芬兰语地名构词成分 palva-等材料的支撑[①]。

由此可见，这个在突厥—蒙古语中得以彰显的城市术语，具有(历时发生)遥远而(空间延宕)广袤的语源积淀。从“一组房屋”到“村庄”再到“城市”的语义变迁，勾勒出城市空间拓展的简洁脉络。而“城市”和“要塞”在大多数突厥—蒙古语中的并行不悖，则反映出典型草原民族游牧征伐帝国行为的空间据点，作为鄂尔浑突厥语孑遗成分最为丰富的现代突厥语，西部裕固语中“围墙”的语义很可能就是基于此的转义了。而其较为原初的语义“房屋、村子”，往往还遗存在游牧特征已不显著的森林民族（如通古斯人以及满洲化程度很高的达斡尔人)、或者是住地较为封闭的民族(如哈拉吉人、日本人)的语言中。

同样是在明代永乐年间刊行的民族语文辞典《女真译语·杂字》中，出现了三个较为明确释义的城市术语。

《女真译语·地理门》记录的“城”**釆 亦 关**[②]*hečen^čen-ni，其实已是带有属格标记**关***ni 的形式了，这一点从金代中后期镌成的女真文《奥屯良弼诗碑》第 11

---

① [美]丹尼斯·塞诺：《丹尼斯·塞诺内亚研究文选》，北京大学历史系民族史教研室译，北京：中华书局，2006 年，第 354 页。

② Grube，Wilhelm：*Die Sprache und Schrift der Juč en*，Leipzig：Kommissions -Verlag von O.Harassowitz，1896，p.2.

行中略有变化的异写形式桼伱[①]*hečen[čen]可以推知，而其更早的形式，则要归于金朝初年《女真文字书·宫室门》中的桼 *hečen 一词[②]。这个女真文词有其满文对应词 hecen，进而还可联系到稍早的辽代民族文字——契丹小字形式乂 尗 *h-č＝heč“方、境”[③]＞乂 尗 杓h-č-n＝hečen“疆境”（属格）、乂 尗 伏*h-č-ń＝hečeni“方、境”（属格）[④]，以及与契丹语关系可能最为接近的现代语文——达呼尔文 keči、达斡尔语 keč“边、堤、岸”[⑤]。

附带说一句，首见于唐人李德裕《会昌一品集》中的族称“黑车子”[⑥]，其藏文转写形式为 gara-gaṅlig，乃是突厥文 qara-qangliy“黑色的车”的对译[⑦]，因此，不可因为《女真译语》对“城”桼 亦 关的汉字注音是“黑车你”[⑧]而与此族称混同了。

根据达斡尔语的材料，上述契丹—女真语词似乎可以归于原始蒙古语形式 *keče“坡、斜、陡”——由蒙文 keč“坡”～keče“斜、陡”、喀尔喀蒙语 xec“坡”、布里亚特蒙语 xesɨ-“斜、陡”、卡尔梅克蒙语 kecə 坡”、东乡语 qeča“岸”等材料支撑[⑨]，再行上溯至原始阿尔泰语形式 *kĕčʻá“倾斜”，与原始蒙古语形式并行的衍生情形则有如下语汇[⑩]：

---

① ［日］爱新觉罗乌拉熙春：《女真语言文字新研究》，京都：明善堂，2002 年，第 202 页。

② ［日］乌拉熙春：《〈女真文字书〉的复原》，西安碑林博物馆编《碑林集刊》（七），西安：陕西人民美术出版社，2001 年，第 203 页；［日］乌拉熙春：《〈女真文字书〉的体例及其与〈女真译语〉的关系》，西安碑林博物馆［编］《碑林集刊》（八），西安：陕西人民美术出版社，2002 年，第 157 页。

③ ［日］爱新觉罗乌拉熙春：《契丹语言文字研究》，京都：东亚历史文化研究会，2004 年，第 89 页。

④ 刘浦江、康鹏主编：《契丹小字词汇索引》，北京：中华书局，2014 年，第 499 页。

⑤ 那顺达来编著：《汉达词典》，呼和浩特：内蒙古大学出版社，2001 年，第 13 页（作 keq）。Starostin, Sergei, Anna Dybo, & Oleg Mudrak: Etymological Dictionary of the Altaic Languages: Part One to Three, with assistance of Ilya Gruntov and Vladimir Glumov. Leiden · Boston: Brill, 2003, p.656.

⑥ 钟焓：《黑车子室韦问题重考——以〈会昌一品集〉与敦煌藏语文书为据》，《西北民族研究》2000 年第 2 期，第 187 页。

⑦ 钟焓：《黑车子室韦问题重考——以〈会昌一品集〉与敦煌藏语文书为据》，《西北民族研究》2000 年第 2 期：第 191 页。

⑧ Grube, Wilhelm: *Die Sprache und Schrift der Jučen, Leipzig*: Kommissions-Verlag von O. Harassowitz, 1896, p.2.

⑨ Starostin, Sergei, Anna Dybo, & Oleg Mudrak: *Etymological Dictionary of the Altaic Languages*: Part One to Three, with assistance of Ilya Gruntov and Vladimir Glumov, Leiden · Boston: Brill, 2003, p.656.

⑩ Starostin, Sergei, Anna Dybo, & Oleg Mudrak: *Etymological Dictionary of the Altaic Languages*: Part One to Three, with assistance of Ilya Gruntov and Vladimir Glumov, Leiden · Boston: Brill, 2003, p.656.

一）原始突厥语形式 *Kač-“斜”——由土耳其语 kačɨk、西伯利亚鞑靼语 qaʒaj-、哈卡斯语 xaǯɨ-～xasxax“后弯”、绍尔语 qazɨr-“弯曲”、楚瓦什语 xoś-“弯曲”、图瓦语 xažɨj-tɨr 等材料支撑；

二）原始通古斯语形式 *kečeri-“转、改变侧面”——由乌利奇语 kečeri-mbuči-、那乃语 kečeri-等材料支撑；

三）原始朝鲜语形式 *kjə́čh“侧面”——由中古朝鲜语 kjə́čh、现代朝鲜语 kjət[kjəth]等材料支撑；

四）原始日语形式 *kàntúa“犄角、角落”——由中古日语 kàdó、东京方言 kádo、京都方言 kàdó、鹿儿岛方言 kadó 等材料支撑。

这样看来，这个在女真—满洲语中得以彰显的城市术语，原来是从“倾斜的边境线”上矗立的一座座防御工事而衍生出来的，从而具有“城堡”的实际内涵了。即使在和女真人文化承袭关系分外密切的契丹人语言中，也尚未分化出具体的“城堡”语义来呢（当然，现存契丹文材料极为丰富而解读甚寡，所以这里的分析也是基于已有的契丹文字解读成果而言）。

《女真译语·地理门》记录的“池”[女真字][女真字][女真字]①*χotoni，也是带有属格标记[女真字]*ni 的形式。从其《金史》汉字记音“和团 *χoton”②以及满文对应词 hoton 来看，这是意指“城池”的一个女真文词。而真正意指“池塘”的女真文词[女真字]*toŋ，见于《女真文字书·地理门》（作 *ton）③，反映的或许正是原始通古斯语形式 *tuŋ“湖泊、回水”，对应满文形式 tunggu“渊、潭”、埃文基语 tuŋer“湖”～tuŋuke“回水”、埃文语—涅吉达尔语 tōŋēr“湖”、乌德盖语 toŋi～tuŋi“湖”④，与《女真译语·地理门》记录的“池”实际上毫不相干。

---

① Grube, Wilhelm: *Die Sprache und Schrift der Jučen*, Leipzig: Kommissions-Verlag von O.Harassowitz, 1896, p.3.

② 孙伯君：《金代女真语》，沈阳：辽宁民族出版社，2004 年，第 220—221 页（作 *hoton）。

③ ［日］乌拉熙春：《〈女真文字书〉的复原》，西安碑林博物馆编《碑林集刊》（七），西安：陕西人民美术出版社，2001 年，第 201 页；［日］乌拉熙春：《〈女真文字书〉的体例及其与〈女真译语〉的关系》，西安碑林博物馆编《碑林集刊》（八），西安：陕西人民美术出版社，2002 年，第 146、157 页。

④ Starostin, Sergei, Anna Dybo, & Oleg Mudrak: *Etymological Dictionary of the Altaic Languages*: Part One to Three, with assistance of Ilya Gruntov and Vladimir Glumov, Leiden·Boston: Brill, 2003, p.1436.

由于注意到原始蒙古语形式 *koto“城镇、一组棚寮、家”及其衍生系列语汇——蒙文 qota(n)～qotu(n)“城镇、一组棚寮”、中古蒙语 qutan“栏”～qoton、喀尔喀蒙语 xot“城镇、一组棚寮”、布里亚特蒙语 xoto(n)“城镇、一组棚寮”、卡尔梅克蒙语 xotn～xotə“城镇、一组棚寮”、鄂尔多斯蒙语ɢoto“城镇、栈”、东乡语 ʔkide“家”、保安语 kute～kete“家”、达斡尔语 xoton～koton“城镇、一组棚寮”、东部裕固语 χoto“城镇、一组棚寮”、土族语 kudu“家”，兼及蒙古语借入柯尔克孜语和察合台语 qotan、借入埃文基语 koton 等情形①，故而可以推知：女真文词根坙 佧 羑*χotoni(以及满文词 hoton)当是借自原始蒙古语的词汇。

原始阿尔泰语形式 *kǒt`V (～k`-，-u-)“村庄、地点”，与上述原始蒙古语形式并行的衍生语汇还包括②：

一)原始突厥语形式 *Kutu“一群人”——由喀喇汗文 qutu 材料支撑；

二)原始朝鲜语形式 *kót“地方、地点”——由中古朝鲜语 kót、现代朝鲜语 kot[kos]等材料支撑。

从蒙古语诸形式凸显的“城镇”和“棚寮”并行特征看来，女真文辞显然借自原始蒙古语，表达的是“城池”之意，而其中中古蒙语保留的“栏”义项，则反映出这一系列语汇内在的核心概念在于区域边界的突出——由此不难理解女真文辞书以表示护城河的“(城)池”来与之对译了。

《女真译语·地理门》中记录“市”的圥 丸*heŕye，还以复合词形式见于圥 丸 宋*heŕye-ǵa“街”中③。

由布里亚特蒙语形式 erje-派生自原始蒙古语形式 *hergi-“旋走、绕行”——蒙文 erge-～ergi-、中古蒙语 xergi-～hirgi-、喀尔喀蒙语—卡尔梅克蒙语 ergi-、鄂尔多斯蒙语 erge-、达斡尔语 ergi-(借自蒙文)～xergi-～xorgi-、东部裕

① Starostin, Sergei, Anna Dybo, & Oleg Mudrak: *Etymological Dictionary of the Altaic Languages*: Part One to Three, with assistance of Ilya Gruntov and Vladimir Glumov, Leiden · Boston: Brill, 2003, p.729.

② Starostin, Sergei, Anna Dybo, & Oleg Mudrak: *Etymological Dictionary of the Altaic Languages*: Part One to Three, with assistance of Ilya Gruntov and Vladimir Glumov, Leiden · Boston: Brill, 2003, p.729.

③ Grube, Wilhelm: *Die Sprache und Schrift der Jučen*, Leipzig: Kommissions-Verlag von O.Harassowitz, 1896, p.3.

固语 heregdī-、土族语 xərgi-(民和方言)~xargi-(互助方言)、莫戈勒语 irga-“绕轴旋转、纺绩”以及蒙古语借入满语 erguwe-等、借入雅库特语 ergij-、借入多尔干语 ergij-[①],启发我们推测上述女真文词可能借自某种目前已不可知的蒙古语形式。

原始阿尔泰语形式 *p`erkV“环扎、围绕”,与上述原始蒙古语形式并行的衍生语汇还包括原始通古斯语形式 *perke-“捆绑、环扎”——由埃文基语 herke-、埃文语 herkъ-、涅吉达尔语 xejke-、奥罗克语 pitu-“男式腰带”、索伦语 ekke-等材料支撑;另外,与此形似而实异的系列语汇有乌德盖语 xeke-、乌利奇语 xerke-、那乃语 xerke-,皆是借自满语 xergi-(<原始通古斯语形式 *kerge-<原始阿尔泰语形式 *keèra)[②]。

据此可以推测,仅见于女真文记录的这个城市术语,反映的内涵乃是圈地围起、用于商贸活动的固定区域,久而久之才成为人群的定居点和活动中心,那么,这一基于商业行为而发展起来的人类定居物质景象,才是名副其实的“城市”。

城市的物质景象可以概括为:排列紧密的一簇簇建筑群将稠密的人口聚集在有限的空间内,其中的居民生产出可供交换的货物或服务,以便从其周围区域换取所需生活必需品;城市居民组成的社会,通常以其存在地区的公共建筑加以彰显[③]。

只要在固定的区域内存在着某种有组织的集体生活,这样构成的一个居民社区仍然可以归为城市[④]。从乌戈尔语“村子”到通古斯语“一组房屋”(以及

---

① Starostin, Sergei, Anna Dybo, & Oleg Mudrak: *Etymological Dictionary of the Altaic Languages*: Part One to Three, with assistance of Ilya Gruntov and Vladimir Glumov, Leiden · Boston: Brill, 200, p.1137.

② Starostin, Sergei, Anna Dybo, & Oleg Mudrak: *Etymological Dictionary of the Altaic Languages*: Part One to Three, with assistance of Ilya Gruntov and Vladimir Glumov, Leiden · Boston: Brill, 2003, p.1137.

③ [英]阿诺德·汤因比:《历史上的城市》,倪凯译,陈恒、王刘纯主编《新史学》(第十四辑:城市史与城市文化),郑州:大象出版社,2015 年,第 1 页。

④ [英]阿诺德·汤因比:《历史上的城市》,倪凯译,陈恒、王刘纯主编《新史学》(第十四辑:城市史与城市文化),郑州:大象出版社,2015 年,第 2 页。

日语“家、户”)再到突厥—蒙古语“城市”的一系列语汇,还有从突厥语“一群人”到蒙古语“一组棚寮、城镇”的又一系列语汇,正是内亚草原帝国渐趋成形历程中诠释城市基本内涵的最好注脚。

作为人类定居点的特殊形式,象征和再现城市不同寻常的物质形态就是城墙[①],西部裕固语中语义为“围墙”的词汇,与其说是自突厥语共同的城市术语褪化而来,毋宁认为是保留了草原地带由“一组房屋”进化为“城市”过程中城墙形成阶段的民族历史记忆片段。正是这些高大坚固的城墙,作为一道物质防护体将微小的城市区域和周围广袤的乡野区域区分开来加以庇护,一种不同于乡村原生态的新型社会生活方式得以逐渐形成[②]。

在文明时代的早期,城市都是通过垦殖丛林沼泽而建立起来的物质核心和管理中心,从政治学的视角审视就是城邦,其周边地区的广延能够为这个唯一的城市提供足够的给养供应;但随着更多城市点的建立和扩张,各自的给养供应地不可避免会逐渐缩小乃至碰撞,从而必然导致各个具有主权意识的城邦之间产生难以弥合的分歧,为了消除这种分歧,管用的最终解决方法就是战争[③]。内亚地区虽然幅员辽阔但地形总体平坦,作为人群主体的草原民族逐水草而居,这就需要更大的地盘才能满足庞大的流动人口各自的生活需求,所以,作为人类定居点的城市,即使在草原帝国成形之后,还在相当一段长时间内保持着同攻防要塞合而为一的特征,这在突厥—蒙古语城市术语系列的微观考察中体现得极为充分;而从“边境”引申出来的女真—满洲语城市术语,则是从宏观视野下俯瞰不同主权区域分界线上的一个个据点而生发出来的结果,类似的,凸显边界内涵的女真文术语“城池”,也是这种城市形成过程中边界意识浓厚的又一鲜明体现。

---

① [英]阿诺德·汤因比:《历史上的城市》,倪凯[译],陈恒、王刘纯主编《新史学》(第十四辑:城市史与城市文化),郑州:大象出版社,2015 年,第 2 页。

② [英]阿诺德·汤因比:《历史上的城市》,倪凯[译],陈恒、王刘纯主编《新史学》(第十四辑:城市史与城市文化),郑州:大象出版社,2015:第 2、3 页。

③ [英]阿诺德·汤因比:《历史上的城市》,倪凯[译],陈恒、王刘纯主编《新史学》(第十四辑:城市史与城市文化),郑州:大象出版社,2015 年,第 5—6 页。

城市首先是安全，在此基础上才具有市民生活的自由，这样才能内在地向周围伸展、扩张和生长起来，而商业贸易恰是城市影响得以迅速扩展至遥远区域的重要行为方式，小型的苏美尔城邦乌尔的城市痕迹东至印度河流域、西达安纳托利亚就是一个典型实例[①]，同样，在内亚地区，由满蒙语中共有的“围绕”系列语汇，衍生出仅限于女真语中出现的“城市”名词，可以给今人勾勒出一幅这样的图景：狩猎民族跑马圈地，将其限制为买卖交易场所，长此以往渐趋固定下来，这就形成了基于商品交易而生长起来的城市。

上述关乎女真文记录的四个城市术语系列，三个在女真人的意识形态中具有显著的城市语义指向，还有一个在突厥—蒙古语中明确体现为城市，它们分别从作为军事要塞的“城堡”、凸显城市界限的“城池”和源起贸易行为的“城市”三个层面，揭示了内亚草原帝国作为文明发生和维持中心点的城市是如何发展起来的，同毗邻的传统文明之间既斗争又合作的复杂交流关系，在这个特殊区域内城市的缘起历程中仍然不时闪现。

（原载于陈恒、苏智良[主编]《都市文化研究》第 16 辑“文化体验：城市、公民与历史”，上海：上海三联书店 2017 年版：第 3—11 页）

① [英]阿诺德·汤因比：《历史上的城市》，倪凯译，陈恒、王刘纯主编《新史学》(第十四辑：城市史与城市文化)，郑州：大象出版社，2015 年，第 2—3 页。

契丹学与女真学

ON THE TERMS FOR "GOAT" RECORDED IN KHITAN AND JURCHEN SCRIPTS

1. *Introduction*

The latest published *Etymological Dictionary of the Altaic Languages gives* PA. *ńàme "goat, deer", with the derivations of PTung.*ńamī-, PTurk.*jimga-, and PKor.*jə̌m-sjó[①]. Shortly, Blažek adds the Khitan word *ema "sheep" to this etymological item[②] according to Chinggeltei[③] and Vovin[④]. As the deeper decipherment of Khitan and Jurchen scripts[⑤], there are more precious data involved to support the reconstruction of this PA. root.

---

① Starostin, Sergei, Anna Dybo, & Oleg Mudrak: *Etymological Dictionary of the Altaic Languages*: Part One to Three, with assistance of Ilya Gruntov and Vladimir Glumov, Leiden·Boston: Brill, 2003, pp.1003–1004.

② Blažek, Václav: Current progress in Altaic etymology, *Folia Orientalia*, Vol.52, No.1, 2005, p.246.

③ Chinggeltei: On the Problems of Reading Kitan Characters, *Acta Orientalia Academiae Scientiarum Hungaricae*, Vol.LV, 2002, p.107.

④ Vovin, Alexander: Some Thoughts on the Origins of the Old Turkic 12-Year Animal Cycle, *Central Asiatic Journal*, I, 2004, p.121.

⑤ Khitan scripts include the logographic macroscript (大字, also called "large(r)script") and the phonetic microscript (小字, also called "small script" or "lesser script"), of which the latter is composed of several graphic components-called protoscript (原字, also called "original character"). As the composition of protoscripts has some special types in a single microscript character, all the cited microscripts in this paper should be treated as a linear type for the convenient printing. And there are the whole capital letters for logograms and the whole italic letters for phonograms together with the Khitan-Jurchen scripts' co-appearance in my own reconstructions, except for the direct citations from references.

2. *Terms for "Goat" in Khitan Language*

In the extant Khitan indigenous records, there is more than one graphic expression for "goat" as below:

KHITAN SCRIPTS	CHARACTERS	LOCATIONS	STATISTICS
MACROSCRIPT	ジ	EYCy 10	1
MICROSCRIPT	圣 力	LEEXz 1	5
	圣 为	LEEXy 4; ILY 25; EHGs 19; EJX 16	
	圣 才	EHDl 22; EPLS 5, 15	3

First of all, it must be noted that the only appearance of 圣 力 recorded in Khitan microscript comes, as a matter of fact, from a copyist's error in the copy of LEEXz. In fact, its corrected form should go to 圣 为.

Then, let's go to the most frequented form 圣 为, of which the earlier phonetic reconstructions are diverse: *em–a > *ema[①], *ima[②], *iam–a[③] as equivalent to Mo. i–maγan; later Aisin Gioro reconstructed *æma and *æmja, equivalent to Dag. jama: (< imaγa)[④].

The other variant 圣 才 also recorded in Khitan microscript has been interpreted as the protoscript 才 (No.335)[⑤] to be pronounced same to the protoscript 为

① Chinggeltei, Chen Naixiong, Xing Fuli, Liu Fengzhu & Yu Baolin: Qidan xiaozi jiedu xin tan [A new approach to the decipherment of Khitan microscript], *Kaogu xuebao*, III, 1978, p.165.

② Liu, Fengzhu: Qidan xiaozi jiedu zai tan [A second approach to the decipherment of Khitan microscript], *Kaogu xuebao*, II, 1983, p.255.

③ Nishida, Tatsuo: Qidan wenzi jiedu de xin jinzhan [Some new progress of the decipherment of Khitan script], Liu Fengzhu, Wang Yunxiang, Wang Bing (tr.), Chinggeltei (rev.), *Minzu yuwen yanjiu qingbao ziliaoji*, IV, 1984, p.89.

④ Aisin Gioro, Ulhicun: *Qidan yuyan wenzi yanjiu* [Studies of Khitan language and scripts], Kyoto: Tō Ajia Rekishi Bunka Kenkyūkai, 2004, p.15.

⑤ Kane, Daniel: *The Kitan Language and Script*, Leiden·Boston: Brill, 2009, p.75.

[ɑ][1]. In fact, 才 has been reconstructed as *ya, separated from 为 *a (No.189)[2].

The first protoscript 仝 (No.270)[3] was reconstructed as *em based upon the Chinese loanwords in Khitan such as 九 仝 *k–em: 檢 *jiǎn*, 九 文 仝 *k–ie–em: 兼 *jiān*, 九 才 仝 *k–ia–em: 監 *jiān*[4]; but this phonetic reconstruction seems far from the subsequent reconstruction *a or *ya in a single indigenous word, against the vowel harmony. According to some another Altaic words in Khitan spelling with this protoscript 仝, i.e. 仝 未 *em–či "to drink", 中 仝 为 *l–em–a "official academist"[5], this protoscript should hold a more indeginous phonetic reconstruction *im than *em.

Therefore, the extant Kmi. records offer us two different spellings for "goat"[6]: 仝 为 *im–ɑ; 仝 才 *im–yɑ. This bifurcation of Khitan lexical forms is analogous to that in Turkic languages: Osm. ima/imä "chèvre sauvage" ~ Uy.yïmγa "das Weibchen des Steinbockes" ~ ïmγa "chèvre sauvage", of which the prototype should be yïmγa[7]. This attested Turkic form –ïmγa –can be lent into Khi. 仝 才 *im –ya through an unattested Proto–Mongolic intermediary, whereas the other Turkic one in Anatolia cannot.The similar form of Khi. 仝 为 *im–a should develop itself from the Mongolic evolution.Accordingly, the former form in Khitan microscript is more archaic than the latter genetically.

---

① Wan, Xiongfei, Han Shiming & Liu Fengzhu: Qidan xiaozi *Liang guowang muzhiming* kaoshi [A decipherment of *Tomb Inscription of Prince of Liang State* in Khitan microscript], *Yenching Journal of Chinese Studies*, New Series, XXV, 2008, p.130.

② Kane, Daniel: *The Kitan Language and Script*, Leiden · Boston: Brill, 2009, p.58.

③ Kane, Daniel: *The Kitan Language and Script*, Leiden · Boston: Brill, 2009, p.67.

④ Chinggeltei: *Qidan xioazi shidu wenti* [On the decipherment of Khitan microscript], with the assistance of Wu Yingzhe, Tokyo: Ajia Afurika Gengo Bunka Kenkyūjō, 2002, p.80.

⑤ Chinggeltei: *Qidan xioazi shidu wenti* [On the decipherment of Khitan microscript], with the assistance of Wu Yingzhe, Tokyo: Ajia Afurika Gengo Bunka Kenkyūjō, 2002, p.80.

⑥ Aisin Gioro, Ulhicun: *Qidan yuyan wenzi yanjiu* [Studies of Khitan language and scripts], Kyoto: Tō Ajia Rekishi Bunka Kenkyūkai, 2004, p.69.

⑦ Bazin, Louis: Noms de la 《chèvre》 en turc et en mongol, Studia Altaica–Ural–Altaische Bibliothek–zum 60, am 8, august, 1957; aussi en *Les turcs des noms, des hommes*, Budapest: Akadémiai Kiadó · Paris: αρ éditions ARGUMENTS, 1994: pp.265–270.

As for the Kma. [Khitan character], Liu et al.reconstructed *ema[①](No.5.087)[②] according to the relevant Kmi. decipherment, but Kane mistreated its equivalent Kmi. spelling as [Khitan characters][③]. It is obvious that their reconstruction should be based upon a unique phonetic form. However, there come two different phonetic forms for "goat" recorded in Khitan microscript, and the analogous reconstruction for the Kma. [Khitan character] must be renewed.

As the extant first national Siniform in the Inner Asian nomadic languages, Khitan macroscript should be connected directly both with the vulgar Chinese characters, original, and with the Jurchen script, derivative.The detailed reconstruction will be finished together with the following Jurchen logogram.

3. *Terms for "Goat" in Jurchen Language*

In the recorded Jurchen language, there are three items to be found as below:

JURCHEN SCRIPTS	CHINESE TRANSCRIPTIONS	LOCATION
[Jurchen character]	–	GJS 1:9,6:3
[Jurchen characters]	一馬剌 *yī-mǎ-là*	YLYY No.173
–	亦木阿 *yì-mù-ā*	HTGYY No.331

Among these Jurchen items for "goat", the syllabic spelling [Jurchen characters] has a precious reconstruction: *i-ma-la[④].Grube compare it ("Ziege")with Ma.imahū "Steinbock"[⑤]

① Liu, Fengzhu & Wang Yunlong: Qidan dazi *Yelü Changyun muzhiming zhi yanjiu* [A decipherment of *Yelü Changyun's Tomb Inscription* in Khitan macroscript], *Yenching Journal of Chinese Studies*, New Series, XVII, 2004, p.83.

② Kane, Daniel: *The Kitan Language and Script*, Leiden · Boston: Brill, 2009, p.180.

③ Kane, Daniel: *The Kitan Language and Script*, Leiden · Boston: Brill, 2009, p.180.

④ Kiyose, Gisaburo N.: *A Study of the Jurchen Language and Script*: Reconstruction and Decipherment, Kyoto: Hōritsubunka-sha, 1977, p.106.

⑤ Hauer, Erich: *Handwörterbuch der Mandschusprache*, Wiesbaden: Kommissionsverlag Otto Harrassowitz, 1952–1955, p.497.

improperly[1].It seems that Khi. 仐 为 *im–a was lent to Jur.南 元 夭 *i–ma–la through the nominal derivational suffix –la/e, since there will be more proofs between Mongolic and Tungusic languages as below:

Example I: Khi. 仐 *U "river" > Jur.㚘 *ULA "large river"

The latest *Etymological Dictionary of the Altaic Languages* dealt with this Jurchen–Manchu item–ula–etymologically from the PTung.*ula–"to soak, wet; river"[2]; and all the related proofs have only one form–ula–referring to "river", far from more evidences.

Aisin Gioro connected Kmi. 仐 with the Chinese transcription: 烏 *wū* (SQF)[3], which had been mentioned as original to Mo. usun "water" [4].Thereupon Jur.*ula "large river" should be derived from Khi.*u through the suffix –la together with the masculine vowel, hidden from both logographic records.There are two decisive factors to determine such a masculine "a" harmonious to the preceding "u": 1) *u and *ö > u in Tungusic[5]; 2) contrastive to Mo.üsün "hair", Mo.usun "water" includes a masculine "u".

Besides, Orch.–Ud.uli "water", cognate with Jur.–Ma. ula "large river", might reflect some vocal alternation between "a" and "i" throughout the Tungusic languages, just as Jur.*amin and Ma.ama "father", etc.

Example II: Khi. 伏 力 *ńa–qa "dog" ～ Ma. niohe "wolf" > Jur.*ńuhile "wolf"

In Chinese transcription of Khitan vocabulary there is 捏褐 *niēhè* for "dog',

---

① Grube, Wilhelm: *Die Sprache und Schrift der Jučen*, Leipzig: Kommissions–Verlag von O.Harrassowitz, 1896, p.103.

② Starostin, Sergei, Anna Dybo, & Oleg Mudrak: *Etymological Dictionary of the Altaic Languages*: Part One to Three, with assistance of Ilya Gruntov and Vladimir Glumov, Leiden·Boston: Brill, 2003, p.1494.

③ Aisin Gioro, Ulhicun: *Qidan yuyan wenzi yanjiu* [Studies of Khitan language and scripts], Kyoto: Tō Ajia Rekishi Bunka Kenkyūkai, 2004, p.9.

④ Ramstedt, Gustav Johannes: *Einführung in die Altaische Sprachwissenschaft: Formenlehre*, bearbeitet und herausgegeben von Pentti Aalto, Helsinki: Suomalais–Ugrilainen Seura, 1952.

⑤ Poppe, Nikolaus: *Vergleichende Grammatik der Altaischen Sprachen*: Teil I, vergleichende Lautlehre, Wiesbaden: Otto Harrassowitz, 1960.

which is equivalent to Kmi. 伏 力 *ńa–qa[①] and, no wonder, cognate with Ma.niohe "wolf".Some other derivatives in Tungusic languages include: Evk.ńēkē "sable", Evn.ŋö/ōke "male of Canidae"[②], Ma.nuhere/nuheri "junger Hund von 7–8 Monaten"[③], etc.The last Manchu item is, in fact, indicative of the agglutination of some diminutive suffix–re/i to a nominal stem, such as Ma.bukdan "Krümmung, Falt, Kniff" > bukdari "beschriebener Faltbogen, Bericht"[④], Ma.hengke "Gesamtbezeichnung für kürbisartige Früchte" > hengkeri "kürbisartig"[⑤], Ma.pinggu > pingguri "Apfel"[⑥], etc.

The Chinese transcription 女奚烈 *nǚxīliè* or 女奚列 *nǚxīliè* (HJD) of Jurchen "wolf" is cognate with Na."wolf" and Ma.Niohuru hala with Chinese transcription 鈕祜祿 *niǔhùlù*[⑦], also derived from it probably through the suffix–le.Sun cited Na.niuheli erroneously and reconstructed Jur.*niohilie incorrectly[⑧].It can be reasoned, accordingly, that this Jurchen suffix transcribed by the Chinese character 烈 *liè* or 列

① Jur.仟*ЙALMA "human" equivalent to the Chinese transcription 捏兒麻 *niè'érmá* (YLYY, No.273, 281, 299, 315, 331, 332, 333, 336, 337) and referring to Ma.niyalma, suggests that the Chinese character 捏 *niè* was used to transcribe an Altaic syllable including some masculine vowel in the 10th–13th centuries.On the other hand, Aisin Gioro, Ulhicun: *Qidan yuyan wenzi yanjiu* [Studies of Khitan language and scripts], Kyoto: Tō Ajia Rekishi Bunka Kenkyūkai, 2004, pp.135–137 suggested that the vowels in this Kmi.record could be identified with its succeeding accusative ending; however, the Kmi.record of an accusative–instrumental ending can be deciphered only as 〇*ur, difficult to acknowledge its affixation to a stem of whether masculine or feminine vowel.

② Starostin, Sergei, Anna Dybo, & Oleg Mudrak: *Etymological Dictionary of the Altaic Languages*: Part One to Three, with assistance of Ilya Gruntov and Vladimir Glumov, Leiden·Boston: Brill, 2003, p.1030.

③ Hauer, Erich: *Handwörterbuch der Mandschusprache*, Wiesbaden: Kommissionsverlag Otto Harrassowitz, 1952–1955, p.722.

④ Hauer, Erich: *Handwö rterbuch der Mandschusprache*, Wiesbaden: Kommissionsverlag Otto Harrassowitz, 1952–1955, p.120.Ji, Yonghai, Liu Jingxian&Qu Liusheng: *Manyu yufa* [Manchu grammar], Beijing: Minzu chubanshe, 1986, p.111 regarded it as derived directly from the verbal stem: bukdambi "krümmen, falten, kniffen" roughly.

⑤ Hauer, Erich: *Handwörterbuch der Mandschusprache*, Wiesbaden: Kommissionsverlag Otto Harrassowitz, 1952–1955, p.430.Ji, Yonghai, Liu Jingxian & Qu Liusheng: *Manyu yufa* [Manchu grammar], Beijing: Minzu chubanshe, 1986, p.107) noted it with the Chinese character 瓞 *dié* referring to "young melons just forming".

⑥ Hauer, Erich: *Handwörterbuch der Mandschusprache*, Wiesbaden: Kommissionsverlag Otto Harrassowitz, 1952–1955, p.748.

⑦ Jin, Qicong: Jing Qi de Manzu(xu): liu, Manzu de hala he guanxing" [Manchu people in Peking Banners (to be continued): VI, Manchu halas and surnames], *Manzu yanjiu*, II, 1989, p.74.

⑧ Sun, Bojun: *Jindai Nüzhenyu* [Jurchen language in Jin Dynasty], Shenyang: Liaoning minzu chubanshe, 2004, p.240.

liè, as short of the diminutive meaning, could be reconstructed as *–le/i rather than *–re/i.

On the other hand, the Jurchen record 𘡟𘡠𘡡 *ńen–gu–hei "wolf" (YLYY, Supplement No.19) ①, with the Chinese transcription 嫩果黑 *nènguǒhēi*, seems another Tungusic derivative far from Khitan etymology.

Example III: Khi. 𘬀𘬁𘬂 *be–g–in "a proper name" ~Jur. 𘡢𘡣 *BEGIN–in "Jurchen chieftain" > 𘡢𘡤 *BEGIN–le "Jurchen minister"

Aisin Gioro picked up this Khitan proper name from EYRx 2 and referred to its Turkic etymology of bäg "nobleman" ②. And in the meanwhile, she thought Turk. bäg "nobleman" and bäglär "noblemen" as the intimate origins of Jur. 𘡢𘡣 *BEGIN–in (normalized: *begin) "Jurchen chieftain" and 𘡢𘡤 *BEGIN–le (normalized: *begile) "Jurchen minister" maybe questionably; for the historical conditions barred the Jurchen language of direct loans from the Turkic languages. In fact, this lexical item–bäg (Chinese transcription: 匍 pú)–might well be an earlier Turkic loanword ultimately from Chi. 伯 *bó* "Chinese peerage of the second grade", with its inner derivation in Orkhon inscriptions: bo/uyla③, and lent into the neighboring Khitan language with the Kmi. record: 𘬀𘬁𘬂 *be–g–in. Kotwicz suggested that Turk. bäg > Mo. begi > Jur.–Tung. bögin④, in which the n–suffixation should be moved up to Khitan, the so–called Para–Mongolic language.

It is more possible that this Khitan proper name should be cognate with the Ju–

① Kiyose, Gisaburo N.: *A Study of the Jurchen Language and Script*: Reconstruction and Decipherment, Kyoto: Hōritsubunka–sha, 1977, p.148 reconstructed it as *niyongehe analogous to the Manchu spelling.

② Aisin Gioro, Ulhicun: *Qidan yuyan wenzi yanjiu* [Studies of Khitan language and scripts], Kyoto: Tō Ajia Rekishi Bunka Kenkyūkai, 2004, p.272. Aisin Gioro, Ulhicun: *Liao Jin shi yu Qidan, Nüzhen wen*[Liao–Jin History and the Khitan–Jurchen Scripts], Kyoto: Tō Ajia Rekishi Bunka Kenkyūkai, 2004, pp.90–91.

③ Kotwicz, Władyslaw: Contributions aux études altaïques, *Rocznik Orientalistyczny*, XVI(1950), pp.356–357. And Kotwicz, Władyslaw: Contributions aux études altaïques, *Rocznik Orientalistyczny*, XVI(1950), p.357 cited it as Bujla; hereupon some more precise Romanization of this Turkic word is made according to the later decipherment of Orkhon Turkic.

④ Kotwicz, Władyslaw: Contributions aux études altaïques, *Rocznik Orientalistyczny*, XVI (1950), p.362.

rchen administrative term 𘭏𘱫*BEGIN-in "Jurchen chieftain", equivalent to Chinese transcription 孛堇 *bójǐn*, simultaneously through the nominal suffix-le deriving another Jurchen administrative term 𘭏𘲎*BEGIN-le"Jurchen minister", equivalent to Chinese transcription 勃極烈 bójílìè. Both these Chinese transcriptions of Jurchen administrative terms were recorded earliest in the Jurchen-Jin Muzong （金穆宗） period (1053-1103 AD), near to the inscribed year of EYRx -about 1072 AD (咸雍八年 *Xiányōng bānián*). Thus, it seems indicative of the fact that Jur.*begin & *begile could be borrowed both from Khitan, with the derivation of adding-le having occurred in Khitan language. And the co-appearance of both Jurchen loanwords lies in some semantic differentiation until the Jurchen-Jin Aizong (金哀宗) period (1198-1234 AD). Later, Ma.beise （< *bei + -se) "Manchu peerage of the third grade" & beile "Manchu peerage of the fourth grade" are historical descendents from Jurchen①.

Example IV: Khi. **𘬾***OMO ~ WMo.eme "wife, woman" > Ma.emile "feminine"

Kane reconstructed it as *mó （No.3.133） ② questionably in that the equivalent Chinese transcription 耨斡麽 *nòu-wò-mó* was truncated mechanically. As the Khitan word "earth" transcribed by Chinese character 耨 *nòu* is obviously equivalent to Jur.-Ma.na "earth", the suceceeding Chinese transcription 斡麽 *wò-mó* should become equivalent to *omo "mother" in Khitan③. Actually, it cannot be easily disapproved that Khi.*omo could be cognate with WMo. eme "wife, woman". In the extant Jurchen vocabulary there is no such derivative, and the Manchu successor-emile-seems derived from it through the same suffix-le including a feminine vowel.

The relevant Manchu form including the masculine vowel-amila-represents the semantic item "masculine", probably derived from the above feminine form, just anal-

---

① Kotwicz, Władyslaw: Contributions aux études altaïques, *Rocznik Orientalistyczny*, XVI (1950), p.359.

② Kane, Daniel: *The Kitan Language and Script*, Leiden · Boston: Brill, 2009, p.108.

③ Sun, Bojun & Nie Hongyin: *Qidanyu yanjiu* [A study of Khitan language], Beijing: Zhongguo shehui kexue chubanshe, 2008, p.88.

ogous to Ma. hūwašan "bonze, Buddhist monk", borrowed from Chi.和尚 *héshàng*, derived into Ma.huwešen "Buddhist nun", the feminine equivalent. The other probable derivation could be due to Jur.[illegible]*AMIN "father" > Ma. amila "masculine". Whatever its etymology is, the nominal derivational suffix -la/e can hold its very grammatical function as is indicated hereupon.

Example V: PMo. ilama > Jur.[illegible] [illegible] [illegible]*im-ma-la "mulberry"

As for the Jurchen item, Grube gave the earliest transcription: *yīn -mà -láh* (YLYY, No.108)[①], cognate with Ma.nimala. The latest *Etymological Dictionary of the Altaic Languages* is based on this old-time reference to reconstruct the relevant PTung.*ńamńi-kta[②] questionably, to let alone this transcribed Jurchen proof changed as *hin-ma-lar*[③].

Later it is Ligeti who first gave this precise Jurchen reconstruction *immala[④], corresponding to the Altaic spelling, which Kiyose renewed with *inmala (YLYY, No.108) [⑤] incorrectly. And it is noticed that this three Jurchen characters hold a syllabic spelling, indicative of the originally intervocalic -l- assimilated to the successive -m-.

On the other hand, the later Manchu recordings-imalan "Färbermaulbeerbaum" ~nimala(n) "Maulbeerbaum"[⑥] -could come from a loan of the Mongol cognate- ila-

---

① Grube, Wilhelm: *Die Sprache und Schrift der Jučen*, Leipzig: Kommissions-Verlag von O.Harrassowitz, 1896, p.104.

② Starostin, Sergei, Anna Dybo, & Oleg Mudrak: *Etymological Dictionary of the Altaic Languages*: Part One to Three, with assistance of Ilya Gruntov and Vladimir Glumov, Leiden·Boston: Brill, 2003, pp.239, 1004.

③ Starostin, Sergei, Anna Dybo, & Oleg Mudrak: *Etymological Dictionary of the Altaic Languages*: Part One to Three, with assistance of Ilya Gruntov and Vladimir Glumov, Leiden·Boston: Brill, 2003, p.1004.

④ Ligeti, Louis: Les inscriptions djurtchen de Tyr. La formule *Oṃ maṇi padme hūṃ*, *Acta orientalia Academiae Scientiarum Hungaricae*, Vol.XII, 1961, p.10.

⑤ Kiyose, Gisaburo N.: *A Study of the Jurchen Language and Script*: Reconstruction and Decipherment, Kyoto: Hōritsubunka-sha, 1977, p.103.

⑥ Hauer, Erich: *Handwörterbuch der Mandschusprache*, Wiesbaden: Kommissionsverlag Otto Harrassowitz, 1952-1955, pp.479, 700.

ma–through a phonetic metathesis between the penult and the ultimate syllables[①] and an initial n–augmentation[②], rather than from a direct inheritance of the earlier Jurchen recording; for it is evident enough that the recorded Jurchen language and the later written Manchu language might well have no direct genealogical relationship[③].

Therefore, this Jurchen item *immala should be derived from an unexcavated Proto–Mongolic form, represented by the extant Mongol spelling–ilama, agglutinated with the nominal suffix –la.

Based upon the above examples, it is reasonable that Khi. 圣为 *im–a >Jur. 雨死夭 *i–ma–la through the nominal derivational suffix –la conforms to a greater lexical derivational law from Mongolic to Tungusic languages.

The only Chinese transcription 亦木阿 *yì–mù–ā*, only recorded in the cyclical terminology of twelve zodiac animals, was transliterated as *i–mu–a[④]. And its ultimate reconstruction became *imu'a, which misled Vovin to compare it with Ma.ima–ha[⑤], an actually erroneous word. Compatible to Khi. 圣才 *im–ya, in fact, its better

---

① The similar examples are also: Jur.曳我夭 *gui–pha–la~Ma.guilehe "apricot", which Kiyose, Gisaburo N.: *A Study of the Jurchen Language and Script*: Reconstruction and Decipherment, Kyoto: Hōritsubunka–sha, 1977, p. 103 and Kane, Daniel: *The Sino–Jurchen Vocabulary of the Bureau of Interpreters*, Bloomington, Indiana: Indiana University, 1989, p.204 both regarded as some syllabic inversion; Mo.emegel~Jur.商学伏 *en–MERGE–mei (Ulhicun's normalized transcription: *əmərgən) >*engemer ~Ma.enggemu ~"saddle" –cf.Ulhicun: Xi'an beilin Nüzhenwen zishu xin kao [A new decipherment of Glossary of Jurchen Script Excavated in Xi'an Monumental Forest], *Beilin jikan*, V, Xi'an beilin bowuguan (ed.), Xi'an: Shaanxi renmin meishu chubanshe, 1998, p.240; etc.

② The similar examples are also: PTurk.*yïmaγa(n) >PMo.nïmaγan>SMo.nima'an–cf. Bazin, Louis: Noms de la《chèvre》en turc et en mongol, Studia Altaica–Ural–Altaische Bibliothek zum 60, am 8, august, 1957 ; aussi en *Les turcs des noms, des hommes*, Budapest: Akadémiai Kiadó · Paris: αρ éditions ARGUMENTS, 1994: pp.265–270–>Ma.niman "goat" while Starostin, Sergei, Anna Dybo, & Oleg Mudrak: *Etymological Dictionary of the Altaic Languages*: Part One to Three, with assistance of Ilya Gruntov and Vladimir Glumov, Leiden · Boston: Brill, 2003, p. 1004 seems to reflect an inverted phonetic evolution questionably; etc.

③ Kiyose, Gisaburo N.: Genealogical relationship of Jurchen dialects and literary Manchu, *Central Asiatic Journal*, 44/2 (2000): pp.177–189.

④ Kane, Daniel: *The Sino–Jurchen Vocabulary of the Bureau of Interpreters*, Bloomington, Indiana: Indiana University, 1989, p.200.

⑤ Vovin, Alexander: Some Thoughts on the Origins of the Old Turkic 12–Year Animal Cycle, *Central Asiatic Journal*, I, 2004, pp.120–121.

reconstruction might well be *imγa, in that the Chinese transcription 木 *mù* after a vowel should be transliterated as *-m and the Chinese transcription 阿 *ā* often as *γa.

As for the logographic [illegible], its semantic content could be regarded as "goat", in contrast with the other logographic [illegible] *XONI "sheep" in the same classified line of GJS[1]. Furthermore, its phonetic expression might well be connected first with the similar Jurchen character [illegible] *on(GJS 10a:9, 10b:11)[2] < [illegible] *ONON (GJS 7:9)[3], with the semantic interpretation of "Mongolian gazelle" cognate with Ma.onon. Then, its similar phonetic spelling could be *im, separated from Khi.*imya or Jur.*imγa. Accordingly, the Jurchen logogram [illegible] should be reconstructed as *IMΓA, to which the similar Kma. [illegible] should be reconstructed as *IMYA. And to the ultimate origin, the common graphic etymology could be due to the Chinese character 弇 *iam (<於撿反 yújiǎnfǎn)[4]. Then, there comes a graphically etymological route as below:

Chi.: 弇 *iam > [illegible] Kma.*IMYA > Jur. [illegible] *IMΓA ～ [illegible] *ONON

4. *Conclusions*

And together with the latest *Etymological Dictionary of the Altaic Languages*[5], the Khitan and Jurchen records of "goat" reflect the following lexical derivation, different from the lexical series with the initial ń-:

---

① Ulhicun: Xi'an beilin Nüzhenwen zishu xin kao [A new decipherment of Glossary of Jurchen Script Excavated in Xi'an Monumental Forest], *Beilin jikan*, V, Xi'an beilin bowuguan (ed.), Xi'an: Shaanxi renmin meishu chubanshe, 1998, p.234.

② Ulhicun: *Nüzhenwen zishu de fuyuan* [The recovery of Glossary of Jurchen Script], *Beilin jikan*, VII, Xi'an beilin bowuguan (ed.), Xi'an: Shaanxi renmin meishu chubanshe, 2001, p.205.

③ Ulhicun: *Nüzhenwen zishu de fuyuan* [The recovery of Glossary of Jurchen Script], *Beilin jikan*, VII, Xi'an beilin bowuguan (ed.), Xi'an: Shaanxi renmin meishu chubanshe, 2001, p.202.

④ Kane, Daniel: *The Kitan Language and Script*, Leiden·Boston: Brill, 2009, p.231.

⑤ Starostin, Sergei, Anna Dybo, & Oleg Mudrak: *Etymological Dictionary of the Altaic Languages*: Part One to Three, with assistance of Ilya Gruntov and Vladimir Glumov, Leiden·Boston: Brill, 2003, pp.1003-1004.

Turk.ïmγa>PMo.>Jur.*imγa
V
Khi.*imya>Khi.*ima>Jur.*imala

The progressive decipherment of Khitan records, of two types, and the analytical reconstruction of Jurchen records will broaden the middle Altaic lexical research as such.

（原载于 *Altai Hakpo*（Seoul, Korea）, 21, 2011: pp.191–203）

ON THE TERMS CONCERNING LONGEVITY IN KHITAN AND JURCHEN LANGUAGES①

Longevity is one of the predominant motifs in Chinese culture.The typical character for the word is 壽 *shòu*, although it can also be represented by other expressions such as 萬歲 *wànsuì*.The concept has had a deep influence on the neighboring Altaic peoples.

The earliest native Altaic writing system to date–Khitan script–includes many mentions of longevity(either in Khitan documentation or in Chinese transliteration, as well as in the Jurchen writing system).

1. *"Longevity" recorded in Khitan scripts*

The extant Khitan writing system includes two different types of scripts, both of which are Siniform (that is, the form of their characters are based on Chinese): the so–called Khitan macroscript (大字 *dàzì*, literally "Large Script")and the Khitan

① All Khitan and Jurchen words appearing together with the native graphic recordings retain Romanized transcriptions of capitalized logograms and lowercase phonograms.It must be noted that, rather than using Khitan font software, I created all of the Khitan and Jurchen characters in this paper(basing them on the Chinese character font in the computer); accordingly, these characters may appear differently than those commonly found in modern media.Chinese characters appear either with the untoned italic pinyins for Altaic transliterations or with the toned italic pinyins for semantic notations.

microscript（小字 *xiǎozì*, literally "Small Script"）. The former style of writing is logo-syllabic, similar to Chinese logography; the latter is logo-phonetic, derived from the Uighur abjad spelling system, in which single components are called protoscript（原字 *yuánzì*, literally "Primitive Script"）. Although in Khitan scripts more undeciphered documentations exist than deciphered ones, native recordings concerning longevity can be found in the Khitan writing systems.

First of all, reign titles are recorded uniquely in two Khitan scripts. One of the Khitan-Liao reign titles refers directly to the concept of longevity as "Longevity Prosperity"（壽昌 Shòuchāng, 1095—1100 AD）[①]. In the extant Khitan macroscript（Kma.）records, this reign title is written as 关已 沓[②]（EYQ 25）[③]. In the extant Khitan microscript（Kmi.）records, this reign title is written as 伞 村[④] or 又伞 村[⑤]. Since Kma. 关 and Kmi. 又 both mean "great", these Khitan records suggest that the reign title "壽昌 *Shòuchāng*" refers to "great longevity". Likewise, common reference is made by both Kma. 已 沓 and Kmi. 伞 村.

The other reign title of Khitan-Liao concerning longevity is "Bright Happiness"（景福 *jǐngfú*, 1031 AD）, which is recorded in Kmi.[⑥] 汞伞 村（EDCY 13, 32）[⑦] with

---

① All English translations of Chinoiserie nomenclature in this paper, if not noted otherwise, refer to Kane, Daniel: The Kitan Language and Script, Leiden · Boston: Brill, 2009.

② Liu, Fengzhu: Qidan dazi liushinian zhi yanjiu zongshu [A survey of the studies of Khitan macroscript in sixty years], Ri-Zhong lianhe wenzi wenhua yantaohui fabiao lunweji, Kyoto: Nihon moji bunka kenkyūjō, 1998, p. 221.

③ Liu, Fengzhu: Qidan dazi Yelü Qi muzhiming kaoshi [A decipherment of Epitaph of Yelü Qi in Khitan macroscript], Neimenggu wenwu kaogu, I (2006): p.60.

④ Chinggeltei: Qidan xioazi shidu wenti [On the decipherments of Khitan microscript], with the assistance of Wu Yingzhe, Tokyo: Ajia Afurika Gengo Bunka Kenkyūjō, 2002, pp.142-143.

⑤ Chinggeltei: Qidan xioazi shidu wenti [On the decipherments of Khitan microscript], with the assistance of Wu Yingzhe, Tokyo: Ajia Afurika Gengo Bunka Kenkyūjō, 2002, p.163.

⑥ Liu, Fengzhu (2001): "Zuijin 20 nianlai de Qidan wenzi yanjiu kaikuang" [A brief survey of the studies of Khitan scripts in recent twenty years], Yenching Journal of Chinese Studies, New Series, XI, 2001, p.235.

⑦ Chinggeltei: Qidan xioazi shidu wenti [On the decipherments of Khitan microscript], with the assistance of Wu Yingzhe, Tokyo: Ajia Afurika Gengo Bunka Kenkyūjō, 2002, p.116.

a literal translation of"eternal longevity"①.It is far from obvious that Kane was ignorant of the preceding explanation②.

In fact, this reign title includes an allusion from verses found in the *Shījīng* (詩經), the earliest existing collection of Chinese poems (ca.1000–500 BC):

Offer in sacrifice, with prayer, /That Chow may hold in brightening way, /Nor o'er its fortunes come decay.③

In the underlined part of the citation, one finds a reflection of the original meaning of the term "景福 *jǐngfú*".However, in relation to this Khitan–Liao reign title, the Chinese characters"景 *jǐng*"and"福 *fú*"should also be alluded to.The following verses are also found in *Shijing*:

And brightest happiness/thus crown *latest days.*④

Great king, *for ever may you live*/with brightening happiness! ⑤

The literal meaning appears here in the underlined part of the citation, and is closely related to the meaning of the italicized section.Therefore, "brightening happiness" must be a metaphor for "long life".

The identical or similar Kmi.spellings also appear on some Khitan coins and on a bronze mirror excavated in Kharachin Banner, Inner Mongolia:

---

① Gai, Zhiyong, Qi Xiaoguang & Liu Fengzhu: Qidan xiaozi *Yelü fubushu muzhiming* kaoshi [A decipherment of Epitaph of Deputy Commander Yelü in Khitan microscript], *Neimenggu wenwu kaogu*, I, 2008, p.87.

② Kane, Daniel: *The Kitan Language and Script*, Leiden·Boston: Brill, 2009, p.159.

③ Legge, James (tr.): *The She King; or the Book of Ancient Poetry*, London: Trübner & Co., 1876, p.360.And the original Chinese verses are: 以介景福, 以享以祀(《詩·周頌·潛》).

④ Legge, James (tr.): *The She King; or the Book of Ancient Poetry*, London: Trübner & Co., 1876, p.306.And the original Chinese verses are: 以介景福, 壽考維祺(《詩·大雅·行葦》).

⑤ Legge, James (tr.): *The She King; or the Book of Ancient Poetry*, London: Trübner & Co., 1876, p.308.And the original Chinese verses are: 介爾景福, 君子萬年(《詩·大雅·既醉》).

1) Khi.inscription on coins: [illegible] "福壽永昌 *fúshòu yǒngchāng*"[①]

2) Khi.inscription on Baodi bronze mirror: [illegible] "壽長福德 *shòucháng fúdé*"[②]

In the above inscriptions, [illegible] and [illegible] reflect the concept of "long life" (analogous to Kmi.recording of the reign title "景福 *jǐngfú*").Since it is now known that Kmi. [illegible] means "eternal", Kmi. [illegible] (together with Kma.巳 斉[③]) can be understood as referring semantically to "longevity".

As the Khitan microscript is somewhat phonographic, present deciphering[④] indicates that some protoscripts have been reconstructed as [illegible] *s (No.2.244) [⑤] and [illegible] *en (No.2.140)[⑥].Accordingly, the short spelling becomes [illegible]*s-en.

Some common indigenous personal names in the Khitan-Liao Dynasty also carry the meaning of longevity.In Chinese transliteration, 乙辛 *yǐxīn*/乙信[⑦]*yǐxìn* (HLD)[⑧]

---

① Chen, Naixiong: Guanyu Liaodai qianbi Qidanzi de shidu qingkuang [On the decipherments of Khitan inscriptions in Liao coins], *Neimenggu jinrong, Monograph I for Numismatics*, III(1985), p.72.

② Liu, Fengzhu, Weng Shanzhen, Zheng Ruifeng & Jin Yongtian: Neimenggu Kalaqinqi chutu Qidan xiaozi tongjing kaoshi [A decipherment of the Khitan microscript in bronze mirror excavated in Kharachin Banner, Inner Mongolia], *Kaogu*, III (1982), p.311.

③ In Khitan macroscript, there often appears a ligature of two single characters.In EXPl 1, there appears a ligatured character, [illegible] cf.Yan, Wanzhang: "Qidanwen 'Xiaopaolu muzhiming' kaoshi" [A decipherment of Epitaph of Xiao Paolu in Khitan script].*Minzu yuwen*, III(1988), p.28; Liu, Fengzhu: Qidan dazi liushinian zhi yanjiu [On the studies of Khitan macroscript in sixty years], *Journal of Chinese Studies*, New Series, Hong Kong, VII (1998), p. 327; in fact, however, according to the rubbing this character should be recovered as, 从巳 cf.Feng, Yongqian: Bu Liao Xiaopaolu mu chutu de Qidan dazi muzhiming [A postscript to the epitaph in Khitan macroscript excavated in tomb of Xiao Paolu in Liao Dynasty], *Liao jin Qidan Nüzhen shi yanjiu*, I (1988), pp.34, 35.Thus, 巳斉 appears once in EXPl 1.

④ Chinggeltei: *Qidan xioazi shidu wenti* [On the decipherments of Khitan microscript], with the assistance of Wu Yingzhe, Tokyo: Ajia Afurika Gengo Bunka Kenkyūjō, 2002.

⑤ Kane, Daniel: *The Kitan Language and Script*, Leiden·Boston: Brill, 2009, p.64.

⑥ Kane, Daniel: *The Kitan Language and Script*, Leiden·Boston: Brill, 2009, p.51.

⑦ This Chinese transliteration also appears in the Chinese version of EYXn.

⑧ Yu, Baolin: *Qidan gudaishi lungao* [A preliminary study of the ancient Khitan history], Hefei: Huangshan shushe, 1998, p.333.

and 意辛 *yìxīn* (EYN 21) [①] have been reconstructed as *isin, cognate with Mo.esen "bright"[②].

A prerequisite correction to the Kma.expression is in order.Liu et al.erroneously thought that the parallel forms of Chi.乙信隱 *yǐxīnyǐn* represented Kma.彐乀 已 脊 疥[③]. In fact, 犲 彐乀 已 脊 疥(EYXn 9)should be compared with 犲 彐乀 已 脊 疥(EYXn 22),[④] as it is in dicative of the character 彐乀 agglutinating to the preceding character 犲 "son".

There is sufficient historical data to prove a connection between this *yixin* and Kmi.**仐 朾** and Kma.已 脊.Here the Kmi.spelling **仐 朾**(just like the Uyghur ab–jad) would be revised as * (e)s–en=*esen; [⑤] this seems more in alignment with the paralleling Kma. 已 脊*es–en.Based on the phonetic reconstruction of 已, it is erro–neous to present Kma.已 之 屮(EYXn 18) as being equivalent to the Chinese trans–literation"闢離剌 *pìlílà*"[⑥].

As for the Mongolic item "esen", there is a probable etymological explanation: esen "healthy, good health; calm, quiet" <Uy.äsän "in good health, sound, safe" < Pahl.'s'n [âsân]"at rest, easy, peaceful"; it is related to the personal name Ḥasan,

---

① Shi, Jinmin & Yu Zemin: Qidan *xiaozi Yelü Nu muzhiming* kaoshi[A decipherment of Epitaph of Yelü Nu in Khitan microscript], *Minzu yuwen*, II (2001), p.62.

② Sun, Bojun & Nie Hongyin: *Qidanyu yanjiu*[A study of the Khitan language], Beijing: Zhongguo shehuikex–ue chubanshe, 2008, p.122.

③ Liu, Pujiang & Kang Peng: Qidan ming, zi chushi: Wenhua renleixue shiye xia de fuzi lianmingzhi [A pre–liminary approach to Khitan names: A case study of father–son name heritance from the perspective of cultural anthropology], *Wenshi*, III (2005), p.236.

④ Toyoda, Gorō: Jiedu Qidan dazi de xiansuo [Some notes on the decipherment of Khitan macroscript], Xiao Aimin(tr.), *Zhongguo beifang gudai wenhua guoji xueshu yantaohui lunwenji*, Su He et al.(eds.), Beijing: Zhong–guo wenshi chubanshe, 1995, p.302 deciphered these two Khitan macroscript series, dividing the characters into some lexical sets in a correct manner (although some errors remained in the decipherment of personal names).

⑤ Kane, Daniel: Khitan and Jurchen, *Tumen jalafan jecen akū: Manchu Studies in Honour of Giovanni Stary*, Alessandra Pozzi, Juha Antero Janhunen and Michael Weiers (eds.), Wiesbaden: Harrassowitz Verlag, 2006, p. 123, note 7 mentions the similarity or connection between Khi.*sen ~ Ma. se and Kmi.*isin.

⑥ Liu, Fengzhu: Qidan dazi zhong ruogan guanming he diming zhi jiedu [A decipherment of several adminis–trative and toponymic names in Khitan macroscript], *Minzu yuwen*, IV (1996), p.38.Liu, Fengzhu: Qidan dazi liushinian zhi yanjiu[On the studies of Khitan macroscript in sixty years], *Journal of Chinese Studies*, New Series, Hong Kong, VII (1998), p.333.

which is common in Arabic and Persian languages[1].This connection suggests that Khitan, the so-called "Para-Mongolic"[2], had been partly influenced by Near Eastern culture, as well as by the significant Uyghur compacts.

In addition, there exist several transliterations of the Chinese character 壽 *shòu* in Kmi. [illegible]: *š-eu-ú, appearing in the following personal names: [illegible] *d-ei š-eu-ú for "德壽 *déshòu*", [illegible] *p-iá-ŋ š-eu-ú for "彭壽 *péngshòu*", [illegible] *h-i-ŋ š-eu-ú for "慶壽 *qìngshòu*", [illegible] *žuŋ š-eu-ú for "榮壽 *róngshòu*", and [illegible] *č-aŋ š-eu-ú for "長壽 *chángshòu*"[3].

2. *"Longevity" recorded in Jurchen script*

The Jurchen people established their native writing system, which was based on Chinese characters and Khitan macroscript, in the early 12th century.This Jurchen script lasted until the middle of the 15th century.Among the extant Jurchen recordings, there are some items concerning "longevity":

1) Probably cognate with the above Khitan term [illegible] for the reconstruction *s-en[4], Jur.[illegible] *se-ger "years of age" and Ma.se "age"[5] could be retrospected up

① Rybatzki, Volker: *Die Personennamen und Titel der mittelmongolischen Dokumente*, Eine lexikalische Untersuchung.Helsinki: Yliopistopaino Oy, 2006, pp.176-177.

② Janhunen, Juha: Para-Mongolic, *The Mongolic Languages*, Juha Janhunen (ed.), London and New York: Routledge, 2003, pp.391-402.

③ Chinggeltei: *Qidan xioazi shidu wenti* [On the decipherments of Khitan microscript], with the assistance of Wu Yingzhe, Tokyo: Ajia Afurika Gengo Bunka Kenkyūjō, 2002, pp.148, 152, 160, 162, 164.Toyoda, Gorō: Guanyu Qidan xiaozi de jidian tansuo[Some approaches to Khitan microscript], Nasun Urt (tr.), *Neimenggu shehui kexue*, Vol.III, 1991, pp.105-106 had deciphered most of these Chinese words transliterated in Khitan microscript.

④ Kane, Daniel: Khitan and Jurchen, *Tumen jalafan jecen akū: Manchu Studies in Honour of Giovanni Stary*, Alessandra Pozzi, Juha Antero Janhunen and Michael Weiers (eds.), Wiesbaden: Harrassowitz Verlag, 2006, p. 123, note 7 realized that Kmi.*isin could be faux amis of Jur.*sege, maybe questionably.

⑤ Aisin Gioro, Ulhicun: *Qidan yuyan wenzi yanjiu* [A study of Khitan language and scripts], Kyoto: Tou Ajia Rekishi Bunka Kenkyuukai, 2004, p.96.

to PTung.*sē"year, age" together with some other proofs: Ul.–Na.–Orch.sē, Ud.se[1].In my opinion, the cited Jurchen proof sejŋ–ŋer(No.82)[2] could be revised by EDAL's editors vis–à–vis their references to the Jurchen corpora[3].In fact, EDAL's Jurchen reconstruction seems much more complicated than it was; Aisin Gioro's reconstruction seems more plausible.

2) Another direct graphic connection for the above Jurchen item lies in Jur. 秀 盒*gə–ən[4], which should follow the earlier phonetic reconstruction as *ger–en; see also the references to *PTung. gere–n"many, all", including the following proofs: Ma. geren "many", Ul.–Ork.–Na.–Orch. gere(n) "many/all", Ud. gele "all"[5].

Therefore, both these Jurchen words developed themselves from Jin to Ming Dynasties: 禾 秀*se–ger>*se–ge, 秀 盒*ger–en>*ge–en.

3) Jur.方 禾 秀*TUMEN se–ge "long life" (No.866)[6], reflecting a later phonetic reconstruction, becomes a literal translation of Chi.萬壽 wànshòu.This is analogous to the neighboring item 五 礼 乇*MIŊAN BOLO ERIN "thousand years"(No. 869)[7], literally Chi.千秋 qiānqiū. The literal expressions here could offer an indirect proof to Jur.禾 秀, as they are semantically close to Chi.壽 shòu.

All of the native documentations mentioned above suggest that the Jurchen lan–

---

① Starostin, Sergei, Anna Dybo, & Oleg Mudrak: *Etymological Dictionary of the Altaic Languages*: Part One to Three, with assistance of Ilya Gruntov and Vladimir Glumov, Leiden ·Boston: Brill, 2003, p.1512.

② Starostin, Sergei, Anna Dybo, & Oleg Mudrak: *Etymological Dictionary of the Altaic Languages*: Part One to Three, with assistance of Ilya Gruntov and Vladimir Glumov, Leiden ·Boston: Brill, 2003, p.1512.

③ Grube, Wilhelm: *Die Sprache und Schrift der Jučen, Leipzig*: Kommissions–Verlag von O.Harrassowitz, 1896, p.98.Starostin, Sergei, Anna Dybo, & Oleg Mudrak: *Etymological Dictionary of the Altaic Languages*: Part One to Three, with assistance of Ilya Gruntov and Vladimir Glumov, Leiden·Boston: Brill, 2003, p.239.

④ Jin, Qicong (ed.): *Nüzhenwen cidian* [A dictionary of Jurchen characters], Beijing: Wenwu chubanshe, 1984, p.6.

⑤ Starostin, Sergei, Anna Dybo, & Oleg Mudrak: *Etymological Dictionary of the Altaic Languages*: Part One to Three, with assistance of Ilya Gruntov and Vladimir Glumov, Leiden·Boston: Brill, 2003, p.541.

⑥ Kiyose, Gisaburo N.: *A Study of the Jurchen Language and Script*: Reconstruction and Decipherment, Kyoto: Hōritsubunka–sha, 1977, p.146.

⑦ Kiyose, Gisaburo N.: *A Study of the Jurchen Language and Script*: Reconstruction and Decipherment, Kyoto: Hōritsubunka–sha, 1977, p.146.

guage tended to utilize indigenous expressions to translate the exotic concept of longevity, differing sharply from the Khitan language.

3. Khitan–Jurchen "longevity" only transliterated in Chinese characters

Aside from the native recordings discussed above, sporadic documentations concerning "longevity" exist in Chinese historiography.

1) In some special oral occasions, the so–called Khitan word "治夔離 *zhìkuílí*" can be reconstructed as *jiküli①. Furthermore, this Khitan word (with the meaning of "萬歲 wànsuì") seems parallel to Jur. 尾 宂* ǰALA–ɣan "determination"(GJVHI 26)② and Ma.jalgan "living" by means of metathesis in the radical syllables. In terms of closer proofs, there are some other examples for syllabic inversion between Mongolic and Tungusic languages: Mo.emegel ~ Jur. 両 孛 仗* en–MERGE–mei(Ulhicun's normalized transcription: *əmərgən) > *engemer ~ Ma.enggemu ~ "saddle"③; Mo.güyilesü~ Ma.guilehe~ Jur.戋 犭 炙* gui–pha–la "apricot"④; Mo.ilama~ Jur.隶* IMMALA(GJS 8:10)⑤ ~ 隶 兀 炙* im–ma–la "mulberry" (No.108)⑥. Based on these examples of metathesis, and on the close connections between Khitan and the Tungusic languages⑦, the Chinese transliteration 治夔離 *zhìkuílí* in Khitan should

---

① Sun, Bojun & Nie Hongyin: *Qidanyu yanjiu*[A study of the Khitan language], Beijing: Zhongguo shehuikexue chubanshe, 2008, p.123.

② Aisin Gioro, Ulhicun: *Nüzhen yuyan wenzi xin yanjiu*[A new study of Jurchen language and script], Kyoto: Meizendō, 2002, p.178.

③ Ulhicun: *Nüzhenwen zishu de fuyuan* [The recovery of Glossary of Jurchen Script], *Beilin jikan*, VII (ed.), Xi'an beilin bowuguan, Xi'an: Shaanxi renmin meishu chubanshe, 2001, p.240.

④ Kiyose, Gisaburo N.: *A Study of the Jurchen Language and Script*: Reconstruction and Decipherment, Kyoto: Hōritsubunka–sha, 1977, p.103. Kane, Daniel: *The Sino–Jurchen Vocabulary of the Bureau of Interpreters*, Bloomington, Indiana: Indiana University, 1989, p.204.

⑤ Ulhicun: *Nüzhenwen zishu* de fuyuan [The recovery of Glossary of Jurchen Script], *Beilin jikan*, VII (ed.), Xi'an beilin bowuguan, Xi'an: Shaanxi renmin meishu chubanshe, 2001, pp.195, 203.

⑥ Kiyose, Gisaburo N.: *A Study of the Jurchen Language and Script*: Reconstruction and Decipherment, Kyoto: Hōritsubunka–sha, 1977, p.103.

⑦ Menges, Karl H.: *Tungusen und Ljao*, Wiesbaden: Kommissionsverlag Franz Steiner GMBH, 1968.

be connected etymologically with the recorded Jurchen–Manchu cognates.

2) The so–called Jurchen word "只魯歡 *zhǐlǔhuān*"(found in some personal names in HJD) could be reconstructed as * J̌ilhon, parallel to Ma. jalgan"living" ~ jalafan"longevity"[1]. Obviously, in the Jurchen documentations there remain several cognates, such as 尾 壳 * J̌ALA–γan"determination" (GJVHI 26)[2], 尾 米 * J̌ALA–an "generation" (GJVHI 31)[3], and 尾 友 米 * J̌a–la–an "generation" (No.848)[4]. These have different spellings, indicative of the diachronic nature of the Jurchen language.

Either Jur. 尾 壳 * J̌ALA–γan"determination" or Ma.jalgan"living" seems closer to PMo. *ǯalga–"to fasten, join", though it developed likewise from the PA. *ǯālo– "to fasten, bind, hang" [5]. Thereafter, Proto–Mongolic influences seem hidden in the Jurchen language.

Furthermore, if both of the Khitan and Jurchen words are etymologically similar to PTung. *ǯala–n"joint, shoe straps, generation, world, plummet"[6] only in Chinese transliteration, it would suggest that there are difficulties with this reconstruction as regards diachronic development inside only one subfamily(e.g., Manchu–Tungusic), let alone the PA. *ǯalo "to fasten, bind, hang"[7].

---

① Sun, Bojun: *Jindai Nüzhenyu* [The Jurchen language in Jin Dynasty], Shenyang: Liaoning minzu chubanshe, 2004, p.292.

② Aisin Gioro, Ulhicun: *Nüzhen yuyan wenzi xin yanjiu* [A new study of Jurchen language and script], Kyoto: Meizendō, 2002, p.178.

③ Aisin Gioro, Ulhicun: *Nüzhen yuyan wenzi xin yanjiu* [A new study of Jurchen language and script], Kyoto: Meizendō, 2002, p.178.

④ Kiyose, Gisaburo N.: *A Study of the Jurchen Language and Script*: Reconstruction and Decipherment, Kyoto: Hōritsubunka–sha, 1977, p.145.

⑤ Starostin, Sergei, Anna Dybo, & Oleg Mudrak: *Etymological Dictionary of the Altaic Languages*: Part One to Three, with assistance of Ilya Gruntov and Vladimir Glumov, Leiden·Boston: Brill, 2003, p.1526.

⑥ Starostin, Sergei, Anna Dybo, & Oleg Mudrak: *Etymological Dictionary of the Altaic Languages*: Part One to Three, with assistance of Ilya Gruntov and Vladimir Glumov, Leiden·Boston: Brill, 2003, p.1526.

⑦ Starostin, Sergei, Anna Dybo, & Oleg Mudrak: *Etymological Dictionary of the Altaic Languages*: Part One to Three, with assistance of Ilya Gruntov and Vladimir Glumov, Leiden·Boston: Brill, 2003, p.1526.

4. *Some further notes on the terms for "longevity" in Khitan and in Jurchen languages*

The Khitan and the Jurchen scripts, both Siniform under the strong influence of the Chinese writing system, sometimes indicate a bifurcated cul tural heritage. The main reason for this could lie in the significant impact made by Uyghur culture, with the Uyghur writing system leading to the establishment of the Khitan writing system.

Both Khitan and Jurchen are important to the ancient recordings of the Altaic languages. The existence of relevant documentation in the field of multilingual historiography is sporadic, collected in native inscriptions or glossaries which have yet to be deciphered. The present Altaic manuals suffer from a lack of inclusion of the research achievements of novices, so that the ultimate conclusions are weakened. Only if there is more documentation of old Altaic languages, with multilingual data being excavated and deciphered, will the so–called Altaic Theory be acknowledged or disproved.

（原载于 *Per Urales ad Orientem. Iter polyphonicum multilingue. Festskrift tillänad Juha Janhunen pä hans sextioärsdag den 12 februar 2012*, Tiina Hyytiäinen, Lotta Jalava, Janne Saarikivi & Erika Sandman（eds.）, Suomalais–Ugrilaisen Seuran Toimituksia =Mémoires de la Société Finno –Ougrienne 264. Helsinki: Suoma lais – Ugrilainen Seura, 2012: pp.481–488）

契丹女真文字记录的佛陀名号及其所见辽金佛教异同①

一、引言

中古时期和中原汉族政权对峙的北方民族契丹人和女真人，在建立政权初期就仿照汉字书写系统创制了民族文字——契丹文字和女真文字——并加以官方颁行。用其书写的碑铭残叶等文字载体，现今尚有批量的发掘和不断的解读，成为我们了解这两个业已消逝于历史长河的古代民族彼时文化生活的第一手资料。

在现今关于这两个民族官方文字记录的解读成果中，我们有幸发现了关于佛陀名号的一些表述。下面通过其他毗邻民族文字材料的佐证，看看契丹、女真民族所建立的辽金王朝在佛教信仰上是否存在明显的差异。

二、女真文“佛”

女真字“佛”在现存女真文献中写法纷纭：见于西安碑林《女真文字书·天

① 以下的标注中，“*”代表构拟的语音形式，未见于实际文献中；“＜”“＞”代表同一语言内部的历时发展轨迹；“≤”“≥”代表不同语言之间的词汇借用轨迹。

文门》残叶的是□、□、□[①]，见于朝鲜《庆源女真国书碑》第一面第 2、5 行及第四面第 1 行的是□、□，见于朝鲜《北青女真字石刻》第 3 行的是□，见于俄罗斯《永宁寺碑》第 11 行的是□、□[②]。另外，光绪三年(1877 年)北京西山大觉寺侧关帝庙废址石阶左右各有一石，左石刻"佛"，右石刻□，时人不识，今知即女真字"佛"[③]。通常我们在研究时一般认定□为女真字"佛"的标准形式，本文的研究也不例外。

上述文献对于女真字"佛"的读音都没有直接的反映。但在女真语的直系后裔——满语中存在着一个表示"佛"的词汇 fucihi。或许因此，对这个女真字的早期拟音即作 *futʃiçi? [④]，未免简单不确。而参照突厥—蒙古语的 burqan"佛"另出机杼的拟音作 *burka[⑤]，未免也不妥当。

关于满语的"佛"fucihi，一般认为它是古代朝鲜语的借词：fucihi＜*pucik-i≤中古朝鲜语 pwuthye[⑥]＜古朝鲜语 *pwutukye≥西部古日语 potökë "佛"＞日语「ホトケ」hotoke"仏"[⑦]。笔者曾经根据从女真语到满语之间历时音变过程中出现的辅音轻唇化和腭化情形，推定女真字"佛"字形□可能出自汉字"菩"且拟音当为 *putikye[⑧]。目前看来这仍然是最为兼顾现存各种材料的女真字拟音。

这个指称"佛"的女真语汇反映了东北亚大陆土著居民通古斯人和毗邻半岛居民高丽人以及海岛民族大和人之间可能早已存在的密切联系。类似的语汇还可举出一个：女真字"寺"写作天(《女真文字书·宫京》)、天 卓 米(朝鲜

---

① 金启孮：《陕西西安碑林发现的女真文字书残页》，《内蒙古大学学报》1979 年第 1、2 期，第 5 页；[日]乌拉熙春：《〈女真文字书〉的复原》，西安碑林博物馆[编]《碑林集刊》(第七辑)，西安：陕西人民美术出版社，2001 年，第 201 页。

② 金启孮编著：《女真文辞典》，北京：文物出版社，1984 年，第 178 页。

③ 金启孮编著：《女真文辞典》，北京：文物出版社，1984 年，第 178 页。

④ 金光平、金启孮：《女真语言文字研究》，北京：文物出版社，1980 年，第 341—342 年；金启孮[编著]：《女真文辞典》，北京：文物出版社，1984 年，第 178 页。

⑤ [日]爱新觉罗·乌拉熙春：《女真语言文字新研究》，京都：明善堂，2002 年，第 191—192 页。

⑥ 原文标注的声调这里暂且忽略。

⑦ Vovin, Alexander: Koguryŏ and Paekche: Different Languages or Dialects of Old Korean? *Journal of Inner and East Asian Studies*, Volume 2-2 (December 2005), p.114.

⑧ 唐均：《称佛方块单字形音关系类型论》，《中国文字研究》第十一辑，郑州：大象出版社，2009 年，第 174 页。

《庆源女真国书碑》)或天 阜(《永宁寺碑》《女真译语·宫室门》),拟音作 *taira(n)①——对应韩语「절」jyeol<「뎔」dyeol≥日语「てら」tera。

三、女真文“佛陀”

女真字玫 芈*po-to“佛陀”见于朝鲜《北青女真字石刻》第 3 行,拟音作 *po-do②。

这个词汇所在的上下文是乗 佬 羊 乘 戈 玫 芈 杀 苍 盂 函,相应拟音③作 *mi-le-i=putikye=i=po-to=an-γo=ju-gun,汉译为“弥勒佛之佛陀安居之道”④。这种“佛”与“佛陀”连用的情形似乎比较少见。

四、契丹文“佛”

契丹人曾经创造了两种文字——表意为主的大字和标音为主的小字。目前所知关于“佛”的称号仅见于大字中。

契丹大字“佛”为全,见于《耶律昌允墓志铭》第 19、20 行。这个契丹字完全借用汉字“全”的字形,可以考虑是契丹语中“全”和“佛”语音近似而致,由此可以为这个契丹语词拟音作 *bor⑤——参考契丹语可能的亲属语言:达斡尔语 bolto“全都”、书面蒙语 bultu“一起”、中古蒙语 bulun“一道”、喀尔喀蒙语 бӱгд~бӱгдээрээ~бӱхюм“全、都”⑥以及蒙文 burxan“佛”,可以看出其间首音节的近似性来。

---

① [日]爱新觉罗·乌拉熙春:《女真语言文字新研究》,京都:明善堂,2002 年,第 148 页。

② [日]爱新觉罗·乌拉熙春:《女真语言文字新研究》,京都:明善堂,2002 年,第 191、192 页。

③ 这是按照原文字符排列逐字拟音的形式,其中短横线连接的是一个语词内部的不同音节,等号连接的是不同的单词。笔者对所参考的拟音形式在字符使用上有所变更。

④ [日]爱新觉罗·乌拉熙春:《女真语言文字新研究》,京都:明善堂,2002 年,第 191、192 页。

⑤ 刘凤翥、王云龙:《契丹大字〈耶律昌允墓志铭〉之研究》,《燕京学报》新十七期,北京:北京大学出版社,2004 年,第 67—68 页。

⑥ Ramstedt, G.J.: *Kalmückisches Wörterbuch*, Helsinki: Suomalais-Ugrilainen Seura, 1935, p.60.

北宋人孙穆所著《鸡林类事》中,记载有他出使高丽所知的古代朝鲜语词汇。其中"佛曰孛",当据此为古代朝鲜语的"佛"拟音 *bol,与现代韩语的「불타」bulta 似有关联。考虑到朝鲜语韵尾的辅音-l 等同于其他语言韵尾的-r,据此可以看出这个古代朝鲜语"佛"的形式同契丹文的记录倒是甚为切合。

五、契丹文"佛陀"

在契丹大字碑铭《多罗里本郎君墓志铭》中,出现了火五夫一个书写形式。其中,大字五本是数词"五"的表意词符,字形借自汉字,读音根据《辽史·国语解》记载读若"讨",一般拟音作 *taw[①]。而随后的大字夫曾见于辽代钱币(如右图)中,一般释作"天神万千"(顺时针方向)[②]。由于这个契丹大字夫可能和字形类似的女真字秉 *šin(《女真文字书·天文门》)[③]有着源流关系,再参照《永宁郎君墓志铭》中契丹小字的音译又朩 *š-in,似乎就可以推定契丹大字夫正是记录了来自汉语的借词"神"[④]。

当然,目前已经释读的契丹大字年号"神册"夫爪七也包含了这个单字;

---

① 孙伯君、聂鸿音:《契丹语研究》,北京:社会科学文献出版社,2008 年,第 106 页。

② 对于这枚契丹字钱币的研究由来已久,成果众多,代表性的意见可以归纳于[日]爱新觉罗·乌拉熙春:《"天朝万顺(岁)"臆解可以休矣——辽上京出土契丹大字银币新释》,赤峰:中韩第三届《宋辽夏金元史》国际学术研讨会论文,2009 年,第 2—4 页;本文原则上采纳[日]爱新觉罗·乌拉熙春:《"天朝万顺(岁)"臆解可以休矣——辽上京出土契丹大字银币新释》,赤峰:中韩第三届《宋辽夏金元史》国际学术研讨会论文,2009 年,第 4—8 页的释读意见但略有调整。

③ 女真字秉在现存最早的女真文材料中出现于收录天象神灵的《女真文字书·天文门》(2:1、11a:17)中,参见[日]乌拉熙春:《〈女真文字书〉的复原》,西安碑林博物馆编《碑林集刊》(七),西安:陕西人民美术出版社,2001 年,第 189、199、201 页,具体解读结果虽然还不可知,参见[日]乌拉熙春:《〈女真文字书〉的体例及其与〈女真译语〉之关系》,西安碑林博物馆编《碑林集刊》(八),西安:陕西人民美术出版社,2002 年,第 146 页,但从其所在字书语义类别来看归属神灵当无疑虞。

④ [日]爱新觉罗·乌拉熙春:《"天朝万顺(岁)"臆解可以休矣——辽上京出土契丹大字银币新释》,赤峰:中韩第三届《宋辽夏金元史》国际学术研讨会论文,2009 年,第 4—6 页。

而另一个契丹大字年号“天赞”(？）𠀭 先 以及被解作“天×皇帝”①的帝号 仧 而 先 皇 帝(《耶律习涅墓志铭》第 4 行)从侧面佐证了契丹字夫对应汉文“神”的可靠性。

那么，这三个字符组成的一个短语虽然尚无上下文的提示可以推定其确凿含义,但从字的“神”义和五字的“讨”音,我们可以大胆假设最前面一个字火或许拟音作 *po。其间除了本处的上下文语义可以贯通以外,还有一个重要的理据在于——契丹字火在字形上甚是接近②女真字“佛”夹。

如果上述推测不谬,那么可以还可以梳理出关于“佛”的表述、从汉字到女真字的更为细致的源流脉络:汉字“菩”＞契丹大字火 *po＞女真字夹 *putikye。

由此我们就得到了契丹大字记录佛陀称号的又一种形式:火 五 夫,汉译作“佛陀神”。

在很多种语言中,表示“佛”的词汇(或词根)通常可以和另一个表示某种身份的词汇或词缀并列出现,或者结合成复合词,或者结合成词组,具体而言主要概括为以下两种类型:

一)身份词＋“佛”型:佛教混合梵文 deva buddha“提婆佛”③,回鹘文 tängri burχan“腾格里佛”④,于阗文 gyastibalysi“神佛”⑤;

---

① 刘凤翥:《契丹大字六十年之研究》,《中国文化研究所学报》新第七期,香港:香港中文大学中国文化研究所,1998 年,第 331 页。

② 当然，和这个契丹字字形最为接近的女真字其实还有夹*ken，参见金启孮编著:《女真文辞典》,北京:文物出版社,1984 年,第 15 页;但是根据[日]爱新觉罗·乌拉熙春:《“天朝万顺(岁)”臆解可以休矣——辽上京出土契丹大字银币新释》,赤峰:中韩第三届《宋辽夏金元史》国际学术研讨会论文,2009 年,第 7 页,女真字和契丹字字形最为近似的情形往往读音差异巨大,显示两者并无源流上的关系。

③ Ivanov,Vyacheslav V.: *Introduction to Central Asian Buddhist Texts and Terminology*, The UCLA Program in Indo-European Studies/a Winter 2001 Seminar Indo-European Studies 280A (Indo-European Linguistics), 2001, p.3.

④ Bailey, H.W.: The Word 'But' in Iranian, *Bulletin of the School of Oriental Studies, University of London*, Vol.6, No.2, A Volume of Indian Studies Presented by His Friends and Pupils to Edward James Rapson, Professor of Sanskrit in the University of Cambridge, on His Seventieth Birthday, 12th May, 1931, p.280.

⑤ Ivanov, Vyacheslav V.: *Introduction to Central Asian Buddhist Texts and Terminology*, The UCLA Program in Indo-European Studies/a Winter 2001 Seminar Indo-European Studies 280A (Indo-European Linguistics), 2001, p.3.

二)“佛”+身份词型:吐火罗文——焉耆文 ptāñkät~pättāñkät“佛神”[①]、龟兹文 pudñäkte～pañäkte“佛神”[②],粟特文 pwrsnk“佛僧”[③],回鹘文burχan“佛汗”[④],摩尼教回鹘文 burχan zrušč “佛汗苏鲁支” [⑤], 汉文——佛祖, 韩文「부처님」bucheonim“佛尊”。

显然,这里释出的契丹字“佛陀神”可以归入上述第二种类型。与上述其他语言显示的情形略有差异的是, 契丹文记录以纯粹音译的形式加缀另一个借自汉语、但已归化的身份词“神”,不似别的语言多以归化较早的称佛语汇加缀固有的身份词和词缀这样一种情形。不知道这个差异是否由加缀的这个成分并非契丹语固有而引发的。

六、佛陀名号分野的普遍性

在从中亚到东亚的好几种语言中, 存在着关于佛陀名号的两分格局——如下表所示[⑥]:

① Thomas, Werner: *Tocharisches Elementarbuch*, Band II: Texte und Glossar, Heidelberg: Carl Winter · Universitätsverlag, 1964, p.119。

② Thomas, Werner: *Tocharisches Elementarbuch*, Band II: Texte und Glossar, Heidelberg: Carl Winter · Universitätsverlag, 1964, p.206.

③ Bailey, H.W.: The Word ‘But’ in Iranian, *Bulletin of the School of Oriental Studies, University of London*, Vol.6, No.2, A Volume of Indian Studies Presented by His Friends and Pupils to Edward James Rapson, Professor of Sanskrit in the University of Cambridge, on His Seventieth Birthday, 12th May, 1931, p.280.

④ Bailey, H.W.: The Word ‘But’ in Iranian, *Bulletin of the School of Oriental Studies, University of London*, Vol.6, No.2, A Volume of Indian Studies Presented by His Friends and Pupils to Edward James Rapson, Professor of Sanskrit in the University of Cambridge, on His Seventieth Birthday, 12th May, 1931, p.280.

⑤ Bailey, H.W.: The Word ‘But’ in Iranian, *Bulletin of the School of Oriental Studies, University of London*, Vol.6, No.2, A Volume of Indian Studies Presented by His Friends and Pupils to Edward James Rapson, Professor of Sanskrit in the University of Cambridge, on His Seventieth Birthday, 12th May, 1931, p.280.

⑥ 本表中的词汇来自相应语种的词典类工具书,因为不是本文研究的重点而只是参考,所以就不一一注明详细出处了。另, 吐火罗文中也有异化型的佛陀名号 putti-见于 puttiśparäm “佛尊” 一词中, 参见 Thomas, Werner: *Tocharisches Elementarbuch*, Band II: Texte und Glossar, Heidelberg: Carl Winter · Universitätsverlag, 1964, p.118,因为对应的吐火罗语归化型佛陀称呼较为复杂但类型不出此表所列,所以为了方便起见暂时不在表中加以反映了。

文种	粟特文	回鹘文	汉文	韩文	日文	藏文
归化型	pwrsnk	burχan	佛	(부처님) bucheonim	(ほとけ) hotoke	sangs-rgyas
异化型	pwty	but	浮图～佛陀[①]	(불타)bulta	(ぶつ)butsu	'bur

其中,所谓“归化型”的名号指的是这个指称佛陀的表述相对于印度原语中的形式而言已经发生了语音上适应舶入语言的某些变化，有的还增添了形态学上的某些词缀成分——但大致属于汉文称“佛”的类型;而所谓“异化型”的名号则是指相对而言比较接近印度原语形式的指称佛陀表述，可以归于汉文称“佛陀”这一类型了。

在“归化型”的种种佛陀名号中,除了藏文是以固有动词 tsang-ba“恢复、复苏”派生出的名词形式[②]来意译“佛”的原始内涵之外,其余几种语言的情形可以分为两种类型:

一)汉文是从西域古语言中转的印度语言称谓的“讹变”形式[③];

二)其余几种语言都是佛陀印度语言称谓“讹变”形式加缀某种构词或构形成分的产物。

而在“异化型”的诸种佛陀名号中,上表所列各种语言的情形几乎都是佛陀在印度语言中的称谓在相应语言中直接(或有所节略后)的音译产物。

同一种语言中往往出现了这样两种语音形式判然有别、指称内涵基本一致的表述形式,反映的大多是这种语言在不同历史阶段受到佛教影响的细节。

① 根据季羡林:《浮屠与佛》,《中央研究院历史语言研究所集刊》1948 年第 20 本“本院成立第二十周年专号”上册,这一类汉字的译写还有多种形式,这里只是举出两个最有代表性的汉字形式而已。

② Jäschke,H.:*A Tibetan-English Dictionary*:With Special Reference to the Prevailing Dialects to Which is Added an English-Tibetan Vocabulary,Delhi:Motilal Banarsidass Publishers Private Limited,1881(reprint 1998),pp.457-458.Ivanov,Vyacheslav V.:Introduction to Central Asian Buddhist Texts and Terminology,The UCLA Program in Indo-European Studies/a Winter 2001 Seminar Indo-European Studies 280A (Indo-European Linguistics),2001,p.4.

③ 季羡林:《浮屠与佛》,《中央研究院历史语言研究所集刊》1948 年第 20 本 “本院成立第二十周年专号”上册;季羡林:《再谈浮屠与佛》,《历史研究》1990 年第 2 期。

如果再增补上前文已经详加阐释的契丹、女真文字记录（只考虑语音形式），这个列表就变成：

文种	粟特文	回鹘文	汉文	契丹文	女真文	韩文	日文	藏文
归化型	pwrsnk	burχan	佛	*bor	*putikye	bucheonim	hotoke	sangs-rgyas
异化型	pwty	but	浮图～佛陀	*po-taw-šin	*po-to	bulta	butsu	'bur

结合前面的分析可以看出，归化型的女真文“佛”和日韩语的古代形式关系密切自不待言，异化型的女真文“佛陀”也和表中所列粟特文、汉文、日文等“主流”形式的处理高度吻合——这就说明女真人信仰的佛教虽然可能受到汉地佛教的影响，但其源头更有可能是来自东面业已先行信奉佛教的古代高丽人群。

但是契丹文的情形就似乎要复杂一些：目前已获解读的契丹字“佛”最接近上表所列汉文的“佛”，也比较接近回鹘文和藏文的“佛陀”①——这就可能反映契丹人信仰佛教最初直接借自汉地的历史面貌；而契丹文“佛陀”与粟特文、汉文、女真文、日文等也甚为相似，但其还后缀汉语借词“神”的情形也表明契丹人佛教信仰对汉传佛教的高度依赖。这样看来，笔者以前曾经认为契丹文“佛”字乃是回鹘文影响的结果这一见解②恐怕是有所差池的了。

① 在从中亚到东亚的多种古今语言中，汉藏语作为韵尾出现的辅音-t在印欧语和阿尔泰语中往往以-r与之相对应：[加拿大]蒲立本：《上古汉语的辅音系统》，潘悟云、徐文堪[译]，北京：中华书局，1999年，第45页所涉的伊朗语 Orexartes≥汉文“药杀水”、[加]蒲立本：《上古汉语的辅音系统》，潘悟云、徐文堪[译]，北京：中华书局，1999年，第151页所涉的梵文 cīvara≥汉文“震越”、[马来西亚]卓鸿泽：《塞种源流及李唐氏族问题与老子之瓜葛——汉文佛教文献所见中、北亚胡族族姓疑案》，《中央研究院历史语言研究所集刊》2007年第七十八本·第一分，第204—209页所涉的鲜卑语 *tarja≥汉文“达阇”、[法]伯希和：《汉译突厥名称之起源》，冯承钧译，冯承钧《西域南海史地考证译丛二编》，北京：商务印书馆，1934年，第48—53页所涉的突厥语 *Türküt≥汉文“突厥”，等等。

② 唐均：《称佛方块单字形音关系类型论》，《中国文字研究》第十一辑，郑州：大象出版社，2009年，第173页。

七、结语

本文仅仅是剖析契丹文和女真文中记载的四个佛陀名号，其中大致对应“佛”和“佛陀”的各自两两。材料相对稀少，个别释读结果也还有待深入；但从中我们已经可以看出，辽金佛教除了深受汉传佛教的影响之外，这两个接踵建立、与中原汉地政权相抗衡的民族政权所辖区域内主体民族的佛教信仰，最大的差异可能就是来源的不同了。

另外，深受汉地佛教影响的契丹人，可能还将汉人的神灵崇拜与佛教信仰有所糅合；而其信仰源出高丽佛教的女真人，则已在汉地佛教的深刻影响下采纳了不少汉语佛教的表达模式。有关这个问题的细节，我们将另文详加阐述。

（原载于北京佛教文化研究所［编］，怡学［主编］《辽金佛教研究》，北京：金城出版社 2012 年版，第 82—88 页）

刘浦江先生:从辽金史进入阿尔泰学

我在2013年初受命编纂西南交通大学外国语学院学术集刊《华西语文学刊》第八辑“契丹学专辑”时,首先想到邀请熟识已有十年之久的刘浦江先生,在卷首设定的“学者访谈”栏目里,谈谈他研究辽金史以及研习契丹文和女真文的经历和体会,以便能够给此刊的读者提供一些可资借鉴的东西,但被他以一句“为时尚早”干脆拒绝了。我知道这是刘先生做人和做事的一贯风格,他从来不愿意在别人面前谈论自己在学术上的成就,因为会给人一种矜夸的感觉,所以就是在受人邀请给学生讲授一些治学门径的时候,他也总是以年纪尚轻为由推掉。刘先生当时才52岁,所以我觉得时间还有的是,这次不成,将来总有再请的机会。谁知道就在2015年初,刘先生竟以54岁的盛年永远告别了他热爱的学术事业。

我从1997年起,就从当时就读于北大历史系和考古系的朋友口中,领略到了刘浦江先生为学与为人的一鳞半爪;但最早跟刘先生能够直接面对面,还是在“契丹文第一人”刘凤翥教授赴北京大学历史系开设契丹文研究生专修班期间。我自己是研究语言学的,学习契丹文,兴趣也全在语言学方面。而刘浦江先生学习契丹文,是为了深入研究辽金史,占有第一手的史料。正如刘凤翥教授在《刘浦江先生二三事》(《东方早报·上海书评》,2015年2月8日)里回忆的那样,刘浦江先生早在他的第一部专题论文集《辽金史论》出版的1999年,就投函刘凤翥教授,有意拜师学习契丹文。2004年上半年,由刘浦江先生一力促成的契丹文研究生专修班，终于在北大第一教学楼开展起来了。一个学期下来，刘浦江先生和他的几个学生(现供职于中国社科院历史所的康鹏、现供职于圆明园学院的尤李、现供职于中央民族大学历史文化学院的曹流等),还有包括我在内的几个来自北大外语学院的编外人员，大约有十多个人，从头到尾听完了刘凤翥教授讲授的契丹文大小字研究课程。从此以后，刘浦江先生所带的硕士生和博士生，都把掌握契丹文和女真文视为研究辽金史的必要条件。

那时我正在北大外语学院读博，那一学期正好有一门必修课同这门契丹文字课时间冲突。由于第一次课时恰好必修课轮空，我就先抱着试试看的心理前去“蹭课”了。刘凤翥教授因为长期在中国社科院民族所工作，平时给学生授课的机会是很少的，所以，这第一次课，他自己原本准备的两小时内容，一节课出头就讲完了，接下来眼看就要尴尬冷场。刘浦江先生马上召集大家，开始讨论刚才刘教授示范释读的契丹碑铭中一个年号细节，并利用自己对辽金史汉文文献的熟谙，逐步引导各个求学者进行传世文献和出土碑铭资料之间的互证考察，有关契丹文字的问题也都汇总到刘教授跟前解决。课堂气氛不知不觉就变得活跃起来，第一次契丹文课程就这样圆满结束了。刘凤翥教授离开后，刘浦江先生还特地给我们讲，以后在听课时，大家可以随时提问，这样就可以延缓课程的节奏，使得刘教授能够逐渐适应两个课时的讲授任务。我们照此嘱咐办理，果然以后就很少再有类似的课堂冷场现象出现了。服膺于刘浦江先生对课堂艺术的驾驭自如，这节课之后，我毫不犹豫把自己的专业课蹬掉了，整整一个学期，我都和刘先生及其学生们一道，全程听完了刘凤翥教授的讲授(由于并未选这门课，当然最后考试我就没有参加);至于我自己的专业课学分，我后来又多延宕了一学期的时间才将其补上，但我对此并无任何悔意。

我还记得当时在课堂上，作为语文学家的刘凤翥教授和作为历史学家的刘浦江先生，常常就某一个问题，因考察角度的不同，发生针锋相对的讨论。但是，这种针尖对麦芒式的学术讨论，并未影响他们之间的友谊。我当时知识储备尚浅，对他们争论的问题，大多还是似懂非懂的;具体内容如何，如今也记不大清楚了。但是，两位刘先生在争论中表现出来的风度，以及当时课堂上的热烈气氛，却给我留下了至今尚未磨灭的深刻印象。当时刘浦江先生和他的学生通过手工摹录、机器复印、电脑处理等多种手段，复制、传播了很多刘凤翥教授提供的关于契丹文的第一手资料，又从日本等地辗转传回了不少其他学者的相关研究成果，极大地丰富了我们对契丹女真语文学研究最新进展的认识。

在掌握了契丹文之后，刘浦江先生很快就能把学到的知识应用于契丹文碑铭的整理和考订中去。无论是对汉文的《耶律元宁墓志铭》，还是对契丹小字的《耶律仁先墓志》和《耶律紖里墓志铭》以及金代《博州防御使墓志》残石等，刘先生的研究都已经远远突破了普通辽金史学者的旧有藩篱，而渐渐接近于国际东方学的一个重要分支——阿尔泰学（Altaic Studies）的模式。

所谓“阿尔泰学”，广义上指对使用阿尔泰语系古今诸种语言的民族、历史和文化的研究，狭义上仅指对阿尔泰语系古今诸语言和文字的研究。这些语言包括中国西北面的突厥语族、中北面的蒙古语族和东北面的满洲—通古斯语族（有时也将朝鲜语和日语计入），它们构成了和中原王朝保持了长期交往的北方多个民族所使用的语言谱系。阿尔泰学诞生于19世纪中叶的欧洲，是欧洲人在对东方诸国的探险中获得的丰富语言资料和印欧历史比较语言学的精密科学方法共同催生的，今天已经发展成一门极其重要而且牵涉面极广的国际性学科，在语文学、东方学和国际关系研究等方面都有着不可估量的价值。不过这门学科在当代中国的传播和影响，基本上还局限于现今版图北部的新疆、内蒙等少数民族语言区域。

契丹人是辽国的统治民族，他们所操的语言已有多种证据显示应该属于蒙古语族，而女真人则是金国的统治民族，他们所操的语言属于满洲—通古斯语族，后来大清国的国语——满语，就是女真语的直系后代。因此，作为传统学科的辽金史，可以说与阿尔泰学的重叠部分繁多而复杂。若要在辽金史研究中取得超越前人的成绩，必须全面认识和深入了解作为国际显学之一的阿尔泰学。20世纪以来，契丹文（分大字和小字两种，小字基本破译成功，大字基本没有破译）和女真文的材料不断发掘整理出来，不少中国学者在这两种古文字的释读上做出过杰出的贡献。但是，就中国学界而言，不论是辽金史研究，还是契丹和女真文字的解读及其综合性的语文学，同阿尔泰学之间似乎一直没有什么明确而主动的交集。不仅如此，国际阿尔泰学界一直还有一个很大的缺陷，就是缺少同时对汉文文献非常熟悉的学者。

从知识的储备和治学的方向上审视，刘浦江先生无疑是打通辽金史、契丹女真语文学和阿尔泰学最合适的人选。就我所知，除了契丹文和女真文之外，刘浦江先生对其他古代阿尔泰语言比如古突厥语和古蒙古语也有广泛的涉猎。2006 年，他参加过北大中古史中心聘请中国社科学院民族所研究员乌兰女士开办的《蒙古秘史》读书班（主要研习最早的汉字记音古蒙语）；2007 年，由北京大学中国古代史研究中心延聘的土耳其突厥学家涂逸珊（Isenbike Togan）女士开设的古突厥文读书班，刘先生也是积极的参加者之一。他曾把博士生陈晓伟送到内蒙古大学进修蒙古语，陈晓伟后来就利用学到的蒙古语翻译了已故蒙古学大家亦邻真的多篇蒙文论文。像刘先生这种向上打通突厥，往下贯通蒙古的视野，已经使他跳出了传统辽金史学的藩篱，真正进入到更为宏大的阿尔泰学领域。由于熟谙汉文的辽金史料，学习过契丹女真文字，并且兼具阿尔泰学的宏观视野，使得刘先生在北方族名“阻卜”，契丹族“青牛白马”说，辽朝国号，辽朝头下制度，契丹父子连名制等问题的探索和考证方面，都能发前人之所未发，不仅使中国的辽金史研究同国际学术接轨，还能对国际学界做出自己独特的贡献。

我在北大读博时，曾经和刘浦江先生通过两次长时间的电话（具体时间已不记得，大概是在 2004—2005 年间）。一次是讨论“阻卜”族名的解读，大约有 40 分钟，他跟我详细谈了他利用已故女真学大家金启孮先生所编《女真文辞典》解读出日本学者加藤晋平所作蒙古国女真文《九峰石壁记功碑》摹本中出现的女真文“阻卜”字样，由此大发感慨：利用契丹、女真语文学成果来拓宽辽金史研究范围的实践，的确行之有效。不过据我所知，刘先生并未系统学习过女真文字，但他却能够较好利用女真文字的第一手材料，将自王国维发端的中国北方民族研究难题之一的阻卜和鞑靼族名研究进一步深化，个中缘由或许是跟他学习契丹文字，同时悟出了如何利用解读成就更为丰富的女真文材料密切相关。另一次通话则长达 1 小时 20 多分钟，主要集中在他对契丹人父子连名制的解读之上，他先是向我了解阿尔泰语系民族父子连名制的基本态势，在得到突厥人和蒙古人甚少父子连名制习俗遗存的回答之后，他抑制不住自己的兴奋，告诉我他在已经解读的契丹大小字人名中，发现了契丹人父子连名制的规律性表现，又说这个规律还可以辅助解释契丹人的名和字之间的有机联系，还感喟以前发现契丹语名词附加成分 *-n 和 *-in 变换规律的学者，可能由于历史文化视野的局限，距离他自己现在的发现就差“临门一脚”了。我当时的研究重心是西亚古代楔形文字，对阿尔泰语文学纯属业余爱好，只有在刘先生高亢而急促的兴奋语调中为他高兴的份儿，后来随着自己对阿尔泰学的逐渐深入，才愈来愈清晰地体味出刘先生进行学术探索的动力和魅力。

其实早在正式随刘凤翥先生学习契丹文之前，刘浦江先生就已经刊布过《二十世纪契丹语言文字研究论著目录》(2002)、《二十世纪女真语言文字研究论著目录》(2002)、《女真语言文字资料总目提要》(2002)、《近 20 年出土契丹大小字石刻综录》(2003)等系列论文，以及重要的工具书《二十世纪辽金史论著目录》(上海：上海辞书出版社，2003 年 10 月第一版；刘凤翥先生在《刘浦江先生二三事》里说是 2004 年出版的，有误)，对契丹女真文字解读和语文学的学科历史和现状可以说是做足了功课。他留下来的这些有关契丹文和女真文资料的目录和索引，相信必将继续服务于未来的阿尔泰学学者。在去世前，他和学生康鹏共同主编的《契丹小字词汇索引》(北京：中华书局，2014 年 5 月第一版)也已正式出版了，这本书资料详赡，编排科学，可以说是体现了他在纯粹的契丹语文学和阿尔泰学方面的最高成就。

作为辽金史这样的传统学科中培养出来的中国学者，刘浦江先生不仅第一个明确提出要利用契丹文和女真文史料来研究辽金史，从而有效突破了辽金史研究中存在的瓶颈，还使得辽金史经由契丹女真语文学融入国际阿尔泰学之中，能有这样突破范式的见识和身体力行的实践，对一个已在中国最高人文学府——北京大学的历史系执教、且已享盛名的学者而言，实在是难能可贵、而又颇具启迪意义的。刘浦江先生虽然已经逝去，但相信由他引入的这种阿尔泰学理念，一定会在他辛勤培养出来的一批兼通甚至主攻契丹女真文的辽金史人才中,得到进一步的贯彻和实现。进一步理解,他的这种自发与国际学术界先进水平接轨的视野和努力，更是突破了单纯历史学科的局限而具有提振我国学术研究态度的普遍意义。

（删节版曾以《怀念刘浦江先生》为题刊于《南方都市报》2015 年 4 月 8 日 B15 版“娱乐体育副刊·大家”栏目;全文原载于邓小南、荣新江、张帆[主编]《大节落落 高文炳炳——刘浦江教授纪念文集》，北京：中华书局 2016 年版:第 303—309 页）

突厥学与蒙古学

简评《面向新世纪的蒙古学:回顾与展望》

包括蒙古学在内的东方学的各个分支，是西方近代科技革命和海外殖民的直接产物之一;可也正是通过这种渠道,才建立起了东方国家本不具备的缜密科研机制,从而得以进一步挖掘、整理乃至发展具有悠久历史传统和独特民族风格的本土文化资源。随着现当代东西方文明融合趋势的加深,进入西方文明话语主导轨道的东方国家，也逐步将这种原本带有很强殖民色彩的人文综合性学科纳入凸显本土文化品位、抵御欧美殖民文化的系统中来;这就使得原本浩繁淹博、包罗万象的东方学逐渐分解为以地名学或以族名学的多个分支学科，而这些学科分支则又因各自研究对象的不同特点而呈现出迥然有别的发展趋势来。

蒙古学作为这种学科分支之一,在东方学的浩瀚领域内较早得到凸显,则与近古时代(以公元12—13世纪为典型)对欧亚诸文明的强烈冲击密不可分;以鞑靼为代称的蒙古铁骑对近东和欧洲的伊斯兰—基督教国家而言，长期以来就是挥之不去的梦魇。基于此,探究蒙古民族历史文化的方方面面,则是近代以降科学体系化以后西方在人文科学方面的一个亮点，其间又多以曾经直接经历蒙古兵戈的国家为最。

与西方传统的古典学(Classics,专指古代希腊及罗马研究)研究旨趣一脉相承,蒙古学以及其它东方学分支学科的缘起,都是建立在以本族语文献编纂和解读为基础的传统语文学(philology)之上的。因而,侧重书面性质语言(包括对无文字语种或方言调查研究中侧重记录歌谣、故事等语料)的深入研讨和重大历史事件以及相关人物的全面考察成为研究的主流，这方面的杰出成果体现在法国以伯希和为核心的学者群[①]和俄国多位学者[②]的研究之中。而历史比较语言学科的确立加上结构主义方法论的蔓延，则是国际蒙古学学科体系发展至今方兴未艾的势头;这在蒙古国独立后作为蒙古学发展的国家依托力量、以及联合国教科文组织也有专门机构配合研究以来并未发生根本性的改变[③]。不过,由于这样一个主体依托力量的形成,加之同属东方民族群体的日本、中国等国家在这方面投入力量的不断增强，而俄罗斯在相关方面的研究殖民化色彩逐渐淡化，这些条件都使得民族本位意识的主导化将成为蒙古学研究中一个不可动摇的发展方向。

中国本是蒙古族聚居大国之一，又是目前唯一坚持使用蒙古族传统文字的国家,还是蒙古民族传统意识形态内影响最为深刻的藏学之家[④];在蒙古学的研究方面既有丰富的资源，也有多个民族院校和民族自治区域内相关机构多年的学术积累。而今,作为中国综合性高校代表的北京大学,藉助蒙古学研究中心成立之际推出作为该中心《蒙古学论丛》首卷的这一国际学术研讨会论文集[⑤],则是基于北大原有蒙古语教学和蒙古史研究雄厚实力之上的一种全方位扩展,故而成为蒙古学在中国进一步发展的一个标志性体现[⑥]。

---

① [法]鄂法兰(Frangoles Aubin):《法国的蒙古学研究》,耿昇译,《蒙古学信息》1998 年第 1 期,第 26—27 页;[法]韩百诗(Louis Hambis):《蒙古学泰斗伯希和》,耿昇译,《蒙古学信息》2001 年第 2 期,第 38—40 页;[法]德尼(Jean Deny):《法国阿尔泰学研究先驱伯希和》,耿昇译,《蒙古学信息》2001 年第 3 期,第 58 页。

② [美]鲍培(Nicholas Poppe):《阿尔泰语言学导论》,周建奇译,照日格图校,呼和浩特:内蒙古教育出版社,2004 年,第 94—96、101—108 页。

③ 乌兰察夫:《关于拓展蒙古学研究的几点思路》,《内蒙古社会科学》(汉文版)2000 年第 1 期, 第 44 页。

④ [日]吉田顺一:《展望 21 世纪的蒙古学研究——2000 年 1 月 3 日在中央民族大学的讲演》,青格力、宝玉柱译,《蒙古学信息》2000 年第 2 期,第 47—48 页;萨仁高娃:《蒙藏学的比较研究》,《中国民族》2001 年第 11 期,第 56 页。

⑤ 吴新英、陈岗龙[主编]:《面向新世纪的蒙古学:回顾与展望——北京大学蒙古学研究中心揭牌仪式暨 2004"面向新世纪的蒙古学:回顾与展望"国际学术研讨会论文集》,北京:民族出版社,2005 年。

⑥ 巴·苏和:《面向新世纪的蒙古学:回顾与展望——北京大学 2004"面向新世纪的蒙古学:回顾与展望"国际学术讨论会综述》,《内蒙古民族大学学报》(社科汉文版)2004 年第 6 期,第 119 页。

这本论文集以“面向新世纪的蒙古学:回顾与展望”为主题,体现出北大蒙古学研究中心的目标明确和意趣高远。而为此所要做的工作首先就是充分整理前贤的研究成果以及梳理自身的研究条件。故而书中有关蒙古学多个领域内的学术史整理就成为这本论文集的一大看点。

就国家和院校蒙古学的整体特征而言,北京大学历史系党宝海博士的《二十世纪德国的蒙古学研究——一个简要的回顾》从一个中国蒙元史学者的视角对具有悠久东方学研究传统、擅长以文(语文学材料)证史的德国蒙古学派①进行亲历之后的学术总结,尤便于缺乏中亚及西方语文学功底的中国学者参阅;内蒙古大学周边国家研究所娜琳教授的《蒙古国历届国际蒙古学家大会概况及中国学者参与情况》则从专业性学术会议角度介绍了国外研究的相关经验。内蒙古大学蒙古学学院院长白音门德教授的《内蒙古大学蒙古学研究的回顾与展望》以及北京大学历史系余大钧教授等的《北京大学蒙古史研究、教学的回顾与展望》就国内相关研究重点单位蒙古学研究的学术积累多有整理,意味深长。

在蒙古学之下的学科分支研究总结方面,中国社会科学院少数民族文学研究所仁钦道尔吉研究员的《国外学者研究蒙古古代文学概要》、中央民族大学满都呼教授的《20世纪中国蒙古民间文学研究》、内蒙古大学巴·格日勒图教授的《蒙古文论研究的回顾与展望》从各个角度概括了蒙古文学的研究历程,在中国学者特别关注的文学领域颇具特色。而在蒙古史及文献研究方面,国家清史编纂委员会M·乌兰副教授的《托忒文历史文献研究学术历程的回顾和展望》、北京大学历史系张帆副教授的《元典章整理研究的回顾与展望》、内蒙古大学蒙古学研究中心主任齐木德道尔吉教授的《内蒙古大学清代蒙古史研究的回顾与展望》和内蒙古大学郝维民教授的《内蒙古近现代史研究的回顾与展望》就主要体现出中国学者在汉籍蒙元史研究和蒙古语文学相结合所取得的诸多成果来。此外,中国社会科学院民族学与人类学研究所斯钦朝克图研究员

① [蒙古]伊什道尔吉:《德国的蒙古学研究》,图门译,《蒙古学信息》2004年第4期,第101页。

的《蒙古文化语言学研究回顾与展望》、内蒙古大学呼日勒沙教授的《蒙古民俗学研究的回顾与展望》、北京大学蒙古学研究中心刘迪南博士候选人的《蒙古包研究的回顾与展望》则是三篇专题性的学术总结论文,着重揭示文化人类学方面的各项新兴研究手段之于蒙古学而开拓出的另一面。

蒙古学研究方法论的探讨集中体现在蒙古国科学院策仁索德诺姆院士的《蒙古本子故事及其研究方法问题》以及中央民族大学贺希格陶克陶教授的《论蒙古文文献研究方法》这两篇论文之上,同时也透露出蒙古学所关注的传统"老三门"研究——历史、语言和文学[①],实际上可以归结为用蒙古文记录的文献语言学的研究[②]。而本论文集在这方面确也还有不少可圈可点的佳作展现。

譬如,匈牙利布达佩斯罗兰大学阿保机(Apatóczky Ákos Bertalan[③])教授的《关于蒙古语主语标记问题》(On the problem of the subject markers of the Mongolian language)是现代语言学理论诉诸蒙古语研究的一个有益尝试,这里他提出了蒙古语"主题标记小品词"的论断,如果考虑到韩语和日语中已有的主题标记助词,而满—通古斯语方面至少在满语判断句中也已有类似的考察[④],因而蒙语中的这一发现就更具语言地理类型学上的价值了[⑤]。此外,蒙古国特木尔陶高院士的《aleph 和蒙古文字"字冠"》、中国社会科学院民族学与人类学研究所照那斯图研究员的《八思巴字研究的近况和研究中的几个理论问题》、中央民族大学哈斯额尔敦教授的《〈普度明太祖长卷图〉第一段回鹘蒙古文的考释》则是传统蒙古语文学研究的自然延伸,既有理论性的总结,也不乏新材料的开发——考虑到后两位中国学者在蒙古学研究领域的资深地位,我们尤其应当

---

① 乌兰察夫:《关于拓展蒙古学研究的几点思路》,《内蒙古社会科学》(汉文版)2000 年第 1 期,第 45 页。

② [日]吉田顺一:《展望 21 世纪的蒙古学研究——2000 年 1 月 3 日在中央民族大学的讲演》,青格力、宝玉柱[译],《蒙古学信息》2000 年第 2 期,第 46 页。

③ 论文集中将该教授音译为"别尔塔兰",似乎欠妥:注意到该教授是匈牙利人,其姓名排列次序是姓前名后;这里显然 Apatóczky 是姓,Ákos Bertalan 是名,"别尔塔兰"音译 Bertalan 来指称该教授显然不当。

④ 唐均:《满语判断标记词及其句法功能》,《满语研究》2005 年第 1 期,第 30 页。

⑤ [日]桥本万太郎:《语言地理类型学》,余志鸿译,北京:北京大学出版社,1985 年。

对此致以敬意。

蒙古历史研究自蒙古学诞生以来就一直是一个研讨热点分支，本论文集在这方面最大的看点，当属北京大学王一丹副教授的《伊利汗时期波斯史书创作中的蒙古影响——以拉施都丁的〈史集〉为例》——这篇论文因为作者的伊朗学背景而特别强调了波斯文文献史料之于蒙古史研究的重大意义，从而值得蒙古学学者多加关注。不过该文中提及《世界征服者史》中首次使用的蒙古—突厥语词举例中的“札撒（Yāsā 或 Yāsāq）”[①]，这种表述法容易使人误以为见诸汉文史籍的“札撒”一词直接对应波斯语词 Yāsā(q)；实际上，这里引述的汉语词和波斯化蒙古—突厥语词都是同一蒙语词方言分歧反应的表现，其间却无直接的对译关系[②]。

蒙古文学在国外学者研究视野中通常都未曾独立出来，而是结合文献学、语文学乃至史学、民俗学“附带”研究的，中国学者往往将其独立进行研究，这就有助于该学科分支的精微化考察；北京大学蒙古学研究中心王浩博士候选人的《曾·达木丁苏伦建构的蒙古文学史体系——关于文学史编写体例的回顾与反思》、内蒙古大学孟克吉雅教授的《蒙古族文学研究的深入与其研究视域》、内蒙古师范大学满全教授的《蒙古族现代主义文学中的几种重要主题》等论文就充分反映出这样一种学术特色来。相比之下，综合性的相关研究如蒙古国立大学副教授嘎勒巴雅尔博士的《蒙古现代文学的发展趋势》、内蒙古师范大学特木尔巴根教授的《汉族古代文学在蒙古地区传播之文献考证》、内蒙古民族大学巴·苏和教授的《中国蒙古文学史史料学》、内蒙古大学苏尤格教授的

---

① 吴新英、陈岗龙主编：《面向新世纪的蒙古学：回顾与展望——北京大学蒙古学研究中心揭牌仪式暨2004“面向新世纪的蒙古学：回顾与展望”国际学术研讨会论文集》，北京：民族出版社，2005 年，第 91 页。

② 蒙古语原词是ǰasāq，根据 Golden, Peter B.(eds.)：*The King´s Dictionary: The Rasûlid Hexaglot: Fourteenth Century Vocabularies in Arabic, Persian, Turkic, Greek, Armenian and Mongol*, Leiden · Boston · Köln: Brill, 2000, p.202，以阿拉伯（波斯）字母记为جساق，其间首字母ǰ-有可能变为 y-音，这种变化在蒙文以及布里亚特蒙语、卫拉特蒙语中均有表现，参见力提甫·托乎提[主编]：《阿尔泰语言学导论》，太原：山西教育出版社 2002 年，第 158 页。吴新英、陈岗龙[主编]：《面向新世纪的蒙古学：回顾与展望——北京大学蒙古学研究中心揭牌仪式暨 2004“面向新世纪的蒙古学：回顾与展望”国际学术研讨会论文集》，北京：民族出版社，2005 年，第 444 页将札撒括注为“Yasa 或 Jasag”体现出蒙古语词原形，相对而言就好得多了。

《对蒙古族现当代文学史学科的建立和发展的构想》等文章仍然是基于蒙古文献而加以建构,则是回归传统研究模式的一种新型表现。

基于文献传统、引进人类学研究方法,则是如今发展势头看好的蒙古民俗与文化研究的立身之本和强身之道。北京大学蒙古学研究中心陈岗龙副教授的《蒙古民俗学的现代转型与民俗志写作的反思》、中央民族大学萨仁格日勒教授的《20 世纪 80 年代以来蒙古族民俗学研究中的几个问题》是站在理论建构的立场上对蒙古民俗文化所进行的概括和思考;而蒙古国立大学杜拉姆教授的《言辞与声音的象征》、蒙古国立大学教师南丁毕力格博士的《作为医学技术歌谣的蒙古民间咒语》、内蒙古大学塔亚博士的《史诗〈江格尔〉演唱民俗中的时间禁忌》则从几个具体角度对蒙古民俗学进行了专题性的探讨。如果再联系本论文集中对博物馆资料和网络资讯的介绍、以及部分针对蒙古国的专题介绍,就可以发现:北大蒙古学研究中心的学术旨趣,符合北大一以贯之的学术风格:海纳百川,有容乃大。

纵观整本论文集,编者追求带给读者会议讨论的现场感,所以文集所用的语言是汉、蒙、英三体俱备,而论文的次序就不再追求专题性或时段性的人为分割了——这其实比较符合读者使用论文集的一贯初衷:在一种学术探讨的氛围内选择自己所关注的焦点发言进行细致推敲。不过这把文集编纂的双刃剑同时就带来不可避免的编辑难度:文集中提到"克里维兹(W.Cleaves)"[①]指的显然就是美国著名蒙古学大家柯立甫或柯立夫,同页提到的书名"《入菩提行经释》"[②]似有更通行的名称《入菩提行经论》;文集中提到的"法国东方学家卡特麦尔(堙拉 É.Quatremère)"[③]显然有一个字符转换舛误。不过瑕不掩瑜,对于

① 吴新英、陈岗龙[主编]:《面向新世纪的蒙古学:回顾与展望——北京大学蒙古学研究中心揭牌仪式暨 2004"面向新世纪的蒙古学:回顾与展望"国际学术研讨会论文集》,北京:民族出版社,2005 年,第 58 页。

② 吴新英、陈岗龙[主编]:《面向新世纪的蒙古学:回顾与展望——北京大学蒙古学研究中心揭牌仪式暨 2004"面向新世纪的蒙古学:回顾与展望"国际学术研讨会论文集》,北京:民族出版社,2005 年,第 58 页。

③ 吴新英、陈岗龙主编:《面向新世纪的蒙古学:回顾与展望——北京大学蒙古学研究中心揭牌仪式暨 2004"面向新世纪的蒙古学:回顾与展望"国际学术研讨会论文集》,北京:民族出版社,2005 年,第 58 页。

这样一部内容纷繁的文集而言,我们仍然钦服于编者的心血,也感谢他们为蒙古学研究领域又添一块厚实的铺路砖石。这里限于笔者学识所囿,未能对文集所有资源进行面面俱到的评介,但仅仅是窥豹一斑,也足见文集本身的特点和价值了。

这本论文集，是北京大学在少数民族语文教学与研究分割出去近半个世纪之后重建整个东方学体系的一个标志性举措，它对于北大原有的蒙元史和现代蒙古语教学研究而言不啻一个相互打通的整合步骤，同时亦可藉助北大固有的学术资源和声誉，为蒙古学在蒙古族传统至今绵延不绝的中华大家庭更进一步的建设做出良性推动,相信一定有助于国际蒙古学研究的发展。

（原载于《内蒙古大学学报》(汉文社科版)2006 年第四期:第 118—120 页）

鄂尔浑碑铭中契丹族称末尾腭鼻音的来源

契丹人是中世纪纵横捭阖于内陆亚洲的重要民族，其族称在汉文文献中首见于5世纪成书的《魏书》;而在非汉文文献中的出现,则是反映在7~8世纪镌成的鄂尔浑古突厥文碑铭《阙特勤碑》和《暾欲谷碑》中,其文字表现形式为:(𐰪 𐰃 𐱃 𐰴)*q–i–ta–ñ[①]。20世纪中后期苏联出版的《古突厥语词典》(*Древнетюрский словарь*)将其转写为一个有所讹误的形式 qïtaǰ并且和指称汉人的 χïtaj 区别开来[②]。

比较毗邻古突厥人的其他民族语言对这一族称的表达[③]，譬如藏文中的 ge–tan~ge–taṅ、西夏文中的(𗾔 𗾕)*tśhjɨ[1]–tã[1④]、回鹘文中的 kitai～xtai～xita、乃至波斯文中的(ختایی)khitāyī,古突厥文中该族称的最大特点在于词干末尾的辅音既非单纯的舌尖鼻音，亦非半元音，而是一个道道地地的突厥语腭鼻辅音——(𐰪)*–ñ。由于该辅音或不见于毗邻的语言(如回鹘语、波斯语),或虽有但不能见于词末位置(如藏语、汉语、西夏语),因而,探究其渊源实在是值得关

① Radloff, W.: *Die alttürkischen Inschriften der Mongolei, erste Lieferung*: Die Denkmäler von Koscho – Zaidam, Text, Transkription und Übersetzung, St.Petersburg: Commissionäre der Kaiserlichen Akademie der Wissenschaften, 1894, p.110.

② Наделяев, В.М., Д.М.Насилов, Э.Р.Тенишев & А.М.Щербак (Редак.): *Древнетюркский словарь*, Ленинград: Наука, 1969, п.448–449, 637.

③ Pelliot, Paul: *Notes on Marco Polo*, Volume I, Paris: Imprimérie nationale, 1959, p.216.

④ 李范文编著:《夏汉字典》,北京:中国社会科学出版社,1997年,第797、801页。

注，尽管这也许不是什么大题目。

这一问题早有学者关注：伯希和（Paul Pelliot）在其专事内亚语汇考证的大作《〈马可·波罗行记〉注释》（*Notes on Marco Polo*）卷一的“契丹”（Catai）条目内，基于当时可能汇集的所有内亚语言有关“契丹”族称的记载，就已涉及该问题[①]；后来塞诺（Denis Sinor）不止一次申述这一现象[②]。但他们也都只是指出这个语音现象并略作分析而已，这个问题至今却仍然没有解决。

契丹人在10世纪建国后曾创制两种民族文字，即所谓“契丹大字”（Khitan macroscript）和“契丹小字”（Khitan microscript）[③]。现今契丹大小字碑铭亦有诸多发现且时有解读成就问世，这样似乎就可以从契丹人的民族文字记载角度来考察上述问题的症结之所在。

考虑到契丹小字是“依回鹘字制度”而创制的拼音型文字，解读进展也较契丹大字迅捷而深入，所以我们先从契丹小字记录的契丹族称入手。根据迄今的解读成果，这种文字给我们留下了关于契丹族称的三个形式：[契丹小字] [契丹小字]、[契丹小字] [契丹小字]、[契丹小字] [契丹小字] [契丹小字][④]——其中的不变成分表示词干，变化成分似乎针对词末，这正好有利于我们的研究。

1）[契丹小字] [契丹小字]，末一原字[契丹小字]的拟音为 *ən[⑤]～*n[⑥]，整个语词似乎对应汉字译写的“契丹”；

① Pelliot, Paul: *Notes on Marco Polo*, Volume I, Paris: Imprimérie nationale, 1959, pp.216–229.

② Sinor, D.: Western information on the Kitans and some related questions, *Journal of the American Oriental Society*, Vol.115, No.2 (Apr.Jun., 1995), p.263.Sinor, D.: The Kitan and the Kara Kitan, *History of civilizations of Central Asia*: Volume IV, The age of achievement: a.d.750 to the end of the fifteenth century, Part One, The historical, social and economic setting, M. S. Asimov and C.E.Bosworth (eds.), Delhi: Motilal Banarsidass Publishers Private Limited, 1997/1999, p.236.

③ 为了排版方便，由多个契丹原字拼合而成的契丹小字在本文中出现时一律以线性排列，这样并不影响相应契丹语词的语音表现。

④ Chinggeltei: On the problems of reading Kitan characters, *Acta Orientalia Academiae Scientiarum Hungaricae*, 2002, Vol.55, Nos.1–3, p.161.

⑤ Chinggeltei: On the problems of reading Kitan characters, *Acta Orientalia Academiae Scientiarum Hungaricae*, 2002, Vol.55, Nos.1–3, pp.111–113.

⑥ 刘凤翥：《遍访契丹文字话拓碑》，北京：华艺出版社，2005年，第252页。

2)[illegible] [illegible],末一原字[illegible]的拟音为 *i①,整个语词可以对应汉字译写的“吸给”;这个词末的音素或许更应该是一个 *-y 而非字面显示的 *-i②;

3)[illegible] [illegible] [illegible],末尾两个原字[illegible] [illegible]即揭示了 *-n-i 这样一个词尾形式。

上述三种文字表现形式的出现频率可以统计列入下表:

契丹小字拼写形式		[illegible] [illegible] [illegible]	[illegible] [illegible]	[illegible] [illegible]
出现频率	清格尔泰统计	11	5	13
	增补统计	0	0	2
合计		11	5	15

这个统计是在清格尔泰所编“契丹小字释读词语表”③基础上,再加入其中未及收录、迄至2006年底公开发表的契丹小字文献④中之所能见而完成的。

契丹大字记录的“契丹”族称,目前所见的仅有[illegible] [illegible] [illegible]和[illegible] [illegible]~[illegible] [illegible]两种完全不同的文字表现形式⑤。下面分别剖析:

1)[illegible] [illegible] [illegible],目前仅见于《北大王墓志》第一、第二列,通过与女真字的比照可以初步推断[illegible] [illegible]两字表示“契丹”族称的词干⑥;字则基本认定为属格标记⑦,考虑到契丹字表征音节时 VC 型有时与 CV 型混淆的情形,拟音似乎 *ən～in/

---

① Chinggeltei:On the problems of reading Kitan characters, *Acta Orientalia Academiae Scientiarum Hungaricae*, 2002, Vol.55, Nos.1-3, pp.111-113.刘凤翥:《遍访契丹文字话拓碑》,北京:华艺出版社,2005年,第253页。

② Sinor, D.: The Kitan and the Kara Kitan, *History of civilizations of Central Asia*: Volume IV, The age of achievement: a.d.750 to the end of the fifteenth century, Part One, The historical, social and economic setting, M. S.Asimov and C.E.Bosworth (eds.), Delhi: Motilal Banarsidass Publishers Private Limited, 1997/1999, p.236.

③ 清格尔泰编著:《契丹小字释读问题》,吴英喆协助,东京:国立亚非语言文化研究所,2002年。

④ 这些文献按照公开发表的时间顺序依次包括:《韩敌烈墓志铭》(2002年)、《耶律永宁郎君墓志》(2002年)、《耶律(韩)高十墓志》(2002年)、《宋魏国妃墓志》(2003年)、《皇太叔祖哀册》(2003年)、《萧特每·阔哥驸马第二夫人韩氏墓志铭》(2005年)、《萧大山和永清公主墓志》(2005年)、《耶律慈特墓志》(2006年)、《耶律贵墓志》(2006年)。其中《耶律慈特墓志》只是在刘凤翥:《契丹大字〈耶律祺墓志铭〉考释》,《内蒙古文物考古》2006年第1期,第54页提及与此有关的内容而似乎没有全文刊布。

⑤ 刘凤翥:《契丹大字〈耶律祺墓志铭〉考释》,《内蒙古文物考古》2006年第1期,第52—54页。

⑥ 刘凤翥、马俊山:《契丹大字〈北大王墓志〉考释》,《文物》1983年第9期,第29页。

⑦ 刘凤翥:《契丹大字六十年之研究》,《中国文化研究所学报》新第七期,香港:香港中文大学中国文化研究所,1998年,第322页。

*nə～ni 更为可取①。据此，这一契丹大字所记录的契丹族称毋宁拟音为 *qitani。根据拟音效果，我们就可以将其看作是和契丹小字记录的**关 叉 关**对等的大字表达形式了。

2）内 利～内 刈，这是互为异体的两个书面形式，见于多款墓志中②；从字形上看，利～刈这个字或许来自汉字“利”，和女真文的列（金代碑铭写法）～列（明代文献写法）*in 可能也有源流关系；因为，舌尖鼻边音之间的混淆和单字音节内元辅音的位置互换似乎都是契丹—女真文字体系内并不罕见的情形。由此，这一契丹族称形式似乎就应当拟音为 *qitan，它正好对应契丹小字记录的**关 叉**这一形式。

这样，我们得到了迄今可见的契丹族称在契丹大小字记录之间可能关系的一个列表：

	拟音形式一：*qitani	拟音形式二：*qitan	拟音形式三：*qitay
契丹大字形式	关 朕 齐	内 利～内 刈	——
契丹小字形式	**关 叉 关**	**关 叉**	**关 关**

根据契丹小字的解读成果和汉字转写契丹人名的综合分析③，契丹语中除了上述的 *i 之外，似乎还有另一组指示属格的契丹原字：（**れ**）*ən、（**雨**）*in、（**夹**）*an、（**亦**）*un、（**不**）*on④，其共同特征在于都代表含辅音 n 的 VC 型音节。如果参照书面蒙古语中名词属格的表达是以-yin（元音结尾词干之后）、-u / -ü（-n 结尾词干之后）和-un / -ün（其他辅音结尾词干之后）三种情形⑤，我们就可以比较明晰地勾勒出契丹语的属格标记集合来。

① 该字最新的拟音此前是 *in 或 *ən，参见刘凤翥、王云龙：《契丹大字〈耶律昌允墓志铭〉之研究》，《燕京学报》新十七期，北京：北京大学出版社，2004 年，第 86 页。

② 刘凤翥：《契丹大字〈耶律祺墓志铭〉考释》，《内蒙古文物考古》2006 年第 1 期，第 53—54 页。

③ 清格尔泰、刘凤翥、陈乃雄、于宝林、邢复礼：《契丹小字研究》，北京：中国社会科学出版社，1985 年，第 136—138 页；聂鸿音：《契丹语的名词附加成分 *-n 和 *-in》，《民族语文》2001 年第 2 期，第 59 页。

④ 刘凤翥：《遍访契丹文字话拓碑》，北京：华艺出版社，2005 年，第 251—253 页。

⑤ Poppe, Nicholas: *Grammar of written Mongolian*, Wiesbaden: Otto Harrassowitz, 1954, pp.73-74.

由于契丹语存留资料的极度匮乏以及契丹文字解读尚未充分，所以我们目前还无法从突厥语中挖掘更多的契丹语借词来加以旁证。相对而言，契丹语对女真语的影响则还有一定研究的。当契丹语词入借女真语时，往往是带有这种属格标记的词干变化形式径直成为女真语中的借用成分[①]：

1)契丹语：国*GUR/九 夾*g-ur～(属格)九 夾 朻*g-ur-ən＞女真语：图/图 土*GURUN-un“国家、朝代”；

2)契丹语：圡*qa~圡 圭 禾*qa-γa-an(属格)～圡 圭 亦*qa-γa-a(复数)＞女真语：凨元*QAN-ŋan“可汗”[②]；

3) 契丹语：(条)*miŋ～(条 禾)*miŋ-an (属格)＞女真语：(丟)*MIŊAN“千”；

4)契丹语：(万)*TUM / (殳/仟)*tum～(仟 夾)*tum-un(属格)[③]＞女真语：(方)*TUMEN / (豸 土)*tum-un“万”；

5) 契丹语：(九 殳)*g-u～“孤稳/孤温”(属格)＞女真语：(戻 土)*gu-un“玉”。

另外，古突厥语中的非词首腭鼻音 ñ 同蒙古语族、通古斯语族语言之间存在着以下的清晰对应关系：古突厥语-ń-～蒙古语-通古斯语-ni-[④]；这方面最典型的词例就是“绵羊”一词：古突厥语 qoń～回鹘语 qoy～蒙古语 qonin～满语

---

① 以下举例中的拟音形式，大写字母表示对词符(logogram)的拟音，小写字母表示对音符(phonogram)的拟音；这种区别形式是参照研究甚为成熟的楔形文字(cuneiform)诸语言而给出的。

② 这个语词最早目前似乎可以追溯到柔然语；另外蒙古语中尚有一个同根的动词 qaγa-“关闭”，突厥语和通古斯语都应该是从原蒙古语里接受了这个词的，参见 Doerfer, Gerhard: *Mongolo-Tungusica*, Wiesbaden: Otto Harrassowitz, 1985, pp.56、60-61。据此认为契丹语词进入女真语中似不为过。而且蒙古语中也有 qan 和 qaγan 两种书面表达形式正好可以和契丹语的两种词干形式对应起来，参见清格尔泰、刘凤翥、陈乃雄、于宝林、邢复礼：《契丹小字研究》，北京：中国社会科学出版社，1985 年，第 116—117 页。

③ 根据清格尔泰编著：《契丹小字释读问题》，吴英喆[协助]，东京：国立亚非语言文化研究所，2002 年，第 45—46 页，原字的拟音或为 *ur 或为 *uan 尚未定论；根据刘凤翥：《遍访契丹文字话拓碑》，北京：华艺出版社，2005 年，第 252 页，最新的拟音径为 *ur。然而考虑到阿尔泰语言中音节末尾-n/-l/-r 可能交替的情形，上述两个看来抵牾的拟音或许可以共存于一个原字之下。限于篇幅，这个问题将另文申说。或许还有一种可能，即此处的原字是的错讹形式。

④ [芬兰]兰司铁(G.J.Ramstedt)：《阿尔泰语言学导论》，周建奇译，斯琴巴特尔校，呼和浩特：内蒙古教育出版社，1957/2003 年，第 93—95 页。

honin,参考:契丹语"(昼里)昏(呵)"[1]以及女真语禾*XONI"火喃/活离罕"[2]。

因此,我们完全有理由相信:契丹族称入借古突厥语,也是以其属格形式为直接借源的,亦即该族称词末的腭鼻音来自契丹语中与词干结尾鼻音-n连缀的属格标记 *-i;具体表示如下:

契丹语:(关 伏 夯 / 关 爻 关)*qitani (属格)>古突厥语:(𐰴𐰃𐱃𐰭)*q-i-ta-ñ,

——亦即:契丹语:(夯/爻 关)*-n-i>古突厥语:(𐰭)*-ñ。

这里使用各自的文字表现形式,仅仅是为了方便有关论述的表达,而非意味着该借用发生在相应民族文字产生之后;事实上,契丹文字的产生远远晚于古突厥文,所以这样的借用肯定是发生在契丹文字产生之前契丹语之于古突厥语的影响之中。只是由于契丹文字的解读还有很多盲区,我们目前还无法给出更多的语汇借用实例来佐证上述推断。

另外,藏文中作为异体出现的 ge-tan 和 ge-taṅ或许是有不同的来源,而后者似乎也曲折反映出古突厥语的腭鼻音韵尾,须知藏文中虽有类似的腭鼻音(拉丁转写为 ñ)但其不能用作韵尾。

(原载于北京大学外国语学院外国语言学及应用语言学研究所[编]《语言学研究》第八辑,北京:高等教育出版社 2010 年版:第 124—129 页)

① 即实:关于契丹数词音读问题,《内蒙古大学学报》(哲学社会科学版)1986 年第 4 期,第 96 页;清格尔泰:契丹语数词及契丹小字拼读法,《内蒙古大学学报》(人文社会科学版)1997 年第 4 期,第 2 页。

② 孙伯君:《金代女真语》,沈阳:辽宁民族出版社,2004 年,第 227—228 页。

HOW WE COMMEMORATE PAUL PELLIOT TODAY?

The year 2015 is watching the 70th anniversary of the decease of Paul Pelliot (May 28th, 1878—October 26th, 1945), who had striking foresight and sagacity in almost all the fields of Oriental studies, accordingly regarded both as the brightest star among the numerous Orientalists and as the insurmountable grandmaster on the Inner Eurasian studies especially related to China.

As a gifted French student, at the end of the 19th century, Pelliot had completed the three-year Mandarin Chinese courses at the École des Langues Orientales Vivantes in only two years, which was attracted by Édouard Chavannes, a renowned Sinologist and the chair of Chinese at the Collège de France; Chavannes then introduced Pelliot to Sylvain Lévi, the Collège's Sanskrit chair. Under these two masters, he was encouraged to pursue rather a scholarly career than his previous pursuit of a diplomatic voca tion. Afterwards, Pelliot zipped about between Europe and the Far East, es pecially China, Serindia, and Indochina, rapidly rising as a resplendent star on Sinology mingling with Xenology.

It is Pelliot who had the first insight to recognize the incomparable value of the Dunhuang manuscripts; after he collected the great majority of the valuable pages and scrolls out of the Dunhuang caves and carried them back to France for better storage, Pelliot then went to Peking to show some of the Dunhuang fragments to the Chinese scholars friendly to himself.Henceforth, the modern Chinese intelligentsia began to sense that there has existed a vivid database, conducive to unveil the vulgar medieval Chinese history and society, hidden in the desolate Northwestern China.

It is Pelliot who unsealed the direct research of mutual reflection of Chinese historiography and the Barbarian documents, much of good reputation throughout Sinology.Under his unremitting efforts, most of the diverse appellations for China and some other Chinese toponyms have been reduced to our present recognition; Zoroastrianism, Manichaeism, and Nestorianism –the three medieval exotic religions ever widespread in China–return to their respective original shapes before us; and quite a few volumes of classical Chinese documents, especially related to Inner Asian ethnic tribes, have been translated and noted into French the widespread European language in humanistic fields in the former of the 20th century.

It is Pelliot who hosted *T'oung Pao* the well–known Sinological periodical in France for decades of years, publishing innumerable articles, notes, and commentaries to make old cultures in Inner Asia and Far East deciphered precisely in front of the European intelligent eyes.

1911 saw Pelliot become a professor as recognition of his broad and unique scholarship; and the Collège de France created a special Chair of the Languages, History, and Archaeology of Central Asia for him.After his death, this chair was never filled, leaving Pelliot the only person to have ever held it. Afterwards, he was elected president of La Société asiatique in 1935 and corresponding member of Academia Sinica in 1939.

Confronted with Pelliot's outstanding progress and voluminous works, what should we do to make some breakthroughs? It is pitiful that our succeeding studies have great difficulty approaching to his solutions, let alone one or two footsteps before him.The familiarity either with Chinese documents or with the Barbarian materials, even with the foreign tool languages, determines most of us occupied by some minor progress, thereby inferior to such earlier 20th–century European Orientalists as Chavannes, Lévi, Pelliot, etc.

70 year ago, upon Pelliot's death, it was said that "without him, Sinology is left like an orphan" (French: *sans lui, la sinologie est laissé appuyez immédiatement sur orphelin*; German: *die Sinologie ohne ihn verwaist sei*). And 70 years go fast until now, when all the contributors, gathering in this special issue on Xenological studies, express our heartfelt respects to Paul Pelliot, the academic milestone we haven not surmounted yet.

(原载于 *Journal of Sino–Western Communications*: Volume VII, Issue 2 "Le numéro spécial de xenologie en mémoire du maître Paul Pelliot à l'occasion du 70e anniversaire de sa mort", Fremont, CA: Institute of Sino–Western Communications, 2015: FOREWORS 1–2)

译　文

《金刚经》第五种(佚名)蒙古文译本

[俄]萨兹金(А. Г. Сазыкин)[①][撰]

佛教经典文献在蒙古人中经常是以某种抄本和刻本的形式流传的，有时传下来几种文本，多半是佛经，颇受读者欢迎。譬如，在这一系列文本中就有《故事海》(*Üliger-ün dalai*)、《金光明经》(*Altan gerel-tü*)、《大解脱经》(*Tharpa chempo*)等等。

然而，这些经籍固然重要，却比不上相对次要的佛典更为知名也更为普及，严格说来，那就是以《金刚经》(*Vajracchedikā*)为此类佛典最著名的代表了。但是，难处在于接触到蒙古文抄本和刻本，而且不得再将该经印制或缮写流出。此例在俄罗斯科学院东方学研究所圣彼得堡分所蒙古藏品部从未得破，目前这里保存有 24 件刻本和 72 件抄本。

大量佛经抄本中有 10 件以刻本形式流出，以有关利益和解脱之力的佛教戒律，这些都是神圣文献的抄本，其重要地位自是无与伦比。最重要的还是其

---

① 译者注：萨兹金，俄罗斯科学院东方学研究所圣彼得堡分所(СПбФ ИВ РАН)研究员，主要研究蒙古文献学；代表作有《俄罗斯科学院东方学研究所圣彼得堡分所藏蒙古文抄本与刻本目录》(*Каталог монгольских рукописей и ксилографов Института востоковедения Российской академии наук*)等。译文在处理注释时仅将叙述性内容译出，原注信息及其体例一仍其旧；在迻译过程中，译者承蒙北京大学外国语学院梵巴语专业罗鸿博士在部分藏传佛教术语方面的帮助，上海汉语大词典出版社编审徐文堪编审对汉译文又多有指正，感谢北京大学外国语学院蒙语专业陈岗龙教授在蒙古学部分内容上的校订。

间有《金刚经》文本,研习金刚菠萝蜜多——亦即有关超脱和成就神圣——的供养记录,而以佛陀及其门徒须菩提语录的形式得以保存下来。

应当注意到,西藏和蒙古喇嘛为了宣传该经付出了很多努力。譬如说,佛教叙事文献中,作为救赎脱离苦厄和积累生前幸福的方法使用得最多的就是《金刚经》[①]。在西藏也有 15 个故事的有关辑本,主要是用来阐明吟读和抄写佛经的好处的。

该经翻译成蒙古文不晚于 17 世纪[②],长期以抄本形式在蒙古人中间流传,在 19 世纪下半叶,有关该经两个文本汇辑的刻本还不见于布里亚特的阿金斯克(Агинск)[③]扎仓(дацан,蒙语"喇嘛寺"之意——译者注)和埃吉图耶夫斯克(Эгитуевск)[④]扎仓。在流向蒙古之后,有关《金刚经》的故事汇辑经过大幅度的更改并补充进了新的故事[⑤]。这个新的文本汇辑包括 22 个故事,时间跨度是 19 世纪末至 20 世纪初,由布里亚特喇嘛刊刻,这一次是在措果尔(Цуголь)扎仓进行的[⑥]。

18 世纪的这一蒙古故事译本是用札雅·班智达创制的"托忒文"写定的。该故事集的卫拉特译本如同西蒙古人的大部分文献那样只是以手稿形式传布[⑦]。

在以前的四种已知《金刚经》蒙古文译本中,传布最广的是班札·提里斯特(Банджа (Банча) Тирист)的译本,于 1629 年译成,是接受察哈尔的林丹汗之

---

① История Чойджид-дагини.Факсимиле рукописи.Транслитерация тексеа,перевод с монгольского, исследование и комментарий А.Г.Сазыкин.*Памятники письменности Востока.*Т.ХС (1990)(Bibliotheca Buddhica,XXXVII).Москва,сю 190,191,199,201.

② Ёндон,Д.(1975).Нэгэн зохиалын тѳгсгѳлийн Үг.*Хэл зохиол судлал.*Т.XI.Улаанбаатар,с.245-250.

③ Сазыкин,А.Г.(1988),*Катало2 мон2ольских рукописей и ксило2рафое Иестuтута востоковедения* Академии наук СССР.Т.1.Москва,№ 366。

④ 同上,№ 365;Ёндон,Д.——Сазыкин,А.Г.(1988),Моегольская версия рассказоа о пользе《Алмазной сутры》.*Mongolica*-IV.Санкт-Петербург,с.36-47。

⑤ Сазыкин,А.Г.(1986),Монгольские версии рассказов о пользе《Ваджраччхедики》.*Письменные памятники и проблемы истории культуры народое Востока.*Т.ХХ.Ч.1.Москва,с.70-74。

⑥ Сазыкин,参见脚注 3,№ 364。

⑦ А.Г.Сазыкин (1997).Ойратская версия рассказов о пользе 《Ваджраччхедики》 *Петербургское востоковедение.*Выпуск 9.Санкт-Петербург,с.36-47.

命而完成的[①]。在俄罗斯科学院东方学研究所圣彼得堡分所藏本中,这一译本是在参考了8件北京版和12件布里亚特版刻本之后译成的,也有51个抄本。

佛经的北京刻本目前在国外已多有收集,因而多数已为东方学者所知晓。俄罗斯科学院东方学研究所圣彼得堡分所蒙古藏品部也还是成功找到两个本子,不过没有确定这两个本子在现有一部目录中的位置[②]。

引起大家极大兴趣的是布里亚特刻本,原因是12个本子中有10个仅见于俄罗斯科学院东方学研究所圣彼得堡分所藏本中。其中有三个本子在19世纪前半叶已经出现,其时正是布里亚特书籍出版业的肇始时期[③]。其余的本子则出版于19世纪下半叶的阿金斯克[④]、呼敦斯克(Худонск)[⑤]、古西诺奥泽尔斯克(Гусиноозерск)[⑥]、埃吉图耶夫斯克[⑦]诸扎仓中[⑧]。

《金刚经》抄本的班札·提里斯特译本存于俄罗斯科学院东方学研究所圣彼得堡分所藏本,多半是来自布里亚特。其中有10个本子是用"银粉"、"金粉"或者五彩"贵重"墨水写在亮青黑色纸张之上的,由此据以说服佛教徒,从而大

---

① Heissig, W.1966, Zur Bestandsaufnahme und Katalogisierung mongolischer Handschriften und Blockdrucke in Japan. *UAJ*, Vol.38, 1966, pp.69, 76; Poppe, N. (1971), *The Diamond Sutra. Three Mongolian Versions of the Vajracchedikā Prajñāpāramitā Texts, Translations, Notes and Glossaries.* (Asiatishce Forschungen, Bd.35.), pp. 11–97.

② Q122: Včir–iyar oγtolaji orošiba, 41叶+1叶(版画),叶面尺寸(厘米——这是现代出版业所用的通行尺码,原文无,译者注;下同):25.5×8,正文叶面尺寸:22×6.7,每叶21–22行;Q3178 / 3728 / 3736: Včir–iyar oγtolaji orošiba, 49叶(不完全)。叶面尺寸:30×10,正文叶面尺寸:27×8.3,每叶18–19行。

③ Сазыкин, А.Г. (1987), Раннепечатные бурятские ксилографированные издания в собраниях монгольского фонда Института востоковедения АН СССР. *Историографии и источниковедение истории стран Азии и Африки.* Выпуск X. Ленинград, № 2, 3, с.136–139.

④ Q1519,本子1: Bilig–ün činadu kijaγar–a kürügsen včir–iyar oγta=luγči neretü yeke kölgen sudur orošiba, 68叶,叶面尺寸:22.5×9,正文叶面尺寸:18.5×6,每叶16–17行。

⑤ Q1937:无题名,37叶,叶面尺寸:44.5×9,正文叶面尺寸:28.5×7.5,每叶22–23行。

⑥ C186,本子1: Qutuγ–tu včir–iyar: oγta=luγči sudur orosi=ba, 50叶,叶面尺寸:36×9,正文叶面尺寸:26.5×7,每叶21–22行。

⑦ C8,本子1: Qutuγ–tu včir–iyar: oγta=luγči sudur orosi=ba, 40叶,叶面尺寸:35.7×11,正文叶面尺寸:28.5×7,每叶22–23行。

⑧ 班札·提里斯特所译《金刚经》的三个布里亚特本子出现地点暂时还不清楚:a)Q2516: Qutuγ–tu včir–iyar: oγtaluγči bilig–ün činadu–a kürügsen yeke kölgen sudur orosibai, 52叶,叶面尺寸:22×7,正文叶面尺寸:17.5×6,每叶11–18行。

б)Q436,本子1: Qutuγ–tu včir–iyar: oγta=luγči nertüsudur oroši=ba, 42叶,叶面尺寸:35.5×9,正文叶面尺寸:30.5×7,每叶24行。

в)Q919,本子2:无题名,55叶,叶面尺寸:35.5×8.8,正文叶面尺寸:26.5×7,每叶19–20行。

为拓展行善的范围。

还应当注意到，在 27 件佛经译本的抄本中，标明了版本的所有北京版和 8 件布里亚特版都是以经书的形式这样来叙述解脱之道的，而这种情况却不见于佛教经典中[①]。

关于《金刚经》的其它蒙古文译本，1612 年由西热图·固实·绰尔济译成，海西希在北京皇史宬藏本所出蒙古文抄本题跋中[②]认识到了这一点并首次加以指出。这一译本以不带北京版刻本题跋的版本而得以鉴定，为澳大利亚一家图书馆所获得[③]。后来鲍培刊布了该刻本的文本，同时加上了北京版抄本的题跋[④]。

在俄罗斯科学院东方学研究所圣彼得堡分所蒙古藏品部存有这一北京版刻本的一个全本(K17)和一个残本(K25)，时间可能是“十七世纪末抑或，毋宁是，十八世纪初”[⑤]，这样就成为最早的蒙古文佛经北京本之一。

西热图·固实·绰尔济的译本(同样没有题跋)在这方面也表明是一种布里亚特经书抄本[⑥]并有蒙古文抄本的，包括了选自陀罗尼经咒和《Сундуй》经藏的文本[⑦]，其间就有我们感兴趣的文献[⑧]。

17 世纪卫拉特人札雅·班智达也完成了《金刚经》的一个译本。该经以“托

① 这部不甚重要的著作以诗体写成，一直有固定的蒙古文标题：Bilig–ün činadu kijaγar–a kürügsen oγtaluγči včir. bodi mōr–i toγulaqui neretü sudur。模仿佛经用蒙古文写成的文献一开始就借用了梵文和藏文的名称。

② Heissig，W.(1971)，*Zur Bestandsaufnahme*，pp.71–74。

③ 同上，pp.70，75，75，附图一。

④ Poppe，参见脚注，pp.98–158。

⑤ Кара，Д.(1972)，Кники монгольских кочевников.Москва，с.124。

⑥ Q2317：Qutuγ–tu bilig–ün činadu kijaγar–a kürügsen včir–iyar ebdegči nertü yeke kölgen sudur orosiba，54 叶，叶面尺寸：22.6×8.5，正文叶面尺寸：16×7，每叶 15–16 行，使用的是俄罗斯白纸，以黑色墨水、鹅毛笔写成。

⑦ C435：Gjodba orosiba（第 76 叶）；Qutuγ–tu bilig–ün činadu kijaγar–a kürügsen včir ebdegči neretü yeke kölgen sudur(第 8 叶)，76–57a 叶，叶面尺寸：37×12，正文叶面尺寸：28×8，每叶 18 行，使用的是白色厚纸，以红黑两色墨汁、苇杆笔写成。

⑧ 显然，在《Сундуй》经藏的抄本中，时代可以确定为 1673 年(K6)，而我们所知的四个北京版汇辑的刻本，分别准备于 1707 年(K7a)、1718 年(H338)、1723 年(K7–6)和 1723 年(I100)，包括了班札·提里斯特的译本。在俄罗斯科学院东方学研究所圣彼得堡分所蒙古藏品部存有 1792 年的版本(Q2581)和时代尚未确定的版本，其编号是 Q2580 / 2587——这是一个残本。写有《金刚经》文本的叶面并不在其间。

忒文”写成,最大数量的有关抄本和刻本收藏在德国[①]和乌兰巴托[②]。该经卫拉特译本的 17 件抄本收入了俄罗斯科学院东方学研究所圣彼得堡分所蒙古部的所有藏品中。其间尚有 1741 年卫拉特刻本的复制品(B159),该刻本的题跋并未涉及译者,而只留存有刊印者的题跋[③]。另外两件时代相对更晚的汇辑其刻本则用“托忒文”写成[④]并带有题跋,其中披露了译者和施主的姓名。留有译者题跋的是 12 件卫拉特(卡尔梅克)抄本,藏于俄罗斯科学院东方学研究所圣彼得堡分所蒙古藏品部,其中题跋见于两个汇辑中:短跋以 8 行韵文写成,长跋则为 16 行。

东方学者最熟悉的是带有短跋的《金刚经》卫拉特蒙古版本[⑤]。当时如此完善的札雅·班智达题跋汇辑以前仅以抄本形式记录下来,这些抄本收入了德国收藏的蒙古文刻本和抄本典籍中[⑥]。现在这批藏品中又增添了三件卫拉特抄本,出自俄罗斯科学院东方学研究所圣彼得堡分所(B18,B133,C267)。

札雅·班智达的那一种译本用卫拉特蒙古的托忒文写成,其题跋存在多种汇辑——这种现象甚为罕见。譬如,他所译的《乔吉德仙女传》卫拉特文本中就研究不出什么类似的结果来,此书为人所知的就两个“托忒文”抄本,这里面包括了两个题跋汇辑,其一用古蒙古文做了改写,另一个则纯粹是用卫拉特蒙古

① Heissig,W.Sagaster,K.(1961),*Mongolishce Handschriften,Blockdrucke,Landkarten*.Wiesbaden.№ 240-258。

② Лувсаибаздан,Х.(1975),*Тод усэг,тҮҮний дурсгалууд*.Улаанбаатар,с.232,№ 0241(72 件抄本)。

③ 这一版本的唯一刻本保存于蒙古乌布苏努尔(Убсунур)盟地方博物馆特藏部,参见脚注 25,c.118,№ 8。

④ 这两个版本中有一个本子有部分见于乌兰巴托藏品中,参见脚注 25,c.117-118,№ 6;Ринчэн(1966),Ойратские переводе с китайского.RO XXX(1),pp.66-67;第二个版本以刻本形式为人所知,仅见于俄罗斯科学院东方学研究院圣彼得堡分所蒙古藏品部的收藏中,参见脚注 25,c.118,№ 7;Сазыкин,А.Г.,Монгольские рукописи и ксилографы,поступившие в Азиатский Музей Российской Академии наук от Б.Я.Владимирцова.*Mongolica*.Памяти академика Б.Я.Владимирцова.1884-1931.Москва,1986,c.288,№ 6。

⑤ Poppe,参见脚注,pp.159-217;Лувсанбалдан,脚注 25,c.118,№ 5;Алмазная сутра Дорджи джодва Сутра о Совершенной Мудрости,рассекающей[тьму невежества],как удар молнии(金刚经——能断金刚(藏文:rdo-rje gcod-ba——译者注)——关于完善智慧(按指般若——译者注)的经书,如闪电之势散布[于胡地])。用卡尔梅克古文字、卡尔梅克蒙语与俄语写成。(附录的卡尔梅克古文字译本由 А.В.Бадмаева 完成,附录的梵文译本由 В.П.Андросова 完成)。Элиста,1993。

⑥ Heissig-Sagaster 参见脚注 24,№ 244,246。

的托忒文创作的[①]。当然，在这种情况下也可以假设：《金刚经》卫拉特译本的两段题跋中，有一条保存了该经最初译成蒙古文时以“托忒文”所作的改动，而另一条则完全依照了卫拉特蒙古人所作的改编。这样的假定充分说明：俄罗斯科学院东方学研究所圣彼得堡分所特藏部首次发现用古蒙古文写成的札雅·班智达佛经译本之时，该译本保存了这件卫拉特文献的独特术语并提供了译者题跋的详尽汇辑[②]。

该经的第四个蒙古文译本出自陀音·固实笔下，现在能见到的有两个抄本，存于布达佩斯蒙古抄本与刻本藏品部[③]。除了这一个陀音·固实译本之外，又重新翻译了在更高层次上谈及学习解脱之道的文本。

在俄罗斯科学院东方学研究所圣彼得堡分所蒙古藏品中，再要发现陀音·固实的译本就不是那么容易的了。在《金刚经》抄本和刻本搜集过程中一度得到一个完全意外的结果。缺乏译者题跋或者缺损末页的藏品中，类似的一共有32份藏品，还发现一份该作品的蒙古文译本，以前尚不为人所知。而且该译本立即可以确定有三个版本—— 一个手抄本和两个木刻本。

重新发现该经译本的手抄本，很有可能是来自布里亚特，这一抄本后以编号Q2859入藏主要汇集布里亚特材料的部门[④]。该作品的蒙古文名称《Qutuγ-tu bilig-ü činadu kijaγar-a kürügsen včir-iyar oγtolugči kemegdekü yeke kölgen sudur》，在抄本第26叶紧跟在梵文和藏文题名之后，以蒙古字母转写，这样就优于该题名在佛教经典《甘珠尔》蒙古语版中的使用[⑤]。该抄本以“金粉”书写在

---

① 乔吉德仙女传，参见脚注1，c.37–39。

② Q2078：Dorji čodba-yin sudur orosiγul-un tegüsbe，33叶，叶面尺寸：33.5×10，正文叶面尺寸：28.5×8，每叶21–23行，使用俄罗斯浅色蓝纸是从19世纪开始的，该文本是用红黑两色墨水写成的。

③ Sárkōzi，A.（1972），Toyin Guisi’s Mongol Vajracchedikā.*AOH XXVII*（1）.pp.43–102。

④ Сазыкин，А.Г.（1981），К характеристике собрания монгольских рукописей и ксилографов Ленинградского отделения Института востоковедения АН СССР（编号Q）.*Письменные памятники и проблемы истории курьтуры народов Востика*，Т.XV，часть I（I）.Москва，с.56–60。

⑤ Ligeti，L.（1942），*Catalogue du Kanjur Mongol imprime*.T.1.Budapest，1942，№ 771；Каталог петербургского рукописного《Ганджура》.Составление，введение，транслитерация и указатели Касьяненко З.К.（1993）.Памятники письменности Востоки.Т.CII（Bibliotheca Buddhica.XXXIX）.Москва，№ 669。

68叶亮黑色带蓝边的纸张上[①]并订上了绿色材质包裹的木质封皮。在第一叶画有两幅微小的佛像。抄本附有的单独一叶上画有“四大天王”的形象——他们是信仰和世界的庇护者。佛经本身在抄本中占据64叶的篇幅,余下的四叶是见于同一译本中关于解脱之道的并行韵文体说教,在班札·提里斯特用蒙古语翻译的《金刚经》中也有类似的附录。遗憾的是,Q2859号抄本受了潮,故而阅读这一部分文本有时就成了繁重的任务。

《金刚经》佚名译本的一个刻本,看来是从众多蒙古扎仓中的一个里面获得的。这一刻本(B266)收藏进了喀山神学院亚洲博物馆特藏部(即今俄罗斯科学院东方学研究所圣彼得堡分所),包括了佛经的藏文和蒙古文译本。第一页正面的题名已经佚失。该书的蒙古文名称在第26叶和第90叶处,一如抄本Q2859。出版刻本是用的小开本91叶的双层纸[②],并黏上了中国薄纸,这种样式以前在17—18世纪还有使用。纸张经历了很长时间就腐朽变色了,结果这个刻版如今就保留得不是很完好了。其实,这个我们所知唯一的刊印本,它的木刻水平、蒙古文制版特有的字模以及印制质量都远未尽善尽美。

《金刚经》佚名译本第二个刻本的刊印是在布里亚特进行的。俄罗斯科学院东方学研究所圣彼得堡分所特藏部提供了该刻本的三个本子,其一(Q1807)用于准备目前的出版。过去,这一版本提供了该经的藏文和蒙古文文本。它的首叶正面记有该经的相应藏文版本:《胜智慧到彼岸能断金刚经》('Phags-pa šes-rab kyi pha-rol-tu phyin-pa rdo-rje gcod-pa žes-ba bžugso)(后附的刻版影印件经仔细分辨,藏文部分相比正规写法大致少了一个再后加字,这应该是基于版式缩进的原因而采用了这一简写法——译者注)及其蒙古文译本:《Qutuγ-tu bilig-ü činadu kijaγar-a kürügsen včir oγtolugči kemegdekü orosibai》。

刻本Q1807共有68叶[③],使用的是俄罗斯白纸并带有浮雕的图章“Говард

---

① 叶面尺寸:21×8.3,正文叶边尺寸:16×6,每一叶有14—20行。

② 叶面尺寸:28.5×8.5,正文叶边尺寸:20×6,每一叶有三行藏文文字以及下面与之对译的蒙古文翻译。

③ 叶面尺寸:34.5×10.3,正文叶边尺寸:27.5ž7.5,每一叶有三行藏文文字以及下面与之对译的蒙古文翻译,用藏文和蒙古文标注叶码。

и Ko.№ 7”。浮雕的图章在 19 世纪前半叶用于俄罗斯。那末,这个本子的刊布绝不会早于上个世纪中叶(指的是 19 世纪,因为本论文原刊于 20 世纪末——译者注),于是就可以凭借这一特点与这一版本其它两件藏于俄罗斯科学院东方学研究所圣彼得堡分所藏品中的刻本样品(Q1967,Q1987)区别开来,这后两个刻本的出现应当确定为相对较晚的时代。

这两个本子用带水印的白色俄罗斯糙纸制成,水印中间有日期“1828”和“1829”。与晚期的刻本 Q1807 相区别,早期的每一个本子都有绘着“四大天王”的单独书叶。这种附加的书叶,如类似的第 16 叶和第 2 叶,就是装饰性的版画[①],整个叶面上了一层红色的染料[②]。

为了确定《金刚经》的这一布里亚特刻本出现的时代,需要利用该经刻本的某些本子,这几个本子包括在圣彼得堡大学东方学系图书馆收藏的“多语辞表(Polyglota)”(№ 46–49)中[③]。自 1885 年运抵彼处起,全部藏品就入藏喀山大学藏品部,其中有两件刻本在 1834 年的东方抄本及印本书大学藏品书目中就已有登录和刊布[④]。

在编号为“Polyglota 49”的本子中有赠送题签,从中我们知道,喀山大学图书馆的这一本子已于 1832 年秋交给吉格木德·却达尔·占巴拉耶夫(Жигмед-Чойдар Жамбалаев),他是古希诺奥泽尔斯克扎仓的总管[⑤]。这一签名不仅可以判定,其日期最接近这一版本的已知刊布时间,而且使人有可能指出其传出地点——古希诺奥泽尔斯克扎仓,这是布里亚特的三大扎仓之一,在 19 世纪

① 在第 16 叶,根据藏文签名来判断,描有:左边——释迦牟尼、右边——燃灯佛(藏文:Mar me mdzad)。在第 2 叶有两幅版画,画上有以“兰札体”字母书写的真言“唵”。

② 本子 Q1967 也这样上了红色的染料,题名在首叶正面。

③ 有关此处讨论的《金刚经》布里亚特版本在大学收藏的信息,我们幸得俄罗斯科学院东方学研究所圣彼得堡分所工作人员、历史学副博士 В. Л. Успенский 慷慨提供。

④ [Ковалевский, О.М.](1834), *Каталоɿ санскритским, ьонɿольским, тибетским, маньчжурским и китайским киниɿам и рукописям, в библиотеке Имперторскоɿо Казанскоɿо университета храняцимся.* Казань, № 73, 74。

⑤ 总管(Шанцзодба)——佛寺中的一个高级职位。

20—30 年代用蒙古文出版的刻本书籍中就可以看到[①]。

其实,《金刚经》的这一佚名蒙古文本以及该经目前所知的其它蒙古文译本并未分割散碎。用于这一版本,有 32 章的文本残片是从已经提及的莎尔库兹(А.Шаркёз)论著中借用的,并按该版本的次序要求吸取了《金刚经》梵文本的版式特点[②]。

2005 年 7 月 31 日夜初译

2005 年 12 月 13 日晚改定

(原文题名《Пятый (анонимный) монгольский перевод <Алмазной сутры>》,以俄文刊于《匈牙利东方学报》(*Acta Orientalia Academiae Scientiarum Hungaricae*)VOL.52(1999),No.2;pp.129-136,文后原附有该《金刚经》蒙藏合璧本原文影印和蒙古文罗马字转写,译文略去;译文原载于陈岗龙[主编]《奶茶与咖啡——东西方文化对话语境下的蒙古文学与比较文学》,北京:民族出版社 2005 年版:第 584—591 页)

① Сазыкин,参见脚注 10,c.130-147。

② Conze,E.(1958),*Buddhist Wisdom Books.The Diamond Sutra.The Heart Sutra.* London,pp.21-71。

韩语和通古斯语有关联么？

[芬兰]杨虎嫩(Juha Janhunen)、[韩]高松茂(Kho Songmoo)[撰]

最近阿尔托评述道[①]，关于韩语在发生学上的归属有着种种假设，这些假设作为经验教训，记录了正确与否运用多种业已充分发展的科学手段所产生的结果。最好的是记录了对具有多种可能性的未知世界所进行的细致探察，而其中的每一种可能性都在理论框架内得以系统剖析，并经受了大量语料的检验，最后得到合乎历史现实性的解释。最差的则是记录了付诸证实先验诸观点的种种努力未经检验，而这些观点常常是从一开始就和常识性见解发生严重冲突的。这类命题的标志性特征是固执相信存在着种种发生学联系而有待发现，而一种语言实际上或许就没有活的(或者历史上得以记录的)亲属语种，这样的可能性不加适当考虑也就要予以排除的。不过，审视有关韩语起源的那些相互矛盾而又同样含混的假设，眼光犀利的读者也几乎不能避免这样的印象，即最想一举解决问题的办法其实就是认为韩语是多种欧亚孤立语中的一种而已。这仅仅就意味着，从发生学的观点来看，韩语很可能独立于其他语言发展有相当长时间了，这个时间段足以超越语言系属的平均存在时间——可能长

① Aalto, Pentti: Proposals concerning the affinities of Korean, *Mémoires de la Société Finno-Ougrienne* 181 (Voces amicorum Sovijärvi, Helsinki), 1982, pp.19–29.

达万年，当然相比漫长的整个历史以及人类说话的史前时代就是很短一段时间了。

当前研究史前韩语亦有一个假设在起主导作用，这就是将韩语同所谓的"阿尔泰语"：突厥语、蒙古语和通古斯语，联系起来考察，当然是否得以认可暂且不论。韩语和"阿尔泰"语之间存在某种关系的观点，其实在通常的关联中就早有广泛认同，而如果是询问一个受过教育的韩族人有关其母语起源的意见，这往往就是他最可能引用的假设。韩语－"阿尔泰语"假设最基本的弱点在于，"阿尔泰"语言之间本身的发生学关系，尚且停留在未经确认的假设层面。迄今已经完成的研究，其实只是证实了三种主要的"阿尔泰语"实体在一段相当长的时间（或者多个连续时间段）内经历了相互之间的深刻影响，这就导致了大量的借词以及其他相互作用的现象，一方面存在于突厥语和蒙古语之间，另一方面亦见于蒙古语和通古斯语之间。现代"阿尔泰"语言学的奠基者兰司铁本人就是一个勇于创新而又敏于洞见的杰出学者，他建构起了自己的观点，认为自己正在调查的语言都是在发生学上相互关联的，但他并不乐于见到他的多个追随者固守这个不甚重要的沉寂教条。兰司铁也是第一个收集了有关韩语和"阿尔泰"语之间关系大量语料的学者，并且，他的解释是以一个真正发生学关系的假定为基础的①。然而，兰司铁关于韩语研究最终的价值并不在于其最后的解释，而是在于涉及东亚、中亚和北亚多种语言之间词汇比较的大量关键细节。虽然兰司铁对词源的种种见解经常是匆匆提及且是论证不充分，但这些仍是值得细致考察并进一步加以阐发的了。

兰司铁的研究基本上归属的类型，用反对阿尔泰理论的著名学者多尔弗②

---

① Ramstedt, G.J.: Studies in Korean etymology: Studies in Korean etymology II (edited by Pentti Aalto), *Mémoires de la Société Finno-Ougrienne* 95, Helsinki, 1949-1953. Ramstedt, G.J.: Additional Korean etymologies, Collected and edited by Pentti Aalto, *Journal de la Société Finno-Ougrienne* 57:3, Helsinki, 1954. Ramstedt, G.J.: Paralipomena of Korean etymologies, Collected and edited by Songmoo Kho, *Mémoires de la Société Finno-Ougrienne* 182, Helsinki, 1982; Aalto, Pentti: Korean and Altaic: lexical relations, *Papers of the 1st International Conference on Korean Studies* (Seoul) III:3, 1979, pp.126-137.对其有评述。

② Doerfer, Gerhard: Lautgesetz und Zufall: Betrachtungen zum Omnicomparativismus, *Innsbrucker Beiträge zur Sprachwissenschaft* 10. Innsbruck, 1973.

的话来概括正是“全方位比较(Omnicomparativismus)”。这种全方位比较的研究现代已多有学者运用,他们希望将韩语断定为“阿尔泰”语系无可辩驳的一员,更为准确地说就是可称为“东阿尔泰语”的一种“半岛”语言实体,也有人提出要包含日语在内。现代的这些全方位比较者自由处理五种不同语言——韩语、日语、突厥语、蒙古语和通古斯语——的词汇语法材料但不考虑其基本的时间、地点分布,他们就已取得了一些令人震惊的详细“成果”,是有关韩语和日语中共有的“阿尔泰语”词根的。对于日语-“阿尔泰语”假设或许最具声誉的支持者米勒[①],在最近对古韩语的研究[②]中甚至已经“发现”了韩语中竟反映出典型的突厥语内部语音发展、亦即 r 音-l 音化来。跳出这类极端做法的唯一途径是不止一次从起点开始。如果韩语确实是偶然和“阿尔泰”语言发生关联的,那么这第一步只能是在韩语和构拟出来的一种“阿尔泰”语言实体原始形式这样两种语言材料的基础上展示这种关系。只有在这样一种简单的两分关系得以建立之后,将其他语言(语系)包括在该研究过程中才是合乎情理的。这并不是说,对一个充分发展的语系、其间不同的语族和语支之间又存在着相互比较进行内部分析不太可能。不过,建立诸如“阿尔泰”这样的语系过程中起始的诸步骤,则不可避免要基于系统的两分法,以同发生学关系的跨语言简化模型语系树相一致。

现在,具体是什么“阿尔泰”语言可能用来和韩语作比较、以在原本无望的“阿尔泰语”摸棱语境中探究简单的两分关系呢?最为常见的是,提出这样两种可能性:一种是日语,另一种就是通古斯语。研究韩-日语发生学关系的材料早已由马丁明确提出[③],他认为能够构拟出 300 多个韩-日语共同基础语汇成分,他便认为足以提出发生学上的亲缘关系而无可置喙的了。但是,对他的批

---

① Miller, Roy Andrews: *Japanese and the other Altaic languages*, Chicago/London, 1971.

② Miller, Roy Andrews: Old Korean and Altaic, *Ural-Altaische Jahrbücher* 51 (Bloomington), 1979, pp.1-54.

③ Martin, Samuel E.: Lexical evidence relating Korean to Japanese, Language 42 (Baltimore), 1966, pp.185-251.Miller, Roy Andrews: Old Japanese phonology and the Korean-Japanese relationship, *Language* 43 (Baltimore), 1967, pp.278-302 有补充。

评者——最明确的是拉姆赛[①]已经指出，马丁的构拟方法并不完全和音韵规则以及音势自然性的公认原则相一致。譬如，米勒所运用的全方位比较法因其所比较资料的来源并无限制而似乎使用过滥，而马丁所进行的两分构拟，则因其复杂的音韵解释斧凿痕迹严重，就更是有过之而无不及了。这样，虽然马丁关于发生学关系两分性某些思考的基本走向可以接受，但是他几乎不能证实什么。要是并非与其希冀证明的相反的话，那么其研究就自然地趋向了另外的方向。这个问题近来已由金东书在一篇针对韩语-通古斯语关系问题的重要论著里加以解决了[②]。

虽然金东书也是从包括韩语在内的所有“阿尔泰”语相互之间有关联这一传统观点出发的，但他认识到了这一关系在该“语系”的任意两种差别甚大的语言之间表现不可能同样明显。就地理原因论，与韩语亲缘关系或许更为密切的一种最可能的语言显然就是通古斯语。因此无论韩语和通古斯语是否来源于一种共同的原始韩-通古斯语，这其实都是值得探究的，何况这种原始语言反过来又可比之于别的某些“阿尔泰语”实体了。与通古斯语进行比较实际操作起来也很方便，因为共同的原始通古斯语时代可以回溯至好几千年前，通过清其乌斯的先行研究[③]、以及继起的本青[④]、乃至其他学者的考察已有相当充分的认识了。由于金东书本人对韩语和通古斯语研究最近所涌现的成果已是相当熟悉，他的考察一眼看去，的确就给人一个信心十足的印象。其基本观点是提供了足量的词汇比较材料，藉此最后可以设定得出韩语和通古斯语共同原始形式的一幅有规律而又可持续的图景来。值得注意的是，甚至是在 183 份单独的比较材料中，尤其是由金东书给出的韩语对比通古斯语的原始形式，似乎

① Ramsey, S.R.: Are the Korean and Japanese languages related? The current state of theorizing, *Korean Studies Forum* 4 (University of Pittsburg), 1978, pp.23-33.

② Kim, Dongso: *Hankukŏwa tungus-ŏŭy ŭmun pikyo yŏnku* (A comparative phonology of the Korean and the Tungus languages), Taegu, 1980.

③ Cincius, V. I.: *Sravnitel'naja fonetika tunguso-man'čžurskix jazykov*, Leningrad, 1949.

④ Benzing, Johannes: *Die tungusischen Sprachen, Versuch einer vergleichenden Grammatik*, Akademie der Wissenschaften und der Literatur, Abhandlungen der geistes-und sozialwissenschaftlichen Klasse.Jahrgang 1955: 11, Wiesbaden, 1954.

展示出这两种语言基本词汇之间相当程度上令人惊异的一致性来。的确,要是这个构拟成立的话,那么韩语和通古斯语之间不但是有关联,而且关系之密切可谓无可置疑的了。

不幸的是,对金东书的研究进行更为细致的考察就揭示了不少要紧的纰漏,这些疏漏使得他的结论出现了问题。一方面,金东书并未因此而区分出可能的发生学关系词和次生的借词。这样,他的语汇比较清单里面显然就包括了韩语和通古斯语后来从别的语源,例如蒙古语或者汉语中借入的成分,偶尔还甚至有更为晚近的文化语汇出现在了他所设定的古代韩－通古斯语共同词汇成分之内。无疑这样构拟的任何原始形式,比如(现代韩语)kalpi(肋骨,来自蒙古语)、nosae(骡子,来自汉语)以及 tampae(烟草,通过汉语借入),都是不可信的。然而,令金东书专著的读者更为失望的,还是将韩语和通古斯语词汇加以比较得出的音韵形态,其普遍包容性看上去不错,实际上却不可行,原因是这种预设的相互关系在给出的"原始韩语"和"原始通古斯语"的构拟中就已经显得超前了。这样,举例说,"原始韩语"的音素模式,根据金东书的"构拟",是具有强弱阻碍对立特征的,而这种情形只在他给出的词汇比较材料中才能得以实现。最后,尽管已经尽力使得接受比较的韩语和通古斯语语词看起来尽可能相似,但毕竟还是有很多例子存在着难以逾越的语义问题。金东书的词汇比较材料中,约有 90%的绝大多数要想使人信服韩－通古斯语假设似乎不太可能。剩下的就是少量尽人皆知的语汇平行材料,这不能够形成什么明确的音韵对应规律来:(现代韩语对比原始通古斯语)mul～*mö:(水)、pal～*palgan(足)、tul～*jö:r(二)以及少数其他词例。必须指出的是,金东书给出的所有比较词例实际上都来自早期别的学者,特别是兰司铁的引用。当然,金东书在将这些材料系统化的尝试中做了大量有价值的工作,但是,与其结论相反的是,他的研究的最后结果从韩－通古斯语假设的观点看来是部分否定性的。就我们现有的认识而言,韩语和通古斯语似乎并不相关,至少用通常的语言亲属观念来审视是不相关的。

那么,应该怎样处理史前韩语呢?第一件要做的事似乎就是比以往更为明晰地考察韩语本身及其同毗邻语言之间可以确证的联系。建议根据以下六个步骤来进行：

1. 首先，内部构拟和方言研究的重要性，拉姆赛已有明确强调①，可不能将其夸大。方言之间的对应和方言内部的形态交替，对于韩语所有现代及历史形式共同祖先的早期音韵形态和语法结构的真实构拟，能够提供极有价值的材料。这样考察的趋势，自然也得配以对可资应用的中古及古代韩语书面材料进行的透彻语文学分析。幸运的是，关于韩语内部历史的未来一切工作都有一个坚实的基础了，这是以李基文为代表的韩语学者所取得的成就②来支撑起的。

2. 其次，韩语在中世纪从满语和蒙古语中借入的语汇所包含的证据，应该通过对这三种语言的历史知识进行正确考察而加以详细分析。通常韩语中这些相对晚近的满蒙语成分主要出现在特定领域以及/或者有限地理范围内的语言中，对韩语的发展历程从未产生过强烈的整体冲击。

3. 再次，虽然对汉－韩语已有很多研究，然而甚至是更为重要的发现也还是有可能出现，条件是对汉语历史音韵学和方言学的全面系统认识要融入韩语研究之中。问题是现代对中古和上古汉语的细致分析还有待将来进行。

4. 然后，尽管韩－日语比较研究从发生学上看归于失败，却不能忽视这两种语言的确拥有大量共同的词汇成分以及几近完美的结构相似点。一些共同的词例包括：(现代韩语对比现代日语)cip～ie(房)、kas～kasa(宽帽～雨伞)、kom～kuma(熊)、pŏl～hachi(蜜蜂)、pok~fugu(水母)、sŏm～shima(岛屿)。值得注意的是，付出大量努力的工作是做来证明日语和韩语之间假定的亲缘关系的。但却没有什么是做来对实际存在的种种平行关系进行合理解释的。可资利用的最充分的解释或许是，常见语汇以及其他的相似点韩语和日语早期形式的使用者之间历经一个时期（抑或多个时期）相互之间发生强烈作用的结果

① Ramsey, S.R.: The importance of Korean for the study of Korean, *Papers of the 1st International Conference on Korean studies* (Seoul) III: 3, 1979, pp.107–116.

② 譬如 Lee, Ki-Moon: *Geschichte der koreanischen Sprache*, Deutsche Übersetzung, herausgegeben von Bruno Lewin, Wiesbaden: 1977.

罢。

5. 继而,韩语和北亚非“阿尔泰”语、主要是吉利亚克语、可能还有阿伊努语之间的语言学联系,一般就是在过分强调“阿尔泰语”假设的负面情形下也是不应当忽略的。对韩语北面诸联系研究的一个良好开端是,除了兰司铁给出的诸多词汇比较材料以外,还有金方韩所做的基础性工作①。在这种联系中,解释音韵以及别的创新点扩散的地区原则就具有重要意义了②。

6. 最后,说韩语的人在其早期历史的某个时候,可能就已同中亚游牧民族中可能操突厥语和伊朗语的某些东方部落有过接触了。突厥语和伊朗语成分的痕迹在韩语中已有尝试性的认定了③,然而必须指出的是,迄今给出的为数不多的词汇比较材料,从音韵学和语义学上讲都是完全令人满意的。不过,研究韩语同中亚语言可能的接触还是一片很有前途的领域,将来或许会产生出诸多更为准确的结果来呢。

总之,应当注意对语言学事实进行普遍的历史解释。论及韩语也就意味着论及说韩语的人——韩族人、或者更为准确地说,是韩语族群。这些基本的问题是:说韩语的人群是否一直居住在朝鲜半岛?他们在这片土地上是否一直形成了唯一的这样一个话语族群?至少,中世纪的满蒙语借词,以及韩语中的大批汉语成分,似乎是确凿无疑地为现代韩语土壤所承接下来了。但是别的语言学联系呢?需要考虑的一个重要事实是,早期朝鲜三国之一的高句丽王国,其实大部分是处于现代朝鲜领土之外的满洲东南部。众所周知的还有,三国时代的朝鲜文化,包含了大量明显渊源远自中亚的西面成分。这种文化创新的东向

---

① 譬如 Kim,Bang-Han:Hankukŏ kyethong yŏnkuŭy muncecŏm:pangpopronkwa pialthaiŏ yoso,*Ŏnŏhak* 1(Seoul),1976,pp.3–24.

② 参见 Janhunen, Juha: Korean vowel system in North Asian perspective, *Hangeul* 172, 1981, pp.129–146.

③ 譬如,参见 Kho,Songmoo:On the contacts between Korean and the Turkic languages (1),*Mémoires de la Société Finno-Ougrienne* 158(Altaica,Proceedings of the 19th Annual Meeting of the Permanent International Altaistic Conference,Helsinki),1977,pp.139–142.Kho,Songmoo:Hankukŏwa thŏkhikye ŏnŏtŭlkuwaŭy cŏpchoke taehayŏ,*Ŏnŏwa ŏnŏhak* 6 (Seoul),1980,pp.55–61.Harmatta,J.:Proto-Iranians and Proto-Indians in Central Asia in the 2nd millennium B.C.(linguistic evidence),*Proceedings of the International Symposium on Ethnic Problems of the Ancient History of Central Asia* (Dushanbe/Moskva),1981,pp.75–83.

流动是否也包含了某些攸关史前韩族人的民族迁徙过程呢?依通常眼光看,这种可能性自不待言,事实上,韩语族群从北面和西北面进入今天的领土只是相对晚近的了,可能也就是在三国并立的时代,抑或大约两千年前。如果事实如此,那么早期说韩语的人一定同化了朝鲜半岛原来的居民,他们所说的语言是迥异于韩语的。可以这样认为,原来的这些居民,至少有一部分是语言学上所说的"古亚细亚人",可能和现代的吉利亚克人有某种联系。也可能有一些操早期通古斯方言的居民那时还存留在朝鲜。当然,所有的这些假设,都还未得证实,令人信服的正面证据也还没有发现。

关于史前韩语族群的一个有趣问题,无疑是在韩-日语的语言学对应中揭示的。在已有丰富记录的历史时期,大略发端于新罗统一朝鲜之时,就有很多迹象表明韩族人和日本人之间有着零星的文化和军事接触了。然而,更为深远的相互作用,或许就需要特别打造出韩语和日语之间某些突出的结构相似点才是了。问题是:这种相互作用发生在何时何处?对这个问题的有趣解释是借助保存在《三国史记》中的地名资料来完成的。在这份文献中,很多指称马韩三国疆域内地区的名称从源头看明显是韩语词,但奇怪的是,高句丽境内地名资料中夹杂的大量名称却很像日语词。的确,由于《三国史记》中的地名一直是既记录语音又记录语义的,那么这些材料似乎就确凿无疑地反映了两种不同的语言:一种是早期韩语,另一种基本上等同于公元一世纪所说的日语。这个情况显然可以认为是过去的一个细微处理,所以高句丽地名资料中在语言学上等价于日语的那部分,在朝鲜和日本都从未有人明确指出来过。相反,当前的解释基于这样一个观点,即高句丽地名中的韩语和日语成分属于同一种语言,亦即所谓的"古高句丽语",这符合韩-日语亲缘关系的假设,常常被视为这两种语言之间的一种过渡型链接。这样一个假定,甚至是列文这样的权威也偶有接受[①],不过确实是过时了。今天的韩语和日语相互之间情况区别之大,以至于

---

① Lewin, Bruno: Japanese and Korean: the problems and history of a linguistic comparison, *Journal of Japanese Studies* 2 (Seattle), 1976, pp.389–412.

相对晚近的过去说说过渡性的语汇。即使鉴于这两种语言应该偶尔有所关联，其实也已显得荒谬的了。

金芳汉令人信服地表明，高句丽地名资料中留存的类似日语的成分，实际上并不代表高句丽国的主要语言①。这些成分其实主要保存在指称朝鲜中部地区的地名中，代表的地区构成了三国的接壤区域。这个自然的解释似乎表明，三国时代居住在这一地区的居民讲的是一种日语，这个特殊情形当然也可以称作"伪高句丽语"。相反，大批高句丽居民，还有更重要的南部新罗国和百济国的居民，就明显是操韩语的了。这样，公元一世纪中部朝鲜操日语的人就代表了一个封闭的族群，北部和南部都受到讲韩语的人所包围，同处在日本列岛的日语族群主体分隔开来。操日语的这个大陆族群后来完全同化到了操韩语的人群中，这就是唯一自然的解释了。这件事在朝鲜统一的时代可能已经发生，但不管如何，《三国史记》孰论其原始材料出自何处，总是保存了日语一度存在于朝鲜半岛的明确证据。这也是对韩语和日语之间、至少有部分相似点的简单解释；韩语中存有日语的底层。

韩语和日语在并不遥远的过去存留在朝鲜半岛这个事实，对于研究这两个话语族群的史前情形具有极其重要的意义。操日语的人来自中部朝鲜何处？当然，这可能是有关日本列岛人群起源的一个问题。不过，相当可能的一个解释是，操"伪高句丽语"的人群代表着共同日语族群在大陆的最后留存者，而其主体则早已跨过朝鲜海峡踏上日本列岛，可能就像已经指出的那样，和弥生文化的出现有关联。另一方面，没有理由将日语看作是朝鲜半岛的"原初"语言。在更为一般的民族历史框架内，韩语和日语族群从地理上讲可能都出自中亚东部边界，可能就是现代的满洲地区。在朝鲜半岛和日本列岛上，讲日语和讲韩语的人群可能就代表了两个相继的游牧民族波动，由居于亚洲更为中心区域的其他民族迁徙所驱使而向南、向东推进。如果这个解释成立，那么未来关

---

① Kim, Bang-Han: The relationship between the Korean and Japanese languages, *Hangeul* 173-174 (A Special Volume Commemorating the 60th Anniversary of the Korean Language Society, Seoul), 1981, pp.657-667.

于韩语和日语同中北亚多个语言族群之间关系的工作必然就会得出多个引人注意的结果来。在这个意义上,并考虑到民族历史的背景——但毋须虑及假定的语言学亲缘关系——种种韩语－通古斯语关系也就还有待进一步分析了。

(原文题名 Is Korean related to Tungusic? ,以英文刊于《韩语》(*Hangeul*) SEOUL 1982,No.177:pp.179-190;译文以《关于韩语和通古斯语的关系》为题原载于《满语研究》2006 年第 2 期:第 57—62 页)

契丹小字碑铭真伪辨——答刘凤翥先生

［芬兰］杨虎嫩（Juha Janhunen）［撰］

刘凤翥先生在《中国社会科学报》相继发表三篇文章，谈了他对吴英喆和笔者 2010 年在英国公布的两合契丹小字墓志的看法。这两合墓志我们命名为"萧敌鲁"和"耶律详稳"，每合包括两块墓石。我们公布墓志的目的是希望此前不为人知的文献能够为研究契丹史和契丹文字的专家所用，同时也希望对契丹铭文做出迄今最为详细的研究。此前在刊布其他契丹墓志时，包括刘先生在内，也仅仅是挑选了少许细节进行考察，对铭文的大量内容并没有给出任何解释，而我们则尽量为铭文的每个词语作出标注，包括目前还不知其含义的词语。

刘先生认为这两合墓志是赝品。他宣称作伪者犯下了一些"错误"，这些错误可以表明墓志是"伪造"的。为了支持其错误意见，刘先生挑选了一些他认为足以确证其观点的细节。这些细节吴英喆已作了回应，不再赘言。

刘先生是著名的契丹文字专家——他也是拙著题献的两位学者之一，他的主张可能会误导读者。出于这一原因，笔者在此作出回应：事实上没有任何理由怀疑我们刊布的两合墓志是赝品，不管从哪个角度说，这两合墓志都和此前所知的契丹小字墓志一样真实可靠。同时有必要重申判定契丹小字墓志真伪的几条标准。

科技检验。拙著中提到,利用科技手段对墓志的研究尚未开始。在古文字学家和岩石学家、化学家以及考古学家之间还缺乏有效的合作,从来没有人用科技手段研究契丹墓志。在这种情况下,对墓志的目测,包括对其石材的形制、质地、外观以及刻文的目测就成了判断的有效依据。我们对石材进行了仔细研究,通过与其他契丹志石比较,可知这两合墓志是真品。这两合墓志现藏于内蒙古大学博物馆,可以随便检验。刘先生指为赝品的这两合墓志他并未看过。

审美检验。我们考察按照中国审美文化传统制造的物品时,从审美视角检验其品质是很重要的。就契丹字文献而言,特别要看其书法是否流畅。现代作伪者不太可能正确处理书法的细节:他会写出讹字,至少也会忽略构成铭文审美因素的艺术变体。在这方面,两件铭文与其他契丹铭文若合符契。从拙著刊布的拓片中可以看出,“萧敌鲁”墓志(1114 年)和“耶律详稳”墓志(1091 年)的字迹表现出了富于创造性的笔法,这是辽代书法家所独具的。

文字学检验。刘先生主要着眼于铭文的文字细节。在某些具体文字上,刘先生认为铭文与应有的写法不符,他把有别于其成见的地方看成是“错误的”。这样处理问题实为方法论的谬误。我们迄今所知的契丹小字碑铭数量很少(约 40 件),每件铭文都有其特征,这些特征连刘先生也不能解释。在这些前所未见的特征中常有些拼写上的“错误”,我们的两件铭文里自然也有此类现象。但这不应作为否认碑铭为真品的证据,而应视作对未来契丹语研究的挑战。

历史学检验。正如拙著详加解释的那样, 这两件铭文与辽代史实完全吻合,而被公认为辽史专家的刘先生却又看出了问题,那是因为其在某些地方不同于他此前通过某些史料得出的印象。然而,这种差别不应视为否认铭文真实性的证据,而应视为增加辽史知识的新信息。“萧敌鲁”和“耶律详稳”这两个墓主以前都不为人所知,但铭文提供的信息使我们得以明确此二人的来龙去脉。我们在拙著中提及, 辽代的人名、地名以及历史事件的全文索引尚未编纂完成。包括我们刊布的这两件铭文在内,每件新的文献都会为现有的资料库增补信息。

语言学检验。至关重要的是,两件铭文无论用哪条语言学标准衡量都完美无缺,现代作伪者绝对不可能做得出来。铭文的结构、词汇、语法——就我们所知——全都符合现有契丹语知识。而且,铭文也包含了很多未经证实的词语,其中一些我们已经有能力解释了，里面甚至还有谚语——这完全超出了任何作伪者的能力。“萧敌鲁”墓志里有一段铭辞,尽管大部分内容尚不能译出,但它表现出的规范体例也绝不是作伪者能够造得出来的。“萧敌鲁”和“耶律详稳”墓志上的契丹小字铭文绝不可能是伪品。

操作条件。我们还要考虑制造赝品的条件。职业作伪者都是能工巧匠,他们极为熟悉各种不同的材料和技术,却很少受过专业教育,这就是说,他们没有能力造出可靠的历史文献,他们也不会娴熟的历史学、古文字学和语言学。要造一件看得过去的赝品,需要诸如历史学家、书法家、语言学家和工匠的合作。而精通契丹学的,包括刘先生在内,只有屈指可数的人。这些人中当然谁也不会参与契丹文墓志的作伪,因此,可以说这两合墓志必是契丹小字原作。

通过技术和审美标准来辨别这些赝品相对容易。人们也试着伪造契丹小字铭文,尤其是在小型物件(印章、符牌、简牍)上,但这类赝品上的铭文主要是现存铭文的复制(来自出版物,通常有错字)或是容易鉴别的臆造品。事实是,作伪者总是追逐唾手可得的钱财,并没有兴趣投入多年的研究以造出“更高”质量的产品,因为那显然在经济上不划算。

赝品交易与文物贸易密切相关。就契丹小字墓志而言,当下有利可图的交易都是关注原石。在辽陵区域内一定还有几千座未发现的坟墓,其中有许多墓葬保存着墓志，有些是用契丹小字刻写的。新发现的契丹小字墓志数量从 20 世纪 80 年代以来不断攀升,这不足为奇。很多存有辽代墓葬的地区,特别是边远山区,即使没有蓄谋的“盗墓”,快速发展也使人们发现了许多新的石刻,这些石刻从最初的发现者(往往是农民)那里开始屡经易手,最后进入了博物馆。

为了避免将来的错误理解和论断，开发为墓志断代的技术手段是不可或缺的。今天已经有了很多可以信赖的断代方法用于陶器(热发光测定)、木器(年轮测定)以及其他有机材料制品(放射性碳测定)。金属和石器的伪造品甚为多见,通常要借助专家的眼光进行目测,而为之断代的技术工具还仍未见发展。就墓志而言,重要的是把墓志研究的经验与岩石学、化学等领域的科学知识结合起来进行一系列研究。显而易见,只有新的科学断代手段才能说服像刘先生这样的怀疑论者,他们对其他类型证据的合理性都会不屑一顾。

(原文题名《Some thoughts on the authentification of Khitan Small Script epitaphic texts: A reply to Liu Fengzhu》,译文原载于《中国社会科学报》2011 年 12 月 8 日第 5 版)